# 陆路交通智能测绘
# 技术及应用

胡庆武　郑　洪　曹成度　艾明耀
费　亮　赵鹏程　夏　旺　袁　辉　等 著

国家重点研发计划项目（2021YFB2600400）、

国家自然科学基金面上项目（42371439）支持

科学出版社

北　京

# 内 容 简 介

陆路交通基础设施空间跨度大、地理条件复杂、勘测难度大，本书从陆路交通数字化全生命周期智能测绘需求出发，对空天地一体跨尺度铁路交通协同智能测绘体系、关键技术和应用进行全面阐述，系统介绍综合集成北斗卫星导航、视觉导航定位、卫星遥感、三维激光雷达、倾斜摄影测量、多传感器集成移动测量、人工智能测图等陆路交通智能测绘技术，海量多源地理空间信息数据管理与可视化服务等技术及相应的应用实例，为陆路交通勘测、设计和运维提供高精度、高质量三维实景地理信息服务。

本书可供陆路交通勘测设计、施工、运营维护各阶段测绘和设计勘察专业工程技术人员和研究人员阅读，也可供大专院校相关专业师生参考。

图书在版编目（CIP）数据

陆路交通智能测绘技术及应用 / 胡庆武等著. -- 北京 ：科学出版社，2025. 3. -- ISBN 978-7-03-080469-3

I. U212.24-39

中国国家版本馆 CIP 数据核字第 20246NZ826 号

责任编辑：徐雁秋　刘　畅/责任校对：高　嵘
责任印制：徐晓晨/封面设计：苏　波

科学出版社 出版
北京东黄城根北街 16 号
邮政编码：100717
http://www.sciencep.com
北京中科印刷有限公司印刷
科学出版社发行　各地新华书店经销
*
开本：787×1092　1/16
2025 年 3 月第 一 版　　印张：24
2025 年 3 月第一次印刷　　字数：570 000
定价：329.00 元
（如有印装质量问题，我社负责调换）

为落实交通强国战略实施，全面支撑"一带一路"倡议，需要充分发挥科技创新的支撑和引领作用，突破陆路交通基础设施智能化建设重大技术短板，解决智能化设计"卡脖子"问题，加速交通行业标准化和数字化转型。陆路交通基础设施智能化设计涉及测绘、勘察、选线、设计等多项技术，测绘是保障陆路交通工程建设质量和运营安全的重要手段，是陆路工程建设和运营关键技术体系的重要组成部分。我国"北斗"和"高分"两个重大专项逐步建立起全球高精度定位和对地遥感测绘体系，综合使用数字摄影测量、三维激光雷达、倾斜摄影、同步定位与制图（SLAM）等新兴测绘装备和自动化数据处理软件，可高精度快速获取大范围三维空间数据，陆路交通线路勘测已形成空天地一体化的数据采集和处理体系，陆路交通工程勘测的成果质量和作业效率显著提升，为陆路交通二维/三维/建筑信息模型（BIM）设计、智能建造和运维提供地理信息服务。

国内外陆路交通测绘相关书籍以铁路或公路工程测量为主，偏重传统的工程测量技术和方法在陆路交通工程建设中的控制测量、施工放样测量、工程监测等，缺乏对空天地一体对地观测遥感测绘技术和应用的总结。本书从陆路交通数字化、信息化、智能化转型升级需求出发，针对铁路交通基础设施空间跨度大、地理条件复杂、勘测难度大等问题，系统全面地总结陆路交通智能测绘技术，构建多设备协同空天地一体跨尺度陆路交通智能测绘体系，综合集成北斗卫星导航、卫星遥感、激光雷达、倾斜摄影、人工智能等多学科交叉技术，介绍空天地协同的全要素地理数据快速获取、设计要素自动提取、多源异构测绘数据融合建模和大场景多尺度快速可视化管理服务等关键技术，为陆路交通测绘、勘察、选线、设计和运营提供高精度、高质量三维实景空间地理信息支撑，提升陆路交通测绘勘察设计效率，引领行业技术迭代升级，促进交通行业高质量发展。

本书共14章，第1章重点介绍陆路交通测绘的内容与发展、天空地海测绘遥感技术发展，以及数智化转型对陆路交通测绘的挑战；第2章从陆路交通数智化设计中的测绘需求和特征出发，给出陆路交通智能测绘的内涵和总体技术框架；第 3 章重点介绍GNSS 陆路交通智能测绘技术；第 4 章重点介绍视觉/GNSS/惯导多源融合定位与智能测绘技术及其陆路交通智能测绘应用；第 5 章介绍卫星遥感陆路交通智能测绘技术与发展，重点介绍高分辨率卫星遥感立体测图和雷达卫星干涉测量陆路交通智能测绘应用；第 6 章重点介绍无人机倾斜摄影测量和全景倾斜摄影测量陆路交通智能测绘技术及应用；第 7 章介绍地面激光雷达扫描陆路交通智能测绘技术及应用；第 8 章重点介绍机载（无人机）激光雷达陆路交通智能测绘技术及应用；第 9 章介绍多传感器集成移动测量陆路交通智能测绘技术及应用；第 10 章介绍同步定位与制图（SLAM）陆路交通智能测绘技术及应用；第 11 章重点介绍空地融合实景三维建模技术及其陆路交通智能测绘应用；第 12 章重点介绍遥感人工智能技术及其在陆路交通智能测绘中的应用；第 13 章介绍时空数据库技术与海量多源多时相陆路交通测绘数据管理应用；第 14 章介绍地理信息服务技术，重点介绍陆路交通多源地理信息服务系统及其应用。

"北斗定位与空天地集成高精度智能测绘技术"课题组主要成员参与本书撰写工作，胡庆武负责本书组织协调和第 9 章撰写，郑洪、郑道远参与第 1、2 章撰写，曹成度、费亮、夏旺、袁辉负责第 3、13 和 14 章撰写，赵鹏程、艾明耀、段旭哲、金勤耕负责第 4、7、8、10 章撰写，胡庆武、张寅负责第 5 章撰写，胡庆武、张栩婕、冯海霞负责第 6、11、12 章撰写，长安大学陈斯亮教授参与第 11 章撰写，深圳大学陈智鹏助理教授参与第 4 章撰写，武汉大学董杰副教授为第 5 章提供部分案例，全书由胡庆武、郑洪统稿和审定内容。

本书相关工作得到多个项目资助：国家重点研发计划项目"陆路交通基础设施智能化设计共性关键技术"（2021YFB2600400）、国家自然科学基金面上项目"基于 VR 相机全景视频跨平台影像增量式三维重建与模型增强方法研究"（42371439）。

由于作者水平有限，本书难免会出现疏漏或存在不足，恳请各位专家同仁、读者批评指正。通过邮箱 huqw@whu.edu.cn 来信告知，作者表示衷心感谢！所提意见将在改版时深入修改！

作 者

2024 年 9 月

# 目 录

第1章 绪论 ·································································································1
1.1 概述 ································································································1
1.1.1 交通强国战略与陆路交通 ·························································1
1.1.2 陆路交通发展现状 ··································································2
1.1.3 陆路交通建设工作 ··································································3
1.1.4 陆路交通面临的挑战 ·······························································4
1.2 陆路交通测绘的内容与发展趋势 ···················································5
1.2.1 陆路交通测绘内容 ··································································5
1.2.2 陆路交通测绘发展趋势 ···························································5
1.3 天空地海测绘遥感技术发展 ·························································7
1.3.1 "天"类测绘遥感技术 ·····························································8
1.3.2 "空"类测绘遥感技术 ···························································10
1.3.3 "地"类测绘遥感技术 ···························································12
1.3.4 "海"类测绘遥感技术 ···························································14
1.4 数智化转型对陆路交通测绘的挑战 ···············································15
1.4.1 数字化和智能化技术发展 ·······················································15
1.4.2 陆路交通数智化转型 ·····························································16
1.4.3 对陆路交通测绘的挑战 ··························································16
1.5 本章小结 ························································································17
参考文献 ·······························································································17

第2章 陆路交通智能测绘：定义、范围与技术框架 ·····························18
2.1 从数字化、信息化测绘到智能测绘 ··············································18
2.1.1 早期测绘 ··············································································18
2.1.2 数字化、信息化测绘 ·····························································19
2.1.3 智能化测绘 ···········································································19
2.2 陆路交通数智化设计中的测绘：需求和特征 ··································19
2.2.1 数智化设计需求 ····································································19
2.2.2 陆路交通测绘特征 ·································································20
2.3 陆路交通智能测绘的内容与范围 ·················································21
2.3.1 陆路交通智能测绘内容 ··························································21

      2.3.2　陆路交通智能测绘范围 ·············································· 23
  2.4　陆路交通智能测绘技术框架 ·············································· 25
      2.4.1　陆路交通工程数智勘测内涵与框架 ··························· 25
      2.4.2　数智勘测关键技术 ··················································· 27
  2.5　本章小结 ····································································· 30
  参考文献 ········································································· 30

第 3 章　GNSS 陆路交通智能测绘技术 ········································ 32
  3.1　GNSS 技术及其发展应用 ·················································· 32
      3.1.1　GNSS 技术简介 ······················································ 32
      3.1.2　GNSS 技术在铁路领域的发展应用 ····························· 33
  3.2　GNSS 快速精密定位 ························································ 35
      3.2.1　GNSS 原始观测值 ···················································· 35
      3.2.2　GNSS 地基增强定位技术 ··········································· 35
      3.2.3　GNSS 星基增强定位技术 ··········································· 37
  3.3　铁路星基/地基增强系统建设 ············································ 38
      3.3.1　铁路工程带状高精度北斗地基增强技术 ···················· 38
      3.3.2　北斗地基增强铁路精密控制测量技术 ······················· 44
  3.4　基于北斗地基增强的勘测应用体系 ····································· 50
      3.4.1　应用体系总体架构 ··················································· 50
      3.4.2　铁路工程精密控制测量应用 ····································· 50
      3.4.3　RTK 位置服务测量应用 ············································ 53
  3.5　基于有色噪声滤波的 GNSS 监测技术 ·································· 62
  3.6　应用案例 ····································································· 63
      3.6.1　宜涪铁路地基增强系统建设 ····································· 63
      3.6.2　南昌局既有铁路北斗基准站网建设 ·························· 68
      3.6.3　铁路边坡监测案例 ··················································· 68
      3.6.4　铁路桥梁监测案例 ··················································· 72
  3.7　本章小结 ····································································· 78
  参考文献 ········································································· 78

第 4 章　视觉/GNSS/惯导多源融合定位与智能测绘技术 ·············· 79
  4.1　多源融合导航定位技术及其发展 ········································ 79
      4.1.1　多源融合导航定位技术概述 ····································· 79
      4.1.2　多源融合导航定位技术形式 ····································· 80
      4.1.3　多源融合导航定位发展趋势 ····································· 82
  4.2　影像视觉定位技术 ·························································· 83
      4.2.1　影像视觉定位技术概述 ············································ 83

  4.2.2 单目/双目视觉导航定位技术 ································ 83

  4.2.3 全景视觉融合导航定位方法 ······························ 87

4.3 激光雷达视觉定位技术 ············································· 91

  4.3.1 激光雷达视觉定位技术概述 ······························ 91

  4.3.2 激光雷达视觉定位技术发展 ······························ 93

  4.3.3 基于图优化模型的激光雷达视觉定位方法 ·················· 93

4.4 GNSS/IMU/SLAM 融合定位技术 ·································· 98

  4.4.1 GNSS/IMU/SLAM 融合定位技术概述 ····················· 98

  4.4.2 面向非接触式移动测量的辅助惯导定位方法 ··············· 99

  4.4.3 基于图优化的多源融合定位 ····························· 103

  4.4.4 GNSS/IMU/SLAM 融合定位实验 ······················· 106

4.5 多源融合导航定位技术陆路交通智能测绘应用 ···················· 107

  4.5.1 地铁巡检小车定位定姿 ································· 107

  4.5.2 地铁轨道不平顺度测量 ································· 109

4.6 本章小结 ······················································ 112

参考文献 ···························································· 112

第 5 章 卫星遥感陆路交通智能测绘技术 ··························· 114

5.1 卫星遥感立体测图技术与发展 ···································· 114

  5.1.1 卫星遥感立体测图原理 ································· 114

  5.1.2 卫星遥感立体测图优势 ································· 115

  5.1.3 卫星遥感立体测图技术发展 ····························· 115

5.2 典型的立体测图卫星 ············································ 116

  5.2.1 美国立体测图遥感卫星 ································· 116

  5.2.2 法国立体测图遥感卫星 ································· 118

  5.2.3 中国立体测图遥感卫星 ································· 118

5.3 卫星遥感立体测图铁路勘测工程应用 ······························ 121

  5.3.1 卫星遥感铁路选线 ····································· 121

  5.3.2 卫星遥感铁路前期勘测 ································· 121

  5.3.3 卫星遥感桥梁工程监测 ································· 122

5.4 卫星遥感立体测图技术公路设计线路勘测 ·························· 123

  5.4.1 应用背景 ············································· 123

  5.4.2 技术方法 ············································· 123

  5.4.3 应用案例 ············································· 124

5.5 雷达卫星干涉测量陆路交通变形监测 ······························ 127

  5.5.1 卫星合成孔径雷达干涉测量 ····························· 127

  5.5.2 InSAR 沉降监测原理 ·································· 127

  5.5.3 时序 InSAR 交通线路变形监测——上海磁悬浮列车轨道 ···· 130

5.6 基于多源遥感的青藏铁路沿线生态环境时空变化分析 ·············· 134
    5.6.1 青藏铁路沿线不同时空尺度下遥感生态因子变化趋势 ·············· 134
    5.6.2 青藏铁路建设前后沿线遥感生态环境质量演变过程 ·············· 135
5.7 本章小结 ·············· 135
参考文献 ·············· 136

**第 6 章 无人机倾斜摄影测量陆路交通智能测绘技术** ·············· 137
6.1 无人机遥感技术发展与应用 ·············· 137
    6.1.1 无人机遥感技术概述 ·············· 137
    6.1.2 无人机遥感技术发展 ·············· 139
    6.1.3 无人机遥感技术应用 ·············· 139
6.2 无人机倾斜摄影测量技术 ·············· 140
    6.2.1 无人机倾斜摄影测量技术概述 ·············· 140
    6.2.2 无人机倾斜摄影测量系统组成 ·············· 141
    6.2.3 无人机倾斜摄影测量数据获取 ·············· 141
    6.2.4 无人机倾斜摄影测量建模方法 ·············· 147
6.3 无人机全景倾斜摄影测量技术 ·············· 151
    6.3.1 无人机全景倾斜摄影测量技术概述 ·············· 151
    6.3.2 无人机全景倾斜摄影测量相关原理 ·············· 152
    6.3.3 基于多视投影的无人机全景视频三维重建技术 ·············· 155
    6.3.4 无人机全景倾斜摄影测量三维建模分析 ·············· 159
6.4 无人机倾斜摄影测量陆路交通智能测绘应用案例 ·············· 163
    6.4.1 神朔铁路双岩畔隧道至霍家梁隧道出口模型生成 ·············· 163
    6.4.2 长赣铁路萍乡段途经区域及其周边区域模型构建 ·············· 165
    6.4.3 武汉绕城高速公路中洲至北湖段改扩建工程模型构建 ·············· 167
6.5 本章小结 ·············· 168
参考文献 ·············· 168

**第 7 章 地面激光雷达扫描陆路交通智能测绘技术** ·············· 169
7.1 地面激光雷达扫描技术发展与应用 ·············· 169
    7.1.1 地面激光雷达扫描技术概述 ·············· 169
    7.1.2 地面激光雷达扫描技术研究现状 ·············· 170
    7.1.3 地面激光雷达扫描应用 ·············· 171
7.2 地面激光雷达陆路交通数据获取 ·············· 172
    7.2.1 地面激光雷达扫描仪设备 ·············· 173
    7.2.2 地面激光雷达数据采集 ·············· 174
7.3 地面激光雷达点云处理技术 ·············· 175
    7.3.1 地面激光扫描坐标转换解算 ·············· 175

7.3.2 地面激光点云直接配准 ·······178
7.3.3 基于特征的地面激光点云配准 ·······179
7.3.4 地面激光点云多站自动拼接 ·······181
7.3.5 地空异源点云配准方法 ·······182
7.4 地面激光雷达陆路交通智能测绘应用案例 ·······184
7.4.1 拉林线危岩体三维激光扫描 ·······185
7.4.2 天津西站隧道点云时空变形探测 ·······186
7.4.3 铁路隧道钢轨提取与限界检测 ·······188
7.4.4 汉十高铁枣阳段既有铁路中线勘测 ·······190
7.5 本章小结 ·······192
参考文献 ·······192

第8章 机载激光雷达陆路交通智能测绘技术 ·······194
8.1 机载激光雷达遥感技术发展与应用 ·······194
8.1.1 机载激光雷达遥感技术概述 ·······194
8.1.2 机载激光雷达遥感技术研究现状 ·······195
8.1.3 机载激光雷达遥感技术应用 ·······197
8.2 机载激光雷达陆路交通数据获取 ·······198
8.2.1 机载激光雷达遥感设备 ·······198
8.2.2 机载激光雷达数据采集 ·······199
8.3 机载激光雷达点云处理技术 ·······201
8.3.1 机载激光雷达观测与解算 ·······201
8.3.2 机载激光雷达点云航带平差 ·······204
8.3.3 机载激光雷达点云滤波生成 DEM 技术 ·······209
8.4 多载荷协同无人机遥感集成系统装备 ·······210
8.4.1 集成系统设备组成 ·······211
8.4.2 集成设备工作流程 ·······212
8.5 机载激光雷达陆路交通智能测绘应用案例 ·······213
8.5.1 董梁高速公路横断面测量 ·······214
8.5.2 南宁至百色高速公路测绘 ·······215
8.5.3 武汉四环线改扩建工程扫描 ·······216
8.6 本章小结 ·······218
参考文献 ·······218

第9章 多传感器集成移动测量陆路交通智能测绘技术 ·······219
9.1 多传感器集成移动测量技术与系统 ·······219
9.1.1 多传感器集成与移动测量概述 ·······219
9.1.2 多传感器集成陆路交通移动测量原理与特点 ·······220

9.1.3 多传感器集成陆路交通移动测量误差分析 ················· 222

9.1.4 多传感器集成陆路交通移动测量关键技术 ················· 223

9.1.5 多传感器集成移动测量应用 ··························· 230

9.2 车载移动道路测量系统 ································· 232

9.2.1 公路智能测绘的背景与需求 ··························· 232

9.2.2 车载移动道路测量智能测绘技术 ······················· 233

9.2.3 车载移动道路测量智能测绘应用 ······················· 236

9.3 铁路移动三维激光全景扫描系统 ························· 237

9.3.1 既有铁路勘测与检测背景与需求 ······················· 237

9.3.2 铁路移动三维激光全景扫描系统组成 ··················· 239

9.3.3 铁路移动三维激光全景扫描既有线测量 ················· 241

9.3.4 铁路移动三维激光全景扫描隧道测量 ··················· 248

9.4 移动测量陆路交通智能测绘应用案例 ····················· 250

9.4.1 京哈高速公路（拉林河至德惠段）改扩建工程 ············· 250

9.4.2 巴基斯坦1号铁路干线（ML1）既有线大修勘测 ··········· 251

9.4.3 青藏铁路格拉段电气化改造项目 ······················· 252

9.4.4 地铁隧道检测项目 ··································· 253

9.5 本章小结 ········································· 255

参考文献 ············································· 255

第10章 SLAM技术及其陆路交通智能测绘应用 ··················· 256

10.1 SLAM技术与进展 ··································· 256

10.1.1 SLAM技术简介 ··································· 256

10.1.2 SLAM研究现状 ··································· 257

10.1.3 典型SLAM系统 ··································· 259

10.2 手持式半球形视角SLAM系统 ························· 260

10.2.1 手持式半球形视角SLAM系统功能 ··················· 261

10.2.2 手持式半球形视角SLAM系统性能评估 ··············· 262

10.3 手持式激光全景一体化SLAM系统 ····················· 266

10.3.1 手持式激光全景一体化SLAM系统功能 ··············· 267

10.3.2 手持式激光全景一体化SLAM系统性能评估 ··········· 272

10.4 SLAM陆路交通智能测绘应用 ························· 274

10.4.1 站场测量 ········································· 274

10.4.2 隐蔽空间测量 ····································· 276

10.5 本章小结 ········································· 280

参考文献 ············································· 280

第 11 章　空地融合陆路交通实景三维建模技术 ·········· 282

11.1　空地融合实景三维建模技术 ·········· 282

　　11.1.1　空地融合实景三维建模技术框架 ·········· 283

　　11.1.2　空地融合实景三维建模主要数据源 ·········· 283

　　11.1.3　空地融合实景三维建模关键技术 ·········· 284

11.2　陆路交通数字孪生与 BIM 对实景三维模型的需求 ·········· 285

　　11.2.1　数字孪生与建筑信息模型 ·········· 285

　　11.2.2　陆路交通数字孪生、BIM 与实景三维 ·········· 286

11.3　空地融合陆路交通实景三维建模 ·········· 287

　　11.3.1　空地融合陆路交通实景三维建模技术流程 ·········· 287

　　11.3.2　空地融合陆路交通实景三维建模关键技术 ·········· 288

11.4　多源数据融合陆路交通实景三维建模案例 ·········· 292

　　11.4.1　案例应用场景与数据获取 ·········· 292

　　11.4.2　空地一体多源数据融合建模结果 ·········· 293

　　11.4.3　空地一体多源数据融合建模精度验证 ·········· 296

11.5　本章小结 ·········· 298

参考文献 ·········· 298

第 12 章　遥感 AI 陆路交通智能测绘技术 ·········· 300

12.1　深度学习技术与发展 ·········· 300

　　12.1.1　深度学习基本概念 ·········· 300

　　12.1.2　深度学习发展历程 ·········· 301

　　12.1.3　深度学习在遥感测绘地理信息等行业的应用 ·········· 301

12.2　陆路交通设计要素样本库建立与增强 ·········· 302

　　12.2.1　陆路交通设计要素样本库建立关键技术 ·········· 302

　　12.2.2　陆路交通设计要素样本增强 ·········· 306

12.3　陆路交通设计要素 AI 智能解译 ·········· 308

　　12.3.1　陆路交通设计要素 AI 智能解译技术 ·········· 308

　　12.3.2　陆路交通设计要素 AI 智能解译结果矢量化 ·········· 317

　　12.3.3　陆路交通设计要素 AI 智能解译系统 ·········· 318

12.4　AI 半自动制图 ·········· 319

　　12.4.1　AI 半自动制图软件介绍 ·········· 320

　　12.4.2　AI 半自动制图自动解译 ·········· 320

12.5　陆路交通设计要素自动解译典型案例 ·········· 322

　　12.5.1　长赣铁路萍乡段途径区域及其周边区域设计要素智能解译 ·········· 322

　　12.5.2　宜涪高铁陆路交通设计要素智能解译 ·········· 326

12.6　基于 AI 的高铁沿线风险点变化监测 ·········· 326

12.7　本章小结 ·········· 329

参考文献 ·········· 329

第 13 章　时空数据库技术及其陆路交通智能测绘应用 ················ 331

13.1　时空数据库技术与发展 ················ 331

13.2　多源地理空间数据模型 ················ 333

13.3　地理空间数据库关键技术 ················ 337

13.3.1　空间数据库构建 ················ 337

13.3.2　数据管理 ················ 340

13.3.3　空间分析服务 ················ 344

13.4　陆路交通多源地理空间数据管理平台 ················ 348

13.4.1　项目简介 ················ 348

13.4.2　项目多源地理数据 ················ 348

13.4.3　地理数据存储 ················ 349

13.4.4　多源地理数据管理平台 ················ 350

13.5　本章小结 ················ 352

参考文献 ················ 353

第 14 章　地理信息服务技术与陆路交通智能测绘应用 ················ 354

14.1　地理信息服务技术与发展 ················ 354

14.1.1　地理信息服务发展历史 ················ 354

14.1.2　陆路交通地理信息服务概述 ················ 356

14.2　陆路交通多源地理信息服务技术框架 ················ 358

14.2.1　设计原则 ················ 358

14.2.2　系统总体架构 ················ 359

14.3　陆路交通地理信息服务关键技术 ················ 361

14.3.1　大场景全要素三维地理数据 LOD 构建技术 ················ 361

14.3.2　GIS 服务引擎 ················ 363

14.3.3　空间数据标准 ················ 363

14.3.4　SAAS 技术 ················ 364

14.3.5　虚拟化技术 ················ 365

14.3.6　云服务弹性调整技术 ················ 366

14.3.7　基于 Web 服务实现共享应用 ················ 367

14.3.8　时空大数据分析处理 ················ 367

14.4　陆路交通多源地理信息服务系统 ················ 368

14.4.1　项目概述 ················ 368

14.4.2　陆路交通多源地理信息服务系统及应用 ················ 368

14.5　本章小结 ················ 371

参考文献 ················ 372

# 第1章 绪 论

陆路交通作为现代社会经济发展的支柱，正经历着深刻的变革。从铁路到公路，陆路交通系统的建设和运营不仅承载着巨大的社会需求，也面临着日益复杂的技术挑战。本章探讨陆路交通的发展历程，分析当前面临的关键工作与挑战，并展望未来的发展趋势。从基础设施建设、技术创新和运输现状出发，阐述陆路交通测绘在勘察设计、施工建设和运营维护各阶段的重要作用。聚焦"天、空、地、海"四大类测绘技术的最新进展与应用，探讨数智化转型对陆路交通测绘的深远影响。

## 1.1 概 述

### 1.1.1 交通强国战略与陆路交通

交通是人类生存的基本条件之一，也是人类文明形成、发展及文化交流的重要标志和基础保障。交通是兴国之要、强国之基，在社会经济发展中扮演着至关重要的角色，不仅在基础设施建设中占据重要地位，而且与经济增长密切相关。2019 年 9 月，中共中央、国务院印发了《交通强国建设纲要》，明确从 2021 年到本世纪中叶，我国将分两个阶段推进交通强国建设。到 2035 年，基本建成交通强国，拥有发达的快速网、完善的干线网、广泛的基础网"三张交通网"，基本形成"国内出行"（都市区 1 小时通勤、城市群 2 小时通达、全国主要城市 3 小时覆盖）和"全球快货物流"（国内 1 天送达、周边国家 2 天送达、全球主要城市 3 天送达）"两个交通圈"，如图 1-1 所示；到本世纪中叶，全面建成人民满意、保障有力、世界前列的交通强国，全面服务和保障社会主义现代化强国建设，人民享有美好交通服务。

我国幅员辽阔、地形复杂，交通发展向来是水陆并举，各有闻名世界的巨大成就。耕种土地是我国人民生存的基本方式，陆路交通自古便是重中之重，铁路、公路及其间连接的桥梁、隧道等，共同构成了连接全国各地的交通网络，被誉为"大动脉"和"输血管"，承担着连接各地区的重要功能，是国民经济发展的重要支撑，在国家治理及内外经济文化交流中发挥着突出作用。

从交通基础设施和运输形式来分，陆路交通主要包括铁路运输和公路运输，桥梁、隧道等交通设施也划属于铁路和公路。本书在论及陆路交通时，也主要分铁路和公路两种交通形式，不单独区分铁路、公路的桥梁、隧道等其他交通形式。

铁路运输通过轨道车辆进行，具有多项显著优势，如运量大，可以一次性运输

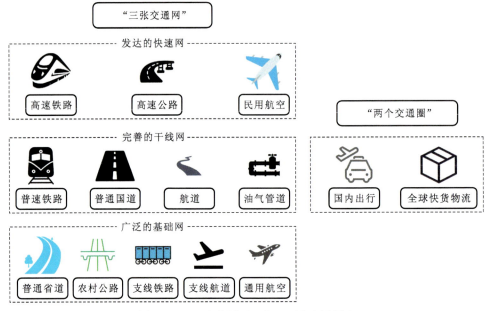

图 1-1　"三张交通网"和"两个交通圈"

大量的货物和人员；铁路运输能耗低，更加环保；铁路运输受气候影响小，能够在各种天气条件下保持稳定运行。这些特点使铁路特别适合长距离和大宗货物的运输，以及大规模的客运服务。铁路网络的不断扩展和高速铁路的发展，极大地提升了运输效率，促进了地区间的经济联系和社会交流。

公路运输则依托车辆在铺设好的道路上行驶，展现出极高的灵活性和适应性。公路交通覆盖面广，能够通达几乎所有的城乡区域，满足人们日常生活和经济活动的多样化需求。公路运输的灵活性表现在其能够随时随地进行调整，适应各种运输任务，从短途的个人出行到中短距离的货物运输，公路系统都能高效完成。随着高速公路和城市快速路网的建设和完善，公路运输的速度和便利性得到了显著提升，进一步推动了区域经济的发展和城乡一体化进程。

## 1.1.2　陆路交通发展现状

我国铁路发展已经跨越了百年历程。在此期间，我国铁路经历了前所未有的大发展，铁路建设不断以高效的速度、先进的技术大步迈向新时代，并成为全球最令人瞩目的铁路建设和运营案例之一。20 世纪 80 年代我国开始高速铁路的研究，于 1999 年建成第一条高速铁路。在之后的短短几年间，我国铁路建成了"八横八纵"的铁路路网，承担了绝大多数的客运量。目前，我国已经拥有了全世界最大规模和最高运营速度的高速铁路网。截至 2023 年底，我国铁路营业里程达到 15.9 万 km，其中高速铁路（高铁）营业里程达到 4.5 万 km。我国高速铁路营业总里程超过世界高铁总里程的 2/3，成为世界上高铁里程最长、运输密度最高、成网运营场景最复杂的国家。高速列车以 300 km/h 以上的速度运行，大大缩短了城市间的旅行时间，促进了经济和社会的发展（丰明海，2020）。

公路是覆盖范围最广、服务人口最多的交通基础设施。党的十八大以来，我国公路建设取得历史性成就，为加快交通强国建设奠定了坚实基础。截至 2022 年底，我国公路总里程达到 535 万 km，十年增长 112 万 km，其中高速公路通车里程 17.7 万 km，稳居世界第一。其中，京沪、京港澳、沈海、沪昆等国家高速公路主线分段实施扩容升级，国家高速公路六车道以上路段增加 1.84 万 km。普通国道二级及以上占比、铺装路面占比达到 80% 和 99%，较十年前分别提高约 10% 和 13%，路网结构进一步优化。

我国陆路交通的大发展是一个全面的进程，涵盖了基础设施建设、技术创新、服务优化、环境保护和国际合作等多个方面。20 世纪末至今，我国铁路、公路等陆路交通不仅在高速铁路建设上取得了举世瞩目的成就，还在整个铁路、公路网络的现代化、智能化及服务水平上持续深化改革与创新（殷玮川 等，2020）。随着我国铁路、公路向"智能铁路""智慧公路"的转变，在技术创新、服务优化和国际合作等方面发力，我国不断推进"一带一路"等国际合作项目，铁路、公路的发展也将在推动全球交通网络互联互通、促进经济社会发展及加强文化交流方面，继续发挥独特和重要的作用，为我国乃至世界的交通运输和经济社会发展做出重要贡献。

## 1.1.3 陆路交通建设工作

陆路交通建设工作是一个涵盖多个领域和专业的广泛行业，面临着许多不同的工作任务。陆路交通建设的首要工作是基础设施建设与维护，还包括建设维护的技术创新与应用，交通运营中的安全保障、服务质量提升，以及市场竞争与合作等方面。

### 1. 基础设施建设与维护

在铁路基础设施建设与维护方面，新线铁路建设是未来进一步满足运输需求和提升运输效率的首要工作，铁路建设正在继续扩展高速铁路网络，连接更多的城市和地区，提高全国范围内的交通连通性。同时，发展城际铁路，缩短城市群内部的交通时间，促进区域经济一体化。维护工作是铁路安全运营的保障，需要定期检查和维护铁路轨道，确保轨道平整无损，防止列车脱轨事故，对铁路桥梁进行定期检查和维修，确保桥梁结构安全稳固，对铁路隧道进行通风、排水和结构检查，防止水害和坍塌事故。此外，对自然灾害（如洪涝灾害、地质灾害）提前进行防护，洪水多发地区可建设防洪设施，确保铁路在极端天气条件下的安全运行，提前预防山体滑坡、岩石崩塌等对铁路的威胁。

与铁路类似，公路基础设施建设与维护是公路交通建设的核心任务之一。现代数字技术赋能公路交通是目前的一大热点。公路基础设施建设包括道路的规划设计、施工建设以及桥梁和隧道的建设，需要结合地理、气候和交通流量等因素，进行科学合理的规划和建设，推动公路勘察、设计、施工、验收交付等数字化，促进基于数字化的勘察设计流程、施工建造方式和工程管理模式变革。公路的维护工作则涉及道路的日常养护、修复和升级，确保公路的通行能力和安全性。结合公路大中修工程和日常检测等，逐步实现存量公路的数字化，重点完善地理信息、线形指标、安全设施、服务设施等信息，为精准实时导航、车路协同、自动驾驶及安全风险管理等提供支撑，推动建设实体公路和数字孪生公路两个体系，不断提升路网质量效率，降低运行成本。

**2. 技术创新与应用**

在技术创新与应用方面，铁路行业正致力于推进智能化和信息化建设，以提高运营效率和服务质量。自动驾驶列车技术的研发和应用，以及更先进的智能调度系统的开发，都旨在提高列车运行的安全性和效率，实现列车运行的最优化调度，减少延误并提高线路利用率。此外，引入智能检测和维修技术，如无人机（unmanned aerial vehicle，UAV）巡检和机器人维修，有助于提高设施维护的效率和准确性。安全技术的提升也是铁路行业技术创新的重点。部署更先进的轨道、桥梁、隧道监测系统，能够实时监控设施状态，预防安全事故。同时，完善铁路应急救援技术和设备，提高应对突发事件的能力，确保乘客和货物的安全运输。

公路行业的技术创新与应用同样至关重要。现代公路建设中引入了大量新技术，如智能交通系统（intelligent transportation system，ITS）、绿色环保材料和施工技术等。这些技术的应用不仅提高了公路运输的效率和安全性，也促进了节能减排和环境保护。公路行业的安全保障包括交通安全设施的设置、道路交通管理和应急救援体系的建立。

## 1.1.4 陆路交通面临的挑战

**1. 陆路交通规划**

陆路交通规划需要综合考虑区域的地理、经济和社会特征。通过对交通需求的深入分析，合理确定铁路和公路的布局和走向，确保交通资源的高效利用。现代陆路交通规划强调多种交通方式的融合与协调。通过构建综合交通运输体系，实现铁路、公路、城市轨道交通和公共交通的无缝衔接，提升整体运输效率。此外，绿色和可持续发展理念在陆路交通规划中也占据重要地位。规划需充分考虑环境保护和资源节约，通过推广绿色交通技术和措施，降低交通对环境的影响，推动交通系统向低碳、环保方向发展。

**2. 陆路交通建设**

陆路交通建设在迎接机遇的同时，也面临着一系列挑战。首先，铁路和公路建设都需要巨额投资。铁路线路建设、车辆设备更新、技术创新等方面的投入需要大量资金支持；同样，公路的扩建、养护和技术升级也需要持续的资金投入。其次，铁路和公路运输的安全保障和服务质量提升是一个长期而艰巨的任务。铁路运输涉及大量人员和设备，安全风险较高，因此需要不断加强安全管理和技术创新，提高运输安全水平。公路交通同样面临安全挑战，交通事故的防范和应急响应能力的提升至关重要。最后，陆路交通运输还需要应对人才短缺和管理不足等问题。铁路和公路运输的发展离不开专业人才的支持，需要加强人才培养和管理创新，提高组织运行效率和管理水平。

**3. 陆路交通运营与维护**

陆路交通的维护是确保铁路系统安全、可靠和高效运行的关键。首先，铁路和公路网络的规模性和复杂性本身就是一大挑战。随着这些系统的不断扩展，维护工作的范围和复杂度也相应增加。例如，我国西部铁路持续高速发展背后暴露出的问题——铁路无人化、少人化管理，将成为我国铁路全生命周期面临的巨大难题。我国西部地区辽阔、人口密度较小，铁路无人值守站越来越多，且沿线存在很多环境恶劣的地方，导致人工监控难度较大；铁路出现病害时监测、观测频率升高，仅靠人工管理无法完成。不仅仅是铁路，公路系统也涉及众多组成部分，包括路面、桥梁、隧道、交通信号和车辆管理，每个部分都需要定期检查、维修和更新，这需要大量的人力、物力和财力投入。此外，陆路交通维护工作往往需要在不影响正常运营的情况下进行，这对维护工作的时间安排和效率提出了严格要求。特别是在高速铁路、高速公路和城市轨道交通等高密度运营的线路上，维护窗口时间有限，工作人员需要在短时间内完成复杂的维修任务，这对维修技术和组织协调能力提出了更高的要求。

# 1.2 陆路交通测绘的内容与发展趋势

## 1.2.1 陆路交通测绘内容

陆路交通测绘是陆路交通工程建设和维护中不可或缺的一个环节，它涉及铁路和公路线路的规划、设计、施工和运营各个阶段（武瑞宏，2021）。陆路交通测绘的主要任务是获取铁路和公路线路及其周边环境的准确地理信息，为选线、设计和施工提供科学依据。按照陆路交通工程建设和运营阶段的不同，陆路交通测绘可分为勘察设计阶段的测量工作（勘测）、施工建设阶段的测量工作（施工测量）、运营维护阶段的测量工作（运营监测）。以铁路测绘为例，图 1-2 展示了铁路工程建设各阶段的主要测量工作内容（中国铁路设计集团有限公司，2018）。

## 1.2.2 陆路交通测绘发展趋势

随着空间技术、计算机技术、信息技术及通信技术的发展，测绘科学技术在这些新技术的支持和推动下，发展成以"3S"技术为代表的现代测绘科学技术，使测绘学科从理论到手段均发生了根本性的改变。陆路交通测绘领域同样也有深刻的变化，从最初的偏重勘测设计阶段的工程测量，到目前在勘测设计、施工建设、运营管理各个阶段均发挥着重要的作用，尤其在高速铁路建设过程中，陆路交通测绘技术已经成为交通建设中的关键技术之一。近年来的发展主要表现在勘测设计一体化、勘测数据采集及处理自动化、测量过程智能化、测绘成果和产品数字化、信息管理可视化、测绘成果传递和共享

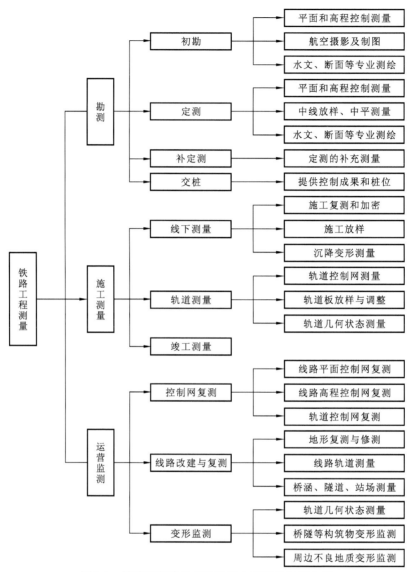

图 1-2 铁路工程建设各阶段的主要测量工作内容

网络化等方面。陆路交通测绘呈现出精确、可靠、快速、简便、实时、持续、动态、遥测等特点和发展趋势。展望未来，全要素测绘和数字化实景三维模型技术将在陆路交通测绘中得到显著应用和发展。

基础地理数据的采集是全要素测绘的核心内容之一，包括对地形、地貌、水系、植被等自然环境要素的全面测绘。交通设施的测绘是全要素测绘的重点。铁路和公路作为陆路交通的主要形式，其测绘内容涵盖线路、车站及服务区、桥梁和隧道等附属设施，通过对道路、桥梁、隧道等交通设施的详细测量和记录，可以获取交通流量、拥堵情况、事故多发地点等重要信息。此外，全要素测绘还涉及社会经济数据的采集与分析。这部分内容包括沿线人口分布、经济活动、土地利用等人文因素的测绘。通过这些数据，可以评估交通设施对区域经济发展的推动作用，并为进一步的交通规划提供科学依据。全要素测绘强调综合分析与应用。利用现代信息技术，如大数据和人工智能，对采集到的各类数据进行综合分析，提供智能交通解决方案。智能化的交通管理系统可以根据实时数据动态调整交通策略，提高交通系统的响应速度和管理水平。

数字化实景三维模型的构建依赖高精度的数据采集技术。无人机倾斜摄影测量、激光雷达（light detection and ranging，LiDAR）扫描和移动测绘系统等技术，可以高效、精确地获取地形、建筑物、道路等信息。这些数据通过专业的软件进行处理和整合，形成高分辨率的三维模型，真实地反映地面状况（张占忠，2023）。数字化实景三维模型还能够提供详细的视觉化信息。这些模型不仅显示地形、道路和建筑物的三维形态，还可以包含纹理、颜色等信息，使模型更加真实和直观。此外，数字化实景三维模型在交通管理和维护中也具有重要作用。通过实时更新和动态监测，可以对交通设施的使用状况进行全面监控，及时发现和解决问题。数字化实景三维模型还可以与其他信息系统进行集成，形成智能化的交通管理平台。

# 1.3 天空地海测绘遥感技术发展

在现代高新技术发展的推动下，测绘技术与航天航空、机器人、移动互联网、大数据、云计算、人工智能等深度融合，已经形成天空地海一体的测绘遥感对地观测体系，全面支撑实景三维中国建设、新型基础测绘、时空大数据平台、城市大脑、数智勘测设计、数字基础设施、数字经济、数字政府等新的业态、新的产品和新的服务，影响经济、社会、生态发展和普通民众日常生活（丛铭 等，2023）。

面向陆路交通工程勘测、建设和运营维护全生命周期的特点和适用条件，现代测绘遥感技术主要分为"天""空""地""海"四类。图 1-3 展示了这四类技术遥感观测示例图。

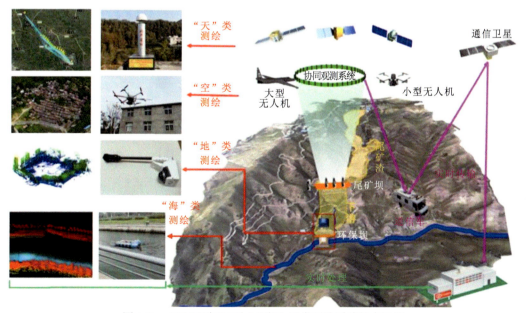

图 1-3 "天""空""地""海"四类测绘遥感技术示例

### 1.3.1 "天"类测绘遥感技术

"天"类测绘遥感技术以人造卫星为平台,搭载测绘遥感载荷进行测绘,主要包括全球导航卫星系统(global navigation satellite system,GNSS)、全球定位系统(global positioning system,GPS)、北斗卫星导航系统(BeiDou navigation satellite system,BDS)、高分卫星遥感技术、星载合成孔径雷达干涉测量(interferometric synthetic aperture radar,InSAR)等测绘遥感技术。

**1. GNSS 定位技术**

GNSS 定位技术是一种能够在全球范围内提供高精度位置、速度和时间信息的无线电导航定位系统。它从最初的定位精度低、不能实时定位、难以提供及时的导航服务,发展到现如今的高精度全球定位,涵盖了多个卫星导航系统及其增强系统,其中包括我国的北斗卫星导航系统。

图 1-4 展示了先进的高精度 GNSS 实时动态(real-time kinematic,RTK)测量设备。

(a)华测 X16Pro 视频 RTK 测量仪      (b)中海达 V-300 RTK 测量仪

图 1-4   先进的高精度 GNSS 实时动态测量设备

在交通领域,无论是陆地、海上还是空中交通,GNSS 以其独特的全球覆盖和高精度定位能力,都提供了精确的导航和时间同步服务,使交通运输更加安全高效(马润泽 等,2023)。

**2. 高分卫星遥感技术**

高分卫星遥感技术是指使用高分辨率卫星图像来进行地表和大气的观测和分析的技术。在国家高分辨率对地观测系统重大专项的推动下,高分一号至高分七号与高分多模卫星综合利用可见光、多光谱、红外、高光谱、合成孔径雷达(synthetic aperture radar,SAR)等遥感技术,使我国获得了高空间分辨率、高时间分辨率、高光谱分辨率的对地观测、立体测绘和定标能力,对地观测水平得到极大提高。近年来,国内高校和中国科学院等研究机构在小型遥感卫星研制中取得了丰硕的成果。如武汉大学地球空间信息协同创新中心布局了珞珈系列科学试验卫星(李德仁,2023)。图 1-5 展示了近年来国内发射的高分卫星产品。

高分卫星遥感技术以其卓越的空间分辨率与广泛的覆盖范围,正逐渐成为现代社会不可或缺的信息获取工具。在精准农业领域,这种技术能够详细监测农作物生长状况,为病虫害防治、产量预估提供科学依据。在城市规划和管理中,高分卫星遥感技术可以精确描绘城市扩张趋势，助力合理规划城市布局。

（a）天绘一号卫星

（b）资源三号 01 星

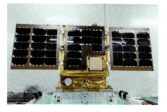

（c）武汉一号卫星

图 1-5　国内典型的高分卫星产品

### 3. 星载雷达干涉卫星遥感技术

合成孔径雷达（SAR）是一种高分辨率成像雷达，能够在暗夜、云雾遮挡、雨雪等条件下获取类似光学成像的高分辨率雷达图像，具有高分辨率、全天时、全天候的对地观测能力（朱建军 等，2022）。图 1-6 展示了国内外典型的 SAR 卫星产品。星载合成孔径雷达干涉测量（InSAR）是一种用于大地测量和遥感的雷达技术，图 1-7 展示了 InSAR 成像基本原理。

（a）哨兵一号卫星

（b）高分三号卫星

（c）陆地探测一号卫星

图 1-6　国内外典型的 SAR 卫星产品

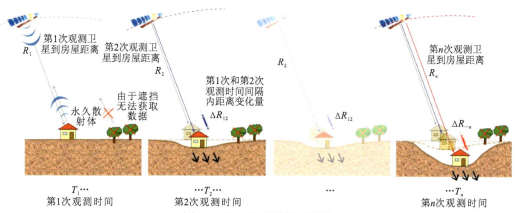

图 1-7　InSAR 成像基本原理

目前，我国星载 SAR 系统在系统体制、成像理论、系统性能、应用领域等方面正处于高速发展阶段，逐渐实现了以亚米级分辨率等为代表的技术跨越，工作模式也从早先的单通道单模式提升到单通道多模式乃至多通道多模式新体制 SAR 系统。

## 1.3.2 "空"类测绘遥感技术

"空"类测绘遥感技术以近地面航空飞行器（有人机、无人机）为平台，搭载各类测绘遥感载荷进行测绘，主要包括机载航空摄影、机载激光雷达、无人机低空遥感、无人机激光雷达等测绘遥感技术。

**1. 机载航空摄影测量技术**

机载航空摄影是在飞机上安装航空摄影仪，对地面进行垂直摄影，获取航摄像片或数字影像。机载航空摄影测量技术（图 1-8）主要包括航空摄影、航空遥感和地面控制测量三个主要环节。

图 1-8　机载航空摄影测量技术示意图

机载航空摄影测量技术在地理测绘领域具有广泛的应用。通过机载航空摄影测量技术可以获取大范围的地表地形数据，用于地图制作和地理信息系统（geographic information system，GIS）建设。这在城市规划、资源开发、自然灾害监测等方面都具有重要意义。

**2. 机载激光雷达测量技术**

机载激光雷达测量技术（图 1-9）是一种将激光测距技术与雷达技术相结合的创新技术。激光雷达主要由激光器、光路系统、探测器、信号处理器等组成，通过发射激光束，在返回激光束的时间内精确地测量目标物体的距离、方向和速度等信息（张林，2024）。

机载激光雷达测量技术可用于飞机防撞、地下隧道智能巡检等领域，其应用前景不仅局限于航空领域，还有着广阔的市场和发展空间。

**3. 无人机低空遥感测绘技术**

无人机低空遥感测绘技术的应用是测绘领域的一项创新举措，利用无人机遥感灵活、高效、分辨率高等优点，使信息的采集和处理能力有了显著的提升，而且无人机在复杂的地形地势环境下也可以有效作业，极大地减少了测绘成本的投入，测绘精度也可以得到一定的保障。无人机航测倾斜摄影相机（图 1-10）通过从 1 个垂直和 4 个倾斜共 5 个不同视角同步采集影像，从而获取丰富的建筑物顶面及侧视的高分辨率纹理，不仅

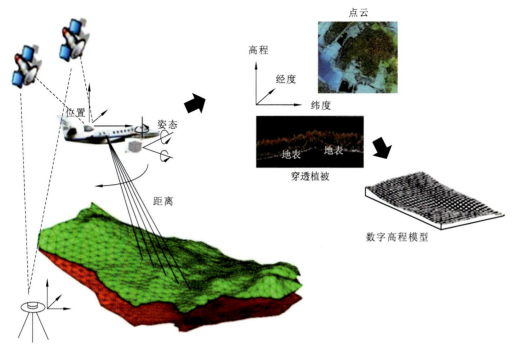

图 1-9　机载激光雷达测量原理示意图

能够真实地反映地物情况，还能高精度地获取物体纹理信息。无人机航测倾斜摄影技术可以与其他多种技术（机载雷达、视频全景等）结合，以实现更高效的三维建模。

图 1-10　无人机航测倾斜摄影相机

无人机低空遥感监测系统是一种高机动性、低成本的小型化、专用化遥感监测系统，广泛应用于土地利用动态监测、矿产资源勘探、地质环境与灾情监测、地形图更新与地籍测量、海洋资源与环境监测及农业、林业、水利、交通等部门。

### 4. 无人机激光雷达技术

无人机激光雷达系统由搭载平台（无人机）、全球导航卫星系统（GNSS）、惯性测量单元（inertial measurement unit，IMU）、激光雷达和同步控制系统组成。现代无人机激光雷达系统能够提供厘米级甚至毫米级的高精度测量，极大地提高了地形和地物的细节捕捉能力。图 1-11 展示了倾斜激光雷达设备及装载该设备的无人机产品。

（a）激光雷达系统                         （b）无人机机载激光雷达系统

图 1-11　无人机激光雷达设备

无人机激光雷达技术的应用非常广泛，在遥感影像制图方面，无人机激光雷达可以在山地、林区、草原、水域等复杂地形环境中进行测绘，并提供高质量的数据支持。在智慧交通方面，无人机激光雷达可实时测量城市交通道路的拥堵情况、车流量和车速等信息，为交通管理提供实时数据服务。

## 1.3.3　"地"类测绘遥感技术

"地"类测绘遥感技术以地面移动载体（如汽车、火车、机器人等）为平台，搭载各类测绘遥感载荷进行测绘，主要包括车载移动测量、轨道移动测量、机器人（狗）的同步定位与制图（simultaneous localization and mapping，SLAM）、单兵 SLAM 等测绘遥感技术。

### 1. 车载移动测量技术

车载移动测量系统是一种集成多种高端传感器和数据处理单元的快速数据获取及处理设备（图 1-12）。车载移动测量系统集成了激光雷达、全球导航卫星系统、惯性测量单元、里程计及高清全景相机等多种传感器，具有非接触、主动式、快速、高效等特点。

图 1-12　车载移动测量系统

在基础设施（如市政道路、桥梁及隧道）的竣工测量中，车载移动测量系统能够通过三维激光扫描技术获取激光点云数据，这些数据为数字化城市建设和可视化管理提供了数据基础。

## 2. 轨道移动测量技术

轨道移动测量技术是一种高精度、高效率的现代测绘技术，主要用于铁路、地铁等轨道交通领域的工程建设与维护（姚连璧 等，2022）。如图 1-13 所示，轨道移动三维激光测量系统能够精确快速地完成既有铁路沿线车站、路基、桥梁、隧道及其附属设施（道岔、钢轨、接触网等）的高精度三维点云场景数据获取。

图 1-13　轨道移动三维激光测量系统

轨道移动测量技术广泛应用于轨道交通的各个领域。该技术可应用于地铁隧道检测，通过自主研发的后处理平台，实现地铁隧道环片收敛、变形、错台、渗水、裂缝、侵限、掉块等检测成果快速测量，精度达到 2 mm。

## 3. 机器人（狗）SLAM 测量技术

机器人（狗）SLAM 测量技术是一种使机器人（狗）能够在未知环境中同时进行定位和地图创建的关键技术。近年来，视觉 SLAM、激光雷达 SLAM 及多传感器融合 SLAM 技术取得了显著进展，进一步提高了 SLAM 的鲁棒性和精度（张大伟 等，2021）。图 1-14 展示了典型的移动机器人（狗）SLAM 系统。

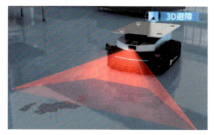 

（a）移动机器人 SLAM 系统　　　　　（b）移动机器狗 SLAM 系统

图 1-14　典型移动机器人（狗）SLAM 系统

机器人视觉 SLAM 技术在机器人导航、环境探测和三维（3D）建模等方面都具有重要的应用。在环境探测应用中，机器人可以利用 SLAM 实时监测并记录环境变化，这对灾难恢复和环境监测尤为关键。

**4. 单兵 SLAM 测量技术**

单兵 SLAM 测量技术是一种为个人或单个士兵提供实时定位和导航能力的技术，通常在视觉、地下或室内环境中应用，特别是在 GPS 信号不可靠或不可用的情况下。近年来，惯性/视觉 SLAM、惯性/激光雷达 SLAM、视觉/激光雷达 SLAM 等基于多传感器融合的 SLAM 系统发展迅速，并且展现出比基于单一传感器更高的精度和更强的环境适应性。图 1-15 展示了背包式 SLAM 系统及手持式 SLAM 系统。

（a）背包式 SLAM 系统　　　（b）手持式 SLAM 系统

图 1-15　典型单兵 SLAM 系统

在军事领域，这项技术使士兵能够在复杂的城市战场或室内环境中进行有效的导航和定位，极大地提高了战术操作的安全性和效率。单兵 SLAM 还在科学探险中发挥作用，例如在洞穴探险或考古发掘中，科研人员可以依靠这项技术精确地测绘未知区域的地形。

## 1.3.4　"海"类测绘遥感技术

"海"类测绘遥感技术以在水面上的移动载体（如船等）为平台，搭载各类测绘遥感载荷进行测绘，主要包括船载水岸一体测量、无人船载水陆一体测量系统等测绘遥感技术。

**1. 船载水岸一体测量技术**

船载水岸一体测量系统是水陆地形无缝测量中一种新兴的海洋测绘设备。水岸一体海岸带测绘系统主要由水下多波束测深系统、水上激光扫描系统、全景影像采集系统和船位姿定位定向系统等硬件组成，依据成熟的控制系统实现了对多传感器的同步控制、多数据源的同步采集（李清泉 等，2017）。图 1-16 展示了典型的船载水陆一体测量系统。

船载水陆一体测量系统有着成本低、灵活性强、密度高的优势，为水陆结合部的无缝接图及陆海测绘一体化框架的构建提供了一套完整有效的解决方案，在河道、水库、海岛、海岸带监测中具有较为广泛的应用价值。

图 1-16　船载水陆一体测量系统

### 2. 无人船载水陆一体测量技术

无人船载水陆一体测量系统采用先进的移动测量和智能无人船技术，是船载水陆一体测绘系统和无人船的兼容性集成。为了保证航向和姿态的统一，无人船和测量设备共用定位和姿态等辅助设备。其一般集成了 GNSS、多波束测深仪、激光扫描仪、高精度惯性导航系统等多种高精度传感器，可选用自动驾驶和远程遥控两种方式对无人船进行控制，采用无线传输的方式，实时接收并分析处理所采集数据。图 1-17 展示了无人船多波束下水陆一体三维测量系统。

图 1-17　无人船多波束下水陆一体三维测量系统

随着多波束技术的发展，无人船搭载多波束作为一种近年新兴的水下三维数据采集技术，也越来越多地应用于河道测量、地形测量、近海测绘、水库监测等领域。将无人机搭载激光雷达和无人船搭载多波束进行有效结合并作为一种全新的水陆空一体化三维测量技术加以应用，为解决区域范围内水陆地表三维数据全覆盖，促进水陆三维数据的无缝衔接提供了可能。同时，也为水利三维设计提供了基础保障。

# 1.4　数智化转型对陆路交通测绘的挑战

## 1.4.1　数字化和智能化技术发展

数字化和智能化技术的发展正以前所未有的速度改变着各个行业的面貌。这些技术通过整合先进的信息通信技术、数据分析和人工智能，推动了传统行业的转型升级，提高了运营效率、服务质量和创新能力。

数字化技术的发展主要体现在数据的收集、存储、处理和分析方面。随着物联网的普及，越来越多的设备被连接到网络上，生成了海量的数据。这些数据通过云计算技术被高效存储和处理，使企业能够实时获取并分析业务数据，做出更加明智的决策。大数据技术的发展使数据分析更加深入和广泛，帮助企业发现隐藏在数据背后的规律和趋势，从而优化运营流程，提升客户体验和开发新产品。

智能化技术的发展则主要集中在人工智能和机器学习的应用上。人工智能技术通过模拟人类智能，能够执行复杂的任务，如自然语言处理、图像识别和自动驾驶等。机器学习技术则通过算法和模型，从大量数据中学习并做出预测和决策。智能化技术的应用不仅提高了生产效率和自动化水平，还推动了新兴产业的发展。例如，自动化生产线、智能客服系统和智能推荐算法等，都在不同程度上提升了企业的运营效率和服务水平。

## 1.4.2 陆路交通数智化转型

陆路交通数智化转型是指利用数字技术和信息通信技术对铁路和公路系统进行全面升级和改造，以提高运营效率、安全性和服务质量，实现运输的智能化和可持续发展。

数智化转型的目标是建立自主可控的智能勘察设计平台，形成中国特色的智能设计技术体系和数智化标准，提高勘察设计质量，提升勘察设计全流程生产效率15%以上。这为轨道交通和公路基础设施的施工、运维等全生命周期提供了坚实的数据基础，推动全产业链的数智化发展。在基础设施方面，数智化转型意味着可利用物联网技术对铁路和公路的轨道、桥梁、隧道等进行实时监测，确保结构的完整性和安全性。通过智能化的信号控制系统和自动化的调度管理系统，可实现列车和车辆运行的精确控制和高效调度。在车辆管理方面，数智化转型包括利用先进的传感器技术对列车和车辆的运行状态进行实时监测，通过大数据分析和机器学习技术对故障进行预测和预防性维护，提高其可靠性和运行效率。此外，铁路和公路的数智化转型还涉及利用云计算、区块链和人工智能等技术对运营数据进行集中管理和智能分析。这些技术支持决策制定和优化运营效率，使管理更加科学、精细。在勘察设计方面，数智化转型引入了先进的数字技术和工具，实现了设计过程的高效化、智能化和精准化。

## 1.4.3 对陆路交通测绘的挑战

陆路交通的数智化转型过程也给陆路交通测绘工作带来了一系列挑战。

首先，技术挑战是陆路交通测绘面临的主要问题之一。数智化转型要求测绘工作能够提供更高精度、更大范围、更多维度的数据，这需要采用更先进的测绘设备和技术。同时，测绘人员需要掌握这些新技术的操作方法和数据处理流程，这对他们的技术水平和专业知识提出了更高要求。其次，数据挑战也是陆路交通测绘面临的重要问题。铁路数智化转型产生了大量的数据，如轨道状态、车辆信息、交通流量等，这些数据需要进行有效的管理和分析。然而，确保数据的准确性、完整性和安全性，实现数据的高效处理和智能分析，都是测绘工作需要解决的难题。此外，陆路交通测绘还面临着协同和标准化的挑战。数智化转型涉及多个部门和领域的协作，需要建立有效的协同机制，确保各方数据的一致性和互操作性。同时，还需要制定统一的数据标准和测绘规范，以保证数据质量和测绘成果的可靠性。

陆路交通的数智化转型对测绘工作提出了新的挑战，要求测绘工作能够适应新技术的发展，处理大量的数据，以及实现多部门的协同和标准化。只有克服这些挑战，才能有效支持交通系统的数智化转型，促进运输的智能化和可持续发展。随着技术的不断进步和行业经验的积累，陆路交通测绘领域将不断发展和完善，为数智化转型提供更加坚实的基础。

# 1.5　本　章　小　结

本章概述了陆路交通的发展历程和发展趋势，探讨了铁路和公路工程面临的挑战。对陆路交通测绘的工作内容与技术发展进行了分析。进一步阐述了"天""空""地""海"四类测绘技术的内涵、最新进展及用途。面对陆路交通数智化转型带来的挑战，分析了数智化转型过程中陆路交通测绘需要应对的新问题和机遇。

# 参　考　文　献

丛铭, 展熠, 陈斯亮, 等, 2023. 复杂交通场景的空天地协同实景建模方法. 测绘科学, 48(11): 117-124.

丰明海, 2020. 中国铁路工程航测遥感六十年. 西安: 西安地图出版社.

李德仁, 2023. 从珞珈系列卫星到东方慧眼星座. 武汉大学学报(信息科学版), 48(10): 1557-1565.

李清泉, 朱家松, 汪驰升, 等, 2017. 海岸带区域船载水岸一体综合测量技术概述. 测绘地理信息, 42(5): 1-6.

马润泽, 曲以胜, 李克, 等, 2023. 基于GNSS定位和卫星影像的铁路中线数据生成方法研究. 铁道勘察, 49(1): 12-17.

武瑞宏, 2021. 铁路工程测绘技术标准体系研究. 铁道标准设计, 65(9): 40-45.

姚连璧, 孙海丽, 许正文, 等, 2022. 轨道交通移动激光测量新技术应用. 上海: 同济大学出版社.

殷玮川, 黄千, 2020. 我国铁路数字化转型发展对策探讨. 铁道货运, 38(10): 34-38.

张大伟, 苏帅, 2021. 自主移动机器人视觉SLAM技术研究. 郑州大学学报(理学版), 53(1): 1-8.

张林, 2024. 机载激光雷达在地形测绘中的运用. 工程技术研究, 9(7): 98-100.

张占忠, 2023. 无人机LiDAR技术在山区铁路测绘中的应用. 铁道勘察, 49(5): 16-22.

中国铁路设计集团有限公司, 2018. 铁路工程测量手册. 北京: 人民交通出版社.

朱建军, 付海强, 汪长城, 2022. 极化干涉SAR地表覆盖层"穿透测绘"技术进展. 测绘学报, 51(6): 983-995.

# 第 2 章　陆路交通智能测绘：定义、范围与技术框架

　　全球交通基础设施飞速发展，陆路交通系统面临着前所未有的复杂性和挑战。传统的测绘技术已经难以满足现代交通工程对高精度、高效率和智能化的需求。尤其是在信息化和数字化快速推进的背景下，陆路交通测绘技术正在经历一场深刻的变革。从最初的基础测绘到如今的智能测绘，技术的进步不仅提升了测绘的精度和效率，也彻底改变了测绘的理念和方法。本章探讨陆路交通智能测绘的定义、范围及其技术框架，分析智能测绘在陆路交通规划、设计和维护中的关键作用，构建基于北斗与人工智能的陆路交通智能测绘技术体系，为未来陆路交通勘测技术创新发展提供方向。

## 2.1　从数字化、信息化测绘到智能测绘

　　测绘的基本任务是测定和表达各类自然要素、人文现象和人工设施的多维空间分布、多重属性及其随时间的动态变化。为此，需要借助各种先进技术手段和仪器装备，开展数据采集、处理、分析、表达、管理及成果服务等活动。这使测绘成为一个技术密集型行业，技术进步在提升其生产效率与服务水平方面发挥着至关重要的作用。我国测绘经历了从模拟测绘技术到数字化测绘技术的重要变革，逐步实现了全行业的数字化转型，推动了数字化产品生产与服务体系的全面建立，促进了地理信息产业的蓬勃发展。但近年来这种数字化测绘技术的"红利"已基本用完，测绘生产与服务面临着数据获取实时化、信息处理自动化、服务应用知识化等诸多新难题。从数字化测绘走向智能化测绘，成为必然选择（马建军 等，2023）。

### 2.1.1　早期测绘

　　20 世纪 90 年代之前，人们主要使用光学–机械型测量仪器测制各种比例尺地形图和专题图，作业周期长、更新速度慢，1∶5 万地形图覆盖全部陆地国土不足 80%，且大部分现势性在 10 年以上，十分陈旧，严重滞后于经济建设和社会发展的需要。为改变这种不利局面，国家测绘主管部门成功地组织完成了数字化测绘技术体系的科技攻关，实现了地理空间数据的数字化采集、处理与服务，向各行各业提供模拟和数字两类产品，奠定了测绘行业在全社会数字化转型大潮中的重要地位，较好地满足了国民经济建设和社会发展的需要。

## 2.1.2　数字化、信息化测绘

随着计算机技术和全球定位系统（GPS）的发展，陆路交通测绘迎来了数字化和信息化的新时代。陆路交通测绘领域开始大规模采用电子设备和软件来改善数据处理过程。全站仪和数字水准仪的使用大幅提高了角度和高程测量的精确性，同时减少了人为读数误差。这些设备直接生成的数字数据可以被存储在计算机系统中，并通过专业软件进行快速处理，实现了地图绘制和设计的自动化（罗娟，2024）。

随着数字化和信息化技术的融入，陆路交通测绘数据管理逐渐向标准化和自动化发展。制定统一的数据格式和存储标准有助于保证数据的一致性和可交换性。自动化的数据收集和更新机制减轻了人力负担，提高了数据流转的效率。为了实现有效的数据管理，测绘部门建立了一套完整的标准化体系。该体系涵盖了数据收集、存储、处理和分发的各个阶段，确保了数据质量和安全性。同时，自动化技术的应用减少了重复性工作，降低了错误率，提升了整体工作效率。

## 2.1.3　智能化测绘

智能化测绘以知识和算法为核心要素，构建以知识为引导、算法为基础的混合型智能计算范式，实现测绘感知、认知、表达及行为计算。针对传统测绘算法、模型难以解决的高维、非线性空间求解问题，在知识工程、深度学习、逻辑推理、群体智能、知识图谱等技术的支持下，对人类测绘活动中形成的自然智能进行挖掘提取、描述与表达，并与数字化的算法、模型相融合，构建混合型智能计算范式，实现测绘的感知、认知、表达及行为计算，产出数据、信息及知识产品。

智能化测绘体系的建立，将推动测绘数据获取、处理与服务的技术升级，从基于传统测量仪器的几何信息获取拓展到泛在智能传感器支持的动态感知，从模型、算法为主的数据处理转变为以知识为引导、算法为基础的混合型智能计算范式，从平台式数据信息服务上升为在线智能知识服务。为了切实推动智能化测绘的创新发展，应努力地构建智能化测绘的知识体系，加大智能化测绘技术方法的研究力度，研制智能化测绘的应用系统与仪器装备（汪场，2022）。

陆路交通测绘技术从数字化、信息化到智能化测绘的演进，体现了技术创新对铁路行业发展的重要推动作用（康学东，2019）。智能化测绘技术的应用不仅提高了陆路交通建设和管理的效率和质量，而且为交通行业的可持续发展提供了有力的技术支撑。

# 2.2　陆路交通数智化设计中的测绘：需求与特征

## 2.2.1　数智化设计需求

在陆路交通数智化设计中，测绘工作扮演着至关重要的角色，它不仅是陆路交通设计的基础,更是确保设计精度和效率的关键环节。数智化设计的不断发展对测绘工作的需求也日益提高,涉及测绘精度和数据处理能力等多个方面。

首先,测绘精度对陆路交通设计的影响不言而喻。作为一种重要的交通工具,陆路交通的安全性和运营效率直接关系人民生命财产的安全。因此,测绘作为交通设计的基础工作,其精度要求非常高。数智化设计需要依托高精度的地形、地貌、地质等测绘数据,以保证设计方案的科学性和可靠性。随着陆路交通设计向着更快的速度和更大的载重发展,对地形数据的精度要求也越来越高。精确的地形数据可以帮助工程师优化线路设计,减少弯道和坡度,从而提高车辆的运行速度和安全性。

其次,测绘效率的提高对缩短铁路设计周期、加快项目进度具有重要意义。在陆路交通设计项目中,时间就是成本,高效的测绘工作可以显著降低项目成本。数智化设计对测绘效率提出了更高的要求,需要测绘技术能够快速、准确地完成大范围、多类型数据的采集和处理。这不仅可以提高设计的效率,还可以加快陆路交通项目的整体进度,为陆路交通的快速发展提供支持。

## 2.2.2 陆路交通测绘特征

陆路交通测绘具有自身的特点,包括空间范围广、数据类型多样和应用场景复杂等(雷升祥 等,2023)。空间范围广意味着测绘工作需要覆盖长距离的铁路和公路线路,涉及不同的地形和地貌类型。数据类型多样则体现在陆路交通测绘需要采集地形、地质、建筑物、交通设施等多种数据(杨文东 等,2023)。应用场景复杂则表现在测绘数据需要应用于铁路的规划、设计、施工和运维等多个阶段。在铁路工程中,测绘作为基础数据获取的关键步骤,其发展特征对整个数智化进程至关重要。

陆路交通数智化设计中的测绘特征之一是数字化采集。数字化采集方式大幅提升了传统测量方法的效率,降低了人力成本并缩短了项目周期。第二个特征是自动化处理。借助专业软件,测绘数据可以经过自动校正、融合和分析,最小化人为干预。自动化程度的提高为陆路交通设计的每一个环节带来了更高的效率和可靠性。第三个特征是三维建模的提升。陆路交通数智化设计中的测绘数据支持三维建模,使设计师能够在虚拟环境中进行设计和修改。第四个特征是信息化管理。随着信息化技术的发展,测绘数据和设计文件可以存储在信息化系统中,实现数据的共享、检索和长期管理。第五个特征是智能化应用的深化。智能化应用不仅提高了设计的效率,也提升了设计的质量和可靠性。通过深度学习和模式识别,智能算法能够从海量数据中识别出关键的信息和预测趋势,为决策者提供强有力的数据支持。第六个特征是多源数据融合的创新。卫星遥感、无人机航拍等多种数据源的融合应用,为陆路交通数智化设计提供了全方位的数据支持。不同尺度和类型的数据共同构成了一个多层次、立体的信息模型,为陆路交通设计提供了更全面的视角。

# 2.3　陆路交通智能测绘的内容与范围

## 2.3.1　陆路交通智能测绘内容

### 1. 高精度定位

在探讨陆路交通基础设施的高精度定位时，"厘米级定位服务"是高精度定位系统的核心，目的是提供最终的定位信息。这一服务依托精密的算法和广泛的数据源，包括但不限于全球导航卫星系统、地理信息系统及多种传感器数据。通过对这些数据的高度集成与智能处理，系统能够提供毫米级甚至亚毫米级的定位精度，满足工程建设的高要求和管理的精准度需求（覃泽阳 等，2024）。

1）北斗地基/星基增强服务

北斗地基/星基增强服务作为目标定位服务的一个重要支撑，主要利用北斗系统提供的区域差分数据，通过地基增强站和星基增强系统进行定位信号的校正和增强。北斗地基/星基增强服务是高精度定位技术的关键组成部分。它通过增强信号，使原本可能因多路径效应或信号阻塞而变得不稳定的定位信号得到优化，特别是在高楼林立的城市环境或遥远的山区，这项技术确保了定位信号的精确传递。对于大型基础设施项目，如桥梁、隧道建设，北斗地基/星基增强服务的应用大大提高了施工的精度，确保了工程质量和安全。

2）工程控制网基准体系

工程控制网基准体系为高精度定位提供了坚实的基础框架，高精度的控制网对土木工程、大型基础设施建设至关重要。它不仅定义了精确的测量起点和方向，还提供了必要的参考坐标系统，保证了测绘和施工过程中的相对和绝对位置精确对应，确保了各项测量活动能够基于统一且准确的坐标体系进行。

工程控制网基准体系为工程的设计与实施提供了精确的参照。在基础设施的建设过程中，从初步的测绘到最后的施工，一个精确的控制网是确保每个步骤都能在正确位置进行的关键。

3）多传感器融合定位

多传感器融合定位技术能够整合来自各类传感器（包括光学相机、激光雷达、超声波传感器、惯性测量单元等）的数据，提供一种全面的定位解决方案，这些传感器捕获的信息覆盖从物理特性到环境动态的广泛方面。IMU能在没有外部信号的情况下提供运动信息，是实现全天候定位的关键组成部分。多传感器融合不仅增强了系统的冗余度，提高了定位的稳定性和可靠性，还可以在某一传感器失效或信号受干扰时提供后备的定位信息，确保系统的连续运行。

### 2. 数据获取

在陆路交通基础设施的规划、建设与维护中，数据的获取和协同处理是一个关键环节，包括卫星遥感、无人机、激光雷达、倾斜摄影、移动测量及车载地球探测设备，确保空天地多源数据快速获取。这些多源数据获取方式共同构成了陆路交通基础设施的数据采集体系。多源数据不仅需要高效的获取，还需要进行有效的协同处理。数据协同处理涉及数据的集成、校正和分析，以形成统一的、高质量的信息集。这一过程保证了从不同来源和不同时间获取的数据可以被无缝对接和整合，为基础设施的设计、建设和维护提供了全面的视角。

空天地数据配准是陆路交通智能勘测中一个至关重要的环节，它涉及将来自卫星遥感（天）、无人机侦察（空）及地面测量（地）等多个数据源获得的信息进行准确对接和整合的过程（刘欢 等，2019）。这一技术的实施对保障高精度地图制作、地理信息系统更新维护，以及大规模基础设施规划和管理至关重要。

配准过程中不可避免地会出现误差，包括系统误差、测量误差及由数据处理引起的误差等。因此，需要精心设计误差校正程序来优化配准结果。这些程序可能包括滤波算法（如卡尔曼滤波）及基于机器学习和深度学习的误差校正方法，它们可以从大量的数据中学习误差模式并自动进行调整。

**3. 数据集成**

数据集成是指将来自不同来源、不同格式和不同时间的测绘数据进行统一整合和处理，以形成一致、完整的数据集。在陆路交通智能测绘中，数据集成的重要性体现在以下方面。①完整性：通过数据集成将地形、轨道、桥梁、隧道等不同方面的测绘数据整合在一起，形成完整的陆路交通测绘数据集，为陆路交通工程的全面分析和决策提供支持。②一致性：数据集成可以消除不同数据源之间的矛盾和冲突，确保测绘数据的一致性和准确性，提高工程设计和施工的精度。③互操作性：通过标准化的数据集成流程实现不同测绘系统和工具之间的数据共享和交换，提高陆路交通测绘工作的协同性和效率。

**4. 智能解译**

设计控制要素的提取目前仍以人工为主，智能解译能够有效自动化地提取地物要素，并根据多源数据的特征，进行信息的互补与融合。多源数据的设计控制要素和地物样本知识库的建立和应用是现代空间数据处理不可或缺的一部分，可以大幅提高空间数据的质量和应用价值，为多个领域的决策支持提供科学的数据基础。因此，研究高效的智能解译技术对陆路交通智能勘察至关重要，能进一步推动数据的智能分析和自动化处理。

（1）地物样本知识库构建。地物样本知识库是地物识别和分类的基石。它包含了大量的地物样本信息，如不同类型的植被、建筑物、水体等。这些样本通过深度学习算法进行特征提取和地物识别。样本知识库的构建有利于减少深度学习模型在训练过程中出现的偏差，地物样本知识库的丰富度和质量直接影响模型的准确性和可靠性。完备的知识库能够增强模型的鲁棒性和泛化性，加强模型的迁移性能，能够从多源数据中自动识别相似的地物。

（2）设计控制要素智能解译。设计控制要素智能解译涉及运用人工智能和机器学习技术来识别和解读地理空间数据中的关键信息。这项技术是通过自动化的方式对遥感影像、地理测绘数据和其他空间数据中的设计控制要素（如道路边界、建筑物轮廓、植被类型等）进行分类和标注。智能解译系统利用先进的算法，包括深度学习和神经网络，来学习地物样本知识库中的模式，并将这些学习应用于新的数据集。

（3）设计控制要素精细化。主要目的是根据智能解译的结果进行矢量化和精细化。设计控制要素精细化涉及一系列步骤。从设计控制要素提取到最终的要素精细化，整个流程体现了对地理空间数据智能处理的详尽程度。

整个流程的目的是确保从原始数据到最终应用输出，每一步都能保持高质量和高精度，确保最终用户能够获得可靠和详尽的信息。例如：在城市规划中，高精度的地理空间数据能够帮助决策者理解城市的现状，规划未来发展；在交通管理中，精确的道路和交通要素识别对导航系统和自动驾驶车辆至关重要。通过精细化的智能解译，可以大大提高数据的实用性和价值。

**5. 融合表达**

在陆路交通数智化测绘的领域中，融合建模和可视化技术是实现高效规划和精确施工的关键技术。融合建模是一个集成不同数据源信息以构建综合数字模型的过程，它利用了地形测绘、地理信息、现场勘测和历史数据。可视化则是将这些复杂的数据以图形和图像的形式展现出来，提供直观的理解和分析。

在陆路交通测绘中，融合建模的重点在于将高精度的地形、结构、轨道数据及周边环境信息整合到一个统一的模型中。这样的模型不仅能够用于设计阶段，评估不同设计方案的可行性，还能在施工阶段提供指导，确保施工精度。同时，在陆路交通的日常维护中，这一模型也能提供必要的信息，比如关于铁路基础设施状况的详细视图，或对未来升级和维修工作的规划。要实现精确的融合建模，需要先进的数据处理技术，如数据清洗、配准、融合和分析。这些技术确保不同来源的数据能够无缝对接，误差得到有效控制。同时，随着人工智能和机器学习的应用，模型的准确度和实用性得到了进一步提升，能够自动识别和解决数据中的问题，优化模型表现。

可视化技术则将融合建模的成果转化为用户友好的视图，这对各个利益相关方的沟通和决策非常重要。通过三维可视化、虚拟现实（virtual reality，VR）和增强现实（augmented reality，AR）等技术，设计师、工程师和决策者可以从不同角度观察模型，评估可能的风险和挑战，进行更为明智的规划和管理。

融合建模和可视化在陆路交通数智化测绘中的应用不仅提高了测绘工作的效率和准确性，也极大地提高了设计、施工和维护的质量。通过这些技术的结合使用，陆路交通测绘能够以更高的标准完成工作，确保项目在整个生命周期内的安全、稳定和经济效益。

## 2.3.2 陆路交通智能测绘范围

**1. 陆路交通线路规划与设计**

在陆路交通建设的初期阶段，线路规划与设计是确保陆路交通系统高效、安全运营的关键环节。借助智能测绘技术，陆路交通线路规划与设计可以实现更高精度、更高效率和更科学的决策（黄子懿 等，2022）。

陆路交通线路规划是交通建设的基础工作，其目的是确定线路的走向、站点布局及技术参数。一个合理的线路规划能够有效降低建设成本，缩短建设周期，同时确保运营的安全和效率。

智能测绘技术，为陆路交通线路规划提供了强大的工具。通过这些技术，规划者可以快速获取大范围的地形、地貌和环境信息，有效分析不同线路方案的可行性和优劣。利用遥感影像和激光雷达技术，规划者可以获得高精度的地形数据，识别可能影响建设的地质条件，如山脉、河流、断层等。利用 GNSS 和 GIS 技术，规划者可以确定线路沿线的重要节点和站点，优化站点布局，确保交通网络的覆盖范围和运营效率。智能测绘技术还可以用于优化线路的走向、坡度、弯道等参数，提高运行效率和安全性。

**2. 陆路交通工程建设**

陆路交通工程建设是一个涉及多个领域、多个阶段的复杂过程，包括线路的勘察设计、土地征用、基础设施建设等，其建设质量直接影响交通系统的运营安全和效率，因此需要严格按照工程标准和规范进行。

（1）智能测绘技术在陆路交通工程建设中的应用。智能测绘技术在陆路交通工程建设中发挥着重要作用。无人机航拍、卫星遥感、激光雷达等技术可以用于线路的勘察和设计，提供精确的地形地貌数据。GIS 技术和三维建模技术可被用于工程规划和施工模拟，帮助工程师优化设计和施工方案。

（2）基础设施建设。基础设施建设是陆路交通工程建设的重要组成部分，包括路基、桥梁、隧道、场站等的建设。路基建设包括土方工程和防洪排水工程；桥梁和隧道建设需要考虑结构安全和耐久性；场站建设包括信号、站台和天桥等工程。

**3. 陆路交通设施维护与管理**

陆路交通设施维护与管理是保证交通运营安全和效率的重要环节。及时发现和处理轨道、桥梁、隧道等设施的损坏和缺陷，可以避免事故的发生，确保交通系统的平稳运行。

陆路交通设施维护主要包括轨道维护、桥梁维护、隧道维护、电气设施维护等。轨道维护包括轨道平整、轨道更换、道岔维修等；桥梁维护包括桥面检查、桥梁加固、桥下排水等；隧道维护包括隧道检查、隧道排水、隧道照明等；电气设施维护包括接触网检修、信号设备维护、变电所维护等。设施管理主要采用定期检查和巡视、定期维修和养护、突发事件应急处理等方法。通过建立设施档案和维护记录，定期对设施进行检查和维护，及时发现和处理设施缺陷，确保设施处于良好状态。

**4. 应急管理与灾害防治**

陆路交通作为重要的交通运输方式，其安全运营对人员安全和经济发展至关重要。因此，应急管理与灾害防治成为交通运营中不可或缺的一部分，以应对自然灾害、事故故障等突发事件，确保交通系统的安全和稳定。

（1）陆路交通灾害的类型与特点。陆路交通灾害主要包括自然灾害和人为灾害。自然灾害如洪水、地震、滑坡、泥石流等，可对交通设施造成严重破坏；人为灾害如火灾、交通事故、恐怖袭击等，同样会威胁交通安全。这些灾害具有突发性、不可预测性和破坏性，需要及时有效的应对措施。

（2）陆路交通应急管理体系。应急管理体系包括预警预测、应急响应、灾后恢复和应急演练等环节。预警预测是通过监测分析及时发现潜在风险，进行预警；应急响应是在灾害发生后迅速启动应急计划，进行救援和处置；灾后恢复是对受损设施进行修复，恢复其正常运营；应急演练是通过模拟实际情况，提高应急管理能力。

（3）智能测绘技术在应急管理与灾害防治中的应用。智能测绘技术通过无人机巡检和激光雷达等手段，可以实时监测沿线的地质环境和设施状况，及时发现潜在风险；人工智能技术可以对灾害信息进行快速处理和分析，为应急决策提供支持。智能测绘技术不仅能够提高监测的精度和效率，还能在第一时间对潜在问题进行预警，保障陆路交通设施的安全性和可靠性。

# 2.4 陆路交通智能测绘技术框架

为推动我国交通事业的进一步发展，当前迫切需要从实际问题出发，寻找适合我国国情的解决方案，推进交通基础设施的现代化进程。"十四五"作为我国从交通大国向交通强国迈进的关键阶段，开展陆路交通基础设施智能化设计共性关键技术研究至关重要。

随着卫星导航高精度定位与对地遥感测绘技术发展迅速，美国国家地理空间情报局（National Geospatial-Intelligence Agency，NGA）、欧洲空间局（European Space Agency，ESA）已建立全球无缝高精度定位系统（GPS 和伽利略卫星导航系统）和空天地对地观测遥感体系，从太空、平流层飞艇、航空飞机、低空无人机到地面以成像、三维激光扫描等移动测量方式实现对地表及地形全息测绘，我国"北斗"和"高分"两个重大专项也逐步建立起全球高精度定位和对地遥感测绘体系，综合使用数字摄影测量、三维激光雷达、倾斜摄影、水下地形测量船、无人机等新兴测绘装备和自动化数据处理软件，可快速获取大范围高精度三维空间数据，陆路交通线路勘测已形成空天地海一体化的数据采集和处理体系，陆路交通工程勘测的成果质量和作业效率显著提升，为陆路交通二维/三维/建筑信息模型（building information model，BIM）设计、智能建造和运维提供高质量的地理信息服务（郑洪 等，2023）。

本节分析全生命周期数字化智能勘测需求，提出了需求驱动的多设备协同空天地海一体化跨尺度陆路交通工程协同数智勘测体系，综合集成北斗卫星导航、卫星遥感、激光雷达、倾斜摄影、人工智能等多学科交叉技术，设计了空天地海协同的陆路交通工程数智勘测体系，为大地理空间跨度陆路交通线路工程勘测提供全生命周期数字化、智能化勘测服务。

## 2.4.1 陆路交通工程数智勘测内涵与框架

为了进一步适应铁路工程数字化转型升级，铁路工程勘测体系需要从数字化、智能化两个方面进行提升，综合运用北斗卫星导航、多源视觉导航、5G、大数据、人工智能等技术，形成数智勘测整体解决方案，实现面向铁路 BIM 的勘测标准化、集成化、智能化、自主化。

如图 2-1 所示，数智勘测的内涵包括两个方面：一是数字化，从勘测成果形式而言，勘测成果要数字化、信息化、可视化和实景化，要实现从传统的 4D 测绘产品模式向实景三维与数字孪生转变；二是智能化，从勘测技术手段而言，勘测技术要自动化、机械化、智能化和智慧化，要加快新一代信息技术在勘测数据获取和处理领域中的应用，推动勘测装备和软件的全面升级。

图 2-1　数智勘测的内涵

为了满足铁路 BIM 全生命周期需求，数智勘测成果要求更高的精度、更快的响应速度，以获得更有深度的丰富成果，从而支撑更广泛的数智勘测成果应用。因此，数智勘测需要在技术上进行交叉创新，突破高精度无缝导航定位和对地观测遥感测绘技术，开展人工智能和数字孪生技术的交叉，建立空天地海协同的"数字化+""智能化+"的陆路交通工程全过程数智勘测技术体系，如图 2-2 所示。

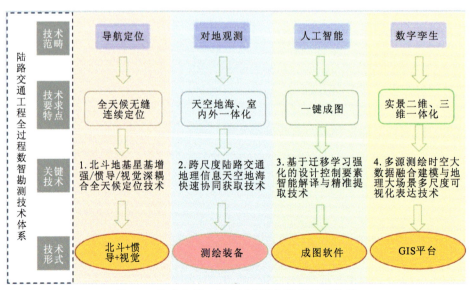

图 2-2　陆路交通工程全过程数智勘测技术体系

## 2.4.2 数智勘测关键技术

陆路交通工程数智勘测需要从数字化和智能化两个方面进行技术创新。首先针对陆路交通基础设施定位需求越来越高，突破基于北斗广域地基/星基增强高精度定位技术和"北斗+惯导+视觉"深耦合全天候定位技术，建立大空间跨度陆路交通全天候高精度工程控制网基准体系，实现事后毫米级定位和连续实时 1～2 cm 定位；针对设计控制要素以人工提取为主、多源测绘数据融合建模效率低等问题，构建空天地海集成陆路交通地理信息快速协同获取技术体系，研究设计控制要素智能解译与矢量化自动提取技术、多源测绘数据自动融合建模技术，实现定位数据、数字地形、正射影像、倾斜模型、三维激光点云等快速融合建模和大场景多尺度快速可视化表达，为勘察、选线和设计提供高精度地理信息服务。

**1. 全天候无缝连续高精度定位技术**

在陆路交通基础设施空间定位方面，北斗系统的应用尚处于起步阶段，尤其在复杂环境条件下的全天候定位面临精度低等问题。为此，深入分析北斗广域差分模型、定位误差改正参数计算与播发机制等关键技术，以研究北斗广域地基/星基增强的高精度定位技术，如图 2-3 所示。进一步探讨影响工程控制网精度的误差因素及控制策略，并研究面向工程结构精度需求驱动的工程控制网误差传递模型。通过构建北斗地基/星基增强技术的控制网基准体系，实现事后毫米级精密定位和连续实时 1～2 cm 定位。此外，本书综合利用"北斗+惯导+视觉"等多种定位技术，研究多信息源深耦合定位算法，以实现复杂环境下的全天候高精度定位，从而为陆路交通基础设施的空间定位提供有效的技术支持。

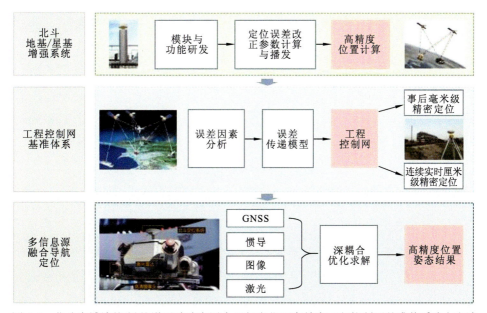

图 2-3 北斗广域地基/星基增强陆路交通全天候定位及高精度工程控制网基准体系建立方法

## 2. 空天地海一体化数据快速协同获取技术

针对大空间跨度陆路交通基础设施的空天地海协同难题，从不同地理环境的影响、不同设计阶段的需求及不同装备的测绘能力出发，建立需求驱动的空天地海数据快速协同获取体系。该体系旨在通过分析各类影响因素，为陆路交通基础设施提供精确、高效的空间定位解决方案。为实现空天地海测绘设备集群的协同工作，着重研究多传感器多测绘系统间的时空对齐技术。通过构建集成各类测绘设备的设备集群，能够实现空天地海协同的全要素地理数据快速获取，大大提高了数据获取的效率和准确性；进一步地，基于辐射不变与几何不变的特征提取技术，研究语义级特征级联生成方法。通过构建多源异构地理数据特征匹配和配准优化模型，能够获取时空精确配准的全要素地理数据。这一技术为形成空天地海全要素地理信息数据协同获取体系奠定了基础，为陆路交通基础设施的规划、建设和管理提供了强有力的数据支持。跨尺度陆路交通地理信息快速协同获取技术流程如图2-4所示。

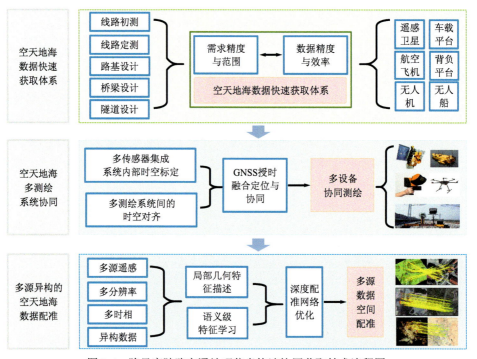

图2-4  跨尺度陆路交通地理信息快速协同获取技术流程图

## 3. 设计要素自动提取技术

针对设计控制要素以人工提取为主的现状，研究基于先验知识的地理要素自动标记方法，构建多源数据的设计控制要素地物样本知识库；充分考虑典型要素在多源数据上的信息互补性和特征冗余性，研究不同地理要素的遥感数据优化组合策略，利用小样本迁移学习方法建立要素提取与数据组合的优化映射，形成空谱迭代、联合多层非线性映射的复杂要素强化表达，构建迁移强化学习多级特征学习网络，实现设计控制要素地物自动解译；针对提取的要素边界存在"锯齿"和"毛刺"的现象，研究典型要素提取区域的边缘精化方法和地物矢量边界的平滑算法，实现设计控制要素矢量化精准提取。基于迁移学习强化的设计控制要素智能解译与精准提取技术流程如图 2-5 所示。

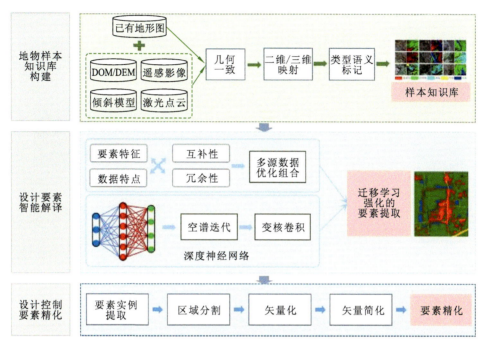

图 2-5　基于迁移学习强化的设计控制要素智能解译与精准提取技术流程图

DOM 为 digital orthophoto maps，数字正射影像图；DEM 为 digital elevation model，数字高程模型

### 4. 多源异构测绘数据融合建模与多尺度可视化表达技术

针对陆路交通智能化设计中地理信息数据融合建模周期长、大场景可视化表达不流畅等问题，研究跨尺度多源异构数据时空一致性自动融合建模方法，实现定位数据、遥感影像、激光点云等多源数据融合建模，生成精细化实景三维模型等；研究多源异构空间数据库构建方法，对地形图、数字高程模型、正射影像、点云数据、倾斜模型、横纵断面、外业调查数据等成果统一存储管理；对一维波形、二维表面、三维体素进行融合表达，研究海量多源时空大数据三维空间索引组织和动态调度机制，实现地理数据大场景多尺度三维高效可视化表达。多源测绘时空大数据融合建模与地理大场景多尺度可视化表达技术流程如图 2-6 所示。

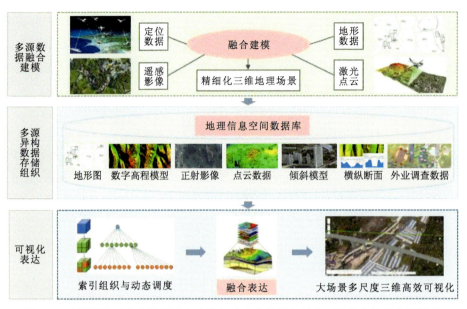

图 2-6　多源测绘时空大数据融合建模与地理大场景多尺度可视化表达技术流程图

# 2.5　本章小结

　　本章介绍数字化、信息化和智能化测绘发展的演变，结合陆路交通数智化测绘的需求和特征，给出陆路交通智能测绘的定义和范围，构建了基于北斗卫星导航系统和人工智能技术的陆路交通智能测绘技术框架。该框架依托北斗广域增强系统，建立了全天候高精度工程控制网基准体系，并通过"北斗+惯导+视觉"深耦合定位技术，实现跨尺度陆路交通协同测绘。

# 参 考 文 献

黄子懿, 付卢萱, 2022. 智能勘测技术在铁路选线中的应用研究. 铁道建筑技术(10): 176-179, 187.

康学东, 2019. 我国铁路智能建设与运营管理初探. 铁道工程学报, 36(4): 84-89.

雷升祥, 邹春华, 丁正全, 2023. 我国陆路交通基础设施智能建造思考. 铁道建筑技术(1): 1-7, 19.

刘欢, 王立娟, 廖紫骅, 等, 2019. "空天地"三位一体的山区铁路综合勘察技术体系及应用. 北京测绘, 33(12): 1479-1485.

罗娟, 2024. 浅析数字化测绘技术在工程测量中的应用. 城市建设理论研究(电子版)(2): 169-171.

马建军, 朱建生, 沈海燕, 等, 2023. 铁路信息化、数字化、智能化关系演化模型及评估方法. 铁道科学与工程学报, 20(3): 824-835.

覃泽阳, 方杨, 李星星, 等, 2024. 多源融合高精度定位技术在铁路行业的应用展望. 铁道勘察, 50(2): 8-15.

汪玚, 2022. "十四五": 交通数字化转型驶入"快车道". 交通建设与管理(1): 24-25.

杨文东, 张银虎, 刘强, 等, 2023. 基于三维大场景的铁路数字勘察与设计优化技术研究及应用. 铁道标准设计, 67(10): 1-7, 14.

郑洪, 谢浩, 姚洪锡, 等, 2023. 陆路交通基础设施智能化勘察设计研究综述. 铁道工程学报, 40(8): 1-11.

# 第 3 章　GNSS 陆路交通智能测绘技术

GNSS 陆路交通智能测绘技术，作为现代测绘领域的一项革命性进展，正以其精准、高效的特点，深刻影响陆路交通基础设施的规划、建设和管理。本章深入探讨全球导航卫星系统（GNSS）技术在陆路交通智能测绘中的应用，从基础理论到前沿实践，全面展现 GNSS 技术的强大功能和广阔前景。本章首先对 GNSS 技术的发展历程和基本原理进行系统介绍，随后详细阐述 GNSS 在铁路、公路等陆路交通领域的具体应用。通过一系列实际案例分析，展示 GNSS 技术在提升测绘精度、优化工程流程、增强交通管理等方面的显著优势。

## 3.1　GNSS 技术及其发展应用

### 3.1.1　GNSS 技术简介

全球导航卫星系统（GNSS）代表了全球所有基于空间的定位、导航、时间分配和速度测量系统的集合（宁津生 等，2013）。这些系统使用户能够在全球任何地点、几乎所有天气条件下，全天候地获得精确的地理位置和时间信息。GNSS 由以下三大部分构成。①空间部分（space segment）：由轨道上的卫星构成，发射信号以供地面用户确定自己的位置和时间。②控制部分（control segment）：由地面控制站组成，负责监控卫星的健康状态和轨道位置，并管理信号的发射。③用户部分（user segment）：由接收器构成，接收来自多个卫星的信号，以确定用户的精确位置、速度和时间。

GNSS 主要包括美国的全球定位系统（GPS）、俄罗斯的全球导航卫星系统（global navigation satellite system，GLONASS）、欧洲的伽利略卫星导航系统及我国的北斗卫星导航系统（BDS）。其中，北斗卫星导航系统（BDS）由我国自主建设和运行，其全球服务网络由 30 多颗卫星组成，其中，北斗第三代（BDS-3）为全球卫星导航系统，于 2009 年开始部署，于 2020 年完成全球服务能力的建设，提供高精度、高可靠性的全球定位、导航、时间同步服务。BDS-3 的建设标志着北斗卫星导航系统进入全球服务新时代，显著提高了服务性能，特别是在定位精度和覆盖范围上，支持全球范围内的高精度定位服务（杨元喜 等，2016）。

北斗卫星导航系统特别之处在于除了提供基本的定位、导航、时间同步服务，还提供短消息通信功能，允许用户在无移动网络覆盖的条件下发送简单的文本信息和紧急求救信号。BDS-3 特别强调了提供更高的精度和更可靠的服务，能够在全球范围内提供精度高达厘米级的定位服务，显著提高了系统的性能，并扩大了其应用范围，包括高精度测绘、智能交通、精密农业、数字建设和灾害预防与救援等领域。

GNSS 技术广泛应用于航海、航空、地面交通、灾害监测、精密农业、地理信息系统数据收集等领域。在铁路领域，GNSS 技术特别是北斗卫星导航系统的应用极大地提高了铁路测绘的效率、准确性和安全性。随着技术的进步和对导航系统的持续投资，GNSS 正向着更高精度、更强稳定性和更广泛应用的方向发展，其中北斗卫星导航系统的全球服务能力尤其突出，其对全球导航系统领域的贡献不容忽视，展示了中国在自主卫星导航技术方面的进步和领导地位。

## 3.1.2 GNSS 技术在铁路领域的发展应用

### 1. BDS 精密定位技术在铁路领域的发展现状

随着 GNSS 的快速发展，特别是北斗卫星导航系统的持续优化与升级，BDS 精密定位技术已经成为铁路领域关键技术应用的一大亮点。在铁路建设、运营和维护等多个方面，BDS 精密定位技术展现出了巨大的应用潜力和价值。采用北斗卫星导航系统的高精度定位功能，铁路巡检工作取得了技术性的飞跃。巡检人员携带北斗高精度定位设备进行作业时，能够实时获取精确的位置信息，有效提高巡检效率和质量。测试结果表明，北斗手持终端定位精度达到水平 1.27 m 和高程 2.99 m。结合移动信息技术，可以实现巡检数据的实时上传和处理，为铁路安全运营提供有力的技术保障。

在京张高速铁路项目的实施过程中，北斗卫星导航系统的应用取得了新的突破。通过开发信息融合算法，结合北斗卫星导航系统、惯性导航系统（inertial navigation system，INS）等多源信息，实现了对动车组高速运行过程中位置信息的精确获取，在 BDS 信号完全失锁的情况下，该方法能够在 50 s 内提供 10 m 以下的定位精度，这一结果有效提升了组合导航系统在 BDS 信号失锁情况下的定位精度，并能满足列车全程精确定位的需求。BDS/捷联惯性导航系统（strapdown inertial navigation system，SINS）/航位推算（dead reckoning，DR）的列车组合定位的运用，不仅显著增强了动车组定位的精确性与稳定性，还为高速铁路的安全运营提供了强大的技术保障。

### 2. 铁路 GNSS 控制测量技术的发展现状

在铁路建设的规划与执行过程中，GNSS 控制测量技术占据着举足轻重的地位。随着 GNSS 的日新月异，特别是北斗卫星导航系统的全球覆盖与服务性能的显著增强（杨元喜，2016），铁路 GNSS 控制测量技术迎来了崭新的发展契机。这类技术以其高效、精准的特点，极大提升了铁路测量的质量和效率，为铁路工程的精确实施提供了强有力的技术支持。

在精密定位技术的研究中，对北斗精测网起算点间距的影响进行了深入分析。研究表明，单 BDS 的基准站网定位精度略优于单全球定位系统（GPS），合理的起算点间距对提升测量网的精度具有重要意义，10~15 km 站间距较适合带状铁路工程北斗精测网，可以有效提高铁路测量网络的精度和稳定性。通过实证分析，BDS 连续运行基准站（continuously operating reference stations，CORS）系统在铁路快速静态测量中显著提升了测量效率与精度。在观测时长为 5~25 min 的情况下，平面与高程的中误差小于 16 mm

和 45 mm，证明即使在短时间内也能满足高精度要求。尤其是在 25 min 观测时长下，各测量模式均能成功解算，其中单 BDS 模式展现出的测量精度在复杂环境下尤为突出，平面坐标的中误差维持在 20 mm 以内，高程中误差维持在 80 mm 以内。通过分析高速铁路连续运行 GNSS 带状控制网的特性，探讨了其在铁路工程测量中的应用效果和影响因素。通过建立高速铁路专用的 GNSS 控制网，可以实现对铁路线路全程的精准控制，为铁路的建设和维护提供高精度的地理信息支持。通过优化站间距离和增加观测时长，可以进一步提高控制网的解算质量，该技术的应用显著提高了高速铁路测量和施工的精度，为铁路安全运营提供了坚实的基础。

针对高铁基础平面控制网（control point I，CPI）控制测量应用，研究表明 BDS 观测数据的基线解算精度完全能够满足高铁 CPI 的精度要求。当 BDS/GPS 数据同时被用于基线解算时，其精度相较于单独使用 BDS 数据提高了约 30%，表明多系统联合解算能够有效增加高铁控制网的精度。

**3. GNSS 监测技术在铁路领域的应用与发展**

GNSS 监测技术，特别是结合 BDS 和 GPS，已经成为铁路行业监测铁路基础设施变形、地质灾害、大跨度桥梁状态等关键应用的重要技术手段。在铁路地质灾害监测方面，通过部署北斗地质灾害监测终端，能够对铁路沿线及其周边的基础设施进行毫米级高精度监测，形成自动化、全天候的实时安全监测预警体系，全方位保障铁路线路的综合安全。这种综合监测技术的应用显著提高了铁路系统对地质灾害的应急响应能力，有效减少了灾害对铁路运输安全的影响。利用北斗自动化监测技术对大跨度桥梁的结构变形进行实时监测，对及时发现桥梁潜在安全问题、制订维修保养策略至关重要。研究发现横向风对桥梁横向方向的影响最大，温度变化对桥梁高程方向的影响最大，不同类型的列车通过时桥梁的垂向位移有显著差异，其中货车通过时垂向位移约为 24 cm，16 编组列车通过时垂向位移约为 14 cm，8 编组列车通过时垂向位移约为 9 cm。北斗监测技术的应用，确保了大跨度桥梁的使用安全性和结构稳定性。

铁路路基是铁路安全运营的基础，利用北斗定位技术，可以实现对铁路路基形变的精确监测，及时掌握路基健康状态，为铁路运营安全提供科学依据。采用北斗高精度定位与视频监控技术，实现了数据采集、监测结果与状态预警的自动化和智能化。北斗实时动态（RTK）测量定位技术在铁路通信铁塔监测中的应用，展现了其在铁路基础设施监测领域的广泛适用性。通过对铁路通信铁塔的实时监测，可以有效预防由塔体变形引起的通信中断和安全事故。

**4. 其他技术在铁路领域的应用与发展**

在铁路领域，除精密定位、增强定位及监测技术之外，还有一系列的其他技术正在不断地推动铁路系统向着更加智能化、高效化的方向发展。这些技术包括 GIS、5G 通信技术，以及基于 BDS 的创新应用等，它们在提升铁路运营的安全性、便捷性和效率方面展现出巨大的潜力和价值。GIS 北斗时空信息服务平台的建设，为铁路系统提供了一种全新的数据管理和应用模式。该平台通过集成 GIS 技术和北斗定位服务，能够实现对铁路系统的精确时空信息管理，为铁路规划、建设、运营和维护提供强有力的信息支撑，大幅提升铁路系统的管理效率和决策质量。在高铁数字化运维领域，BDS 的创新应用开启了铁路运维管理的新篇章。通过利用北斗高精度定位和通信服务，高铁数字化运维系统能够实现对车辆、设备的实时监控与管理，及时发现和处理运维问题，保障高铁运营的安全性和稳定性。结合 5G 通信技术和北斗定位技术的平面调车作业系统，可为铁路调车作业提供高效、安全的解决方案。这一系统通过实时传输高精度定位数据和视频监控信息，实现对调车作业的精确控制和管理，显著提高了调车作业的安全性和效率。在长大隧道工程中，融合北斗定位技术的安全管控系统能够有效提升施工安全管理水平。该系统通过北斗定位技术实现对施工人员、设备的实时定位和监控，结合智能分析和预警机制，有效预防和减少安全事故的发生（陈秀德 等，2024）。

随着 GNSS（尤其是 BDS）的快速发展，服务性能标准和指标的建立和完善对保障系统服务质量、满足不同行业应用需求具有重要意义。这一研究方向不仅有助于推动卫星导航技术的发展，也为铁路等行业提供了高质量的定位服务保障。针对运输领域特别是铁路运输的特定需求，北斗应用方案的设计研究为铁路系统的智能化升级提供了有效途径。通过深入分析铁路运输的业务流程和管理需求，设计基于 BDS 的应用方案，能够实现对铁路运输过程的高效和智能管理。

# 3.2 GNSS 快速精密定位

## 3.2.1 GNSS 原始观测值

GNSS 接收卫星信号提取的原始观测值常见类型有伪距观测值与相位观测值（鲁冬冬 等，2018）。因此，接收机 $r$ 接收来自卫星 $s$ 在第 $i$ 个频率上 GNSS 信号的伪距观测值 $P_{r,i}^s$ 和相位观测值 $L_{r,i}^s$ 可表达为

$$\begin{cases} P_{r,i}^s = \rho_r^s + dt_r - dt^s + O_r^s + T_r + I_{r,i}^s + (d_{r,i} - d_i^s) + \varepsilon_{r,i}^s \\ L_{r,i}^s = \rho_r^s + dt_r - dt^s + O_r^s + T_r - I_{r,i}^s + \lambda_i \cdot (N_i + B_{r,i} - B_i^s) + \delta_{r,i}^s \end{cases} \tag{3-1}$$

式中：$\rho_r^s$ 为接收机天线相位中心到卫星天线相位中心的几何距离，简称卫地距（m）；$dt_r$ 和 $dt^s$ 分别为接收机和卫星钟差（m）；$O_r^s$ 为卫星轨道误差（m）；$T_r$ 为对流层延迟（m）；$I_{r,i}^s$ 为频率 $i$ 上 GNSS 信号的斜电离层延迟（m）；$\lambda_i = c / f_i$ 为频率 $i$ 上的载波波长（m/周），$c$ 为光速，$f_i$ 为频率大小；$N_i$ 为频率 $i$ 上的载波相位模糊度（周）；$d_{r,i}$ 和 $d_i^s$ 为接收机端和卫星端伪距硬件延迟（m）；$B_{r,i}$ 和 $B_i^s$ 为接收机端和卫星端相位硬件延迟（周）；$\varepsilon_{r,i}^s$ 和 $\delta_{r,i}^s$ 分别为伪距和相位观测未模型化误差，包括噪声、多径误差等（m）。

## 3.2.2 GNSS 地基增强定位技术

### 1. GNSS 地基增强定位模型

GNSS 地基增强定位模型（图 3-1）主要分为三个模块：①网络 RTK 基线解算，提取各基线综合误差、对流层误差和电离层误差改正数；②根据用户概率位置提取适配用

户的综合误差改正数；③用户接收上述改正数并修正误差之后，利用基线解算、模糊度固定实现高精度地基增强定位（张小红 等，2020）。

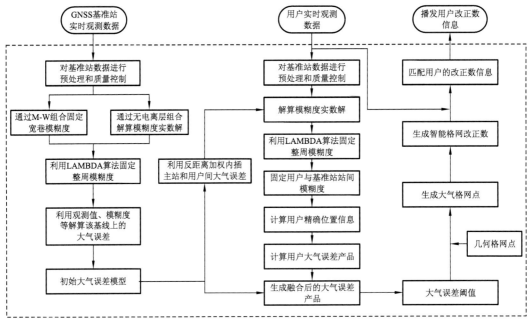

图 3-1　GNSS 地基增强定位模型

M-W 为 melbourne-wunnema，宽窄巷；LAMBDA 为 least-squares ambiguity decorrelation adjustment，最小二乘模糊度降相关平差

　　具体步骤如下。①服务端：网络 RTK 误差计算。服务端对北斗基准站网中的基线进行解算，固定双差整周模糊度；再利用每条基线的北斗观测值、双差整周模糊度、精确的基准站位置坐标等计算每条基线的电离层延迟、对流层延迟及综合误差。②服务器：网络 RTK 误差内插。根据用户通过网络信号发送的概略坐标，借助反距离加权内插等插值方法确定用户的差分改正信息，并通过网络信号发送给用户。③用户端：计算流动站用户的精密位置信息。用户利用北斗观测数据计算概率位置，并发送给中继平台，然后执行步骤②。用户接收来自中继平台的差分改正信息，利用站间双差和 LAMBDA 算法执行附加综合误差改正的双差模糊度固定，最终获取用户站的精密三维位置信息。

**2. 基线解算原理**

　　当下基线解算的模式主要有三种，分别为：单基线解算模式、多基线解算模式、整体解算模式。单基线解算模式是运用最广泛的一种。在单基线解算模式下，仅包含一条基线向量的估值表示为

$$\boldsymbol{b}_i = [\Delta X_i \quad \Delta Y_i \quad \Delta Z_i]^{\mathrm{T}} \qquad (3\text{-}2)$$

单基线解基线向量估值的验后方差-协方差阵具体表示为

$$\boldsymbol{d}_{bi} = \begin{bmatrix} \sigma^2_{\Delta X_i} & \sigma_{\Delta X_i \Delta Y_i} & \sigma_{\Delta X_i \Delta z_i} \\ \sigma_{\Delta Y_i \Delta X_i} & \sigma^2_{\Delta Y_i} & \sigma_{\Delta Y_i \Delta z_i} \\ \sigma_{\Delta z_i \Delta X_i} & \sigma_{\Delta z_i \Delta Y_i} & \sigma^2_{\Delta z_i} \end{bmatrix} \qquad (3\text{-}3)$$

式中：$\sigma^2_{\Delta X_i}$、$\sigma^2_{\Delta Y_i}$、$\sigma^2_{\Delta z_i}$ 分别为基线向量 $i$ 各分量的方差；$\sigma_{\Delta X_i \Delta Y_i}$、$\sigma_{\Delta X_i \Delta z_i}$、$\sigma_{\Delta Y_i \Delta X_i}$、$\sigma_{\Delta Y_i \Delta z_i}$、

$\sigma_{\Delta z_i \Delta X_i}$、$\sigma_{\Delta z_i \Delta Y_i}$ 分别为基线向量 $i$ 各分量间的协方差。

（1）初始平差。将双差观测值的观测方程进行线性化，可得双差观测方程式的线性化形式：

$$DD_{12}^{kj}(t) = -\frac{f}{c(\Delta l_2^k(t), \Delta m_2^k(t), \Delta n_2^k(t))}\begin{bmatrix} \delta x_2 \\ \delta y_2 \\ \delta z_2 \end{bmatrix} - \Delta\Delta N^k + \frac{f}{c[\rho_{20}^k(t) - \rho_1^k(t) - \rho_{20}^j(t) + \rho_1^j(t)]} \quad （3\text{-}4）$$

进一步，可以改写为误差方程式的形式：

$$V^k(t) = -\frac{f}{c(\Delta l_2^k(t), \Delta m_2^k(t), \Delta n_2^k(t))}\begin{bmatrix} \delta x_2 \\ \delta y_2 \\ \delta z_2 \end{bmatrix} - \Delta\Delta N^k + \Delta\Delta L^k(t) \quad （3\text{-}5）$$

式中：$\Delta\Delta L^k(t) = \dfrac{f}{c[\rho_{20}^k(t) - \rho_1^k(t) - \rho_{20}^j(t) + \rho_1^j(t)]} - DD_{12}^{kj}(t)$ 组成误差方程并求解法方程便可以解算出待定的未知参数及其精度信息。由于观测值的误差及随机模型和函数模型不完善，解得的整周未知数参数 $x$ 为实数，为了得到更高精度的基线解算结果，必须要对整周未知数的整数值进行准确的确定。

（2）确定整周未知数。确定整周未知数的整数值的方法有很多种，可分为快速解算法和经典静态法，目前大部分方法都是 LAMBDA 搜索法。

（3）基线向量固定解。根据 LAMBDA 搜索法，可以确定整周未知数的整数值，将其对应的基线向量结果当作最终解算结果，称为基线向量的固定解。

## 3.2.3 GNSS 星基增强定位技术

北斗星基增强系统定位模型如图 3-2 所示。该模型包含服务端和用户端两部分。首先，服务端利用区域基准站网生成各类定位增强改正数；然后，利用传输链路将产品播发给海量用户；用户端接收产品后可实现快速厘米级定位。具体流程如下。①服务端：在准备好精密卫星轨道钟差、广播星历等产品后，利用基准站上的北斗卫星观测值依次

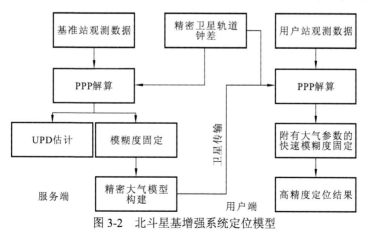

图 3-2 北斗星基增强系统定位模型

进行精密单点定位（precise point positioning，PPP）解算与未校正相位延迟（uncalibrated phase delay，UPD）估计（Ge et al.，2008）。在获得 UPD 产品后，逐站进行模糊度固定，提取并播发精密电离层改正数和对流层改正数。②服务器：中继平台接收来自各基准站的改正数之后，构建精密大气模型改正产品，并将该产品通过卫星通信上载至转播卫星，转播卫星同样借助卫星通信将各类增强产品播发给地面用户。③用户端：用户端在接收到精密轨道钟差、广播星历、UPD 等产品后，通过线性内插法等插值方法获取大气增强信息，然后依次进行 PPP 解算和附有大气参数的快速模糊度固定，最终实现星基增强快速精密定位（李昕 等，2018）。

# 3.3 铁路星基/地基增强系统建设

传统铁路控制网点位布设于线路两侧基础薄弱区域，基准易受施工及地表沉降影响，且特殊复杂地形条件、地壳位移明显区域线下控制点基准影响更为明显。当前对铁路线下基准维持的方法主要依赖控制网的定期复测，会出现绝对稳定点选取不唯一的情况，在基准复测不及时的情况下会导致施工问题，这些因素都导致铁路工程测量基准维持难的问题。此外，现行的铁路控制体系分级过多，部分控制点的利用率不足，线下静态的控制点若提供位置服务需要人工架设基准站作业，或者依赖商业的位置服务系统，无自主可控的高精度位置服务。

高精度的北斗地基增强系统连续运行且能够实现基准自动化维护，能够解决高海拔、大高差、广区域铁路高精度空间基准维持问题，通过增加基准站的密度能够减少控制测量体系的层级，仅需投入较少设备维护费即可拓展提供更加实时精确的位置服务。因此，有必要在铁路沿线建立带状的北斗地基增强系统。铁路沿线布设带状北斗连续运行基准站网作为铁路全生命周期的统一基准，通过高精度北斗地基增强技术提供自主可控位置服务的解决方案，北斗三号卫星导航系统（BDS-3）新信号 B1C 和 B2a 的应用，使 BDS 的定位性能与 GPS 相当，甚至优于 GPS。随着我国大力推进各行业 BDS 规模化应用，铁路领域 BDS 定位应用深度和广度逐步增加。

## 3.3.1 铁路工程带状高精度北斗地基增强技术

当前商业、省级、全国差分位置服务主要为面状区域服务，对铁路沿线建立的带状分布、大高差变化的连续运行基准站网并不适用。商业系统缺少针对铁路带状地形垂向梯度的大气误差改正模型和电离层改正模型，且基站间距大，导致其不能满足铁路位置服务与控制基准的精度需求。

**1. 带状北斗连续运行基准站布设方法**

1）带状基准站网布设间距合理性

杭衢高速铁路基准站网间距设置为 20～30 km，将三维约束网平差后获得的线路平面控制网（CPII）二维坐标与分级布网的 CPII 二维坐标进行对比，如图 3-3 所示。

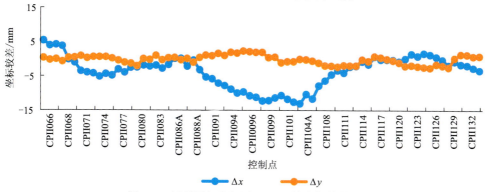

WGS84椭球，中央子午线119-00，投影面大地高120 m

图 3-3　新型网与分级网 CPII 二维坐标较差图

采用基准站直接约束线下 CPII 控制网，三维约束网平差后获得的 CPII 二维坐标与传统分级布网的 CPII 二维坐标进行对比，结果表明：有 17% 的点东坐标较差超过 10 mm，集中在相邻基准站中间区域，布设间距在 20～30 km 存在网型缺陷。

2）北斗基准站网建站方案

结合带状网型的特点，综合控制网短基线解算需要，确定基准站间距不大于 15 km 为宜。基准站沿着铁路线路的中线两侧交替布置，点位距线路中线垂直距离不应大于 5 km，各基准站与其最邻近的两个基准站组成的三角形的最短边与最长边之比不宜小于 0.5，详见图 3-4。

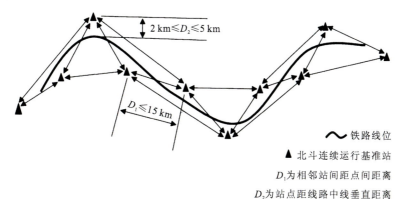

图 3-4　铁路带状基准站网网型示意图

线状铁路工程沿线布设的北斗连续运行基准站网呈现典型的带状分布，传统的地基增强系统技术的电离层、对流层解算模型主要针对面状分布的基准站网设计。基准站建站选址及建设是北斗地基增强系统最为关键的步骤，尤其是高海拔、大高差的艰险复杂山区环境下，通过合理设计北斗基准网网型结构，建立适用于带状工程的高精度大气误差改正模型和电离层改正模型。

**2. 带状地形垂向梯度的位置服务技术**

虚拟参考站（virtual reference station，VRS）技术作为目前最为成熟的网络 RTK 技术，成为最常用的连续运行基准站（CORS）网络地基增强位置服务技术之一，服务端需要为每个定位终端生成虚拟参考站。为了优化 VRS 技术中多用服务性能，传统的做法是首先获取 CORS 网络的覆盖范围；然后按照东西、南北方向的步长经验阈值进行格网划分，并将格网点作为虚拟参考站；最后，通过终端设备的全球定位系统定位数据（global positioning system fix data，GGA）概略坐标匹配与其最近的格网点，获取差分数据。但是在复杂地形条件下，道路与铁道工程等大跨度且狭窄的地表高程变化剧烈，容易出现流动站与虚拟参考站之间的大高差，导致对流层延迟影响增大，从而造成终端设备在复杂地形条件中定位精度不高。针对这一问题，本小节提出顾及道路与铁道带状地形垂向梯度的位置服务技术，其具体实施方式如下。

（1）获取 CORS 网络增强位置服务中网络覆盖区域经纬度相同高程不同位置处最大高差值 $\Delta h$。

（2）根据上述垂向间距值和 CORS 网络覆盖范围区域的基本信息，包括 CORS 网络最小、最大的经纬度信息和区域内最小、最大高程值进行顾及地形垂向梯度信息的格网划分。具体方法为：①从 CORS 网络覆盖范围中经纬度最小位置处开始，记该点经度、纬度分别为 $B_1$、$L_1$。根据经纬度方向步长阈值 $m$ 和 $n$ 进行平面格网划分，格网点的高程取 CORS 网络覆盖区域的最小值，则各格网点的大地坐标为 $(B_i, L_i, H_{\min})$。$B_i = B_1 + (i-1) \times m$，$L_i = L_1 + (i-1) \times n$，其中下标 $i$ 为格网点编号，$i = 1, 2, 3 \cdots$，$H_{\min}$ 为 CORS 网络覆盖范围内最小高程。②根据上述高程垂向格网间距 $\Delta h$，利用 $z = \text{roundup} ((H_{\max} - H_{\min}) / \Delta h)$，其中，$H_{\max}$ 为 CORS 网络覆盖范围内最大高程，$H_{\min}$ 为 CORS 网络覆盖范围内最小高程，roundup 为向上求整函数，求出高程方向所需划分的格网层数 $z$，然后对高程方向进行格网划分，则各格网点的大地坐标为 $(B_i, L_i, H_{\min} + j \times \Delta h)$，$j = 0, 1, 2, 3, \cdots, (z-1)$，顾及道路与铁道带状地形垂向梯度信息的虚拟格网如图 3-5 所示。

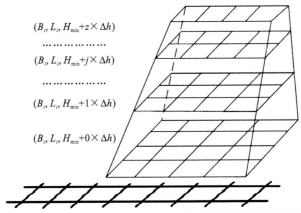

图 3-5　顾及道路与铁道带状地形垂向梯度信息的虚拟格网

（3）进行用户差分数据源匹配，具体步骤为：根据用户终端发送的 GGA 坐标，先根据用户的经度、纬度信息，在 $H_{\min}$ 平面上寻找与用户位置距离最近的格网点，具体筛选方法为：①在高程等于 $H_{\min}$ 的平面上，筛选经度 $B_i$ 与用户坐标位置经度差值的绝对值小于或等于 $\dfrac{m}{2}$ 的一列格网点。②再在这一列格网点中，筛选出纬度 $L_i$ 与用户坐标位置纬度差值的绝对值小于或等于 $\dfrac{n}{2}$ 的唯一格网点。

在最小高程的平面上找出这样一个点后，根据用户位置的高程信息，以该点为起始点，在沿高程递增的方向上，找出格网点高程 $H_{\min}+j\times h$ 与用户高程差值的绝对值小于或等于 $\dfrac{\Delta h}{2}$ 的唯一格网点，即为 CORS 网络覆盖范围三维虚拟格网中距离用户位置最近的唯一格网点，如图 3-6 所示。

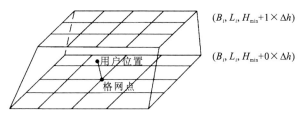

图 3-6　用户差分数据与垂向梯度差分信息匹配

本小节提出一种可应用于铁路交通领域的、顾及道路与铁道带状地形垂向梯度信息的位置服务技术。该技术在传统经纬度虚拟格网的基础上，经过改进和演化，加入地形垂向梯度信息，构成空间三维虚拟格网，以经度、纬度、高程的数据匹配出与用户 GGA 坐标最切合的格网点，从而进行差分定位。该方法首先获取 CORS 网络增强位置服务中网络覆盖区域经纬度相同、高程不同位置处最大高差值，然后根据上述高差值和 CORS 网络覆盖范围区域的基本信息，包括 CORS 网络最小、最大的经纬度信息和区域内最小、最大高程值进行顾及地形垂向梯度信息的格网划分，最后根据终端设备 GGA 概略坐标进行三维空间格网差分数据源匹配。

**3. 铁路带状北斗地基增强系统及高精度位置服务云平台建设**

铁路带状北斗地基增强系统建站选址及高精度位置服务云平台建设是铁路带状北斗基准站网建设的核心，基准站建站选址质量将直接影响其应用精度，连续运行的铁路北斗高精度位置服务平台可以构建实时、动态、区域的空间数据参考框架，为铁路全生命周期提供可靠的时空基准。通过基准站建站选址、环境测试、基准站设计和建设、高精度位置服务云平台构建等过程完成铁路带状北斗地基增强系统及高精度位置服务云平台的建设，云平台通过实时、动态综合处理基准站网络的卫星观测数据，向用户提供实时厘米级的网络 RTK 定位服务。铁路带状北斗地基增强系统及高精度位置服务云平台建设流程如图 3-7 所示。

1）地基增强系统设计

（1）系统总体设计。铁路带状北斗地基增强系统及高精度位置服务云平台的物理结构主要由 CORS、CORS 运维服务器、数据存储磁盘阵列、互联网、国际导航卫星系统服务（International Global Navigation Satellite System Service，IGS）中心及用户终端构成，平台建设过程中采用双机热备集群模式，解算和播发均部署两套，分别进行主服务和备用服务，平台结构如图 3-8 所示。

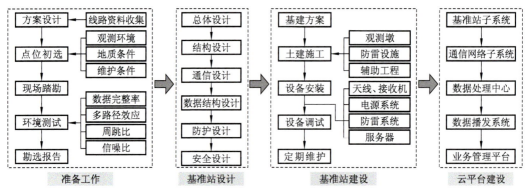

图 3-7　铁路带状北斗地基增强系统及高精度位置服务云平台建设流程

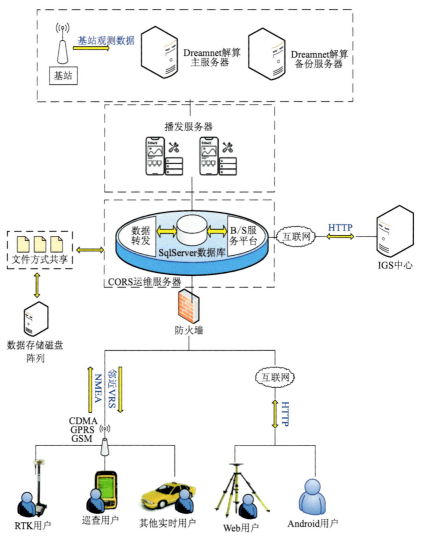

图 3-8　地基增强系统高精度位置服务云平台总体架构图

NMEA 为 National Marine Electronics Association，美国国家海洋电子协会，也指海用电子设备标准格式；

CDMA 为 code division multiple access，码分多址；GPRS 为 general pocket radio service，移动数据业务；GSM 为 global

system for mobile communications，全球移动通信系统

（2）功能体系架构。高精度位置服务云平台功能主要分为站网信息管理、系统监控、数据管理、安全管理、用户管理和数据处理 6 个部分，如图 3-9 所示。

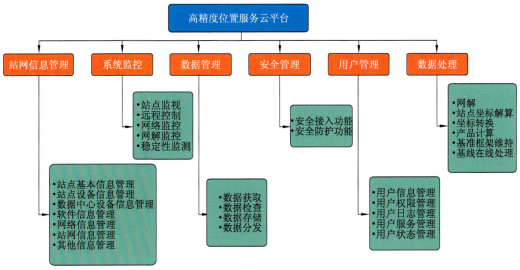

图 3-9　高精度位置服务云平台功能体系架构图

2）软件实现

软件包括基站管理模块、网络管理模块、用户管理模块等，可通过图形界面管理基站、CORS 网络和流动站，并能实现用户位置、定位状态等信息的在线监控，适用于铁路、公路、航运等领域的高精度位置服务平台建设，地基增强系统及高精度位置服务云平台的主界面如图 3-10 所示。

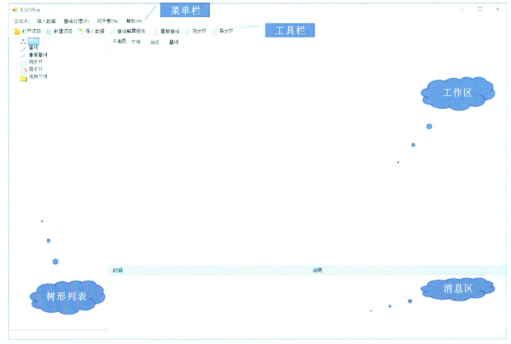

图 3-10　地基增强系统及高精度位置服务云平台的主界面

### 3.3.2　北斗地基增强铁路精密控制测量技术

现行的铁路控制网"分级布网、逐级控制"的体系复杂，存在逐级控制和平级控制，分级多，导致测轨道平面控制网（CPIII）时已存在多次误差累积；需埋设大量控制点，测量工作量大；进入运营维护期定期和不定期复测，维护工作量大；线下控制网基准稳定性低，分析策略不唯一；施工加密控制网、线下 CPII 生命周期短，存在较多临时控制点。

**1. 基准站网高精度动态基准维持方法**

将铁路北斗基站与周边国家北斗地基增强网联测分析，研究铁路典型应用环境下的基准网数据异常快速识别方法，综合铁路基准网区域地形地貌、地质构造、重要工点及结构物等的空间拓扑数据，研究基准点运动位移序列噪声模型及其时空演化，建立基于基准点运动模型的近实时动态基准维持体系，实现不稳定点基准的快速识别、更新与恢复。

1）总体设计

区域基准网自动化监测系统主要由 GNSS 监测设备、服务器、基准维持软件、用户4 个部分组成，如图 3-11 所示。

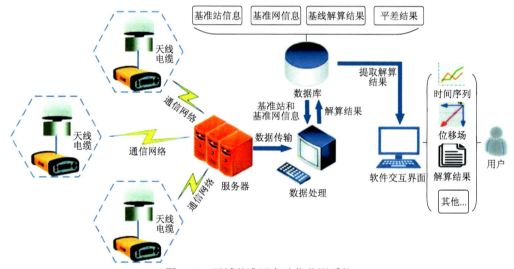

图 3-11　区域基准网自动化监测系统

2）模块实现

（1）前台交互界面

交互界面主菜单包括系统配置、基站管理、基准网管理、结果导出 4 个主模块，1个帮助扩展模块及基站基准网选择模块。各模块囊括了软件全部功能，按照功能服务对象可分为基站相关模块和基准网相关模块。基站相关的模块有基站的新建、编辑、删除，可根据需求，设置基站属性，启动或停止实时数据接收；基站天线、接收机参数的新增、编辑、删除；基站实时星空图、信噪比、卫星列表、GNSS 数据存储，可按需求设置 GNSS数据存储路径、数据 RINEX 版本、采样间隔等，如图 3-12 所示。

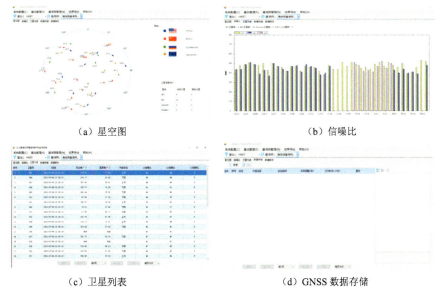

（a）星空图　　　　　　　　　　　　（b）信噪比

（c）卫星列表　　　　　　　　　　（d）GNSS 数据存储

图 3-12　基准站相关页面展示

基准网相关的模块有基准网新建、编辑、删除，可在该处设置数据处理模式。除基准网基本信息设置外，还对基准网数据解算成果进行展示，解算成果包括 GNSS 坐标位移时间序列、基线向量等。软件中箭头的方向和长度分别表示该基准站位移场方向和大小，位移场大小根据基站起始 4 天和最后 4 天北、东方向位移数据平均值相减而得，计算得到箭头方向，并根据基线长度设置缩放因子；基线向量信息以表格方式展示，包括基线名称、数据日期、基线计算结果等信息；网平差结果采用表格和折线图的方式展示。如图 3-13 所示，可根据需要选择查看某个测站某方向的位移时间序列。

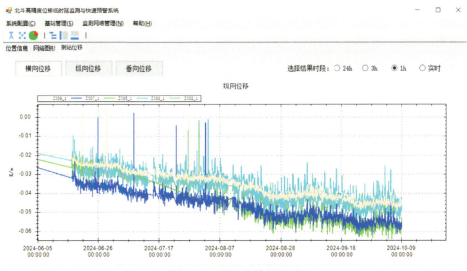

图 3-13　测站位移图展示

（2）后台数据解算

后台数据处理有多个线程同时进行，主要有接收、转码、存储接入基站的实时数据，根据配置文件进行数据处理并将结果存储至数据库等功能。基准站实时数据存储是利用通信网络连接数据流传输并进行解码，解码后存储观测文件至设置路径，目前支持RINEX 2.11 版本和 RINEX 3.02 版本，可储存北斗二号卫星三频数据和北斗三号卫星双频数据。数据解算根据配置基准网解算方式及是否存在配置文件来判断自动解算或后处理解算，一般基准站观测数据存储为历元间隔为 5 s 的 24 h 文件，相应的导航文件也会被存储。若为自动解算，基准维持软件将会于隔天上午自动解算前一天数据。若为后处理解算，需要用户根据自己准备的观测数据和导航文件，新建后处理的基准网，并在para.txt 文件配置数据路径和参与解算的卫星系统，在 postProcess.txt 文件配置新建基准网 ID 和数据时间，解算完毕后，可通过前台交互界面对后处理基准网的结果进行导出，数据解算流程如图 3-14 所示。

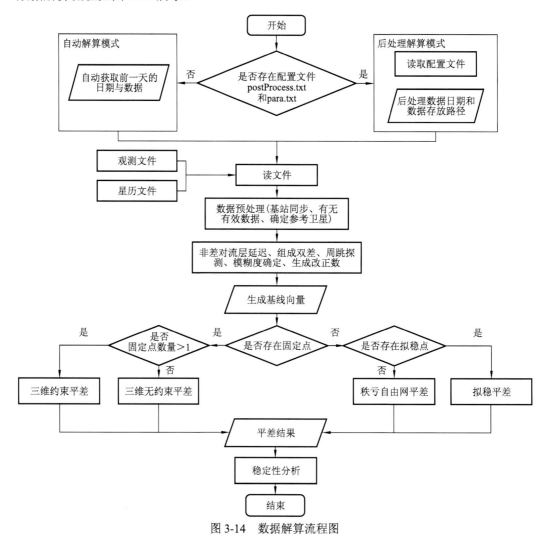

图 3-14    数据解算流程图

## 2. 基于北斗地基增强系统的控制测量体系

1）现行的铁路工程控制测量体系

铁路控制测量是沿线路建立平面、高程控制网的测量工作，是为铁路建设提供统一的参考框架，为各项测量工作提供基准，具有控制全局、提供基准和控制测量误差积累等重要作用，在铁路工程测量中占有重要的基础地位。

（1）"三网合一"的建网理念。现行铁路工程控制测量的平面、高程控制网，按施测阶段、施测目的及功能不同分为勘测控制网、施工控制网、运营维护控制网。这三个阶段的测量控制网简称"三网"：勘测控制网包括框架控制网（CP0）、基础平面控制网（CPI）、线路平面控制网（CPII）、二等水准基点控制网；施工控制网包括基础平面控制网（CPI）、线路平面控制网（CPII）、水准基点控制网、轨道平面控制网（CPIII）；运营维护控制网包括基础平面控制网（CPI）、线路平面控制网（CPII）、水准基点控制网。

（2）建立框架控制网。由于高速铁路线路长、地区跨越幅度大且平面控制网沿高速铁路呈带状布设，为了控制带状控制网的横向摆动，沿线必须每隔一定间距联测高等级的平面控制点。为此在京津城际铁路及哈大、京沪、石武高速铁路平面控制测量首先采用 GNSS 卫星定位测量方法建立高精度的框架控制网（CP0），作为高速铁路平面控制测量的起算基准，不仅提高了基础平面控制网（CPI）的精度，也为平面控制网复测提供了基准。

（3）现行铁路工程控制测量的分级布网。①平面控制网的组成及作用。平面控制网是在框架控制网（CP0）基础上分三级布设：第一级为基础平面控制网（CPI），主要为勘测、施工、运营维护提供坐标基准；第二级为线路平面控制网（CPII），主要为勘测和施工提供控制基准；第三级为轨道平面控制网（CPIII），主要为轨道铺设和运营维护提供控制基准，如图 3-15 所示。②高程控制网的组成及作用。高程控制网分两级布设：第一级为线路水准基点，主要为勘测设计、线下工程施工提供高程基准，并作为轨道平面控制网（CPIII）的高程起算基准；第二级轨道平面控制网（CPIII），CPIII 是一个平面高程合一的三维控制网，作为轨道施工、运营维护的平面高程控制基准。

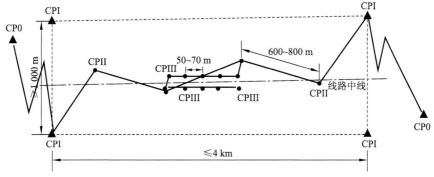

图 3-15　现行高速铁路三级平面控制网示意图

2）基于连续运行基准站网的控制测量

（1）带状连续运行基准站网布设。结合我国既有高速铁路"三网合一"的控制网体系，在取消了 CP0、CPI 和线下 CPII 后，根据线路走向，沿线路两侧交替布设北斗连续运行基准站网。相邻北斗基准站点间距应不大于 15 km，点位距线路中线垂直距离为 2～5 km，曲线段外侧离相邻两个测站连线的最短距离不应小于 1 km。

（2）新体系下平面控制网分级布设。平面控制网应按照分级布设的原则建网，如图 3-16 所示。第一级为北斗连续运行基准站网，第二级为线路平面控制网，第三级为轨道平面控制网。平面控制网以北斗地基增强系统为基准布设，线下工程施工前布设施工平面控制网，线上工程施工前在线上布设线路平面控制网和轨道平面控制网。

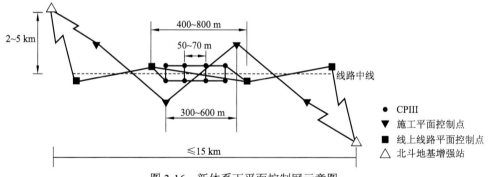

图 3-16　新体系下平面控制网示意图

（3）新体系下高程控制网布设。铁路工程高程控制网应布设成附合路线或环形网，按照分级布设的原则建立，共分为三级，第一级为高程基准控制网，第二级为线路高程控制网，第三级为轨道高程控制网。与现行高程控制网的区别：①高程基准控制网测量时应将沿线的北斗连续运行基准站全部一同测量；②北斗地基增强系统应进行 GNSS 高程拟合，在进行动态测量时实时输出正常高，为用户动态测量工作提供高程拟合服务。

（4）新体系相比现行体系的优势。①新的控制测量建网技术以间距更近的连续运行基准站网取代现行控制网的 CP0 点作为新体系平面控制网的基准，如图 3-17 所示，取消线下 CPI 和线下 CPII 后，由基准站直接作为线上控制网的起算基准，相比现行的平面控制体系，新体系显著降低了测量误差逐级传播的不利影响，同时也更便于铁路工程运营维护期控制网的维护。②现行的铁路工程测量体系中，铁路建设期内的差分位置服务依赖商业的 CORS 通过转换参数获得位置服务。新体系下基于连续运行基准站网建立的地基增强系统，能够为线路主体工程范围内提供实时厘米级、后处理毫米级精度位置服务。③新的平面测量体系能够极大扩展基准站在无人机航飞、自动化监测、智慧工地、轨道维护等领域的应用，增加铁路工程控制网的用途。

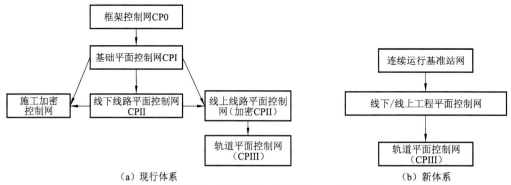

（a）现行体系　　　　　　　　　　　　　　　（b）新体系

图 3-17　现行的平面控制体系和新的平面测量体系

## 3. 技术经济性分析

新的精密控制测量体系可大幅减少精测网测设和维护工作量及经费投入。采用基于北斗连续运行基准站的精密控制测量体系，由线下工程平面控制网替代现有的施工加密控制网，线上工程平面控制网替代现有的线上加密控制网 CPII，如表 3-1 所示。

表 3-1　建设期精测网工作内容对比

| 阶段 | 现行体系标准（非 BDS） | 新体系规程（BDS） | 简要说明 |
|---|---|---|---|
| 勘察设计 | 框架控制网 CP0 | 基准站网 | 原 CP0 按 50 km 左右间隔一个，现基准站按 15 km 左右间隔一个 |
| | 基础平面控制网 CPI | — | 原 2 km 左右间隔一个 现无须测设 |
| | 线路平面控制网 CPII | — | 原 600 m 左右间隔一个，现无须测设 |
| 施工 | 施工加密控制网 CPII | 线下工程平面控制网 | 300 m 左右间隔一个，现无须联测上级控制点 |
| | 线上加密控制网 CPII | 线上工程平面控制网 | 600 m 左右间隔一个，现无须联测上级控制点 |
| 运营 | 框架控制网 CP0 | — | 原 3 年测量一次，现沿用勘察设计阶段基准站 |
| | 基础平面控制网 CPI | — | 原 3 年测量一次，现无须复测 |
| | 线上加密控制网 CPII | 线上工程平面控制网 | 每年测量一次，现无须联测上级控制点 |

优化了铁路工程控制网分级布设、逐级控制的传统测量模式，有效地避免了 CP0、CPI、CPII、CPIII 起算点间误差逐级传播的不利影响，同时取消现行 CP0、CPI、CPII 的测设和维护工作，有助于降低测设和运维成本。以中铁第四勘察设计院集团有限公司在杭衢高速铁路的试验为例，施工期按四年计，工作内容按表 3-1 计算，除所有北斗基准站平均按每个站点测设 10 万元并考虑每年的维护费用，其余所有工作内容按现行计价标准预算，分摊至每公里后，新体系规程采用 BDS 的精测网实施方案与现行体系精测网实施方案预算金额如表 3-2 所示，每公里将节约预算 37.8%。

表 3-2　建设期精测网预算对比

| 阶段 | 现行体系标准（非 BDS）每公里成本/万元 | 新体系规程（BDS）每公里成本/万元 | 每公里节省费用/万元 | 节省率/% |
|---|---|---|---|---|
| 勘察 | 4.3 | 0.9 | 3.4 | 79.1 |
| 施工 | 21.1 | 15 | 6.2 | 29.4 |
| 合计 | 25.4 | 15.9 | 9.6 | 37.8 |

除所有北斗基准站平均按每个站点每 6 年（即两个周期）更换一次硬件设备费用 4.5 万元之外，其余所有工作内容按现行体系计价标准预算，分摊至每公里后，新体系规程采用 BDS 的精测网实施方案与现行体系精测网实施方案的每个运营周期预算金额如表 3-3 所示，每公里将节约预算 22.7%。

表 3-3　每个运营周期精测网预算对比

| 阶段 | 现行体系标准（非 BDS）<br>每公里成本/万元 | 新体系规程（BDS）<br>每公里成本/万元 | 每公里节省费用/万元 | 节省率/% |
|---|---|---|---|---|
| 每个运营周期 | 3.3 | 2.55 | 0.75 | 22.7 |

# 3.4　基于北斗地基增强的勘测应用体系

## 3.4.1　应用体系总体架构

基于北斗地基增强的铁路智能勘测技术体系，主要包括三大应用方向，如图 3-18 所示：一是基于北斗地基增强的铁路精密控制测量应用；二是基于北斗地基增强位置服务开展无人机、无人船、RTK 线路测量、勘测平板、北斗融合多传感器测量车等勘测应用；三是基于北斗地基增强位置服务开展的智能 AI 钻探应用。

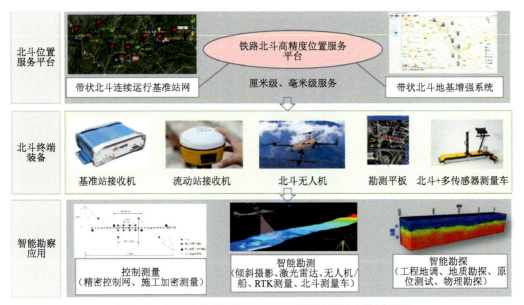

图 3-18　基于北斗地基增强的铁路智能勘测技术体系应用

## 3.4.2　铁路工程精密控制测量应用

如图 3-19 所示，滁宁城际铁路基准站间距离不超过 15 km，分别使用徕卡 GS18 与铁建 TJ01 接收机对线上每隔 600 m 布设的 CPII 控制网进行独立静态测量，每站观测 2个时段，每个时段同步观测时间不少于 90 min，并使用基准站网作为起算基准。

**1. 控制网第一次静态测量**

2022 年 1 月分别用徕卡 GS18、铁建 TJ01 两种型号仪器独立测量线上 CPII 控制网，分别在单 GPS 与单 BDS 模式下比较控制网重复测量的精度，如图 3-20、图 3-21 所示。

图 3-19　基于基准站的线上 CPII 控制点测量网型图

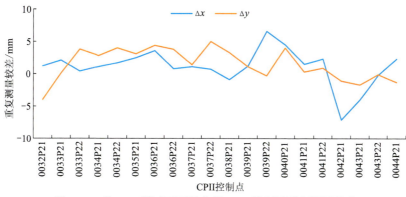

图 3-20　单 GPS 模式下两种仪器 CPII 控制网重复测量精度

Δx、Δy 分别为测量点 x 坐标和 y 坐标两种仪器测量结果的差值，余同

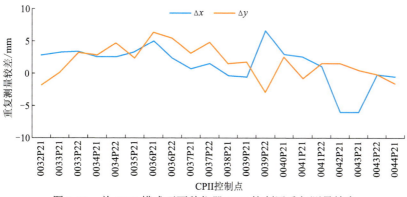

图 3-21　单 BDS 模式下两种仪器 CPII 控制网重复测量精度

分析图 3-20 和图 3-21 可知，使用两种不同仪器分别独立测量线上 CPII 控制网，在单 BDS 与单 GPS 模式下控制网的重复测量坐标较差绝对值均小于 10 mm，满足 CPII 控制网的复测精度要求，表明单 BDS 同样能够满足复测需求。

**2. 控制网第二次重复测量**

将 2022 年 3 月使用徕卡 GS18 第二次重复静态测量线上平面控制网的单 GPS 模式与单 BDS 模式成果进行对比，结果如图 3-22 所示。

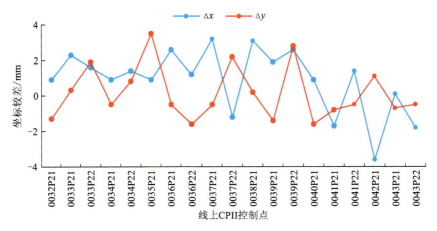

图 3-22　徕卡 GS18 同一次测量单 BDS 与单 GPS 模式成果比较

由图 3-22 分析可知，同一次测量中，单 BDS（含三代）与单 GPS 模式下处理结果坐标较差绝对值均小于 4 mm，表明单 BDS（含三代）与单 GPS 的控制网数据处理成果绝对位置基本一致，精度相当。将 2022 年 3 月使用徕卡 GS18 线上平面控制网第二次重复测量的成果与 2022 年 1 月徕卡 GS18 平面控制网测量的成果进行对比，分单 GPS 模式与单 BDS 模式统计如图 3-23 和图 3-24 所示。

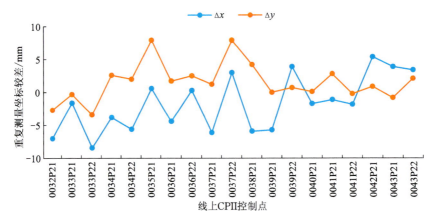

图 3-23　徕卡 GS18-2022 年 3 月与 2022 年 1 月重复测量坐标比较（单 GPS）

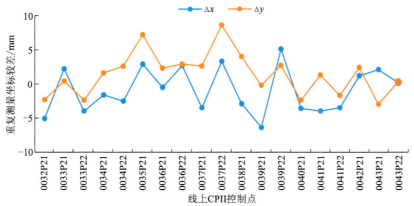

图 3-24　徕卡 GS18-2022 年 3 月与 2022 年 1 月重复测量坐标比较（单 BDS）

由图 3-25 分析可知，不同时期重复测量，在使用同一型号仪器情况下，单 BDS（含三代）与单 GPS 不同模式下重复测量坐标较差绝对值均小于 10 mm，相邻点距离较差绝对值均小于 7 mm，表明不同时期重复测量单 BDS（含三代）与单 GPS 模式均能满足控制网复测的要求，且单 BDS（含三代）稳定性略优于单 GPS。

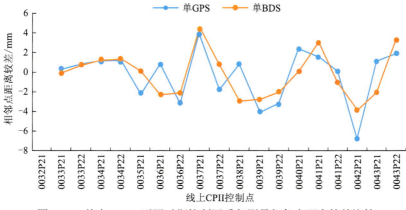

图 3-25　徕卡 GS18 不同时期控制网重复测量相邻点距离较差比较

**3. 精度分析小结**

综合滁宁城际铁路基于基准站网的线上控制网静态测量成果分析可知：①单 BDS 与单 GPS 控制网测量精度相当，相邻点距离较差绝对值、坐标较差绝对值均不大于 1 cm，表明基于基准站网的相对静态测量外符合精度优于 1 cm；②同时期不同仪器、不同时期同种仪器，基于基准站的线上加密控制网 CPII 均具备可复测性。

## 3.4.3　RTK 位置服务测量应用

**1. 勘测 RTK 断面测量**

利用川藏铁路林芝段范围内鲁朗车站的控制点进行基于北斗 CORS 系统的网络 RTK 试验，试验区域如图 3-26 所示。

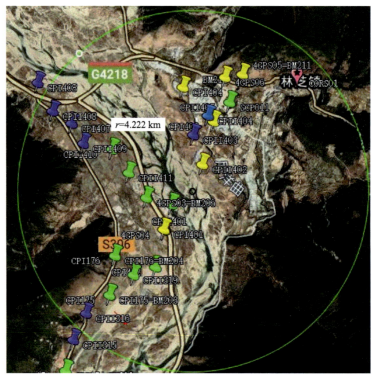

图 3-26　鲁朗车站控制点基于北斗 CORS 系统的网络 RTK 试验区域

采用高程曲面拟合参数并按 3 s 采集时长采集断面测量数据。现场共测量 70 条断面、461 组测量数据，依据以上数据进行不同星历断面测量成果对比。

1）内符合精度对比

本小节统计了 461 组测量数据的内符合精度，统计结果如表 3-4 所示。

表 3-4　各模式采用高程曲面拟合参数的网络 RTK 断面测量内符合精度统计

| 序号 | 模式 | 采集时间/s | 最大值/mm | | | | 中误差/mm | | | |
|---|---|---|---|---|---|---|---|---|---|---|
| | | | stdx | stdy | stdh | stds | mstdx | mstdy | mstdh | mstds |
| 1 | 单 BDS | 3 | 17.9 | 22.7 | 45.5 | 23.0 | 4.7 | 4.4 | 8.1 | 6.4 |
| 2 | GNSS | 3 | 22.6 | 23.6 | 39.2 | 27.7 | 3.7 | 3.5 | 7.4 | 5.1 |
| 3 | GPS | 3 | 22.3 | 30.0 | 46.3 | 37.3 | 3.9 | 4.1 | 9.3 | 5.7 |
| 4 | 基站 GPS | 3 | 22.3 | 23.4 | 38.9 | 30.0 | 4.5 | 4.5 | 7.7 | 6.3 |

注：stdx 为平面方向 x 的 std；sdty 为平面方向 y 的 std；stdh 为高程方向 std；stds 为点位的 std；mstd 为平均 std（mean std）。

由表 3-4 可知，各模式采用高程曲面拟合参数后的网络 RTK 断面测量成果内符合精度差异较小。基于 CORS 的 GNSS 网络 RTK 测量成果平面和高程内符合精度略高于其他模式，说明采用全星历进行网络 RTK 测量时成果稳定性更高，在实际测量作业时优势明显。

2）各模式测量成果对比

各模式测量成果对比如图 3-27～图 3-29 所示。

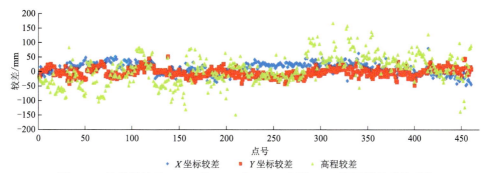

图 3-27　林芝段基于 CORS 的 BDS 与 GNSS 网络 RTK 断面测量成果对比

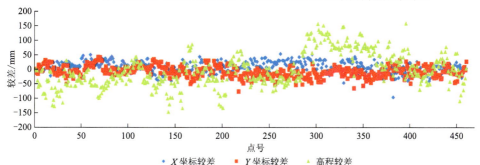

图 3-28　林芝段基于 CORS 的 BDS 和 GPS 网络 RTK 断面测量成果对比

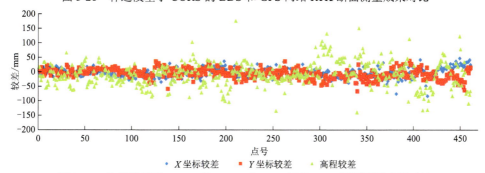

图 3-29　林芝段基于 CORS 的 GNSS 与 GPS 网络 RTK 断面测量成果对比

由图 3-27～图 3-29 可知，基于 CORS 的 BDS、GNSS、GPS 网络 RTK 断面测量成果平面坐标较差较小，高程较差略大于平面坐标较差，且高程较差波动较大。

对比各模式与传统基站 GPS-RTK 断面测量成果的差异，结果如图 3-30 所示。

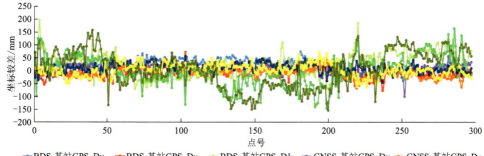

图 3-30　林芝段基于 CORS 的网络 RTK 成果与传统基站 GPS-RTK 断面测量成果对比

D$x$、D$y$、D$h$ 即为 Δ$x$、Δ$y$、Δ$h$，表示较差

图 3-30 中，基于 CORS 的 BDS、GNSS、GPS 三种模式与传统基站 GPS-RTK 断面测量成果 X 坐标较差为蓝、紫色曲线，Y 坐标较差为红、橙、黄色曲线，高程较差为绿色曲线。可见，基于 CORS 的 BDS、GPS、GNSS 三种方式网络 RTK 断面测量成果与传统基站 GPS-RTK 断面测量成果平面坐标较差明显优于高程较差。统计各模式断面测量成果较差的中误差，如表 3-5 所示。

表 3-5 各模式断面测量成果较差的中误差

| 序号 | 模式 | 采集时间/s | 中误差/mm | |
| --- | --- | --- | --- | --- |
| | | | 平面 | 高程 |
| 1 | BDS-GNSS | 3 | 27.2 | 51.8 |
| 2 | BDS-GPS | 3 | 29.6 | 59.0 |
| 3 | GNSS-GPS | 3 | 24.7 | 43.9 |
| 4 | BDS-传统基站 GPS | 3 | 34.7 | 53.1 |
| 5 | GNSS-传统基站 GPS | 3 | 28.2 | 56.5 |
| 6 | GPS-传统基站 GPS | 3 | 31.7 | 71.0 |

由表 3-5 可知，基于 CORS 的 BDS 与 GNSS 网络 RTK 测量成果较差的平面和高程中误差分别为 27.2 mm 和 51.8 mm，而基于 CORS 的 BDS 与 GPS 网络 RTK 测量成果较差的平面和高程中误差分别为 29.6 mm 和 59.0 mm，基于 CORS 的 GNSS 与 GPS 网络 RTK 测量成果较差的平面和高程中误差分别为 24.7 mm 和 43.9 mm。基于 CORS 的 BDS、GPS、GNSS 三种模式网络 RTK 测量成果较差的中误差均满足现行《铁路工程卫星定位测量规范》（TB 10054—2010）中线桩测量 X 坐标测量中误差和 Y 坐标测量中误差≤70 mm、Z 坐标测量中误差≤100 mm 的精度要求及 X、Y、Z 地形横断面测量中误差为 5～20 cm 的精度要求，说明基于铁路 CORS 系统进行网络 RTK 断面测量作业时，采用不同的卫星信号，其成果也可满足规范要求。

基于 CORS 的 BDS、GPS、GNSS 三种模式与传统基站 GPS-RTK 测量成果较差的平面中误差最大值为 34.7 mm（BDS-传统基站 GPS），高程中误差最大值为 71.0 mm（GPS-传统基站 GPS），满足现行《铁路工程卫星定位测量规范》（TB 10054—2010）中线桩测量及地形横断面测量的中误差要求，高程中误差较大的原因主要是基于 CORS 系统进行网络 RTK 测量时，仅进行高程拟合参数改正，未进行点校验，而传统基站 GPS-RTK 进行点校验后开始测量，因此，两种方式网络 RTK 测量成果较差的中误差偏大。实际在复杂山区进行基于 CORS 的网络 RTK 作业时，可在输入高程拟合参数的基础上在局部区域选取控制点进行高程校正以提高断面测量精度。

**2. 施工动态放样测量**

1）测试区域概况

（1）长赣铁路

如图 3-31 所示，长赣铁路位于湖南省东部和江西省西南部。西起湖南省长沙市，途经浏阳市和江西省上栗县、萍乡市、莲花县、永新县、井冈山市、遂川县，东至赣州市，正线全长 429.48 km。测试段线路选取长赣高铁 DK66+000～DK154+400 范围，长度 88.4 km。

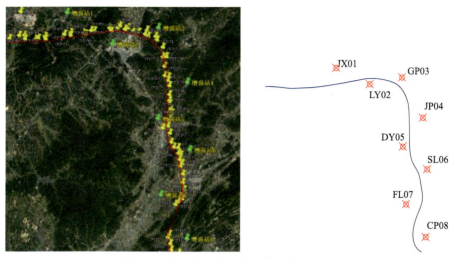

图 3-31　长赣铁路北斗地基增强基准站网

如图 3-32 所示，沿测试段线路两侧交替布设了 8 个北斗地基增强基准站，其中 7 个基准站布设在居民楼楼顶，1 个基准站布设在民房后山上，基准站周围无高压电线，信号采集环境良好，采用钢筋水泥浇筑，居民用电与太阳能供电组合供电。基准站与线路距离为 2～6 km，相邻基准站间距离为 10～15 km。

图 3-32　长赣铁路沿线北斗地基增强基准站现场照片

（2）滁宁城际铁路

如图 3-33 所示，滁宁城际铁路工程线路起于安徽省滁州市高铁滁州站，沿洪武路、丰乐大道、西涧路、龙蟠大道、徽州路、扬子路、G104 走行，全长约 54.3 km。测试段线路选取滁宁城际铁路 DK14+900～DK45+300 范围进行试点，长度为 30.4 km。

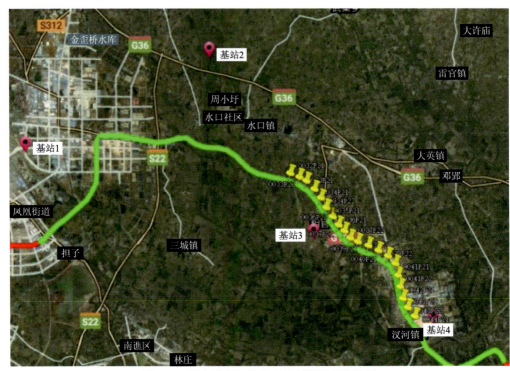
图 3-33　滁宁城际铁路北斗地基增强基准站网

如图 3-34 所示，沿测试段线路两侧交替布设了 4 个北斗地基增强基准站，4 个基准站均布设在居民楼楼顶，基准站周围无高压电线及较高建筑物，信号采集环境良好，供电方式为居民用电。基准站与线路距离为 1～6 km，相邻基准站间距离为 9～13 km。

图 3-34　滁宁城际铁路沿线北斗地基增强基准站现场照片

2）RTK 放样测试结果分析

（1）长赣铁路 RTK 定位精度分析

①将 30 s 采样时间的平面成果与 CPI 点静态成果进行对比，铁建 TJ01 设备单 BDS 与单 GPS 网络 RTK 测量成果外符合较差如图 3-35 和图 3-36 所示。

对 18 个 CPI 控制点的铁建 TJ01 设备测量成果进行统计，基于北斗地基增强系统的单 BDS 网络 RTK 测量成果与控制网成果 $x$ 坐标较差最值为-2.3 cm，$y$ 坐标较差最值为 2.3 cm，整体平面点位外符合中误差为 1.7 cm；单 GPS 网络 RTK 测量成果与控制网成果 $x$ 坐标较差最值为-1.8cm，$y$ 坐标较差最值为 2.5cm，外符合中误差为 1.4 cm。

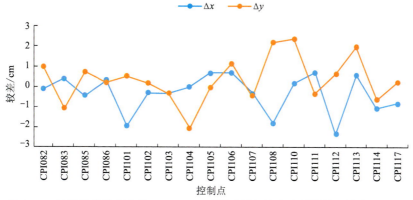

图 3-35　长赣铁路控制点单 BDS-RTK 平面成果与静态成果较差（铁建 TJ01）

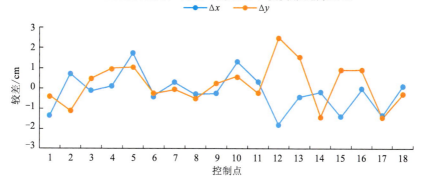

图 3-36　长赣铁路控制点单 GPS-RTK 平面成果与静态成果较差（铁建 TJ01）

②南方设备单 BDS 与单 GPS 网络 RTK 测量成果外符合较差如图 3-37 和 3-38 所示。

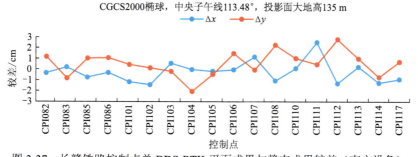

图 3-37　长赣铁路控制点单 BDS-RTK 平面成果与静态成果较差（南方设备）

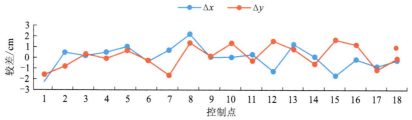

图 3-38　长赣铁路控制点单 GPS-RTK 平面成果与静态成果较差（南方设备）

对 18 个 CPI 控制点的南方设备测量成果进行统计，基于北斗地基增强系统的单 BDS 网络 RTK 测量成果与控制网成果 $x$ 坐标较差最值为 2.5 cm，$y$ 坐标较差最值为 2.8 cm，整体平面点位外符合中误差为 1.6 cm；单 GPS 网络 RTK 测量成果与控制网成果 $x$ 坐标较差最值为-2.3 cm，$y$ 坐标较差最值为-1.7 cm，整体平面点位外符合中误差为 1.6 cm。对比基于北斗地基增强系统的 BDS 和 GPS 测量方式的外符合精度（使用同一种铁建 TJ01 接收机），统计结果如表 3-6 所示。

表 3-6　长赣铁路基于北斗地基增强系统的单 BDS 与单 GPS 网络 RTK 外符合精度对比

| 测量方法 | 整体平面点位外符合中误差/cm | 较差绝对值均值/cm | |
| --- | --- | --- | --- |
| | | d$x$ | d$y$ |
| GPS | 1.4 | 0.7 | 0.8 |
| BDS | 1.7 | 0.7 | 0.9 |

注：d$x$、d$y$ 为 $\Delta x$、$\Delta y$ 较差

根据上述成果可以得出单 BDS 与单 GPS 的网络 RTK 外符合测量精度相当，分量较差绝对值基本在 2 cm 以内，分量平均较差不超过 1 cm，整体平面点位外符合中误差均不超过 2 cm。

（2）滁宁城际铁路 RTK 定位精度分析

将每个点 4 次测量均值的平面成果与 CPI 点静态成果进行对比，单 BDS 与单 GPS 网络 RTK 测量成果外符合较差分别如图 3-39 和图 3-40 所示。

对 18 个线上 CPII 控制点的 RTK 测量成果进行统计，基于北斗地基增强系统的单 BDS 网络 RTK 测量成果与控制网成果 $x$ 坐标较差最值为-1.5 cm，$y$ 坐标较差最值为 -1.8 cm，整体平面点位外符合中误差为 1.3 cm；单 GPS 网络 RTK 测量成果与控制网成果 $x$ 坐标较差最值为-2.6 cm，$y$ 坐标较差最值为-1.8 cm，整体平面点位外符合中误差为 1.4 cm。对比基于北斗地基增强系统的 BDS 和 GPS 测量方式的外符合精度，统计结果如表 3-7 所示。

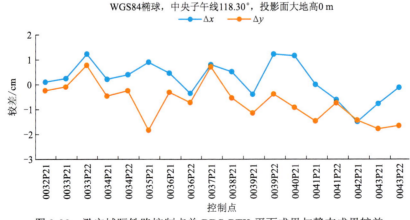

图 3-39　滁宁城际铁路控制点单 BDS-RTK 平面成果与静态成果较差

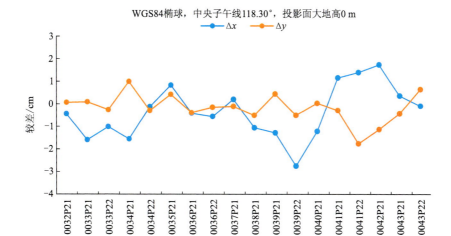

WGS84椭球，中央子午线118.30°，投影面大地高0 m

图 3-40　滁宁城际铁路控制点单 GPS-RTK 平面成果与静态成果较差

表 3-7　滁宁城际铁路基于北斗地基增强系统的单 BDS 与单 GPS 网络 RTK 外符合精度对比

| 测量方法 | 整体平面点位外符合中误差/cm | 较差绝对值均值/cm | |
|---|---|---|---|
| | | dx | dy |
| GPS | 1.4 | 1.0 | 0.5 |
| BDS | 1.3 | 0.6 | 0.9 |

　　根据上述结果可以得出单 BDS（含北斗三代）网络 RTK 外符合测量精度略优于单 GPS，分量较差绝对值基本在 2 cm 以内，分量平均较差在 1 cm 以内，整体平面点位外符合中误差均不超过 2 cm。

　　3）测试小结

　　基于北斗地基增强系统的测试点网络 RTK 定位精度统计如表 3-8 所示。

表 3-8　测试点网络 RTK 定位精度综合统计　　　　　（单位：cm）

| 测试区域 | 卫星系统 | 仪器设备 | 分量内符合中误差（Max） | 平面点位外符合中误差 |
|---|---|---|---|---|
| 长赣铁路 | BDS | 铁建 TJ01 | 0.6 | 1.7 |
| | | 南方设备 | 0.4 | 1.6 |
| | GPS | 铁建 TJ01 | 0.9 | 1.4 |
| | | 南方设备 | 0.5 | 1.6 |
| 滁宁城际铁路 | BDS | 铁建 TJ01 | 0.7 | 1.3 |
| | GPS | | 1.6 | 1.4 |

　　由表 3-8 综合分析可知：

　　（1）基于北斗地基增强系统的单 BDS 与单 GPS 的网络 RTK 定位精度基本保持一致，滁宁城际铁路的结果显示含北斗三号的 BDS 网络 RTK 定位精度略优于 GPS；

　　（2）不同卫星系统下测试点点位内符合中误差均不超过 2 cm，点位外符合中误差均不超过 2 cm，与静态测量的平面成果对比较差均在 2 cm 以内，表明基于北斗地基增强系统的平面定位精度优于 2 cm；

（3）在长赣铁路用不同的仪器设备重复测量，测试点的定位精度均优于 2 cm，表明基于带状北斗地基增强系统的网络 RTK 测量具备可复测性。

# 3.5  基于有色噪声滤波的 GNSS 监测技术

铁路或公路线路不可避免地要经过许多山地丘陵等复杂不良地质区域，在长期的自然侵蚀和地质构造运动下，沿线区域建立的北斗基准站很可能存在显著的位移趋势，严重影响北斗星地增强工程控制网的稳定性。因此，有必要对沿线的北斗基准站进行长期的位移监测，为北斗星地增强工程控制网更新与维护提供数据支撑，这对确保基于北斗星地增强定位技术的陆路交通的高精度定位具有重要意义。

受一些因素的影响，GNSS 基准站坐标时间序列中含有白噪声及有色噪声，导致对一些基准站的运动特性做出了错误分析，因此有必要采取措施削弱坐标时间序列的噪声强度。由于有色噪声在噪声中占主导地位，且其功率谱特点与白噪声不同，而主成分分析法可以寻找不同时间序列的主要差异和共同点，所以采用功率谱主成分分析法（principal components analysis，PCA）建立坐标时间序列误差模型，对 GNSS 基准站三分量坐标残差序列进行主成分分析（贺小星 等，2023），剔除包含有色噪声的主成分，最终实现有色噪声与信号的有效分离。首先建立测站的运动模型（包括线性及非线性运动模型），并在最佳噪声组合模型下估计测站运动参数。根据运动参数估值对测站的运动进行拟合，在此基础上获得测站三分量坐标残差序列及其功率谱。由于残差序列的功率曲线波动较大，所以对三分量的功率及频率皆取以 10 为底的对数，使功率谱曲线变化较为缓慢。然后将三分量取对数后的残差功率谱构成矩阵 $\boldsymbol{p} = [p_N, p_E, p_U]$。其中 $p_N$、$p_E$、$p_U$ 分别为北方向、东方向及垂直方向残差序列的对数功率谱。由于 $p_U$ 的取值范围远大于 $p_N$ 及 $p_E$，如果直接利用这三个功率谱的协方差矩阵进行主成分分析，$p_U$ 将具有显著的支配作用，而其他两个功率谱的作用很难在主成分中体现出来，所以须对这三个残差序列的功率谱进行标准化处理。本小节采用零均值化（zero-mean normalization）法，具体公式如下：

$$p_{ij}^* = \frac{p_{ij} - \overline{p}_j}{\sigma_j} \tag{3-6}$$

式中：$p_{ij}^*$ 为标准化后的功率谱矩阵 $\boldsymbol{p}^*$ 第 $i$ 行第 $j$ 列的元素，$i = 1, 2, 3, \cdots, m$，$m$ 为观测值数，$j = 1, 2, 3$；$p_{ij}$ 为 $\boldsymbol{p}$ 矩阵第 $i$ 行第 $j$ 列的元素；$\overline{p}_j$ 和 $\sigma_j$ 分别为 $\boldsymbol{p}$ 矩阵第 $j$ 列的平均值和标准差。计算三个残差序列对数功率谱标准化后的方差-协方差矩阵，求取其特征值 $\boldsymbol{\lambda} = [\lambda_1, \lambda_2, \lambda_3]$ 及特征向量矩阵 $\boldsymbol{V} = [V_1, V_2, V_3]$，其中 $\boldsymbol{\lambda}$ 中的元素降序排列，$V_i$ 为 $\lambda_i$ 对应的特征向量。然后按照式（3-7）计算主成分：

$$\boldsymbol{a} = \boldsymbol{p}^* \times \boldsymbol{V} \tag{3-7}$$

式中：$\boldsymbol{a} = [a_1, a_2, a_3]$，$a_i$ 为第 $i$ 主成分。由于有色噪声的信息量在噪声中占主导地位，而白噪声的信息量较少，所以第三主成分很可能仅包含了白噪声，第一、第二主成分包含了有色噪声。根据式（3-8）对第一、第二主成分进行重构，获得有色噪声对数功率谱标准化之后的矩阵：

$$\boldsymbol{p}^0 = [a_1, a_2] \times [V_1, V_2]^{\mathrm{T}} \tag{3-8}$$

式中：$\boldsymbol{p}^0 = [p_1^0, p_2^0, p_3^0]$。对 $\boldsymbol{p}^0$ 进行逆标准化处理，获得三分量有色噪声的对数功率谱 $\hat{\boldsymbol{p}} = [\hat{p}_{\mathrm{N}}, \hat{p}_{\mathrm{E}}, \hat{p}_{\mathrm{U}}]$：

$$\hat{p}_{ij} = p_{ij}^0 \times \sigma_j + \overline{p}_j \tag{3-9}$$

式中：$\hat{p}_{ij}$ 和 $p_{ij}^0$ 分别为矩阵 $\hat{\boldsymbol{p}}$ 和 $\boldsymbol{p}^0$ 第 $i$ 行第 $j$ 列的元素。对重建的有色噪声对数功率谱进行傅里叶逆变换处理，获得有色噪声序列。然而根据功率谱直接进行傅里叶逆变换处理获得的结果会严重偏离原信号序列，尤其在序列的首尾产生异常增大的数据。这是由于忽略了功率谱中信号的相位。因此，在进行傅里叶逆变换之前，应根据残差序列的傅里叶变换结果获得每个频率上信号对应的相位 $\theta$：

$$\mathrm{e}\mathrm{i}\theta = \cos\theta + \mathrm{i}\sin\theta \tag{3-10}$$

对每个分量的对数功率谱做傅里叶逆变换，以北分量为例：

$$P_{\mathrm{N}k} = 10^{\hat{p}_{\mathrm{N}k}} \times \mathrm{e}^{\mathrm{i}\theta_{\mathrm{N}k}}, \quad k = 1, 2, 3, \cdots, m \tag{3-11}$$

$$\hat{v}_{\mathrm{N}} = \mathrm{ifft}(P_{\mathrm{N}}) \tag{3-12}$$

式中：$P$ 为包含有色噪声的序列的功率谱；下标 N 表示北分量；i 表示虚数；ifft 为傅里叶逆变换函数。由于此时傅里叶逆变换结果 $\hat{v}_{\mathrm{N}}$ 为复数，且其虚部为 0，结果取实部即可。经过以上处理最终获得三分量包含有色噪声的序列（Ma, 2023）。

# 3.6　应　用　案　例

## 3.6.1　宜涪铁路地基增强系统建设

如图 3-41 所示，沿江高铁宜昌至涪陵段简称宜涪铁路，线路长 466.81 km，位于湖北省和重庆市内。该示范应用主要在湖北省西南地区，测试连续运行基准站布设线路东起宜昌市五峰县，向西经恩施土家族苗族自治州鹤峰县，终至恩施市，正线长 169.36 km。

图 3-41　宜涪铁路北斗地基增强基准站网

如图 3-42 所示，宜涪铁路北斗星基/地基增强系统由基准站网、数据处理中心、网络通信系统、卫星通信系统和用户定位终端五大部分组成。基准站网作为数据采集部分，负责采集卫星观测数据和测站气象数据。每个基准站都配备了高精度 GNSS 接收机和气象设备，这些设备能够长期连续采集和周期存储 GNSS 观测数据和测站气象数据。这些数据不仅提供了覆盖区域的 GNSS 观测信息，还确定了各基准站的精确坐标。

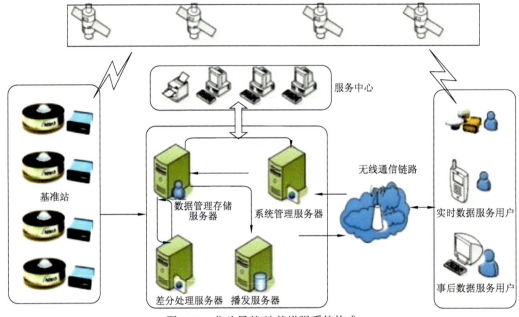

图 3-42 北斗星基/地基增强系统构成

如图 3-43 所示，北斗星基/地基增强基准站网的布设方式为沿线路左右交替布设，基准站均布设在居民楼楼顶，环境开阔，信号采集环境良好，选址前经过 24 h 精度测试。基准站距离线路不超过 5 km，相邻基站间距离为 10～15 km。基准站设备型号为梦芯 MR2103 多频多模接收机，支持北斗、GPS 等卫星系统信号。

图 3-43 宜涪铁路北斗基准站现场图照片

## 1. 宜涪铁路地基 RTK 定位精度分析

将每个点 3 次测量均值的平面成果与线下 CPI 点静态成果进行对比，单 BDS 与单 GPS 网络 RTK 测量成果外符合较差如图 3-44 和图 3-45 所示。

如图 3-44 和图 3-45 所示，基于北斗地基增强系统的单 BDS 网络 RTK 测量成果与控制网成果 x 坐标较差最值为-2.5 cm，y 坐标较差最值为-1.4 cm，整体平面点位外符合中误差为 1.4 cm；单 GPS 网络 RTK 测量成果与控制网成果 x 坐标较差最值为 2.3 cm，y 坐标较差最值为-1.6 cm，外符合中误差为 1.4 cm。对比基于北斗地基增强系统的 BDS

和 GPS 测量方式的外符合精度，统计结果如表 3-9 所示。

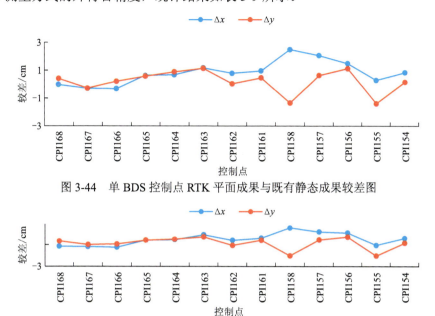

图 3-44　单 BDS 控制点 RTK 平面成果与既有静态成果较差图

图 3-45　单 GPS 控制点 RTK 平面成果与既有静态成果较差图

**表 3-9　基于北斗地基增强系统的单 BDS 与单 GPS 网络 RTK 外符合精度对比**

| 测量方法 | 整体平面点位外符合中误差/cm | 较差绝对值均值/cm | |
| --- | --- | --- | --- |
| | | dx | dy |
| GPS | 1.4 | 0.9 | 0.7 |
| BDS | 1.4 | 0.9 | 0.7 |

根据上述成果可以得出单 BDS 与单 GPS 网络 RTK 外符合精度基本一致，分量较差绝对值基本在 2 cm 以内，分量平均较差在 1 cm 以内，整体平面点位外符合中误差均不超过 2 cm。

**2. 宜涪铁路星基 PPP-RTK 定位精度分析**

1）星基增强收敛时间

对每个测试点从卫星锁定至固定解，统计时间如表 3-10 所示。7 个点中最快收敛时间为 42 s，最慢收敛时间为 3 min 42 s，平均收敛时间为 2 min 37 s。测试结果显示星基增强的收敛速度能够满足空间定位的需求。

**表 3-10　星基动态定位收敛时间**

| 序号 | 点号 | 收敛时间 | 平均收敛时间 |
| --- | --- | --- | --- |
| 1 | CPI168 | 4 min | |
| 2 | CPI167 | 3 min 40 s | 2 min 37 s |
| 3 | CPI166 | 3 min 36 s | |

続表

| 序号 | 点号 | 收敛时间 | 平均收敛时间 |
|---|---|---|---|
| 4 | CPI165 | 3 min 35 s | |
| 5 | CPI164 | 3 min 42 s | 2 min 37 s |
| 6 | CPI163 | 42 s | |
| 7 | CPI161 | 50 s | |

2）星基增强定位误差序列

将各个测试点 30 min 以内的观测成果与 CPI 控制网的成果进行对比，统计定位误差序列如图 3-46 所示。

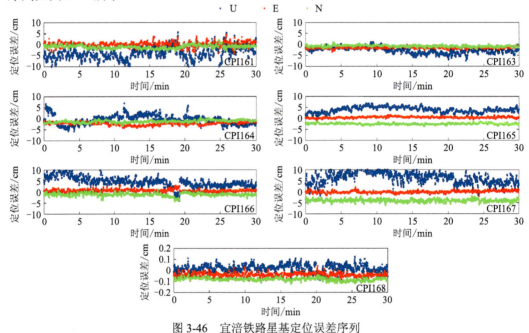

图 3-46　宜涪铁路星基定位误差序列

3）基于北斗星基增强系统的内符合精度统计

各测试点分别统计前 5 min、前 10 min、前 30 min 分量内符合中误差，见表 3-11。

表 3-11　星基动态定位内符合精度

| 点号 | 坐标分量内符合中误差/cm | | | | | | 采集总数 | 合格率/% |
|---|---|---|---|---|---|---|---|---|
| | 前 5 min | | 前 10 min | | 前 30 min | | | |
| | $x$ | $y$ | $x$ | $y$ | $x$ | $y$ | | |
| CPI161 | 1.1 | 0.5 | 0.9 | 0.7 | 1.1 | 0.7 | 1 800 | 90 |
| CPI163 | 0.4 | 0.5 | 0.4 | 0.4 | 0.4 | 0.4 | 1 800 | 99 |
| CPI164 | 0.4 | 0.4 | 0.5 | 0.5 | 0.7 | 0.5 | 1 800 | 98 |
| CPI165 | 0.3 | 0.3 | 0.3 | 0.3 | 0.3 | 0.3 | 1 800 | 100 |

| 点号 | 坐标分量内符合中误差/cm | | | | | | 采集总数 | 合格率/% |
|---|---|---|---|---|---|---|---|---|
| | 前 5 min | | 前 10 min | | 前 30 min | | | |
| | $x$ | $y$ | $x$ | $y$ | $x$ | $y$ | | |
| CPI166 | 0.6 | 0.6 | 0.6 | 0.7 | 0.6 | 0.7 | 1 800 | 90 |
| CPI167 | 0.5 | 0.5 | 0.5 | 0.6 | 0.5 | 0.6 | 1 800 | 92 |
| CPI168 | 1.0 | 0.5 | 0.9 | 0.5 | 0.8 | 0.7 | 1 800 | 99 |

根据表 3-11，本次星基增强测试点前 5 min、前 10 min、前 30 min 坐标平面分量内符合中误差均不大于 2 cm，各点位定位误差序列合格率均大于等于 90%。

4）基于北斗星基增强系统的外符合精度统计

将每个测试点 30 min 内的平面坐标$(x, y)$的平均值作为星基定位的结果，将平均值与 CPI 点已知坐标进行对比，坐标较差如图 3-47 所示。

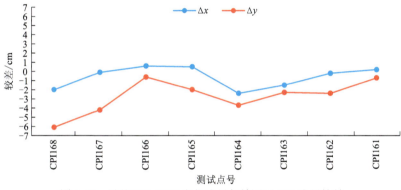

图 3-47　星基 PPP-RTK 定位成果与精测网 CPI 成果较差

根据上述统计可知，基于北斗星基增强系统的平面点位外符合中误差为 2.78 cm；较差绝对值平均值：$\Delta x$ 为 0.91 cm，$\Delta y$ 为 2.14 cm。本次测试星基增强的平面外符合中误差、残差绝对值均值均优于 3 cm。

**3. 宜涪铁路星地联合测试小结**

基于宜涪铁路星基/地基一体化系统开展精度测试，定位精度统计如表 3-12 所示。

表 3-12　测试点地基网络 RTK 与星基 PPP-RTK 定位精度综合统计表　　（单位：cm）

| 测试区域 | 增强系统 | 仪器设备 | 分量内符合中误差 Max（平面） | 点位外符合中误差（平面） | 平均收敛时间 |
|---|---|---|---|---|---|
| 宜涪铁路 | 地基 | 中海达 V200 | 0.2 | 1.4 | — |
| | 星基 | 千寻星矩 SR3 | 1.1 | 2.8 | 2 min 37 s |

综合分析表 3-12 可知：宜涪铁路基于地基增强系统的网络 RTK 定位精度优于 2 cm，且 BDS 与 GPS 精度保持一致；定位平均收敛时间不超过 3 min；平面分量内符合中误差不大于 2 cm；平面点位外符合中误差、残差绝对值均值均优于 3 cm。宜涪铁路星基/地基增强联合定位精度优于 2 cm，在山区无网络环境下，星基增强作为备选定位方式，同

样具备较高的定位精度，满足铁路勘测的要求。

## 3.6.2 南昌局既有铁路北斗基准站网建设

如图 3-48 所示，南昌局管辖下京九线、鹰厦线、峰福线、皖赣线等 8 条线路，2 160 km 既有铁路布设基准站，共计划分 9 个工务段。基准站布设间距基本在 15～25 km，最大间距不超过 30 km。

图 3-48　南昌局既有线铁路基准站网示意

## 3.6.3 铁路边坡监测案例

铁路线路不可避免地要经过许多山地丘陵等复杂不良地质区域，同时也面临着严峻的边坡变形失稳安全隐患，直接关系铁路的施工与运营安全。边坡变形失稳突发性强，难以提前做出判断预测，因此须对其进行长期的变形监测与分析，这对确保铁路运营安全有着十分重要的意义。GNSS 自动化监测技术具有精度高、不受气候条件限制、自动化程度高、实时动态监测等优点，因此常被用于实时监测铁路边坡的变形情况及稳定性，为边坡设计施工和维修加固提供必要的资料依据。

边坡 GNSS 变形监测实际上是利用监测点的 GNSS 位移时间序列估计监测点的位移速度，进而获得位移量。监测点的 GNSS 位移时间序列由位移信号及噪声组成。目前 GNSS 边坡变形监测分析多利用 GPS 技术，BDS 技术利用较少。由于综合利用 GPS 及 BDS 进行变形监测有助于降低变形时间序列中的噪声，本小节以昌赣高铁某隧道入口的边坡为例，主要利用 GPS/BDS 坐标时间序列，在顾及有色噪声影响的情况下分析边坡监测点的位移情况。

**1. 昌赣高铁峡江隧道高边坡位移监测**

昌赣线 DK143 边坡位于江西省峡江县内某隧道的一侧出口处，路基位于丘陵地貌，长约 370 m，如图 3-49 所示，隧道口左侧为高边坡，右侧为低边坡。为实时监测该段路基两侧边坡位移，在高边坡上安装了 4 个 GNSS 监测站，在距离监测点 2 km 内地质条件稳定的居民屋顶设置 1 个基准站，采用太阳能供电。其中 P1、P2、P3 监测点靠近路基，P4 监测点位于高边坡，具体分布情况如图 3-50 所示。

（a）两侧边坡　　　　　　　　　（b）监测点　　　　　　　　　　（c）基准站

图 3-49　隧道入口两侧边坡及其监测点与基准站

图 3-50　监测点分布

所有监测点接收机接收 GPS 和 BDS 卫星信号，由于受接收机条件限制，采用第二代 BDS 卫星数据。综合 GPS 及 BDS 观测数据，利用实时动态定位技术，获得监测点在东向（E）、北向（N）和垂直方向（U）的 GPS/BDS 坐标时间序列。坐标时间序列的时间跨度为 2020 年 4 月 28 日 0 时～5 月 7 日 23 时，采样间隔为 10 min。以 4 月 28 日 0 时的坐标为参考，获得每个采样时间点的位移量，最终形成位移时间序列。

**2. 边坡位移特征分析**

边坡监测重点关注监测点的位移，因此本小节仅考虑位移时间序列中的线性运动，且将周期信号视为有色噪声。由图 3-51～图 3-54 可以看出，GPS/BDS 原始位移时间序列波动较大，导致无法分辨出测点的位移趋势。从原始和位移后的位移时间序列可以看出，剔除有色噪声后，位移时间序列中存在显著的线性趋势，这说明剩余的位移时间序列信噪比较高，受噪声的影响较小。

为准确分析所选时间范围内监测点的位移量，必须基于合适的噪声模型估计出监测点的位移速度。由于 GNSS 坐标时间序列最佳噪声组合模型绝大部分为白噪声（white noise，WN）+闪烁噪声（flicker noise，FN），且闪烁噪声属于有色噪声，所以在白噪声+闪烁噪声的组合模型下，利用常用的噪声估计软件 CATS 计算各监测点位移时间序列滤波前后的噪声振幅（表 3-13）和速度估值（表 3-14）。由表 3-13 滤波前的噪声振幅估值可以看出，闪烁噪声振幅的估值约为白噪声的 2～3 倍，因此闪烁噪声在变形时间

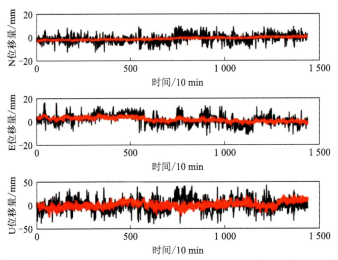

图 3-51  P1 监测点有色噪声滤波前（黑色）后（红色）位移时间序列

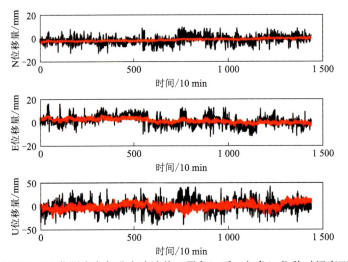

图 3-52  P2 监测点有色噪声滤波前（黑色）后（红色）位移时间序列

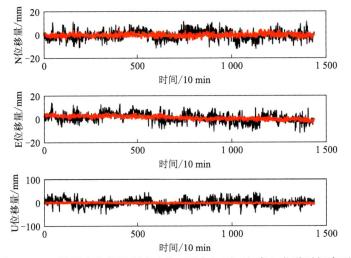

图 3-53  P3 监测点有色噪声滤波前（黑色）后（红色）位移时间序列

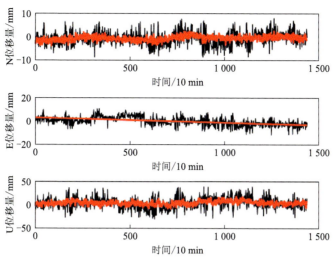

图 3-54　P4 监测点有色噪声滤波前（黑色）后（红色）位移时间序列

表 3-13　白噪声与闪烁噪声的振幅估值（白噪声振幅单位：mm；闪烁噪声单位：mm/d$^{0.25}$）

| 监测点 | 滤波前后 | E 方向 | | N 方向 | | U 方向 | |
|---|---|---|---|---|---|---|---|
| | | WN | FN | WN | FN | WN | FN |
| P1 | 滤波前 | 2.86 | 5.20 | 2.57 | 8.03 | 10.20 | 22.53 |
| | 滤波后 | 0.38 | 0.80 | 0.60 | 2.41 | 3.63 | 10.34 |
| P2 | 滤波前 | 2.01 | 5.16 | 1.86 | 5.90 | 8.70 | 17.15 |
| | 滤波后 | 0.63 | 1.72 | 0.22 | 0.79 | 2.93 | 6.63 |
| P3 | 滤波前 | 2.55 | 7.00 | 2.38 | 6.52 | 10.91 | 27.71 |
| | 滤波后 | 1.03 | 2.17 | 0.77 | 1.53 | 1.62 | 2.55 |
| P4 | 滤波前 | 1.98 | 4.64 | 1.90 | 5.66 | 7.63 | 20.91 |
| | 滤波后 | 0.71 | 1.47 | 0.02 | 0.05 | 2.34 | 8.08 |

表 3-14　顾及闪烁噪声影响下监测点的位移速度　　　　　　　（单位：mm）

| 监测点 | 分量 | 滤波前 | | 滤波后 | |
|---|---|---|---|---|---|
| | | 估值 | 不确定度 | 估值 | 不确定度 |
| P1 | E | 0.23 | 0.22 | 0.28 | 0.03 |
| | N | −0.32 | 0.33 | −0.40 | 0.10 |
| | U | 0.74 | 0.93 | 0.80 | 0.40 |
| P2 | E | 0.29 | 0.21 | 0.34 | 0.07 |
| | N | −0.31 | 0.24 | −0.40 | 0.03 |
| | U | 0.84 | 0.71 | 0.77 | 0.27 |
| P3 | E | 0.06 | 0.29 | −0.04 | 0.09 |
| | N | −0.34 | 0.27 | −0.46 | 0.06 |
| | U | −1.12 | 1.14 | −0.54 | 0.11 |

| 监测点 | 分量 | 滤波前 | | 滤波后 | |
|---|---|---|---|---|---|
| | | 估值 | 不确定度 | 估值 | 不确定度 |
| | E | 0.09 | 0.19 | 0.15 | 0.06 |
| P4 | N | -0.49 | 0.23 | -0.64 | 0.002 |
| | U | 0.34 | 0.23 | 0.27 | 0.33 |

序列的残差中占主导地位。由表 3-14 中滤波前的速度估值及其不确定度可以看出,速度估值的不确定度为速度估值的 0.5～5 倍,其中在 P1 点的 N 和 U 方向、P3 点的 E 和 U 方向、P4 点的 E 方向,不确定度的数值大于速度估值,尤其是 P3 点的 E 方向,速度估值约为其不确定度的 1/5,因此,滤波前速度估值的不确定度较大。这是因为位移时间序列中有色噪声的振幅较大,几乎淹没了位移信息,所以位移速度估值的不确定度较大,位移结果的可靠性较低。

为提高速度估值的精度,减小速度不确定度,采用主成分分析法削弱监测点位移时间序列中的有色噪声。由图 3-51～图 3-54 滤波后的位移时间序列可以看出,削弱有色噪声后,监测点位移时间序列波动明显减小,呈现出显著且稳定的线性位移趋势。由表 3-13 滤波后的噪声振幅估值可以看出,滤波后闪烁噪声振幅的估值仍大于白噪声,但整体上看白噪声和闪烁噪声的振幅估值减小了 75% 左右。由表 3-14 中滤波后的速度估值及其不确定度可以看出,削弱有色噪声后,各监测点的速度均有不同程度的变化,其中 P3 点的 E 方向上,位移的方向发生了变化,U 方向上的速度估值减小一半。此外,除 P4 点 U 方向外,其余监测点三方向位移速度估值的不确定度均显著减少。这说明通过主成分分析削弱有色噪声提高了位移时间序列中位移信息信噪比及位移速度估值的可靠性。根据滤波后的位移速度分析监测点在所选时间范围内共 10 天的位移量,在水平方向上,该边坡整体上具有东南方向位移的趋势,位移量为 5～7 mm,在垂直方向具有整体上升的趋势,为 3～8 mm,因此该边坡在所选时间范围内较为稳定。

## 3.6.4 铁路桥梁监测案例

高速铁路大跨度桥梁解决了高铁跨越大江、大河和深谷的需要,为列车提供稳定、平顺的线路,是保证高速铁路工程取得良好的技术、经济和社会效益的关键。由于高速列车对桥梁结构的动力作用远大于普通铁路桥梁,为了保证轨道的高平顺性,高速铁路桥梁在设计施工中应具有整体性好、纵向刚度大、减振性能和横向位移控制要求高等特点,以防止桥梁出现较大挠度和振幅。因此大跨度桥梁主要采用预应力混凝土连续箱梁、预应力混凝土连续刚构、各种拱结构、斜拉桥及梁-拱组合结构等。由于高铁桥梁施工复杂、投资规模大,列车高速运行时对桥上线路的平顺性要求较高,特别是采用无砟轨道技术后,对桥梁的变形控制提出了更高的要求,所以高速铁路桥梁是我国高速铁路建设中重点研究的问题之一。

受温度效应的影响,桥面竖向容易产生周期性的变形。轨道铺设后预应力混凝土梁体的弹性变形及后期收缩变形、徐变变形均会影响轨道的平顺性及高速列车的安全运行。

高速铁路要求一次铺设跨区间无缝线路，而桥上无缝线路钢轨的受力状态不同于路基，结构的温度变化、列车制动、桥梁挠曲等会使桥梁在纵向产生一定的位移，引起桥上钢轨产生附加应力。目前，无砟轨道已被公认为高速铁路大跨度桥梁的发展趋势，但无砟轨道对桥梁的变形控制条件相对普通铁路桥梁更加严格。

综上所述，有必要对高速铁路桥梁的振动频率、水平及竖向变形进行监测，在此基础上进行较为精确的变形分析。这对桥梁的安全控制、确保高速铁路行车安全、避免意外交通事故的发生具有重要的现实意义。通过长期的健康监测能够及时发现高速铁路桥梁服役全过程中的受力与损伤演化规律，避免频繁大修关闭交通所引起的重大损失，能够节约桥梁的维护费用及延长桥梁的使用寿命。此外，通过高速铁路桥梁动态监测获得的实际结构的动静力行为来检验桥梁的理论模型和计算假定，有助于验证高速铁路桥梁的设计理论及模型，具有重要的科学意义和实用价值。GNSS 变形监测技术利用基于主成分分析的 GNSS 变形时间序列滤波方法，对高速铁路桥梁连续监测，能有效提高桥梁形变信息探测与识别效率。

**1. 昌赣高铁赣江特大桥**

赣州赣江特大桥位于章水、贡水两江汇合口下游 1.9 km 处，主桥为跨径布置（35+40+60+300+60+40+35）m 的混合梁斜拉桥，半漂浮体系。赣州赣江特大桥为我国首座主跨 300 m 无砟轨道高速铁路斜拉桥，受收缩、徐变、温度等影响，横竖向变形量大且复杂，同时在列车摇摆力、风力、侧向日照等作用下，梁体会产生复杂的空间变形，梁体的任何形变都会反映到轨道上，从而影响列车运营的安全性和舒适性。中铁第四勘察设计院集团有限公司于 2019 年 4 月在桥梁上建立了大桥 GNSS 健康监测系统，通过各类监测及信息化手段，对桥梁及轨道结构的关键状态参数和指标进行长期、实时、系统的监测。GNSS 监测设备分别安装在桥梁中跨两端（P1、P2），GNSS 设备安装如图 3-55 所示。其中基准站 P0 位于距桥塔 1.3 km 处的钟塔景区管理中心楼顶。各测站均使用 TrueCORS R1 接收机及天线。接收机采集 GPS 和 BDS 卫星数据，卫星截止高度角为 30°，采样频率设置为 5 Hz。

图 3-55　赣江特大桥及其中跨 GNSS 监测点分布

**2. 桥梁瞬时运动特征分析**

1）列车荷载作用下桥梁结构变形分析

图 3-56 所示为 2021 年 1 月 18 日 P1 点在 GPS 时间 4:20～4:55（即北京时间 12:20～

12:55）约半小时内桥梁中跨和桥塔 5 Hz 的监测序列。可以看出，高铁经过桥梁中跨时，P1 点水平方向的变形几乎可以忽略不计，但垂向变形约为 6 cm。

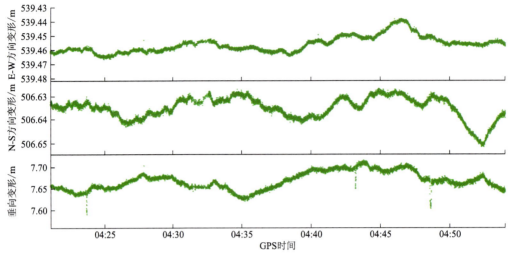

图 3-56　桥梁中跨监测点 P1 在 4:20～4:55 5 Hz 采样坐标时间序列

2）桥梁固有频率分析

桥梁的自振特性（频率、振型、阻尼）与结构的刚度和损伤密切相关，固有频率的识别对开展桥梁结构动力学分析、修正桥梁结构有限元分析模型及评价桥梁结构健康安全状态等均具有重要意义。为对比分析所有监测点的固有频率，获得了监测点在三个方向上的功率谱。由于大跨度斜拉桥的固有频率为 0.2～1.0 Hz，所以仅展示频率范围为 0.2～1.0 Hz 的功率。从图 3-57 可以看出，在桥梁中跨 P1 和 P2 监测点横向和纵向振动时间序列的功率谱中，无明显的振动信号；与水平方向相比，垂直方向的功率谱在频率为 0.536 Hz 处存在明显的振动信号。这是由于桥梁中跨在垂直方向的变形远大于水平方向，被噪声淹没。

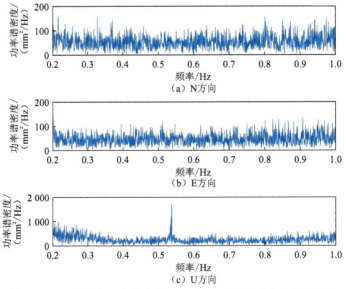

图 3-57　P1 监测点三个方向上 BDS 振动时间序列功率谱密度图

### 3. 桥梁周日动态变形分析

桥梁基本呈东西走向，利用 RTK 定位技术，获得监测点在东向（E）、北向（N）和垂直方向（U）的变形时间序列。在数据处理时利用导航电文中的模型进行电离层延迟改正，采用 Saastamoinen 模型进行对流层延迟改正。变形时间序列的采样间隔为 1 min，时间跨度为 2021 年 1 月 18 日 00 时～21 日 24 时。利用基于主成分分析的 GNSS 变形时间序列滤波方法削弱有色噪声，并分析对桥梁变形分析结果的影响。对 P1 和 P2 点的变形时间序列进行傅里叶变换，获得监测点 E、N 和 U 三个方向的功率谱，如图 3-58～图 3-60 所示。P1 点三个方向均明显存在周期约为 24 h 的规律变形，其中垂直方向变形信号的功率是水平方向的百倍以上。如图 3-61 所示，P2 点的 E 和 U 方向也存在规律性较强的周日变形信号。

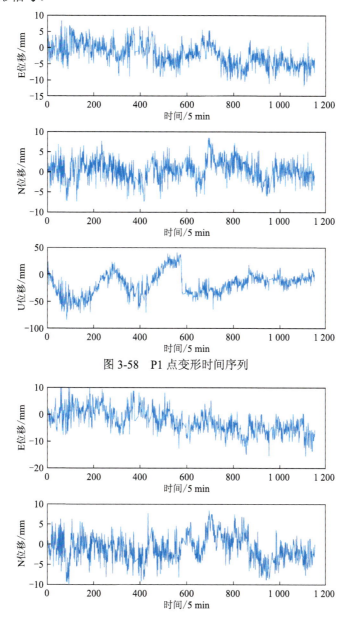

图 3-58　P1 点变形时间序列

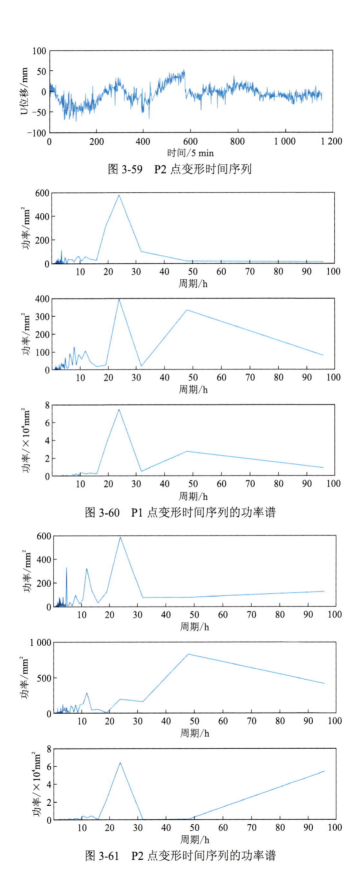

图 3-59 P2 点变形时间序列

图 3-60 P1 点变形时间序列的功率谱

图 3-61 P2 点变形时间序列的功率谱

为精确量化变形信号的周期振幅，建立桥梁 GNSS 监测站单方向的日周期运动模型如下：

$$y(t_i) = x^{(1)} + x^{(2)}t_i + x^{(3)}\cos(2\pi t_i) + x^{(4)}\sin(2\pi t_i) + v(t_i) \quad (3\text{-}13)$$

式中：$y(t_i)$ 为监测站在 $t_i$ 时刻的位移；$x^{(1)}$ 和 $x^{(2)}$ 分别为初始位置和速率；$x^{(3)}$ 和 $x^{(4)}$ 为日周期信号调和函数的系数，$\sqrt{(x^{(3)})^2 + (x^{(4)})^2}$ 用于描述日周期信号的振幅；$v(t_i)$ 为噪声。由于 GNSS 坐标时间序列中的噪声可以用白噪声加闪烁噪声来描述，所以，在白噪声＋闪烁噪声的组合下，利用最小二乘方差分量估计法计算两个监测点各方向周日变化的振幅及其不确定度。

为对比有色噪声对变形分析结果的影响，采用 3.5 节所述主成分分析法削弱三个方向变形时间序列中的有色噪声（表 3-15），并计算处理后的变形振幅，由于桥中跨监测点在垂直方向的周期振幅较大，本小节仅对垂直方向的变形进行对比分析。

表 3-15　白噪声与闪烁噪声的振幅估值

| 监测点 | 滤波前后 | E 方向 | | N 方向 | | U 方向 | |
|---|---|---|---|---|---|---|---|
| | | WN/mm | FN/（mm/d$^{0.25}$） | WN/mm | FN/（mm/d$^{0.25}$） | WN/mm | FN/（mm/d$^{0.25}$） |
| P1 | 滤波前 | 1.61 | 6.8 | 1.61 | 5.70 | 4.94 | 33.35 |
| | 滤波后 | 0.01 | 0.60 | 0.44 | 1.85 | 0.41 | 13.56 |
| P2 | 滤波前 | 1.05 | 10.39 | 1.36 | 7.49 | 5.79 | 33.60 |
| | 滤波后 | ≪0.01 | 3.30 | 0.37 | 3.00 | 0.55 | 3.81 |

由表 3-15 可知，滤波后，白噪声的振幅估值皆小于 1，有色噪声振幅的估值显著减小，减小比例为 59%～91%。其中在 P1 和 P2 监测点的 U 方向，有色噪声相应减小的比例分别为 59%、89%。表 3-16 列出了削弱有色噪声之后变形参数的估值及其不确定度。由表 3-16 可知，P1 和 P2 监测点 U 方向上周期振幅的变化约为 4%，P1 和 P2 监测点的 U 方向日周期振幅分别为 16.57 mm 和 15.29 mm，且滤波前后均相差约 1.3 mm。$x^{(3)}$ 和 $x^{(4)}$ 参数估值不确定度的减小比例约为 88%。这说明利用主成分分析法可显著削弱有色噪声的强度，且削弱有色噪声对桥梁变形分析结果影响较小，但会显著降低变形估计参数的不确定度，提高变形分析结果的可靠性。

表 3-16　顾及闪烁噪声影响下监测点的变形参数　　　　　　（单位：mm）

| 监测点 | 日周期调和函数系数 | 滤波前 | | 滤波后 | |
|---|---|---|---|---|---|
| | | 估值 | 不确定度 | 估值 | 不确定度 |
| P1$_U$ | $x^{(3)}$ | 13.85 | 2.23 | 13.40 | 0.90 |
| | $x^{(4)}$ | −10.38 | 2.35 | −9.74 | 0.95 |
| | 周期振幅 | 17.31 | | 16.57 | |
| P2$_U$ | $x^{(3)}$ | 11.44 | 2.25 | 11.57 | 0.25 |
| | $x^{(4)}$ | 11.18 | 2.37 | −10.00 | 0.27 |
| | 周期振幅 | 16.00 | | 15.29 | |

# 3.7 本章小结

（1）面向铁路全生命周期稳定基准和高精度位置实时服务的需求，针对带状铁路地形起伏变化大、线路长的难题，本章提出了带状铁路工程北斗地基增强的方法，建立了顾及带状大气垂向梯度的高精度大气误差改正模型，攻克了带状铁路工程北斗地基增强系统建设的关键技术难题，实现了铁路工程沿线覆盖区域流动用户平面优于 2 cm 高精度动态位置服务。

（2）针对现行标准分级布网、逐级控制技术存在的基准误差传递和累积、工作量大、维护困难等问题，本章提出了建立基于北斗连续运行基准站的动态可维持的统一基准，团队主编了《铁路工程北斗卫星导航系统测量技术规程》（Q/CR 9163—2023），改变了现行铁路分级控制测量体系，实现了基于北斗连续运行基准站技术在铁路全生命周期中 BDS 对 GPS 的替代，有力推动了北斗铁路工程测量新技术体系的建立。

（3）针对北斗/GNSS 站网坐标时间序列噪声与微小形变量有效分离的难题，本章提出了基于小波信息熵、主成分分析、奇异值分解的噪声提取与建模方法，实现了铁路构筑物北斗事后毫米级高精度变形监测。

# 参 考 文 献

陈秀德, 刘惠, 蔚保国, 等, 2024. 北斗/GNSS 广域精密定位技术与服务: 现状与展望. 武汉大学学报 (信息科学版), 1-21. [2024-09-18]. DOI: 10.13203/j.whugis20230472.

贺小星, 王海城, 聂启祥, 2023. 顾及有色噪声的改进 EEMD 站坐标时间序列降噪方法. 测绘地理信息, 48(6): 40-45.

李昕, 袁勇强, 张柯柯, 等, 2018. 联合 GEO/IGSO/MEO 的北斗 PPP 模糊度固定方法与试验分析. 测绘学报, 47(3): 324-331.

鲁冬冬, 胡洪, 2018. GPS/BDS 精密单点定位算法实现与精度分析. 测绘通报(S1): 13-16, 26.

宁津生, 姚宜斌, 张小红, 2013. 全球导航卫星系统发展综述. 导航定位学报, 1(1): 3-8.

杨元喜, 2016. 综合 PNT 体系及其关键技术. 测绘学报, 45(5): 505-510.

杨元喜, 陆明泉, 韩春好, 2016. GNSS 互操作若干问题. 测绘学报, 45(3): 253-259.

张小红, 胡家欢, 任晓东, 2020. PPP/PPP-RTK 新进展与北斗/GNSS PPP 定位性能比较. 测绘学报, 49(9): 1084-1100.

Ge M, Gendt G, Rothacher M, et al., 2008. Resolution of GPS carrier-phase ambiguities in precise point positioning (PPP) with daily observations. Journal of Geodesy, 82(7): 389-399.

Ma J, 2023. BDS/GPS deformation analysis of a long-span cable-stayed bridge based on colored noise filtering. Geodesy and Geodynamics, 14(2): 163-171.

# 第 4 章　视觉/GNSS/惯导多源融合定位与智能测绘技术

卫星导航（BDS/GPS 等）采用导航卫星对地面、海洋、空中和空间用户进行导航定位，用户必须接收到足够的导航卫星信号才能实现可靠、精准的导航定位；惯性导航以陀螺仪和加速度计进行角速度/线加速度积分实现主动位置和姿态计算，导航精度随时间迅速发散。视觉激光匹配导航利用移动载体配备的传感器在运动过程中对周围环境信息进行采集，对获取的环境影像/激光等信息进行智能感知与分析，完成自身位置确定和路径识别。视觉/GNSS/惯导多种导航系统互相配合，按照信息冗余和信息互补的原则，通过多传感器信息融合与智能处理，可实现全域全时无缝可靠导航定位，具有广泛的应用前景。

## 4.1　多源融合导航定位技术及其发展

### 4.1.1　多源融合导航定位技术概述

在复杂多变的城市环境中，使用单一传感器的定位系统已经逐渐不能满足高可靠、高精度的定位需求，例如 GNSS 的信号容易受到信号衰减、反射或阻塞的影响，IMU 精度会受到误差累积的影响，视觉和激光雷达等传感器也存在受重复结构、纹理影响等缺陷。充分利用不同传感器互补特性的多源融合技术，对提升移动平台自主导航定位的准确性和连续性有着重要的实际意义与应用价值。

多源融合导航定位是指将来自多个不同传感器的数据信息进行综合处理，以实现更加精确和可靠的定位与导航。这一技术通过利用各种传感器的优点，弥补单一传感器的缺陷，提供更全面、准确的环境感知和定位信息。视觉激光匹配导航是移动载体利用其配备的摄像机、激光雷达、红外、超声波等传感器在运动过程中对周围环境信息进行采集，并对获取的环境信息进行智能感知与分析，完成自身位置确定和路径识别，并做出导航决策的一种新型自主导航技术。视觉激光匹配导航最主要的特征是自主性和实时性，无须依靠外界任何设备，仅依靠自身传感器对周围环境信息进行计算就可以实时给出导航信息。近年来，视觉激光匹配导航在飞机、无人飞行器、巡航导弹、深空探测器及室内外机器人等方面被广泛应用，与卫星导航、惯性导航、天文导航、地磁导航等融合，实现全域全时无缝可靠导航，一直是各种无人系统、人工智能领域研究和应用的热点。

多源数据的融合方法主要分为基于滤波的方法和基于优化的方法。基于滤波的方法先对移动平台的运动进行建模，构造出贴合物理场景的运动方程和观测方程，然后套用卡尔曼滤波公式，递归地进行状态预测和测量更新。基于优化的方法将移动平台在不同时刻的位姿视为节点，将在不同位姿处观测所产生的约束视为节点之间的边。移动平台在运动的过程中构建出的若干节点和边组成图，然后从全图的角度进行优化。

## 4.1.2 多源融合导航定位技术形式

### 1. GNSS/IMU 组合导航技术

GNSS/IMU 组合导航方法被广泛应用于室外场景的各个领域。GNSS 和 IMU 具有完美的互补性，IMU 提供短时间内紧缺的位姿推导，GNSS 提供长时间范围内的位置约束。成熟的 GNSS/IMU 组合导航主要使用 GNSS 辅助 IMU，利用 GNSS 的绝对定位辅助 IMU 实现快速初始对准、IMU 传感器误差的在线估计和校正、抑制 IMU 的误差快速累积。组合模式有松组合模式和紧组合模式两种。

松组合模式将 GNSS 和 IMU 数据分别独立处理，然后在较高层次上进行数据融合，以实现定位和导航，其基本原理如图 4-1 所示。GNSS 提供的绝对位置和速度信息及 IMU 提供的相对运动信息通过卡尔曼滤波器进行融合。GNSS 接收机输出的绝对位置和速度作为参考信息，IMU 通过姿态推算和运动学模型计算出的位置和速度作为预测信息，二者在滤波器中结合使用。通过滤波器估计 IMU 的累积误差（如加速度和角速度的偏差）和 GNSS 数据的误差信息，然后利用这些误差信息对系统进行修正。由于需要 GNSS 能够单独解算，所以至少同时观测 4 颗卫星，当观测环境较差，观测卫星数不足 4 颗时，松组合模式失效。

图 4-1 GNSS/IMU 松组合原理示意图

紧组合模式将 GNSS 观测到卫星的原始观测值和 IMU 推算的位置和速度的预测观测值作为观测信息，在 GNSS 观测卫星不足 4 颗时，仍能有效运行。其基本原理如图 4-2 所示。GNSS 接收机输出的伪距和伪距率作为参考信息，载波和卫星之间的伪距和伪距率作为量测信息，二者之差作为系统的观测信息。通过卡尔曼滤波估计 IMU 的误差信息

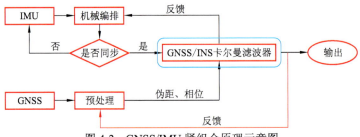

图 4-2 GNSS/IMU 紧组合原理示意图

和 GNSS 接收器的时钟误差信息，然后通过开环输出或闭环反馈对系统进行修正。紧组合模式不仅抑制了 IMU 误差的发散，同时还能探测 GNSS 观测值中的粗差，但缺点是系统模型和观测模型复杂，计算量大。

**2. 视觉导航技术**

视觉激光匹配导航的实质是匹配导航，利用当前时刻影像/激光地图与之前时刻影像/激光地图匹配，恢复载体运动过程，从而实现导航定位。其原理如图 4-3 所示。

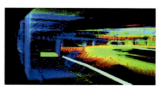

（a）视觉匹配导航原理 　　（b）影像视觉匹配导航 　　（c）激光匹配导航
　　　　　　　　　　　　（相邻两帧影像匹配推算位姿）　（蓝色点云为当前帧，通过匹配实现轨迹计算）

图 4-3　视觉激光匹配导航原理

视觉激光匹配导航除能够自主完成导航计算外，由于视觉激光传感器本身也可以对周围环境进行精确的三维测量，视觉激光导航技术通常集自主定位与三维地图生成于一体，即同步定位与制图（SLAM）。该技术一方面可用于定位导航，尤其是城市/室内/山区卫星导航无法提供导航服务场景，另一方面可用于更为抵近的三维勘察测绘，获取周围环境更为精细的实景三维地图。

**3. 视觉/GNSS/IMU 多源融合导航定位**

GNSS/IMU 组合导航方法能够有效解决室外空旷场景的绝对定位问题，但当移动设备位于林间、地下、隧道等 GNSS 拒止环境中时，仅仅依靠 IMU 的递推往往无法获取长期准确的定位结果。因此，将视觉传感器作为补充，与 GNSS 和 IMU 数据进行融合，是解决复杂环境下鲁棒定位问题的有效方法。

视觉、GNSS 和 IMU 数据的融合包含基于图优化的方法和基于滤波的方法。图 4-4 展示了一种基于图优化的视觉/GNSS/IMU 多源融合系统，首先对 GNSS、视觉和惯性原始数据进行预处理；然后通过 GNSS 视觉惯性初始化实现 3 个传感器坐标系的统一；最终将预处理后的信息构建为误差方程，利用图优化实现系统的状态估计。图 4-5 展示了

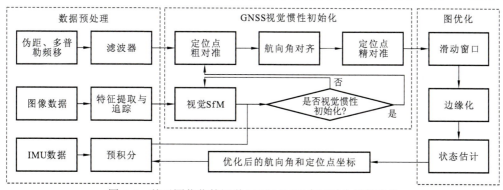

图 4-4　基于图优化的视觉/GNSS/IMU 多源融合导航定位

SfM 为 structure from motion，运动恢复结构

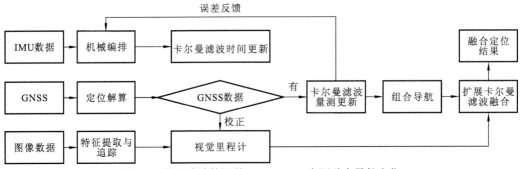

图 4-5 基于滤波的视觉/GNSS/IMU 多源融合导航定位

一种基于滤波的视觉/GNSS/IMU 多源融合系统，分别对 GNSS、IMU 和视觉模块单独解算的位置和速度信息进行融合，在扩展卡尔曼滤波器中将 GNSS/IMU 组合导航结果和视觉传感器的位姿估计进行耦合，对状态方程中的相关参数进行估计并反馈校正。

## 4.1.3  多源融合导航定位发展趋势

近年来，关于多源融合定位的系统实现及性能评估已经有了较多的研究，结果表明，多源融合技术大幅提高了移动定位系统的精度与鲁棒性。随着导航定位应用领域的进一步拓宽及制造业技术的深入发展，定位算法与传感器硬件都开始展现出新的发展趋势，为多源融合定位性能提供了新的机遇。

（1）多平台协同与多源同构等算法得到广泛关注。多平台协同定位算法优化了集群智能体的定位性能。随着 5G 基站的广泛布设，多平台之间的实时协同能力不断提升，协同定位算法得到推广，对未来的集群智能体应用具有重要意义。多源同构进一步提升了多源融合定位的精度与鲁棒性。多天线、多 IMU 定位等多源同构定位方案展现出巨大的应用前景。

（2）传感器技术的快速进步。高精度定位需求的增加推动了传感器需求爆发式增长，传感器制造能力与应用也迎来了技术性突破。例如，多频多星座系统与低轨卫星增强、微电机系统（micro-electro-mechanical system，MEMS）IMU 性能进一步提升、事件相机与 4D 雷达技术发展及相关传感器成本下降，都为高精度多源融合定位提供了更大的发展空间。

随着智慧城市进程的不断推进，基于多源数据融合的定位导航技术也将在交通、娱乐、机器人、农业、军事等诸多领域发挥重要作用。具体而言，多源数据融合定位在各个领域的应用发展趋势如下。

（1）智能交通与自动驾驶：融合 GPS、IMU、激光雷达、摄像头等多种传感器数据，实现厘米级的高精度定位，确保自动驾驶车辆在复杂环境中的安全行驶；通过多源数据融合，提高系统在恶劣天气、城市峡谷等信号遮挡环境下的定位可靠性，确保车辆能够稳定运行。

（2）无人机与空中机器人：融合 GPS、视觉传感器和惯性测量单元的数据，确保无人机在飞行中的稳定性和定位精度，实现无人机的实时避障和路径规划，适用于快递配送、农业监测等应用。

（3）室内定位与导航：融合 Wi-Fi、蓝牙、超宽带（ultra wide band，UWB）、视觉、

惯性等多种数据，实现高精度的室内定位，适用于大型商场、机场、工厂等场所的导航和资产管理。

（4）机器人定位与自主导航：融合激光雷达、摄像头、IMU 等传感器数据，实现机器人在复杂环境中的自主导航和路径规划，提高机器人在动态环境中的定位和决策能力，应用于仓储、安防、巡检等领域。

（5）智能穿戴设备：通过融合 GPS、IMU、摄像头数据，提高增强现实应用的精度和体验，适用于导航、游戏、教育等领域。

（6）精细农业与环境监测：融合无人机、地面传感器、卫星数据，实现对农田的精细监测和管理，提高农业生产的效率和收益。

（7）军事与国防：多源数据融合技术用于战场态势感知和决策支持，提高军事行动的准确性和效率，增强军事装备的作战能力。

# 4.2　影像视觉定位技术

## 4.2.1　影像视觉定位技术概述

影像视觉定位通过对图像序列特征运动感知来估计相机运动实现导航位姿计算。典型的算法有 ORB-SLAM3（Campos et al.，2021）、半直接单目视觉里程计（semi-direct monocular visual odometry，SVO）（Forster et al.，2014）等。当前算法研究主要针对光照和弱纹理特征环境、尺度不确定性、深度估计能力差、立体视觉范围窄小及 RGB-D 相机室外场景使用等难题而展开。

影像视觉 SLAM 一般分为利用序列帧进行位姿估计的前端部分和对历史多帧进行整体位姿优化和地图重定位的后端部分。里程计的位姿估计方式是一种增量估计方法，增量估计很大程度上会受到每次变换的估计误差累积，导致出现漂移问题，因此一般利用后端的闭环检测（或称回环检测）进行地图全局和位姿的整体平差优化。

视觉 SLAM 前端的里程计技术主要以单目或双目相机为传感器采集获取序列帧图像进行位姿估计。视觉里程计方法通常分为两类：一类是基于特征的方法，即从原始测量结果中提取特征的中间表征及方向描述，利用特征进行帧间匹配计算。典型的基于特征的方法仅适用于具备一定特征的环境，在特征缺失的环境下，可能导致方法失效。另一类是直接法，可以利用全图像的亮度梯度信息，在具备少量关键点的环境中能实现更高精度位姿估计和鲁棒跟踪。由于基于特征方法的特征描述和特征匹配模型更为成熟高效，所以曾长期主导视觉里程计研究领域。不过近年来，利用半直接法、直接法模型的应用已经越来越多，且计算效率和位姿估计精度都逐渐超越基于特征的方法。

## 4.2.2　单目/双目视觉导航定位技术

### 1. 场景稳健的半直接单目视觉位姿估计

为了保证视觉定位算法在多种极端环境条件下保持位姿估计的稳健性，提出一种针对光流跟踪的场景稳健半直接单目视觉位姿估计算法。具体算法流程如图4-6所示。

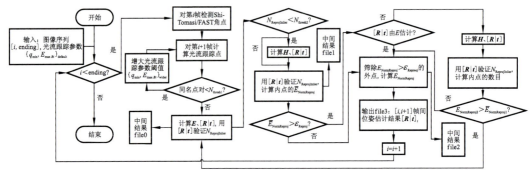

图4-6 场景稳健半直接单目视觉位姿估计算法

在设定计算的图像序列和光流跟踪参数后，分别对前后帧进行Shi-Tomasi或特征加速段测试（features from accelerated segment test，FAST）角点检测，接着进行KLT（Kanade-Lucas-Tomasi）光流跟踪获得初始同名点对，若初始同名点对过少就增大参数阈值直到数量达到阈值 $N_{thresh1}$。接着计算本质矩阵 $E$ 和位姿变换矩阵 $[R|t]$，并用估计出的 $[R|t]$ 矩阵验证重投影内点数 $N_{ReprojInlier}$，若 $N_{ReprojInlier}$ 少于阈值 $N_{thresh2}$，用单应矩阵 $H$ 估计位姿变换矩阵 $[R|t]$，并用估计出的 $[R|t]$ 矩阵验证重投影内点数 $N_{ReprojInlier}$ 并计算内点的平均重投影误差 $\bar{E}_{NormReproj}$，若 $\bar{E}_{NormReproj}$ 大于阈值 $\varepsilon_{Reproj}$ 且是由本质矩阵进行估计的，就换用单应矩阵重新估计；若 $\bar{E}_{NormReproj}$ 在阈值 $\varepsilon_{Reproj}$ 范围内，仅筛除重投影误差大于阈值 $\varepsilon_{Reproj}$ 的外点，计算内点的平均重投影误差 $\bar{E}_{NormReproj}$，输出当前两帧间位姿估计结果 $[R|t]_i$，接着循环估计后续帧间位姿估计结果直至结束。

利用卡尔斯鲁厄理工学院与芝加哥丰田技术研究所（Karlsruhe Institute of Technology and Toyota Technological Institute at Chicago，KITTI）数据集多个序列对上述算法进行实验验证，给出00、02序列的结果，同时还对比了相同序列采用预期残差似然（expected residual likelihood，ERL）算法（Jaegle et al.，2016）、SVO算法（Forster et al.，2014）在实验平台的位姿估计结果。实验发现，场景稳健的半直接单目视觉导航算法、ERL算法能够稳健地完整计算输入的多个长时间序列，SVO算法经过大量参数适应性调整实验依然不能实现长时序列的连续位姿估计。这是由于SVO算法的环境稳健性较差，在初始化或重新初始化完成后，通常由于图像关联同名点数过少、特征点丢失过多、极线匹配搜索失败等，导致解算精度严重下降、解算轨迹严重偏离、解算中断。

图4-7展示了ERL算法和场景稳健的半直接单目视觉导航算法（方法1：Shi-Tomasi+

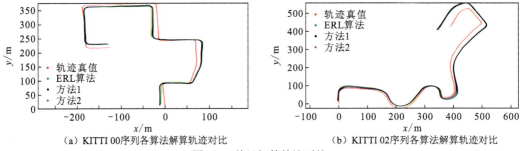

（a）KITTI 00序列各算法解算轨迹对比　　　　（b）KITTI 02序列各算法解算轨迹对比

图4-7 单目解算轨迹对比

KLT；方法 2：FAST＋KLT）的轨迹对比。对 ERL 算法和场景稳健的半直接单目视觉导航算法计算的位姿估计结果进行同样尺度的拉伸，并与真值对齐，然后计算位置均方根误差（root mean square error，RMSE）的评价算法精度，如表 4-1 所示。从表中可见，方法 1 解算精度相比 ERL 算法平均提升了 13.33%，方法 2 解算精度相比 ERL 算法平均提升了 11.22%，均优于 ERL 算法的解算精度。

表 4-1　实验估计轨迹精度对比

| 项目 | seq0 | seq2 | |
|---|---|---|---|
| ERL 算法解算精度/m | 8.13 | 12.06 | 平均优化百分比/% |
| 方法 1 解算精度/m | 6.76 | **10.89** | |
| 方法 2 解算精度/m | **6.58** | 11.66 | |
| 方法 1 精度优化百分比/% | 16.92 | 9.75 | **13.33** |
| 方法 2 精度优化百分比/% | 19.11 | 3.32 | **11.22** |

### 2. 光流运动场模型解耦的双目视觉导航

针对双目立体相机采集的图像序列的实时载体位姿估计优化问题，本小节提出利用光流运动场模型的载体位姿与图像光流矢量间关系，将光流矢量解耦为三个平移分量、三个旋转分量和一个深度分量，推导分析解耦后单分量、组合分量误差对位姿估计的影响，利用仿真和真实数据实验，验证不同模型下单分量、组合分量误差分离模型的有效性，并结合组合分量误差分离模型，提出双目视觉里程计位姿估计的解耦光流运动场位姿优化算法。

当相机与场景间有相对运动时，图像上亮度的运动变化就称为光流。因此，图像中光流的运动规律直接反映了与相机固联的载体的位置姿态变化，这一模型可以通过式（4-1）描述：

$$\begin{bmatrix} u \\ v \end{bmatrix} = f \begin{bmatrix} \dot{x} \\ \dot{y} \end{bmatrix} = \begin{bmatrix} -\dfrac{f}{z} & 0 & \dfrac{x}{z} \\ 0 & -\dfrac{f}{z} & \dfrac{y}{z} \end{bmatrix} \begin{bmatrix} t_x \\ t_y \\ t_z \end{bmatrix} + \begin{bmatrix} \dfrac{xy}{f} & -\left(f+\dfrac{x^2}{f}\right) & y \\ f+\dfrac{y^2}{f} & -\dfrac{xy}{f} & -x \end{bmatrix} \begin{bmatrix} \omega_x \\ \omega_y \\ \omega_z \end{bmatrix} \quad (4\text{-}1)$$

不失一般性，可以令其中 $f=1$，记为

$$\begin{bmatrix} u \\ v \end{bmatrix} = \begin{bmatrix} x_t - x_{t-1} \\ y_t - y_{t-1} \end{bmatrix} = \frac{1}{z} \begin{bmatrix} -1 & 0 & x_t \\ 0 & -1 & y_t \end{bmatrix} \begin{bmatrix} t_x \\ t_y \\ t_z \end{bmatrix} + \begin{bmatrix} x_t y_t & -(1+x_t^2) & y_t \\ 1+y_t^2 & -x_t y_t & -x_t \end{bmatrix} \begin{bmatrix} \omega_x \\ \omega_y \\ \omega_z \end{bmatrix} \quad (4\text{-}2)$$

令 $\rho = \dfrac{1}{z}$，即逆深度，将式（4-2）右侧等号两边简写为

$$\boldsymbol{u}_n^t = \rho \boldsymbol{A} \boldsymbol{t} + \boldsymbol{B} \boldsymbol{\omega} \quad (4\text{-}3)$$

式中：$n$ 为每帧跟踪的光流数；$t-1$ 与 $t$ 表示时序上的前后帧关系。对于光流运动场模型，可以通过令式（4-3）等号两边残差最小化实现对其中载体运动变量 $(\hat{\boldsymbol{t}}', \hat{\boldsymbol{\omega}}')$ 的最小二乘估

计，记作

$$(\hat{\boldsymbol{t}}^t, \hat{\boldsymbol{\omega}}^t) = \underset{t,\omega}{\arg\min} \sum_{n=1}^{N^t} (\varepsilon_n^t)^2 \qquad (4\text{-}4)$$

其中

$$\varepsilon_n^t = \left\| \boldsymbol{u}_n^t - (\tilde{\rho}\boldsymbol{A}\tilde{\boldsymbol{t}} + \boldsymbol{B}\tilde{\boldsymbol{\omega}}) \right\|_2 \qquad (4\text{-}5)$$

双目视觉里程计位姿估计的解耦光流运动场位姿优化算法的流程如图 4-8 所示。首先采用 Badino 双目视觉里程计算法（Badino et al.，2011）进行载体位姿初值的估计，然后利用解耦光流运动场误差模型进行图像位置随机误差的分离，并对残留位姿误差做进一步优化，以使载体位姿的估计精确化。

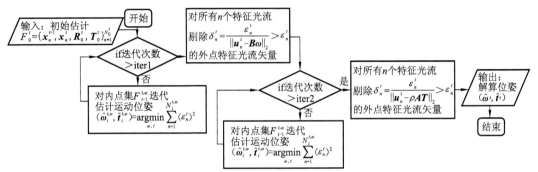

图 4-8　解耦光流运动场位姿优化算法流程

利用 KITTI 数据集的 00 序列和 02 序列的第 0～1 200 帧进行算法实验，绘制的二维轨迹如图 4-9 所示。图中红色轨迹为 KITTI 数据集给出的真值，蓝色轨迹为 Badino 算法的计算结果，绿色为解耦光流运动场位姿优化算法计算的轨迹结果。

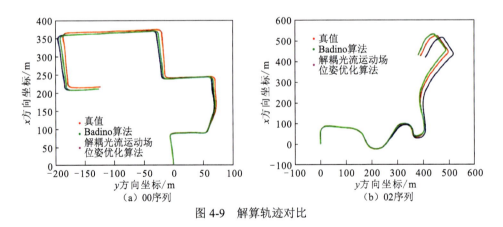

（a）00序列　　　　　　　　　（b）02序列

图 4-9　解算轨迹对比

从表 4-2 中可见，解耦光流运动场位姿优化算法将载体横向平移位置估计误差由平均 4.75%降低至 2.2%，误差降低了 53.6%；将载体前向平移位置估计误差由平均 2.2%降低至 1.9%，误差降低了 13.6%。从统计结果可见，解耦光流运动场位姿优化算法较好地分离了初始化计算结果中仍然存在的特征光流位置随机误差，以及平移、旋转、深度分量的残差，明显优化了 Badino 算法的位姿估计精度。

表 4-2　解耦光流运动场位姿优化算法误差统计

| 算法 | KITTI 集 00 序列第 0~1 200 帧 | | | | KITTI 集 02 序列第 0~1 200 帧 | | | | $x$ 方向误差平均百分比/% | $y$ 方向误差平均百分比/% | |
|---|---|---|---|---|---|---|---|---|---|---|---|
| | $x$ 方向误差 | | $y$ 方向误差 | | $x$ 方向误差 | | $y$ 方向误差 | | | | |
| | 误差值/m | 百分比/% | 误差值/m | 百分比/% | 误差值/m | 百分比/% | 误差值/m | 百分比/% | | | |
| Badino 算法 | <10 | 4.56 | <9 | 2.79 | <25 | 4.93 | <11 | 1.66 | 4.75 | 2.2 | $x$ 方向误差降低了 53.6%；$y$ 方向误差降低了 13.6% |
| 解耦光流运动场位姿优化算法 | <6 | 2.16 | <8 | 2.77 | <13 | 2.24 | <9 | 1.16 | 2.2 | 1.9 | |

## 4.2.3　全景视觉融合导航定位方法

利用 360° 全景视频进行 SLAM 可以实现全方位的视角覆盖，捕捉周围环境的完整信息，提高 SLAM 算法的准确性和鲁棒性。图 4-10 为 360° 全景视频 SLAM 定位定姿技术路线。首先，针对 SLAM 系统不支持全景视频输入问题，将源全景视频预处理为 4 个视角的序列鱼眼影像；其次，提出普适性较高的基于三维标定场的鱼眼影像标定方法，解决全景视频各镜头数据拼接时产生拼接线造成标定板错位的问题；最后，对不同视角序列影像进行 ORB-SLAM3（Campos et al.，2021）定位定姿处理。该方法能够稳健实现 360° 全景视频自主定位定姿，在汽车无人驾驶、未知领域无人机探测建图和机器人自主定位与导航等领域有广泛应用前景。

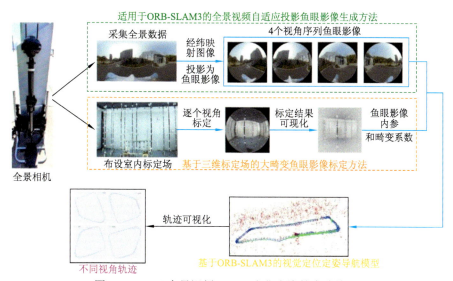

图 4-10　360° 全景视频 SLAM 定位定姿技术路线

**1. 适用于 ORB-SLAM3 的全景视频自适应投影鱼眼影像生成方法**

多目组合式全景相机（如 Ladybug、Insta360 相机等）采用球形全景成像模型。由于计算机对单位球进行数字化存储较为困难，经纬映射图像（latitude longitude projection image）是计算机视觉储存球面全景影像的主要方法。ORB-SLAM3 系统无法处理 360° ×

180°全视场影像，考虑到单目鱼眼影像视场角为 180°×180°，参照经纬映射图像与鱼眼影像之间的关系，从源全景视频抽取全景帧后，将其从经纬映射图像投影成序列鱼眼影像，从而将单目全景相机简化为 4 个方向鱼眼相机，达到全视场覆盖，具体步骤如下。

（1）目标鱼眼影像由像素坐标系转到像平面坐标系，而后逐个像素投影到球面上，如图 4-11（a）所示，得到每个点对应的角度坐标$(\varphi_{2D}, \theta_{2D})$，设定球半径后即可得到球坐标系 $XYZ$ 下 $P$ 点坐标$(x, y, z)$。

（2）重新选取球坐标系，采用图 4-11（b）所示的 $O'P$ 在 $XO'Z$ 平面的投影与 $Z$ 轴夹角 $\varphi$ 和 $O'P$ 与 $Y$ 轴负半轴夹角 $\theta$ 表示 $P$ 点坐标。

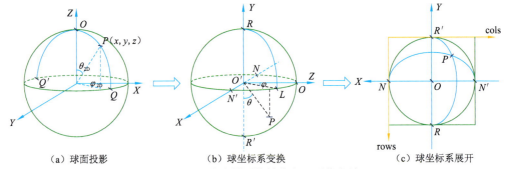

| （a）球面投影 | （b）球坐标系变换 | （c）球坐标系展开 |

图 4-11 经纬映射图像转化鱼眼影像方法

（3）根据经纬映射影像尺寸确定球半径，而后由 $(\varphi, \theta)$ 展开球面至二维平面，如图 4-11（c）所示，即得到目标鱼眼影像上的点 $P$ 在源经纬映射坐标系下的对应点坐标（rows，cols）。

**2. 基于三维标定场的大畸变鱼眼影像标定方法**

本小节介绍一种基于三维标定场的鱼眼影像标定方法，在布设大量已知三维控制点的室内控制场，根据平面二维像点与物方三维点之间的成像关系列方程求解，鱼眼模型选择等距投影模型，畸变矫正模型选择 KB（Kannala-Brandt8）模型，通过摄影测量后方交会，结合最小二乘法迭代求解鱼眼影像内部参数和畸变系数。

已知控制点 $P(X, Y, Z)$ 在鱼眼影像上的像素坐标系下的像点$(u, v)$。设影像像素坐标系下内部参数为 $f_x$、$f_y$、$c_x$、$c_y$，则有 $f_x = \alpha \cdot f$、$f_y = \beta \cdot f$，其中 $f$ 为影像在像空间坐标系下的焦距，$\alpha, \beta$ 描述像元长度、宽度尺寸比，使用内部参数 $f_x$、$f_y$、$c_x$、$c_y$ 将像素坐标系下像点坐标$(u, v)$转化为像空间坐标系下点 $p(x_d, y_d, -f)$：

$$\begin{cases} u = f_x \cdot x + c_x = \alpha \cdot x_d + c_x \\ v = f_y \cdot y + c_y = \beta \cdot y_d + c_y \end{cases} \tag{4-6}$$

由于鱼眼影像畸变的存在，如图 4-12 所示，像点到图像中心的距离 $r$ 被压缩成 $r_d$，实际像点的位置为 $p(x_d, y_d, -f)$，则有 $|Op_1| = r$，$|Op_2| = r_d$，设入射角为 $\theta$，使用 KB 模型描述鱼眼畸变，结合鱼眼影像等距投影公式，有

$$r_d = f \cdot \theta_d \tag{4-7}$$

$$\theta_d = \theta + k_1\theta^3 + k_2\theta^5 + k_3\theta^7 + k_4\theta^9 \tag{4-8}$$

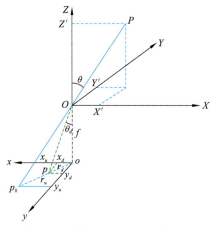

图 4-12 针孔相机与鱼眼相机成像

得到畸变后 $p$ 坐标，结合式（4-6）和像点与物方点坐标关系，即可得到式（4-4）所示像点 $(u, v)$ 与物方点 $(X, Y, Z)$ 之间的坐标关系：

$$
\begin{cases}
u = -\dfrac{\theta + k_1\theta^3 + k_2\theta^5 + k_3\theta^7 + k_4\theta^9}{\sqrt{\left(\dfrac{\bar{X}}{\bar{Z}}\right)^2 + \left(\dfrac{\bar{Y}}{\bar{Z}}\right)^2}} \cdot f_x \cdot \dfrac{\bar{X}}{\bar{Z}} + c_x \\[4mm]
v = -\dfrac{\theta + k_1\theta^3 + k_2\theta^5 + k_3\theta^7 + k_4\theta^9}{\sqrt{\left(\dfrac{\bar{X}}{\bar{Z}}\right)^2 + \left(\dfrac{\bar{Y}}{\bar{Z}}\right)^2}} \cdot f_y \cdot \dfrac{\bar{Y}}{\bar{Z}} + c_y
\end{cases}
\tag{4-9}
$$

式中：$\bar{X}$、$\bar{Y}$、$\bar{Z}$ 为像点与物方点坐标对应关系中的参数：

$$
\begin{cases}
\bar{X} = a_1(X - X_S) + b_1(Y - Y_S) + c_1(Y - Y_S) \\
\bar{Y} = a_2(X - X_S) + b_2(Y - Y_S) + c_2(Y - Y_S) \\
\bar{Z} = a_3(X - X_S) + b_3(Y - Y_S) + c_3(Y - Y_S)
\end{cases}
\tag{4-10}
$$

其中，$(X_S, Y_S, Z_S)$ 为外方位线元素；$(a_1, b_1, c_1, a_2, b_2, c_2, a_3, b_3, c_3)$ 为姿态矩阵中的参数，由外方位角元素 $\varphi$、$\omega$、$\kappa$ 决定：

$$
\begin{cases}
a_1 = \cos\varphi\cos\kappa - \sin\varphi\sin\omega\sin\kappa \\
a_2 = -\cos\varphi\sin\kappa - \sin\varphi\sin\omega\sin\kappa \\
a_3 = -\sin\varphi\cos\omega \\
b_1 = \cos\omega\sin\kappa \\
b_2 = \cos\omega\cos\kappa \\
b_3 = -\sin\omega \\
c_1 = \sin\varphi\cos\kappa + \cos\varphi\sin\omega\sin\kappa \\
c_2 = -\sin\varphi\sin\kappa + \cos\varphi\sin\omega\cos\kappa \\
c_3 = \cos\varphi\cos\omega
\end{cases}
\tag{4-11}
$$

因此，式（4-9）中包含影像外部参数 $X_S$、$Y_S$、$Z_S$、$\varphi$、$\omega$、$\kappa$，内部参数 $f_x$、$f_y$、$c_x$、$c_y$，以及畸变系数 $k_1$、$k_2$、$k_3$、$k_4$ 共 14 个未知参数，利用三维标定场中大量控制点通过最小二乘法迭代求解。

图 4-13 展示了布设的室内标定场情况，经过预处理后全景视频某视角内的标定场成像及畸变矫正后影像可视化。

（a）室内标定场　　　　　　（b）某视角内标定场成像　　　　（c）畸变矫正后影像可视化

图 4-13　基于室内标定场的鱼眼影像标定

对全景帧分割出的 4 个视角的鱼眼影像分别标定，在单张影像上可选择超过 200 个点参与平差，迭代收敛后各视角单位权重误差均在 1.3 个像素以内。

该方法具有较强的普适性，输入单张标定影像即可实现标定，且影像内标定点之间相互独立，无须位置关联。

### 3. 基于 ORB-SLAM3 的全景视觉融合导航定位模型

将全景帧分割出的 4 个视角的序列鱼眼影像及对应内部参数和畸变系数作为输入，利用基于 ORB-SLAM3 的全景视觉融合导航定位模型，实现 360° 全景视频不同视角的 SLAM 自主定位定姿。算法流程如图 4-14 所示，主要包括序列帧跟踪与关键帧判别、局部建图、回环检测和全局光束法平差优化 4 个步骤。

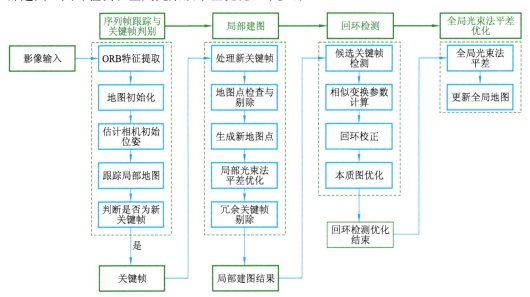

图 4-14　基于 ORB-SLAM3 的全景视觉融合导航定位算法流程

（1）序列帧跟踪与关键帧判别。使用方向 FAST 和旋转 BRIEF（oriented FAST and rotated BRIEF，ORB）特征提取并匹配，在初始化地图后利用匹配点估计输入帧位姿，通过当前帧与周围帧的公视关系确定当前帧的局部地图，并利用在局部地图中找寻到的地图点与物方点的匹配优化当前帧位姿。最后判断当前输入帧是否为关键帧,如果当前帧满足设定条件则判别该帧为关键帧。

(2)局部建图。接收到新的关键帧 $K_i$ 后,在共视图中添加 $K_i$ 信息并检查更新地图,局部光束法平差优化地图内与 $K_i$ 相关的地图点和关键帧。最后再次检查并剔除地图内冗余信息,以保证系统的稳定运行。

(3)回环检测。回环检测通过计算关键帧所在集合的 DBoW2 词袋之间的相似度,并通过 Sim3 计算相似变换搜索匹配点对检测回环路径,并利用回环路径一致性的条件对回环内轨迹进行矫正优化,消除由误差积累导致的路径漂移。

(4)全局光束法平差优化。回环检测在检测出回环并进行轨迹矫正时只处理回环中的路径轨迹,对轨迹全局一致性造成影响,因此最后进行全局光束法平差,更新全局地图。

# 4.3 激光雷达视觉定位技术

## 4.3.1 激光雷达视觉定位技术概述

激光雷达扫描快速得到场景三维点云,通过不同帧激光点云匹配实现导航计算与实时制图。典型的算法有 LOAM(Zhang et al.,2014),LIO-SAM(Shan et al.,2020),FAST-LIO2(Xu et al.,2022)等。一个典型的基于图优化的激光雷达视觉定位算法如图 4-15 所示:由传感器获取到的数据在前端经过数据预处理和运动估计后,在短时间内进行点云的追踪匹配,在长时间内进行闭环检测;在后端,通过最大后验概率估计获取由多个局部地图构成的全局一致的点云地图,最后输出三维点云地图和经过全局优化的定位结果。

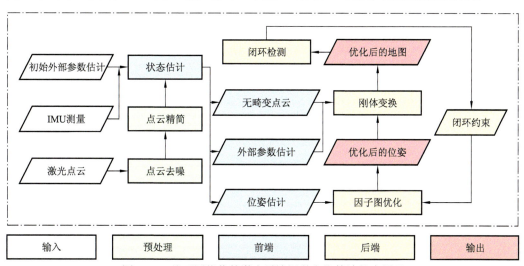

图 4-15  基于图优化的激光雷达视觉定位算法基本原理

激光雷达视觉定位技术的前端和后端相互耦合,通常在两个线程下工作。

1)激光雷达视觉定位前端

激光雷达视觉定位前端是指利用传感器获取的点云帧数据,通过匹配实现相邻帧的数据关联与位姿信息求解，并采用闭环检测技术构建当前数据帧与历史数据帧集合之间的位姿约束。

对于前端匹配，代表性的三维点云匹配算法大体可分为两类：基于匹配的方法和基于特征的方法。基于匹配的方法根据算法建立的目标评价函数可以分为基于距离判断和基于概率模型判断两种，基于概率模型判断的方法主要是正态分布变换（normalized distribution transform，NDT）算法，基于距离判断的方法主要是迭代最近邻点（iterative closest point，ICP）算法及其变种算法，适合三维激光雷达 SLAM 的算法包括点到面迭代最近邻点（point-to-plane iterative closest point，PP-ICP）、法向迭代最近邻点（normal iterative closest point，NICP）、隐式滑动最小二乘迭代最近邻点（implicit moving least square iterative closest point，IMLS-ICP）等，其中代表性的算法是广义迭代最近邻点（generalized iterative closest point，GICP）算法。尽管此类方法精度较高，但受部分重叠、遮挡及噪声等影响，对位姿参数的初始值依赖性较高，容易陷入局部极值且运行效率不高。随着深度学习的成功，基于端对端卷积神经网络架构的激光 SLAM 方法也备受关注，如 DeepPCO、LO-Net、DeepLO 等。然而，其在位姿估计中的表现不如传统几何模型方法。

基于特征的方法通过从扫描点云中提取特征点来提高计算效率，包括使用角点和平面点特征的激光里程计建图（LiDAR odometry and mapping，LOAM）以及使用面元特征的三维栅格匹配算法多分辨率栅格地图（multi-resolution surfel map）等，取得了精度与速度的较好平衡。针对 LOAM 存在的轨迹垂直漂移问题，LeGO-LOAM 算法（Shan et al.，2018）采用两步 Levenberg-Marquardt 优化方法分别计算垂直和水平维度的变动；多尺度线性最小二乘（multi-metric linear least square，MULLS）算法（Pan et al.，2021）基于主成分分析（PCA）提取地面、立面、柱状及线状等多种特征，普适于各种类型的激光雷达。这些方法均通过迭代最近邻距离来构建匹配点，在本质上与 ICP 系列方法一致，对变换初值依赖性较高，通常假设载体处于局部匀速或低速运动状态，采用位姿先验信息作为初值来消除该问题。然而，在加速或急转弯等状态下，该先验假设并不成立，造成"跟踪丢失"现象。

2）激光雷达视觉定位后端

激光雷达视觉定位后端利用图优化技术对所构建的位姿图模型进行全局调整。闭环检测是进行全局数据关联的必要步骤，与后端图优化密不可分。

闭环检测基于全局数据关联，是实现鲁棒 SLAM 的核心步骤，通过识别是否到达历史场景促使地图闭环的能力，能够校正累积误差，从而产生全局一致性的地图。但相应地，错误闭环的结果则会严重影响后端优化的准确度，甚至会直接导致最终地图的效果不佳。闭环检测的难点主要体现在以下几个方面：首先，感知歧义，例如在长廊、隧道、楼梯等结构化十分相似的场景，会加剧判断难度；其次，由激光传感器本身的稀疏性造成的观测数据鲁棒性和区分性受限问题，即如何建立易于处理的环境有效表征方式；最后，运行时间增加导致需要判断的帧数据不断增长，会降低建图的实时性。

后端优化是将各帧雷达的位姿和帧间运动约束综合起来达到整体优化的一个过程，可以消除局部累积误差。基于图优化 SLAM 的后端优化方法可分为 4 类：基于最小二乘法的优化方法、基于松弛迭代的优化方法、基于随机梯度下降的优化方法及基于流形迭代方法。目前基于图优化的开源优化库有 g2o（Kummerle et al.，2011）、GTSAM（Kaess et al.，2012）等，借助这些优化库可节省后端迭代求解优化值的时间。此外，帧间匹配和闭环检测必然会造成粗差观测，而上述方法假设观测噪声符合正态分布，对粗差异常敏感。大量研究工作通过引入稳健估计方法来实现粗差自动探测，如 L1-范数估计、max-mixture 模型、M-估计等。但上述方法受限于理论瓶颈，仅考虑了低粗差比率下的位姿图优化问题。在复杂场景下，正确观测"淹没问题"经常出现，亟须研究具有更高鲁棒性的位姿图优化方法。

## 4.3.2  激光雷达视觉定位技术发展

早期基于滤波的激光雷达视觉定位技术的核心是贝叶斯迭代状态估计理论。首先，该类方法对移动平台的运动进行建模，构建符合物理场景的运动方程和观测方程。然后，利用卡尔曼滤波公式递归地进行状态预测和测量更新。在状态预测阶段，通过运动方程从当前状态估计出下一时刻的位姿。在测量更新阶段，当移动平台观测到新的点时，对之前的预测值进行修正。典型的 GMapping 算法（Grisetti et al.，2005）是一种基于 Rao-Blackwellised 粒子滤波器（Rao-Blackwellized particle filters，RBPF）的算法，它将定位和制图过程分离，先进行定位再进行制图，并在此基础上改进了提议分布和选择性重采样，成功地弥补了 RBPF 计算量大、严重消耗内存及容易造成粒子退化的缺陷。受到计算效率、精度、数据关联能力、灵活性及可扩展性的限制，基于滤波的 SLAM 方法已经逐步被基于图优化的 SLAM 方法取代。

随着人工智能领域的不断发展，越来越多的研究将深度学习与激光 SLAM 相结合。用深度学习方法替换传统 SLAM 中的某些模块是一种常见的思路。现如今，激光 SLAM 已经形成了一套模块化的范式，一个完整的激光 SLAM 系统中包含着特征提取、特征匹配、位姿估计、闭环检测等模块。在深度学习的支持下，许多点云特征提取、描述、配准相关的模型被提出。将这些模型部署在移动平台上，替换掉传统 SLAM 中基于几何信息的点云处理方法，能够有效提升激光 SLAM 的准确性和鲁棒性。另外，点云神经网络能够为激光雷达输入的扫描信息赋予语义信息，使扫描帧之间能够结合点云的语义特征实现更加鲁棒的配准。近年来，神经辐射场和三维高斯泼溅方法的提出为 SLAM 提出了新的数据表达形式，形成无须特征提取的端到端的 SLAM 模式，实现了高度精确的姿态跟踪和逼真的在线地图构建。

随着传感器技术的不断革新，激光雷达视觉定位依赖的传感器正在朝着轻量化和小型化方向发展。轻小型的激光雷达可以方便地集成在更加多样化的移动平台上，形成背负式、手持式、可穿戴式的激光定位测图装备，极大地降低了激光定位测图的难度。目前，激光雷达视觉定位技术已经被广泛应用于测绘、交通、军事、救援等多种场景，在智慧城市、智慧交通等领域发挥着重要作用。

## 4.3.3  基于图优化模型的激光雷达视觉定位方法

### 1. 尺度自适应 Cauchy 稳健估计模型

传感器在测量过程中会引入噪声，造成 SLAM 在匹配阶段存在粗差。因此，稳健估计在 SLAM 任务中具有重要作用。经典柯西（Cauchy）估计只能处理低粗差比率问题。图 4-16（a）所示为经典 Cauchy 估计权函数，当残差为 20 时，其权重仅为 0.01。在如此苛刻的条件下，许多正确观测值并没有实际参与优化过程。因此，理想的稳健估计代价函数应该首先让所有观测值都参与到优化过程，然后，随着迭代的进行逐渐提高代价函数的稳健性，最终变为经典的 M-估计函数。具体如图 4-16（b）所示，观测值取得小权值（假设为 0.01）所对应的残差阈值应随着迭代的进行不断缩小。随着代价函数的变化，许多粗差观测被剔除，真实的粗差比率会不断降低。当代价函数变为经典 M-估计函数时，真实粗差比率将会小于 50%。

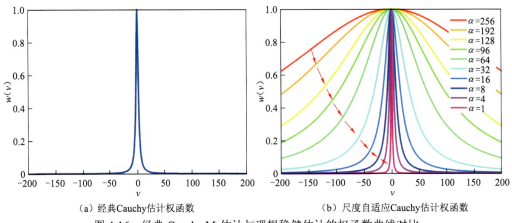

（a）经典Cauchy估计权函数　　　　　（b）尺度自适应Cauchy估计权函数

图 4-16　经典 Cauchy M-估计与理想稳健估计的权函数曲线对比

$v$ 为误差项；$w(v)$为权函数

为实现上述过程，本小节提出尺度自适应 Cauchy 稳健估计模型。在经典 Cauchy 估计中引入尺度参数 $\alpha$ 来控制代价函数的稳健性，其数学公式为

$$\rho(v,\alpha) = \frac{\alpha^2}{2}\ln(\alpha^2 + v^2) \qquad (4\text{-}12)$$

式中：$\rho(v,\alpha)$ 为稳健代价函数，与其对应的权函数为

$$w(v,\alpha) = \frac{\partial \rho(v,\alpha)}{\partial v} \bigg/ v = \frac{\alpha^2}{\alpha^2 + v^2} \qquad (4\text{-}13)$$

当 $\alpha$ 取值越大，越多的观测值能够参与优化过程；反之，当 $\alpha$ 取值越小，只有残差很小的观测值参与优化，模型估计精度越高。

本小节提出的方法为经典 M-估计的变种，可采用"由粗到精"的迭代重加权最小二乘优化策略。首先，将 $\alpha$ 初始化为大值（例如，将初始尺度 $\alpha^0$ 设为初始估计模型的最大残差），进行模型估计、粗差剔除和权值更新；然后，随着迭代过程 $\alpha$ 不断减小，并执行上述步骤直至模型收敛。具体步骤如下。

（1）变量估计：给定尺度 $\alpha^{t-1}$ 和观测值权值 $w(v_i,\alpha^{t-1})^{t-1}$ 作为已知量，采用加权最小二乘法求解问题

$$\theta^t = \min_{\theta \in \mathbf{R}^d} \sum_{i=1}^{n} w(v_i,\alpha^{t-1})^{t-1} v_i^2 \qquad (4\text{-}14)$$

（2）粗差剔除与权值更新：将模型参数 $\theta^t$ 作为已知量计算观测值残差 $v_i^t =$

$|(f(x_i, \theta^t) - y_i|$。残差大于 $3\alpha^{t-1}$ 的观测值作为观测值粗差进行剔除，并基于式（4-13）更新权值 $w(v_i, \alpha^{t-1})$。

（3）尺度更新：减小尺度 $\alpha^t = \dfrac{\alpha^{t-1}}{\tau}$，其中 $\tau$ 为步距常数。

（4）交替迭代执行步骤（1）、（2）和（3）直至满足算法终止条件。

可以看出，本小节提出的方法的优化过程与传统迭代重加权最小二乘优化方法相似，仅多出粗差剔除与尺度更新过程。因此，本小节提出的方法也具有传统迭代重加权最小二乘优化方法的优点，如优化效率高、具有最优解、适用于平差系统等。

**2. 尺度自适应 Cauchy 模型应用**

稳健估计在 SLAM 任务中具有重要作用，本小节将提出的尺度自适应 Cauchy 模型应用于点云配准及 SLAM 图优化中，以验证方法的优异性能。

1）点云配准

点云配准旨在估计一个刚体变换，将一对点云统一到相同参考坐标系中。给定一组三维初始匹配对 $\{(\boldsymbol{X}_i, \boldsymbol{Y}_i)\}_{i=1}^n$，用于点云配准的数学模型 $f$ 如下：

$$\boldsymbol{Y}_i = f(\boldsymbol{X}_i, \theta) = \boldsymbol{R}\boldsymbol{X}_i + \boldsymbol{T} \tag{4-15}$$

式中：$\theta = (\boldsymbol{R}, \boldsymbol{T})$ 为配准参数；$\boldsymbol{R}$ 为三维旋转矩阵；$\boldsymbol{T}$ 为三维平移向量。

误匹配剔除的尺度自适应 Cauchy 权函数为

$$w(\boldsymbol{X}_i, \boldsymbol{Y}_i, \alpha) = \frac{\alpha^2}{\alpha^2 + \left\|\boldsymbol{Y}_i - (\boldsymbol{R}\boldsymbol{X}_i + \boldsymbol{T})\right\|^2} \tag{4-16}$$

如果在模型 $f$ 中加入尺度因子，该问题即变为摄影测量中经典的绝对定向问题。

2）SLAM 图优化

图优化的目标是从一组给定的相对位姿观测量 $\{(\boldsymbol{R}_{ij}, \boldsymbol{t}_{ij})\}$ 中，恢复出点云帧的绝对位姿参数 $\{(\boldsymbol{R}_i, \boldsymbol{t}_i)\}_1^m$，其中，$(\boldsymbol{R}_{ij}, \boldsymbol{t}_{ij})$ 表示带重叠点云帧 $S_i$ 和 $S_j$ 之间的位姿差异。与旋转平均类似，这些位姿参数也形成无向图结构 $G = (V, E)$，其中，节点 $V$ 是点云帧位姿集合 $\{(\boldsymbol{R}_i, \boldsymbol{t}_i)\}_1^m$，边 $E$ 由观测量 $\{(\boldsymbol{R}_{ij}, \boldsymbol{t}_{ij})\}$ 构成（位姿图优化为稀疏图结构，连接点与位姿联合平差为密集图结构）。基于关系式 $\begin{cases} \boldsymbol{R}_{ij} = \boldsymbol{R}_i^{\mathrm{T}} \boldsymbol{R}_j \\ \boldsymbol{t}_{ij} = \boldsymbol{R}_i^{\mathrm{T}} (\boldsymbol{t}_j - \boldsymbol{t}_i) \end{cases}$，图优化的数学模型为

$$\min_{\boldsymbol{R}_1, \cdots, \boldsymbol{R}_n; \boldsymbol{t}_1, \cdots, \boldsymbol{t}_n} \sum_{(i,j) \in E} \sigma_{ij}^R \left\|\boldsymbol{R}_i^{\mathrm{T}} \boldsymbol{R}_j - \boldsymbol{R}_{ij}\right\|_F^2 + \sigma_{ij}^t \left\|\boldsymbol{R}_i^{\mathrm{T}} (\boldsymbol{t}_j - \boldsymbol{t}_i) - \boldsymbol{t}_{ij}\right\|^2 \tag{4-17}$$

式中：$\sigma_{ij}^R$ 和 $\sigma_{ij}^t$ 分别描述旋转和位置噪声水平，由位姿参数的信息矩阵获得。该模型不具有抗粗差性能，加入设计的稳健代价函数 $\rho(r, c)$，模型变为

$$\min_{\theta} \sum_{(i,j) \in E} \rho(r(\boldsymbol{R}_{ij}, \boldsymbol{t}_{ij}), c) \tag{4-18}$$

其中，待求参数 $\theta = (\boldsymbol{R}_1, \cdots, \boldsymbol{R}_n; \boldsymbol{t}_1, \cdots, \boldsymbol{t}_n)$；残差为

$$r(\boldsymbol{R}_{ij}, \boldsymbol{t}_{ij}) = \sqrt{\sigma_{ij}^R \left\|\boldsymbol{R}_i^{\mathrm{T}} \boldsymbol{R}_j - \boldsymbol{R}_{ij}\right\|_F^2 + \sigma_{ij}^t \left\|\boldsymbol{R}_i^{\mathrm{T}} (\boldsymbol{t}_j - \boldsymbol{t}_i) - \boldsymbol{t}_{ij}\right\|^2} \tag{4-19}$$

针对该非凸目标函数，本小节基于渐变迭代加权最小二乘思想求解，在每次迭代中

进行目标函数的凸近似，并通过逐渐减小控制参数 $c$ 来提升模型鲁棒性。此外，该模型也可基于参数空间分解，采用旋转和平移平均来获取全局最优解。

### 3. 试验结果与分析

采用模拟实验和真实数据实验来评估本小节提出的方法的稳健性、精度及效率。基于位姿估计和点云配准两个任务，将本小节提出的方法与 Cauchy 估计、Welsch 估计、RANSAC、FLO-RANSAC 及 MAGSAC++ 进行对比分析。实验选用均方根误差（RMSE）、成功率及运行时间作为定量评价指标。

1）位姿估计

首先，在 $[-10,10] \times [-10,10] \times [10,20]$ 空间范围内随机生成 $n$ 个三维像空间坐标点 $\{Q_i^c\}_1^n$；然后，依据刚体变换 $Q_i = (\boldsymbol{R}^{gt})^{-1}(Q_i^c - \boldsymbol{T}^{gt})$ 获取其对应的物方空间坐标点 $\{Q_i\}_1^n$，其中，$\boldsymbol{R}^{gt}$ 和 $\boldsymbol{T}^{gt}$ 为随机生成的真值旋转矩阵和平移向量（旋转角在 $\left[-\dfrac{\pi}{2}, \dfrac{\pi}{2}\right]$，平移量在 $[-10,10]$）。假设相机内参矩阵 $\boldsymbol{K}$ 已知，则可将 $Q_i^c$ 投影至像平面得到二维像点坐标 $p_i^{gt}$，即 $d_i[p_i^{gt}, 1] = \boldsymbol{K}Q_i^c$，式中 $d_i$ 为深度信息。同样，在真值像点坐标 $p_i^{gt}$ 中加入标准差为 1 像素的高斯噪声，并随机选取 $n_2$ 个像点加入大误差作为粗差观测，获取最终观测值 $\{(Q_i, p_i)\}_1^n$。采用基于迭代的高斯-牛顿法作为所有对比方法的模型求解算法。高斯-牛顿法需要待求参数的初始值，本小节实验在真值旋转矩阵中加入 $\delta \in [-20°, 20°]$ 的随机扰动作为初始旋转矩阵，在 $[0.7\boldsymbol{T}, 1.3\boldsymbol{T}]$ 内随机生成初始平移向量。实验结果如图 4-17 所示，经典 M-估计加迭代重加权最小二乘优化的方法（Cauchy 和 Welsch 估计）仅能处理低粗差比率的情形。RANSAC 类方法无法获取最优解，RMSE 较大，并且运行效率较低。自适应 Cauchy 的方法则克服了这些缺点，在粗差比率为 90% 时依然能够 100% 成功解算，并且运行效率比 RANSAC 类方法高 2～3 个数量级。

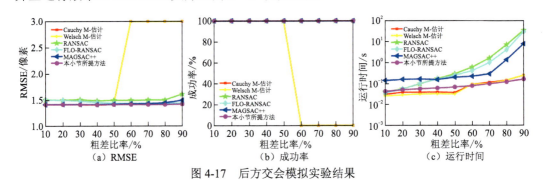

图 4-17 后方交会模拟实验结果

选用 2 张由四维数字倾斜相机所摄影像作为测试数据，影像大小为 5 406 像素×7 160 像素，摄影比例尺约为 1：8 000，相对航高接近 700 m。其中，第一幅影像由中心垂直摄影相机拍摄所得，焦距为 12 102.1 像素；第二幅影像由倾斜摄影相机获取，焦距为 14 671.5 像素。采用 GPS-RTK 技术在第一幅影像覆盖测区内布设了 36 个控制点，在第二幅影像测区布设了 60 个控制点。然后，由人工刺点方式获取这些控制点所对应的像点坐标。然而，由于人工刺点错误，两幅影像中正确像点观测个数分别仅为 12 个和 15 个，即两幅影像的粗差比率分别为 66.7% 和 75%。实验结果见表 4-3，自适应 Cauchy 方法再次在 RMSE 和运行时间两个指标上取得了最优，解算精度约为 1 个像素。

**表 4-3　后方交会真实实验结果**

| 方法 | 影像号 | RMSE/像素 | 运行时间/s |
|---|---|---|---|
| RANSAC | 1 | 1.27 | 0.43 |
| | 2 | 1.18 | 1.38 |
| FLO-RANSAC | 1 | 1.05 | 0.31 |
| | 2 | 1.06 | 1.43 |
| MAGSAC++ | 1 | 1.04 | 0.28 |
| | 2 | 1.09 | 0.88 |
| 本小节提出的方法 | 1 | 1.01 | 0.02 |
| | 2 | 1.05 | 0.06 |

2）点云配准

点云配准的观测值为三维坐标点，几何模型为仅包含三维旋转和平移的刚体变换。三维点由正态分布 $N(0,100^2)$ 获得，旋转角在区间 $\left[-\dfrac{\pi}{2},\dfrac{\pi}{2}\right]$ 内随机生成，平移量在区间 $[-100,100]$ 内生成，高斯噪声标准差为 0.1 m。实验结果如图 4-18 所示，M-估计（Cauchy 估计和 Welsch 估计）在粗差比率超过 40% 后，性能开始急剧下降。反观自适应 Cauchy 方法，即使在 90% 的粗差比率下，其解算成功率依然接近 100%。

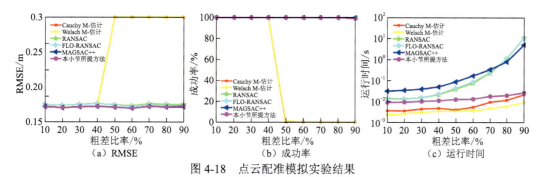

图 4-18　点云配准模拟实验结果

从苏黎世联邦理工学院（Eidgenössische Technische Hochschule，ETH）公开激光点云数据集中选取三个点云匹配对进行实验，每个匹配对间的真值刚体变换已知。这些激光点云的数据量非常大（千万级点数），因此，首先利用格网滤波方法进行降采样，采样间隔为 0.1 m。然后，采用内在形状特征（intrinsic shape signatures，ISS）算法和快速点特征直方图（fast point feature histograms，FPFH）算法分别进行特征检测与特征描述，并通过最近邻匹配得到初始三维特征匹配点。由于激光点云缺乏纹理信息，三维特征描述符的显著性比较差，所以初始匹配集中粗差比率非常高（本小节实验中>96%）。在进行算法对比实验之前，首先基于支持线投票策略进行初步筛选，过滤掉部分粗差观测。实验结果见表 4-4，由表可知，自适应 Cauchy 方法的配准精度达到了 0.2 m（两倍的点云分辨率）。除了预处理部分（降采样、初始匹配、支持线投票）的耗时，自适应Cauchy 方法仅需 0.02 s 即能实现配准参数解算。详细的定性定量结果见图 4-19。

表 4-4　点云配准真实实验结果

| 方法 | RMSE/m | 运行时间/s |
|---|---|---|
| RANSAC | 0.33 | 1.95 |
| FLO-RANSAC | 0.32 | 1.40 |
| MAGSAC++ | 0.30 | 0.65 |
| 本小节提出的方法 | 0.21 | 0.02 |

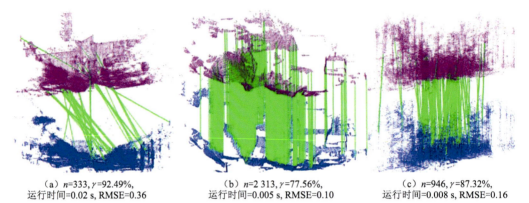

（a）$n$=333，$\gamma$=92.49%，　　　　（b）$n$=2 313，$\gamma$=77.56%，　　　　（c）$n$=946，$\gamma$=87.32%，
运行时间=0.02 s，RMSE=0.36　　　运行时间=0.005 s，RMSE=0.10　　　运行时间=0.008 s，RMSE=0.16

图 4-19　自适应 Cauchy 方法在三维激光点云上的配准结果

$n$ 为初始匹配数量，$\gamma$ 为粗差比率，绿线表示正确匹配对

# 4.4　GNSS/IMU/SLAM 融合定位技术

## 4.4.1　GNSS/IMU/SLAM 融合定位技术概述

近三十年来，以动态、无控制近景摄影测量为主的多传感器集成移动测量技术得到快速发展，其集成电荷耦合器件（charge coupled device，CCD）相机、IMU 传感器、GNSS 定位设备，快速测量地物三维坐标。移动测量的核心是利用 CCD 相机获取的近景立体可量测影像，在无地面控制点的条件下计算地物坐标，需要具有较高精度的相机位置和姿态数据。因此，须利用安装在载体上的 GNSS 和 IMU 对载体的位姿进行高精度的测量，并根据相机与载体的相对位置关系计算出每台 CCD 相机的外方位元素，进而采用摄影测量前方交会计算地物三维坐标。由此可见，无控制移动测量系统对目标三维坐标实现快速量测的精度取决于每个时刻 CCD 影像的位置和姿态精度。GNSS 和 IMU 组合可以为移动测量系统提供近景摄影测量所必需的位置与姿态，但存在一个问题：由于信号遮挡或干扰等原因，当 GNSS 信号长时间失锁时，GNSS/IMU 组合定位定姿就退化成独立的 IMU 定位定姿模式，由于陀螺的漂移和误差累积特性，此时的定位定姿精度难以保证；另外，单纯基于一套 IMU 设备的定位定姿方式，其可靠性也难以保证。移动测量系统是

一个典型的多传感器集成的测量系统，多个测量传感器相互协调和补充，扩展了系统时间和空间覆盖范围，增加了测量空间维数，避免了工作盲区，获得了单个测量传感器不能获得的信息。由于引入多域观测，多传感器数据相互融合，提高了系统工作的稳定性、可靠性和容错能力。因此，可以在不增加硬件成本的前提下，利用系统中 CCD 相机获得的可量测序列视觉影像进行定位定姿是可选方法之一。目前，利用 GNSS/IMU/SLAM 进行融合定位的算法包括 GNSS-视觉-惯性系统（GNSS-visual-inertial system，GVINS）（Cao et al.，2022）、基于图优化的紧耦合方法（王铉彬 等，2022）等。

## 4.4.2　面向非接触式移动测量的辅助惯导定位方法

非接触式移动测量是指移动载体不与待测目标接触，常见的背包移动测量系统、无人机测量系统和水下的多波束测量系统均可视为非接触式移动测量系统。非接触式移动测量一般通过移动定位建立动态的位置和姿态基准，然后通过载体上非接触的环境传感器对周围环境进行观测。由于移动的连续性，只要观测频率足够，环境传感器总是容易对同一环境进行多次重复观测。利用好这种重复观测的冗余信息提高定位的相对精度是提高最终定位精度的重要途径。不仅如此，当可以精确建模的环境传感器对环境中的特征点进行观测时，如果对环境中的一些稀疏的显著特征点进行控制测量，可以有效地提高定位的绝对精度。

本小节介绍一种针对非接触式移动测量的数据融合方法，先利用短时间窗口内的重复环境特征观测对惯导误差进行估计，然后利用卡尔曼滤波方法进行修正，可以得到滤波后的轨迹和局部一致的子图，提高移动测量的相对精度，最后通过图优化的方法对所有子图进行全局优化，得到全局一致的测量结果，从而提高移动测量的绝对精度。需要指出的是，如果需要将测图结果转换到大地坐标系中，也可以利用控制点辅助惯导的方法进行辅助。数据融合流程（以激光雷达作为环境传感器）如图 4-20 所示。

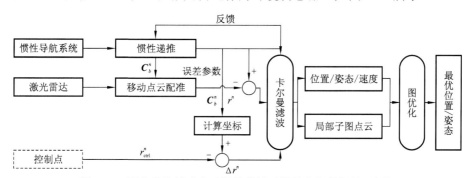

图 4-20　面向非接触式移动测量的辅助惯导定位数据处理框架

$C_b^n$ 为移动载体的姿态矩阵；$r^n$ 为观测到控制点时载体位置；$r_{ctrl}^t$ 为控制点坐标；$\Delta r^n$ 为控制点残差

### 1. 短时间窗口惯性轨迹误差模型

短时间内惯导递推轨迹可表示为惯性递推轨迹初值与惯性轨迹误差之和，即：

$$\mathcal{T} = \hat{\mathcal{T}} \oplus \delta \mathcal{T} \tag{4-20}$$

式中：$\mathcal{T}$ 为真实位姿轨迹；$\hat{\mathcal{T}}$ 为惯导推算位姿轨迹；$\delta \mathcal{T}$ 为位姿轨迹误差。因此利用短时间窗口序列点云配准误差来估计惯性导航系统的误差，需要先分析短时间窗口惯性递推轨迹误差规律，构建误差模型。

在分析短时间误差规律建立短时间误差模型之前，做如下合理假设。

（1）用来描述短时间轨迹误差变化特征，时间窗口宽度 $\Delta T < 10\ \text{s}$。

（2）测图系统中采用较高精度陀螺，陀螺零偏稳定性 $< 1(°)/\text{h}$。

（3）测图单元移动速度不超过 5 m/s。

对于小范围（$< 1\ \text{km} \times 1\ \text{km}$）、低速移动测量，可以忽略地球坐标系相对于惯性坐标系的角运动（即地球自转），导航坐标系相对地球坐标系的旋转（即速度引起的旋转）。因此，可以采用简化惯性导航方程进行分析。

根据惯导递推原理容易知道，在短时间窗口 $[t_0; t_0 + \Delta T]$ 内，通过惯性导航系统积分递推得到的某时刻 $t$ 的位置姿态误差来源可分为以下三部分。

（1）惯性导航系统初始时刻 $t_0$ 状态误差，包括导航状态误差和零偏误差（短时间范围内将零偏误差视为常值）。

（2）惯性传感器测量噪声积分造成的误差。

（3）惯导积分递推的时间间隔 $\Delta t$，$\Delta t < \Delta T$。

因此，短时间窗口内的惯性递推轨迹误差可以概括表示为

$$\delta \boldsymbol{T}(t) = [\boldsymbol{\phi}(t), \delta \boldsymbol{r}(t)]^{\text{T}} = \boldsymbol{f}(\delta \boldsymbol{x}(t_0), \Delta t) + \boldsymbol{n}(\Delta t) \tag{4-21}$$

显然，点云配准误差只与轨迹的相对位置、姿态误差相关，与绝对位置和绝对姿态无关。因此，为简化短时间窗口惯性轨迹误差模型的推导，将 $t_0$ 时刻的计算载体坐标系作为导航坐标系，并将其计为 p 系。在新的导航坐标系中，系统的初始位置和姿态误差均为零。具体来说，可对简化的短时间窗口惯性导航方程左右分别乘以 $\boldsymbol{C}_n^{\text{p}}(t_0)$，则 p 系中的惯性导航方程可以表示为

$$\begin{aligned} \dot{\boldsymbol{C}}_b^{\text{p}} &= \boldsymbol{C}_b^{\text{p}}(\omega_{ib}^b \times) \\ \dot{\boldsymbol{v}}^{\text{p}} &= \boldsymbol{C}_b^{\text{p}} \boldsymbol{f}^b + \boldsymbol{g}^{\text{p}} \\ \dot{\boldsymbol{r}}^{\text{p}} &= \boldsymbol{v}^{\text{p}} \end{aligned} \tag{4-22}$$

其中，×表示求向量的反对称矩阵；

$$\begin{aligned} \boldsymbol{C}_n^{\text{p}} &= \boldsymbol{I} - (\boldsymbol{\phi} \times) \\ \boldsymbol{C}_b^{\text{p}} &= \boldsymbol{C}_n^{\text{p}} \boldsymbol{C}_b^n = \hat{\boldsymbol{C}}_b^n \\ \boldsymbol{g}^{\text{p}} &= \boldsymbol{C}_n^{\text{p}} \boldsymbol{g}^n \\ \boldsymbol{v}^{\text{p}} &= \boldsymbol{C}_n^{\text{p}} \boldsymbol{v}^n \end{aligned} \tag{4-23}$$

将短时间窗口内陀螺零偏建模为常值，则短时间窗口内姿态角误差可表示为

$$\boldsymbol{\theta}(t_0 + \Delta t) = -\boldsymbol{C}_b^{\text{p}}(t) \boldsymbol{b}_g \Delta t - \int_{t_0}^{t} \boldsymbol{C}_b^{\text{p}}(t) \boldsymbol{\epsilon}_g(\tau) \text{d}\tau \tag{4-24}$$

短时间内局部姿态误差主要由陀螺仪零偏和噪声造成。$1\ (°)/\text{h}$ 的陀螺零偏 1 s 时间内产生的姿态误差为 $4.85 \times 10^{-6}$ rad，取 50 m 测量距离，其造成的点位误差约为 0.25 mm。因此对厘米级精度需求的移动激光扫描测图来说，陀螺零偏和噪声带来的姿态误差可以忽略不计。

将短时间窗口内加速度零偏建模为常值，则局部 p 系内速度和位置递推公式可表示为

$$\boldsymbol{v}^{\mathrm{p}}(t) = \boldsymbol{v}^{\mathrm{p}}(t_0) + \boldsymbol{g}^{\mathrm{p}}\Delta t + \boldsymbol{s}_v(t)$$

$$\boldsymbol{r}^{\mathrm{p}}(t) = \boldsymbol{r}^{\mathrm{p}}(t_0) + \int_{t_0}^{t} \boldsymbol{v}^{\mathrm{p}}(\tau)\mathrm{d}\tau$$

$$= \boldsymbol{r}^{\mathrm{p}}(t_0) + \boldsymbol{v}^{\mathrm{p}}(t_0)\Delta t + \frac{1}{2}\boldsymbol{g}^{\mathrm{p}}\Delta t^2 + \boldsymbol{s}_r(t)$$

（4-25）

其中 $\boldsymbol{s}_v(t)$、$\boldsymbol{s}_r(t)$、$\boldsymbol{C}^2(t)$ 为预积分量，在整个计算过程中只需计算一次。

$$\boldsymbol{s}_v(t) = \int_{t_0}^{t} \boldsymbol{C}_b^{\mathrm{p}}(\tau)(\widetilde{\boldsymbol{f}}^b(\tau) - \boldsymbol{b}_a(\tau) - \boldsymbol{\epsilon}_a(\tau))\mathrm{d}\tau$$

$$\boldsymbol{s}_r(t) = \iint_{t_0}^{t} \boldsymbol{C}_b^{\mathrm{p}}(\tau)(\widetilde{\boldsymbol{f}}^b(\tau) - \boldsymbol{b}_a(\tau) - \boldsymbol{\epsilon}_a(\tau))\mathrm{d}\tau$$

$$\boldsymbol{C}^2(t) = \iint_{t_0}^{t} \boldsymbol{C}_b^{\mathrm{p}}(\tau)\mathrm{d}\tau = \int_{t_0}^{t} (\tau - t_0)\boldsymbol{C}_b^{\mathrm{p}}(\tau)\mathrm{d}\tau$$

（4-26）

对式（4-25）进行扰动分析，最终可得到描述短时间惯导位姿误差随时间变化的模型：

$$\delta\boldsymbol{r}^{\mathrm{p}}(t_0 + \Delta t) = \delta\boldsymbol{r}^{\mathrm{p}}(t_0) + \Delta t\delta\boldsymbol{v}^{\mathrm{p}}(t_0) + \frac{1}{2}\Delta t^2\delta\boldsymbol{g}^{\mathrm{p}} - \boldsymbol{C}^2(t)\boldsymbol{b}_a + \iint_{t_0}^{t}\boldsymbol{C}_b^{\mathrm{p}}(\tau)\boldsymbol{\epsilon}_a(\tau)\mathrm{d}\tau \quad （4-27）$$

式中：$\delta\boldsymbol{v}^{\mathrm{p}}(t_0)$ 为 $t_0$ 时刻 p 系的速度误差；$\delta\boldsymbol{g}^{\mathrm{p}}$ 为 $t_0$ 时刻 p 系的重力分解误差；$\boldsymbol{b}_a$ 为未补偿的加速度计零偏。

可以看出，短时间内局部位置误差主要由初始速度误差、水平角误差及加速度计零偏和噪声造成。水平姿态角误差造成重力分解误差，因此其导致位置误差项随时间呈二次方增长。速度误差造成的位置误差项随时间呈线性增长。加速度零偏误差造成的位置误差项随时间呈二次方增长，1 MJ 加速度计零偏误差在 1 s 时间内带来的位置误差为 $4.9\times10^{-3}$ m。

综合式（4-24）与式（4-27），在采用零偏值<5 (°)/h 时，可以认为利用惯导递推轨迹计算点云的配准误差主要由位置误差引起。通过对点云配准误差进行最小化，估计位置误差源，即式（4-27）中的因子。如果可以精确估计这些参数，将可以修正惯性递推轨迹，因此也将这些参数称为轨迹修正模型参数。

**2. 移动激光配准辅助提高相对位置精度**

通过激光雷达视觉定位技术对短时间内的多帧重叠扫描帧进行配准，消除连续高度重叠帧间配准误差，在生成局部一致性地图的同时，还需要对 INS 的状态误差进行修正，使下一次惯导递推的结果误差较小。通过将局部激光配准估计惯导误差，将其作为卡尔曼滤波测量模型的观测值，实现对惯导误差发散的抑制，进而达到提高相对定位精度的目的。

下面推导移动激光配准相应的卡尔曼滤波测量模型。移动激光配准测量值可以记为

$$\tilde{\boldsymbol{z}}_{\mathrm{LiDAR}} = [\delta\boldsymbol{g}^{\mathrm{p}}, \delta\boldsymbol{v}^{\mathrm{p}}(t_0), \boldsymbol{b}_a]^{\mathrm{T}} + \varepsilon_{\mathrm{LiDAR}} \quad （4-28）$$

式中：$\varepsilon_{\mathrm{LiDAR}}$ 为测量噪声。

为了得到测量值与初始时刻扩展卡尔曼滤波状态之间的关系，构建测量模型，结合式（4-23），对 $\boldsymbol{v}^{\mathrm{p}}(t_0)$ 进行扰动分析可得

$$\delta \boldsymbol{v}^{\mathrm{p}}(t_0) = \hat{\boldsymbol{v}}^{\mathrm{p}}(t_0) - \boldsymbol{v}^{\mathrm{p}}(t_0)$$
$$= \hat{\boldsymbol{v}}^n(t_0) - (\boldsymbol{I} - (\phi \times))(\hat{\boldsymbol{v}}^n(t_0) - \delta \boldsymbol{v}^n) \tag{4-29}$$
$$\approx \delta \boldsymbol{v}^n(t_0) + (\phi \times)\hat{\boldsymbol{v}}^n(t_0)$$
$$= \delta \boldsymbol{v}^n(t_0) - (\hat{\boldsymbol{v}}^n(t_0) \times)\phi$$

其中

$$\hat{\boldsymbol{v}}^{\mathrm{p}}(t_0) = \hat{\boldsymbol{v}}^n(t_0) \tag{4-30}$$

对 $\boldsymbol{g}^{\mathrm{p}}$ 进行扰动分析，可得

$$\delta \boldsymbol{g}^{\mathrm{p}} = \hat{\boldsymbol{g}}^{\mathrm{p}} - \boldsymbol{g}^{\mathrm{p}}$$
$$= \boldsymbol{C}_n^{\mathrm{p}} \hat{\boldsymbol{g}}^n - \boldsymbol{g}^{\mathrm{p}}$$
$$= (\boldsymbol{I} - (\phi \times))\hat{\boldsymbol{g}}^n - \boldsymbol{g}^{\mathrm{p}} \tag{4-31}$$
$$= -(\hat{\boldsymbol{g}}^n \times)\phi$$
$$\approx -(\boldsymbol{g}^n \times)\phi$$

又有 $\boldsymbol{g}^n = [0, 0, -g]^{\mathrm{T}}$，使 $\delta \boldsymbol{g}^{\mathrm{p}}$ 的 $z$ 分量恒等于 0，且 $\phi$ 角的 $z$ 分量对 $\delta \boldsymbol{g}^{\mathrm{p}}$ 的 $x$、$y$ 分量的值无影响，因此方位角误差是不可观测的。可以得到测量矩阵

$$\hat{\boldsymbol{z}}_{\mathrm{LiDAR}} = \boldsymbol{H}_{\mathrm{LiDAR}}[\boldsymbol{x}_{\mathrm{nav}}, \boldsymbol{x}_{\mathrm{imu}}]^{\mathrm{T}} \tag{4-32}$$

其中

$$\boldsymbol{H}_{\mathrm{LiDAR}} = \begin{bmatrix} -(\boldsymbol{g}^n \times) & 0 & 0 & 0 & 0 \\ -(\hat{\boldsymbol{v}}^n(t_0) \times) & \boldsymbol{I} & 0 & 0 & 0 \\ 0 & 0 & 0 & 0 & 0 \\ 0 & 0 & 0 & 0 & 0 \\ 0 & 0 & 0 & 0 & \boldsymbol{I} \end{bmatrix} \tag{4-33}$$

至此，可得到激光雷达序列扫描点云配准局部地图生成模型和辅助惯导扩展卡尔曼滤波测量模型。通过激光点云的局部优化估计速度误差，进而达到提高相对精度的目的。

**3. 激光控制点辅助提高绝对位置精度**

激光雷达在移动的过程中可以对周围环境中的控制点进行扫描，将空间中的控制点信息与惯导载体进行关联。具体地，激光控制点的观测模型如式（4-34）所示。对观测模型进行扰动，可以得到控制点坐标的误差模型，如式（4-35）所示。

$$\boldsymbol{r}_{\mathrm{ctrl}}^n = \boldsymbol{r}_{\mathrm{ins}}^n + \boldsymbol{C}_b^n (\boldsymbol{C}_1^b \boldsymbol{r}_{\mathrm{ctrl}}^1 + \boldsymbol{l}_{\mathrm{lb}}^b) \tag{4-34}$$

$$\hat{\boldsymbol{r}}_{\mathrm{ctrl}}^n = \hat{\boldsymbol{r}}_{\mathrm{las}}^n = (\hat{\boldsymbol{r}}_{\mathrm{ins}}^n + \delta \boldsymbol{r}^n) + (\boldsymbol{I} - \phi \times)\hat{\boldsymbol{C}}_b^n (\boldsymbol{C}_1^b \boldsymbol{r}_{\mathrm{ctrl}}^1 + \boldsymbol{l}_{\mathrm{lb}}^b) \tag{4-35}$$

其中，$\boldsymbol{r}_{\mathrm{ctrl}}^n$ 为控制点坐标；$\hat{\boldsymbol{r}}_{\mathrm{las}}^n$ 为控制点坐标对应的激光点坐标，即点云中计算得到的控制点坐标；$\boldsymbol{l}_{\mathrm{lb}}^b$ 为激光扫描仪与惯导载体坐标系之间的杆臂值；$\boldsymbol{C}_1^b$ 为激光坐标系转换至惯导载体坐标系之间的旋转矩阵；$\boldsymbol{l}_{\mathrm{lb}}^b$ 和 $\boldsymbol{C}_1^b$ 均为事先标定出来。

进一步，将观测到的控制点坐标与真实的控制点坐标之差作为观测值，可以得到控制点辅助惯导的测量模型，如式（4-36）所示。由于导航定位系统姿态角误差比较小，其引起的误差量 $\hat{\boldsymbol{C}}_b^n (\boldsymbol{C}_1^b \boldsymbol{r}_{\mathrm{ctrl}}^1 + \boldsymbol{l}_{\mathrm{lb}}^b) \times \phi$ 一般比控制点测量噪声 $\epsilon_{\mathrm{ctrl}}$ 小一个数量级，可以将其忽略。

$$z_{\text{LiDAR}} = \hat{r}_{\text{las}}^n - r_{\text{ctrl}}^n = \delta \boldsymbol{r}^n + \hat{\boldsymbol{C}}_b^n (\boldsymbol{C}_1^b \boldsymbol{r}_{\text{ctrl}}^1 + \boldsymbol{l}_{\text{lb}}^b) \times \boldsymbol{\phi} + \epsilon_{\text{ctrl}} \approx \delta \boldsymbol{r}^n + \epsilon_{\text{ctrl}} \qquad (4\text{-}36)$$

值得注意的是,当控制点离载体越远,标定误差和惯导本身姿态角误差的影响越大。

## 4.4.3 基于图优化的多源融合定位

经过 SLAM 前端得到子地图与节点的初始位姿后,后端通过求解非线性最小二乘目标函数式(4-37)优化节点与子地图的位姿等获得最终的导航输出:

$$
\begin{aligned}
&\underset{\boldsymbol{\chi}}{\arg\min} \ \{f_{i/o} + f_{\text{g}} + f_{\text{l}} + f_{\text{pm}} + f_{\text{marg}}\} \\
&\boldsymbol{\chi} = [\boldsymbol{x}_1, \boldsymbol{x}_2, \cdots, \boldsymbol{x}_M, \boldsymbol{y}_1, \boldsymbol{y}_2, \cdots, \boldsymbol{y}_N, \boldsymbol{R}_{\text{m}}^{\text{w}}] \\
&\boldsymbol{x}_k = [\boldsymbol{R}_{b_k}^{\text{m}}, \boldsymbol{v}_{b_k}^{\text{m}}, \boldsymbol{b}_{\text{a}}(t_k), \boldsymbol{b}_{\text{g}}(t_k), s_{\text{o}}(t_k)], \quad k \in [1, M] \\
&\boldsymbol{y}_k = [\boldsymbol{R}_{s_k}^{\text{m}}], \quad k \in [1, N]
\end{aligned}
\qquad (4\text{-}37)
$$

式中:待估计参数 $\boldsymbol{\chi}$ 包含 IMU/ODO 相关参数 $\boldsymbol{x}$、子地图参数 $\boldsymbol{y}$ 及地图坐标系 m 系与世界坐标系 w 系之间的变换参数 $\boldsymbol{R}_{\text{m}}^{\text{w}}$。其中,$\boldsymbol{x}_k$ 依次包含 $t_k$ 时刻 IMU 在 m 系的位姿 $\boldsymbol{R}_{b_k}^{\text{m}}$、速度 $\boldsymbol{v}_{b_k}^{\text{m}}$ 及加速度计零偏 $\boldsymbol{b}_{\text{a}}(t_k)$、陀螺仪零偏 $\boldsymbol{b}_{\text{g}}(t_k)$,当存在里程计(odometer,ODO)辅助时,还包含 ODO 比例因子 $s_{\text{o}}(t_k)$,$M$ 为节点个数;$\boldsymbol{y}_k$ 为 $t_k$ 时刻的子地图在 m 系的位姿 $\boldsymbol{R}_{s_k}^{\text{m}}$,$N$ 为子地图的个数。

式(4-37)包含的待估变量与约束条件如图 4-21 所示,其中,约束条件包括节点之间的 IMU/ODO 预积分约束 $f_{i/o}$,GNSS 的绝对位置约束 $f_{\text{g}}$,节点与子地图之间的相对位姿约束 $f_{\text{l}}$。如果使用预建概率地图,则增加概率地图匹配的绝对位姿约束 $f_{\text{pm}}$。当 $\boldsymbol{\chi}$ 中待估变量个数增加到一定阈值时,则需以滑动窗的方式移除一些历史变量,并添加边缘化约束 $f_{\text{marg}}$,如图 4-21 中虚线表示的部分所示。各个约束条件之间的权重由约束中的方差协方差阵确定,下面详细描述各个约束中的代价函数。

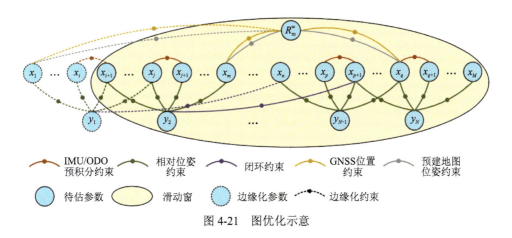

图 4-21 图优化示意

### 1. IMU/ODO 预积分约束代价函数

IMU/ODO 预积分约束代价函数为

$$f_{i/o} = \sum_{k=1}^{M-1} \left\| e(\boldsymbol{x}_{t_{k-1}} - \boldsymbol{x}_{t_k}) \right\|_{\boldsymbol{D}_z}^2$$

$$e(\boldsymbol{x}_{t_{k-1}} - \boldsymbol{x}_{t_k}) = \begin{bmatrix} \boldsymbol{C}_m^{b_{k-1}}(\boldsymbol{T}_{b_k}^m - \boldsymbol{T}_{b_{k-1}}^m - \boldsymbol{v}_{b_{k-1}}^m \Delta t_k^{k-1} + \frac{1}{2}\boldsymbol{g}^m(\Delta t_k^{k-1})^2) - \hat{\boldsymbol{\beta}}_{b_k}^{b_{k-1}} \\ \boldsymbol{C}_m^{b_{k-1}}(\boldsymbol{v}_{b_k}^m - \boldsymbol{v}_{b_{k-1}}^m + \boldsymbol{g}^m(\Delta t_k^{k-1})) - \hat{\boldsymbol{\alpha}}_{b_k}^{b_{k-1}} \\ 2[((\boldsymbol{q}_{b_{k-1}}^m)^{-1} \otimes \boldsymbol{q}_{b_k}^m) \otimes (\hat{\gamma}_{b_k}^{b_{k-1}})^{-1}]_{xyz} \\ \boldsymbol{b}_a(t_k) - \boldsymbol{b}_a(t_{k-1}) + \dfrac{\boldsymbol{b}_a(t_{k-1})}{\tau_a} \\ \boldsymbol{b}_g(t_k) - \boldsymbol{b}_g(t_{k-1}) + \dfrac{\boldsymbol{b}_g(t_{k-1})}{\tau_g} \\ \boldsymbol{C}_m^{b_{k-1}}(\boldsymbol{T}_{b_k}^m - \boldsymbol{T}_{b_{k-1}}^m) - \hat{\boldsymbol{r}}_{b_k}^{b_{k-1}} \\ s_o(t_k) - s_o(t_{k-1}) \end{bmatrix} \quad （4\text{-}38）$$

式中：$\boldsymbol{D}_z$ 为 IMU/ODO 预积分结果的方差协方差阵。当系统中不存在车轮里程计时，式（4-38）去掉其中与车轮里程计相关的部分，形成不包含车轮里程计约束的 IMU/ODO 预积分代价函数。

**2. GNSS 绝对位置约束代价函数**

GNSS RTK 定位解算出的纬度、经度和高度首先转换为地心地固 e 系坐标，然后，将再 e 系坐标转换为 w 系中的坐标，最终在 w 系形成 GNSS 绝对位置约束代价函数：

$$\begin{cases} f_g = \sum_{i \in \mathcal{G}} \left\| e(\boldsymbol{x}_i, \boldsymbol{R}_m^w) \right\|_{\boldsymbol{D}_g}^2 \\ e(\boldsymbol{x}_i, \boldsymbol{R}_m^w) = \boldsymbol{R}_m^w(\boldsymbol{R}_{b_i}^m \boldsymbol{T}_g^b) - \boldsymbol{T}_g^w \end{cases} \quad （4\text{-}39）$$

式中：$\boldsymbol{T}_g^w$ 为 GNSS 在 w 系的定位结果；$\boldsymbol{T}_g^b$ 为 GNSS 天线杆臂；$\boldsymbol{D}_g$ 为 GNSS RTK 定位解算提供的 $\boldsymbol{T}_g^w$ 方差协方差阵；$\mathcal{G}$ 为具有 GNSS 位置修正的节点集合。

**3. LiDAR 相对位姿约束代价函数**

构建 LiDAR 相对位姿约束代价函数：

$$f_l = \sum_{\substack{i \in \mathbb{L} \\ j \in \mathcal{S}}} \left\| e(\boldsymbol{x}_i, \boldsymbol{y}_j) \right\|_{\boldsymbol{D}_{ij}}^2$$

$$e(\boldsymbol{x}_i, \boldsymbol{y}_j) = \begin{bmatrix} (\boldsymbol{C}_{s_j}^m)^{-1}[\boldsymbol{T}_{b_i}^m + \boldsymbol{R}_{b_i}^m \boldsymbol{T}_l^b - \boldsymbol{T}_{s_j}^m] - \boldsymbol{T}_{l_i}^{s_j} \\ [(\boldsymbol{q}_{s_j}^m)^{-1} \otimes (\boldsymbol{q}_{b_i}^m \otimes \boldsymbol{q}_l^b) \otimes (\boldsymbol{q}_{l_i}^{s_j})^{-1}]_{xyz} \end{bmatrix} \quad （4\text{-}40）$$

式中：$\mathbb{L}$ 为节点集合；$\mathcal{S}$ 为子地图集合；$\boldsymbol{T}_{l_i}^{s_j}$、$\boldsymbol{q}_{l_i}^{s_j}$ 分别为节点 $l_i$ 与子地图 $s_j$ 之间的相对位置与姿态；$\boldsymbol{D}_{ij}$ 为其方差协方差阵，具体取值根据对多组数据集的优化经验来确定。

**4. 预建概率地图绝对位姿约束代价函数**

在使用预建概率地图的情况下，将位姿首先转换到 e 系，然后将 e 系中的位姿转换到 w 系，最终在 w 系形成绝对位姿约束代价函数：

$$f_{\text{pm}} = \sum_{i \in M} \left\| e(\boldsymbol{x}_i, \boldsymbol{R}_{\text{m}}^{\text{w}}) \right\|_{\boldsymbol{D}_{\text{R}}}^2$$

$$e(\boldsymbol{x}_i, \boldsymbol{R}_{\text{m}}^{\text{w}}) = \begin{bmatrix} \boldsymbol{C}_{\text{m}}^{\text{w}}(\boldsymbol{T}_{b_i}^{\text{m}} + \boldsymbol{R}_{b_i}^{\text{m}} \boldsymbol{T}_1^b) - \boldsymbol{T}_{1_i}^{\text{w}} \\ [(\boldsymbol{q}_{\text{m}}^{\text{w}} \otimes \boldsymbol{q}_{b_i}^{\text{m}} \otimes \boldsymbol{q}_1^b) \otimes (\boldsymbol{q}_{1_i}^{\text{w}})^{-1}]_{xyz} \end{bmatrix} \tag{4-41}$$

式中：$\boldsymbol{T}_{1_i}^{\text{w}}$、$\boldsymbol{q}_{1_i}^{\text{w}}$ 为节点 $1_i$ 通过预建概率地图匹配获得的 w 系下的绝对位置与姿态；$\boldsymbol{D}_{\text{R}}$ 为其方差协方差阵，由预建概率地图匹配过程得到；$M$ 为预建概率地图所包含的节点集合。

**5. 滑动窗边缘化**

在后端图优化中，随着时间的推移，子地图和节点会越来越多，优化的计算量也随着变量的增加而增加。因此，需要限制优化变量的数量，在添加新变量的同时有选择地去除一些历史变量，以保障优化变量的数量相对固定。

采用滑动窗口的方式来保证计算量不随着优化变量的增加而增加，滑动窗口中保存了固定数量的子地图和相关节点的变量，当子地图数量达到上限时，新添加子地图的同时，丢弃滑动窗口中最旧的子地图和与其相关的节点变量，因此，滑动窗口中子图的数量保持固定。然而，如果直接丢弃变量，会造成信息的丢失，与丢弃的子图相关联的节点也可能与滑动窗口中的其他子图相关。因此，通过边缘化的方式在去除变量的同时增加边缘化约束，减少信息损失。

图优化中的代价函数 $f$ 是非线性的，非线性最小二乘问题可以通过如下线性方程进行迭代求解：

$$\boldsymbol{\Lambda} \Delta \boldsymbol{\chi} = \boldsymbol{g} \tag{4-42}$$

式中：$\boldsymbol{\Lambda} = \boldsymbol{A}^{\text{T}} \boldsymbol{A}$，$\boldsymbol{g} = \boldsymbol{A}^{\text{T}} \boldsymbol{b}$，$\boldsymbol{A}$ 和 $\boldsymbol{b}$ 分别为包含方差协方差阵的量测雅可比与预测误差矩阵。

将需要消除的变量 $\chi_a$ 集中在矩阵上部分，需要保留的变量 $\chi_b$ 下移，式（4-42）可改写为

$$\begin{bmatrix} \boldsymbol{\Lambda}_a & \boldsymbol{\Lambda}_b \\ \boldsymbol{\Lambda}_b^{\text{T}} & \boldsymbol{\Lambda}_c \end{bmatrix} \begin{bmatrix} \Delta \chi_a \\ \Delta \chi_b \end{bmatrix} = \begin{bmatrix} \boldsymbol{g}_a \\ \boldsymbol{g}_b \end{bmatrix} \tag{4-43}$$

采用舒尔补（Schur complemet）进行消元：

$$\begin{bmatrix} \boldsymbol{\Lambda}_a & \boldsymbol{\Lambda}_b \\ \boldsymbol{0} & \boldsymbol{\Lambda}_d \end{bmatrix} \begin{bmatrix} \Delta \chi_a \\ \Delta \chi_b \end{bmatrix} = \begin{bmatrix} \boldsymbol{g}_a \\ \boldsymbol{g}_b - \boldsymbol{\Lambda}_b^{\text{T}} \boldsymbol{\Lambda}_a^{-1} \boldsymbol{g}_a \end{bmatrix} \tag{4-44}$$

$$\boldsymbol{\Lambda}_d = \boldsymbol{\Lambda}_c - \boldsymbol{\Lambda}_b^{\text{T}} \boldsymbol{\Lambda}_a^{-1} \boldsymbol{\Lambda}_b$$

根据式（4-44），可以得到 $\chi_b$ 的残差 $\Delta \chi_b$。在这个过程中，消除变量的同时也利用了边缘化变量的信息，也就是说，约束没有被丢弃，并且式（4-45）所示的边缘化代价函数被添加到图优化中以引入边缘化变量的约束。

$$f_{\text{marg}} = \left\| e(\chi_b) \right\|_2^2$$

$$e(\chi_b) = \boldsymbol{\Lambda}_d^{\frac{1}{2}}(\chi_b - {}^0\chi_b) + \boldsymbol{\Lambda}_d^{-\frac{1}{2}} \Delta \chi_b \tag{4-45}$$

式中：${}^0\chi_b$ 为舒尔补消元时使用的 $\chi_b$ 估计量。

### 4.4.4 GNSS/IMU/SLAM 融合定位实验

**1. GNSS/INS/LiDAR-SLAM 融合**

为了验证 GNSS/INS/LiDAR-SLAM 融合的性能，在城市环境进行车载测试。整段测试在武汉大学校园及校园门口的高架桥附近进行，测试轨迹如图 4-22 所示。

图 4-22 城市环境测试

4 种处理方法的位置和姿态误差统计如表 4-5 所示。GNSS/INS/LiDAR-SLAM 组合具有最佳的定位精度。由于 GNSS 定位质量长时间较差，GNSS/INS 组合与 GNSS/INS/LiDAR-SLAM 组合、Cartographer 及 LIO-SAM 相比，除位置误差较大外，还存在较大的航向误差。因此，LiDAR-SLAM 的辅助也可以提高 GNSS 信号长时间不良场景中的航向精度。

表 4-5 城市环境测试中的位姿误差统计

| 方法 | | 位置误差/m | | | 姿态误差/（°） | | |
|---|---|---|---|---|---|---|---|
| | | 东向 | 北向 | 天向 | 翻滚 | 俯仰 | 偏航 |
| GNSS/INS/LiDAR-SLAM | 均方根值 | 0.62 | 1.11 | 0.20 | 0.10 | 0.08 | 0.17 |
| | 最大值 | 1.64 | 3.33 | 0.71 | 0.22 | 0.14 | 0.32 |
| GNSS/INS | 均方根值 | 2.03 | 11.76 | 2.39 | 0.12 | 0.16 | 1.38 |
| | 最大值 | 10.34 | 45.49 | 8.50 | 0.22 | 0.25 | 2.91 |
| Cartographer | 均方根值 | 1.05 | 1.40 | 0.46 | 0.78 | 2.04 | 0.87 |
| | 最大值 | 2.89 | 5.17 | 1.49 | 2.52 | 3.43 | 1.64 |
| LIO-SAM | 均方根值 | 1.31 | 1.16 | 3.39 | 2.59 | 1.91 | 0.39 |
| | 最大值 | 3.33 | 2.54 | 9.19 | 5.73 | 4.99 | 0.82 |

**2. GNSS/INS/ODO/LiDAR-SLAM 融合**

使用 2048 分辨率的编码器（SICK-DFS60E-BECM02048）来采集 ODO 数据，在武汉市郊区佛祖岭附近及东湖隧道开展 GNSS/INS/ODO/LiDAR-SLAM 融合的性能评估测试。

由表 4-6 可知，GNSS/INS/ODO 组合在隧道末端东向、北向、天向位置误差分别为 −240.5 m、−169.6 m、8.2m，GNSS/INS/ODO/LiDAR-SLAM 组合的东向、北向、天向位置误差分别为 3.9 m、−28.4 m、14.1 m。GNSS/INS/ODO/LiDAR-SLAM 组合的航向误差

为-1.01°，远小于 GNSS/INS/ODO 组合的航向误差（-8.18°）。尽管 LiDAR-SLAM 在特征不足的隧道中效果不佳，但隧道内壁有效地限制了沿隧道横向的位置漂移并保持了航向估计。隧道特征不足主要是前向约束缺失，造成前向位置漂移，如图 4-23 所示。然而，通过 IMU/ODO 预积分的方式引入 ODO 的辅助解决了这个问题，有效地限制了前向漂移。因此，IMU/ODO 预积分为隧道场景中的 LiDAR-SLAM 提供了必要的帮助。

表 4-6　隧道出口处的位姿误差

| 方法 | 位置误差/m | | | 姿态误差/(°) | | |
| --- | --- | --- | --- | --- | --- | --- |
| | 东向 | 北向 | 天向 | 翻滚 | 俯仰 | 偏航 |
| GNSS/INS/ODO | -240.5 | -169.6 | 8.2 | -0.01 | 0.01 | -8.18 |
| GNSS/INS/LiDAR-SLAM | 42 835.9 | -21 209.4 | -3 202 | 9.06 | 17.42 | 10.56 |
| GNSS/INS/ODO/LiDAR-SLAM | 3.9 | -28.4 | 14.1 | 0.01 | 0.01 | -1.01 |

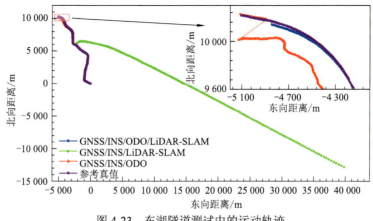

图 4-23　东湖隧道测试中的运动轨迹

## 4.5　多源融合导航定位技术陆路交通智能测绘应用

### 4.5.1　地铁巡检小车定位定姿

移动式轨道几何测量技术属于动态连续测量，必须建立精确的位置姿态基准，才能建立统一的参考框架，从而将所有的观测数据融合到一起。

移动式轨道几何测量装备包括大型轨道检测车和轻小型轨道检测车。大型轨道检测车通常配备用于定位的 GNSS 系统和检测轨道不平顺的惯性传感器。利用惯性传感器测得的加速度和角速度，通过算法转换到平台的相对位移中，来估计轨道的不平顺。大型轨道检测车主要用于测量轨道的长波轨道不平顺标准和动态特性。轻小型轨道检测车主要对短波长的不平顺进行测量。这种方式通常作为大型轨道检测车的一种补充方式。轨道检测小车如广泛使用的安伯格 GRP 系列一般利用测量机器人通过观测铁路沿线控制网进行定位。这种方法可以达到很高的精度水平。但由于测站的改变十分费时，一般作业距离为 200 m，长距离的作业效率不够。

铁路几何参数测量一般要求毫米级的局部相对精度和厘米级的全局绝对精度,这对现有方法的精度要求非常高。但是地铁运行环境是一种全封闭环境,无法接收 GNSS 信号,单纯的惯导/里程计导航系统会随时间发散。地铁轨道移动检测的关键技术问题是如何在无 GNSS 环境中对移动平台进行高精度连续定位定姿。现有的移动轨道检测技术无法满足地铁轨道测量高效、高精度的需求。

### 1. 里程计/激光控制点辅助惯导定位

惯性导航系统(INS)能在短时间内以极高的相对精度提供导航状态测量(位置、速度、姿态)。然而,惯性导航系统由于受初始化、惯性传感器系统误差、噪声误差等因素的影响,其定位误差会随着时间急剧增加。因此,需要在导航系统中引入外部不随时间发散的导航相关信息,辅助惯性导航系统,校正漂移误差。

对于没有 GNSS 信号的地下空间,里程计是一种较好的选择。这是因为里程计的速度测量误差不随时间而变化,除非车轮在轨道上打滑,但这种情况在平稳的轨道上很少发生。因此,里程计可以提供高精度的载体坐标系速度测量更新,有效地限制惯性导航系统误差发散。另外,与其他辅助手段相比,里程计更加经济可靠。

虽然里程计有助于减缓误差发散,但是惯导/里程计组合系统依然是航位递推的定位系统,其误差仍然会随时间不断积累,导致最终轨迹的绝对测量精度不能满足要求。为了提高导航系统的绝对精度,利用小车上的激光扫描仪观察隧道壁上已有的控制点标志,将隧道沿线的高精度控制网传递到惯导/里程计组合导航系统中,使高精度的控制点可以作为位置更新,将三维轨迹的整体误差控制在要求范围内。

通过设计卡尔曼滤波器,将所有的数据包括惯导、里程计、激光控制点进行紧组合。首先将惯导数据按照标准的惯性编排进行积分推算,然后将里程计数据与惯导数据进行固定频率更新。对于新观察到的控制点,将其原始观测值(激光扫描仪坐标系中的控制点坐标 $x, y, z$)作为观测值进行更新,以消除惯导和里程计组合系统带来的定位误差积累。

### 2. 试验与分析

为了验证提出的里程计/激光控制点辅助惯导定位方法,在深圳市地铁 1 号线车公庙站与竹子林站之间一个 500 m 长的轨道上进行现场测试(图 4-24)。在现场测试之前,准确测量所有结构杆臂值,校准传感器之间的安装角(即汽车坐标系与惯导载体坐标系

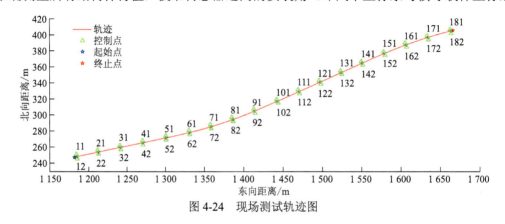

图 4-24 现场测试轨迹图

之间的转换关系、激光扫描仪与惯导载体坐标系之间的关系）。试验线路上有不同类型的线路，包括直线、弯段和过渡段。

受测试时间限制，在同一轨道段进行两次数据采集，以测试系统的重复性。在现场试验中，将 36 个控制靶标固定在隧道壁面，控制点坐标采用全站仪进行精确测量，最终点位误差为 2 cm（$1\sigma$）。同时，在试验前，以 0.1 mm 测量分辨率的轨距尺测量测试轨道的超高。试验时对每次测试的起点和终点进行精确测量。当每次测试开始和结束时，都要进行 5 min 静态初始化。

数据采集完成之后，利用惯导和里程计进行航位递推，得到初始的三维轨迹。利用初始三维轨迹可以将激光数据解算到统一的坐标中。然后利用软件提取相应的激光点坐标和扫描时间。隧道断面激光以 50 Hz 的频率转动扫描，小车在接近控制目标时运行速度小于 0.5 m/s，控制点对应的激光的点云密度间隔<1 cm，通过对黑白标志进行拟合，最终的控制点提取的点精度优于 2 mm。

为了分析不同分布的控制点对小车轨迹精度的影响，采用不同距离的均匀分布控制点，结合出发点和终点的坐标，对惯导/里程计系统进行修正。其余的控制点作为检查点对测量精度进行估计。两个控制点之间的距离在 30～250 m 变化。表 4-7 显示了不同的测试数据和控制点数得到的轨迹坐标值误差。结果表明，250 m 间隔距离控制点坐标精度可以达到 5 cm（$1\sigma$）。可以看出，随着控制点的加密，轨迹的位置精度显著提高了。

表 4-7 轨迹位置精度（均方根值）

| 距离/m | $N_{cpt}$ | $N_{chk}$ | 第一次测试 | | | | 第二次测试 | | | |
|---|---|---|---|---|---|---|---|---|---|---|
| | | | 东向/cm | 北向/cm | 天向/cm | Pos/cm | 东向/cm | 北向/cm | 天向/cm | Pos/cm |
| 250 | 1 | 35 | 5.1 | 2.7 | 4.8 | 7.5 | 3.6 | 2.2 | 5.1 | 6.6 |
| 160 | 2 | 34 | 4.7 | 2.6 | 3.3 | 6.3 | 3.7 | 3 | 2.1 | 5.2 |
| 120 | 3 | 33 | 4.5 | 2.8 | 3 | 6.1 | 2.5 | 2.3 | 2.5 | 4.2 |
| 100 | 4 | 32 | 3.9 | 2.4 | 2.2 | 5.1 | 2.8 | 2.7 | 1.3 | 4.1 |
| 80 | 5 | 31 | 4.8 | 3.1 | 2 | 6.1 | 2.9 | 2.3 | 1.7 | 4.1 |
| 50 | 9 | 27 | 3.5 | 2.8 | 1.5 | 4.8 | 2.6 | 2.7 | 1.6 | 4.1 |
| 30 | 18 | 18 | 0.8 | 1.4 | 1.1 | 1.9 | 1.3 | 1.4 | 1.2 | 2.2 |

注：$N_{cpt}$ 为辅助定位的控制点个数；$N_{chk}$ 为检查点的个数；Pos 为三维位置误差

比较不同方向的精确的三维坐标，坐标误差在北向最小。其原因是，航向角误差可以通过航位推算距离放大。由于每一方向上的控制点误差相同，航向角的可观测性和精度比其他两个方向的角度都更高。

## 4.5.2 地铁轨道不平顺度测量

随着我国城市化不断推进，城市交通轨道里程增长迅猛。准确、及时地检测并掌握轨道系统的状态是地铁安全有效运营的重要保障。轨道不平顺度是轨道系统在运行一段时间后，轨道曲线相对于设计曲线产生的变形指标。轨道不平顺是列车运行时振动和噪声的主要来源，短期影响乘客乘坐体验，长期会加剧对轮轨系统的磨耗。如果维护不当，将使轨道的安全状态退化，最终将危害运营安全。因此，轨道不平顺参数是地铁列车安全运营和日常维修管理最关注的因素之一。由于地铁里程和速度的不断增加，轨道的日常检测维修工作日益繁重。快速、准确掌握轨道几何参数对确保轨道运营安全具有重要意义。

目前地铁轨道不平顺度测量工作仍采用轨距尺、弦线测量等静态测量手段进行定期检测，检测效率低。随着地铁在公共交通中发挥越来越重要的作用，由于既有线轨道日常维修的天窗时间有限，地铁部门对高效、高精度的地铁检测技术手段有着迫切的需求。采用移动轨道检测方法成为提高地铁轨道不平顺测量效率的发展方向。

**1. 地铁轨道几何参数计算**

铁路轨道可以抽象建模为两条三维的曲线。轨道不平顺是描述轨道三维曲线形变的指标，也即现有轨道的三维位置与设计轨道位置的三维偏移的参数。具体来讲，一般有5种轨道不平顺参数，即垂直不平顺（在欧洲国家通常称为纵向水平）、水平不平顺、轨距不平顺、超高、三角坑（扭曲），它们统称为轨道几何不平顺参数。水平不平顺和垂直不平顺是指轨道在水平方向和垂直方向的实际曲线与参考线之间的位置偏差，如图 4-25（a）和（b）所示。轨距不平顺是测量两条铁轨内侧轨面 16 mm 以下的距离与标准值之间的偏差，如图 4-25（c）所示。超高是两轨车轮运行表面的高差，如图 4-25（d）所示。三角坑是两个定义的距离之间的超高的代数差，如图 4-25（e）所示。

小车车架可以看作刚体，小车车轮采用钢制车轮，与钢轨保持紧密接触。因此可以从小车的三维轨迹和结构参数中推算轨道的三维曲线。根据轨道几何参数定义，一旦测量得到轨道三维曲线，即可通过虚拟的数字测线对铁路轨道不平顺进行估计。在纵向和横向上的轨道不平顺分别可由式（4-46）和式（4-47）计算，即轨面上弦固定长度的正矢值测量。超高是由横滚角和轨距计算得到［式（4-48）］。超高计算完成后，即可根据式（4-49）计算三角坑值。

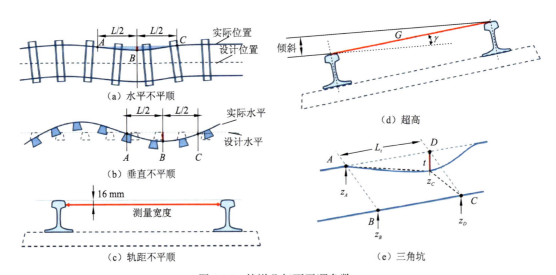

图 4-25　轨道几何不平顺参数

$L$ 为 $A$、$C$ 之间的水平距离；$L_t$ 为三角坑对应的基长

$$v_B = z_B - \frac{(z_A + z_C)}{2} \qquad (4\text{-}46)$$

$$a_B = \frac{2S_{ABC}}{L_{AC}} \qquad (4\text{-}47)$$

$$c = G \sin \gamma \qquad (4\text{-}48)$$

$$t = c_B - c_D \qquad (4\text{-}49)$$

式中：$v$ 为垂直不平顺值；$a$ 为水平不平顺值；$c$ 为超高值；$t$ 为三角坑值；下标 $A$、$B$、$C$、$D$ 为不同的测量点；$S_{ABC}$ 为三角形 $ABC$ 的面积；$z$ 为测量点的高程坐标；$L_{AC}$ 为 $A$ 点与 $C$ 点之间的距离，即 $A$、$C$ 之间的弦长；$G$ 为两条铁轨表面中线的距离，可以利用轨距进行计算；$\gamma$ 为两轨之间的倾角。

**2. 试验与分析**

针对城市地铁轨道/隧道的病害快速检测问题，深圳大学和武汉大学联合设计开发了一套城市轨道交通设施病害快速检测系统。通过高精度定位定姿系统对轨道不平顺进行接触式测量，对钢轨和隧道的全断面扫描检测轨道磨损缺陷、隧道限界形变等病害。硬件系统由轨道小车车架、惯性导航系统、里程计、断面激光扫描仪、两个轨廓激光扫描仪、采集控制板、工控机及电池构成（图 4-26）。其中惯性导航系统和里程计用于定位定姿，断面激光扫描仪用来扫描隧道高密度点云，进一步进行限界检测。轨廓激光扫描仪扫描钢轨轮廓，进一步可以进行轨距测量和轨面伤损检测。所有传感器模块均通过高精度同步控制板进行同步数据采集。系统采用的激光惯性导航系统包括三轴激光陀螺（简称陀螺）和三轴石英加速度计。其陀螺零偏稳定性为 0.05($^\circ$)/h，加速度计的零偏稳定性为 50 μcal，线性系数<100 ppm（百万分之一）。采用的里程计刻度系数误差约为 1 000 ppm。

图 4-26　城市轨道交通设施病害快速检测系统

根据"地铁轨道几何参数计算"部分提出的方法估计轨道的不平顺，比较两种不同控制点配置下的水平、垂直、超高、三角坑参数值估计的差异。同时将两次测试结果中计算的超高值与轨检尺超高值进行对比。同一测量点采用不同控制点进行辅助，得到的超高估计值差异很小。这与横滚角的精度一致。不同测试之间的不平顺参数计算值之差体现了该方法的重复性。表 4-8 的结果表明，超高测量精度为 0.63 mm，三角坑测量重复性小于 0.10 mm。水平和垂直不平顺度的重复性约为 1 mm。总的来说，重复性满足深圳地铁公司检测规范中轨道不平顺测量的要求（表 4-9）。

表 4-8　轨道不平顺测量重复精度　　　　　　　　　　　（单位：mm）

| 数据 | | 超高 | | | 三角坑 | | | 水平 | | | 垂直 | | |
|---|---|---|---|---|---|---|---|---|---|---|---|---|---|
| | | 均值 | 方差 | 最大值 | 均值 | 方差 | 最大值 | 均值 | 方差 | 最大值 | 均值 | 方差 | 最大值 |
| T1_1 | T1_18 | 0.01 | 0 | 0.02 | 0 | 0 | 0.01 | −0.04 | 0.56 | 1.77 | 0 | 0.21 | 0.69 |
| T2_1 | T2_18 | 0.01 | 0 | 0.02 | 0 | 0 | 0.01 | −0.02 | 0.39 | 1.47 | −0.01 | 0.16 | 0.70 |
| T1_1 | T2_1 | −0.06 | 0.06 | 0.65 | 0.01 | 0.10 | 0.29 | 0.02 | 1.04 | 4.15 | 0.08 | 0.98 | 3.93 |
| T1_18 | T2_18 | −0.07 | 0.06 | 0.65 | 0.01 | 0.10 | 0.29 | 0.04 | 1.04 | 4.97 | 0.07 | 0.91 | 3.50 |
| T1_1 | 轨检尺 | 0.06 | 0.63 | 4.07 | — | — | — | — | — | — | — | — | — |
| T2_1 | 轨检尺 | 0.13 | 0.63 | 4.46 | — | — | — | — | — | — | — | — | — |

表 4-9　深圳市地铁轨道平顺度测量技术要求

| 项目 | 超高 | 三角坑 | 水平 | 垂直 |
|---|---|---|---|---|
| 技术要求 | ±4 mm | ±4 mm/6.25 m | ±4 mm/10 m | ±4 mm/10 m |

# 4.6　本章小结

　　本章介绍了多源融合导航定位技术，重点介绍了全景视频自适应投影的视觉定位定姿模型对大畸变影像进行视觉定位定姿导航处理，进一步与激光扫描视觉定位定姿模型进行融合，最后利用基于图优化的 LiDAR/INS/ODO/GNSS 组合导航算法实现后端图优化，为实现高精度鲁棒的定位定姿导航计算奠定基础。以深圳地铁试验为案例，利用激光辅助惯性/里程计导航系统测量轨道小车的高精度三维轨迹，进一步计算轨道不平顺。该方案克服了地铁环境中 GNSS 被屏蔽的问题，实现了移动平台的高精度定位，提高了地铁检测的效率。

# 参 考 文 献

王铉彬, 李星星, 廖健驰, 等, 2022. 基于图优化的紧耦合双目视觉/惯性/激光雷达 SLAM 方法. 测绘学报, 51(8): 1744-1756.

Badino H, Kanade T, 2011. A head-wearable short-baseline stereo system for the simultaneous estimation of structure and motion. Proceedings of the 12th IAPR Conference on Machine Vision Applications, MVA 2011: 185-189.

Campos C, Elvira R, Rodríguez J J G, et al., 2021. ORB-SLAM3: An accurate open-source library for visual, visual-inertial, and multimap SLAM. IEEE Transactions on Robotics, 37(6): 1874-1890.

Cao S Z, Lu X Y, Shen S J, 2022. GVINS: Tightly coupled GNSS-visual-inertial fusion for smooth and consistent state estimation. IEEE Transactions on Robotics, 38(4): 2004-2021.

Forster C, Pizzoli M, Scaramuzza D, 2014. SVO: Fast semi-direct monocular visual odometry//2014 IEEE

International Conference on Robotics and Automation (ICRA), Hong Kong, China, IEEE: 15-22.

Grisetti G, Stachniss C, Burgard W, 2005. Improving Grid-based SLAM with Rao-Blackwellized particle filters by adaptive proposals and selective resampling//Proceedings of the 2005 IEEE International Conference on Robotics and Automation, Barcelona, Spain, IEEE: 2432-2437.

Jaegle A, Phillips S, Daniilidis K, 2016. Fast, robust, continuous monocular egomotion computation//2016 IEEE International Conference on Robotics and Automation (ICRA), Stockholm, Sweden, IEEE: 773-780.

Kaess M, Johannsson H, Roberts R, et al., 2012. iSAM2: Incremental smoothing and mapping using the Bayes tree. The International Journal of Robotics Research, 31(2): 216-235.

Kummerle R, Grisetti G, Strasdat H, et al., 2011. $G^2$o: A general framework for graph optimization//2011 IEEE International Conference on Robotics and Automation (ICRA), Shanghai, China, IEEE: 3607-3613.

Pan Y, Xiao P, He Y, et al., 2021. MULLS: Versatile LiDAR SLAM via multi-metric linear least square//2021 IEEE International Conference on Robotics and Automation (ICRA), Xi'an, China. IEEE: 11633-11640.

Shan T, Englot B, 2018. LeGO-LOAM: Lightweight and ground-optimized lidar odometry and mapping on variable terrain//2018 IEEE/RSJ International Conference on Intelligent Robots and Systems (IROS), Madrid, Spain. IEEE: 4758-4765.

Shan T, Englot B, Meyers D, et al., 2020. LIO-SAM: Tightly-coupled lidar inertial odometry via smoothing and mapping//2020 IEEE/RSJ International Conference on Intelligent Robots and Systems (IROS), Las Vegas, NV, USA. IEEE: 5135-5142.

Xu W, Cai Y X, He D J, et al., 2022. FAST-LIO2: Fast direct LiDAR-Inertial odometry. IEEE Transactions on Robotics, 38(4): 2053-2073.

Zhang J, Singh S, 2014. LOAM: Lidar odometry and mapping in real-time//Robotics: Science and Systems 2014, Robotics: Science and Systems Foundation. https: //doi. org/10. 15607/RSS. 2014. X. 007

# 第5章 卫星遥感陆路交通智能测绘技术

　　卫星遥感技术在各种线路工程和地质应用中都发挥着重要作用,包括立体测图、线路规划与选线、线路勘测及线路地质灾害风险评估等。卫星遥感技术通过多角度、多光谱、多时相的数据获取地表三维动态时空信息,从而实现立体测图。通过立体测图,可以更准确地了解地表地貌、地形起伏等信息,为陆路交通测绘相关领域的规划和设计提供重要参考。

　　对于线路工程,卫星遥感可用于线路的全周期勘测,确保线路的安全性和稳定性。通过分析卫星遥感提供的线路沿线地区地质构造、地形特征、植被覆盖情况等信息,可以评估线路周围的地质灾害风险,为工程设计和风险管理提供科学依据。

## 5.1 卫星遥感立体测图技术与发展

### 5.1.1 卫星遥感立体测图原理

　　立体测图卫星采用三线阵测绘方式,由具有一定交会角的前视、正视和后视相机通过对同一地面不同视角的观测,形成立体影像,同时配以精确的内外方位元素参数,准确获取影像的三维地面坐标,用以生产测绘产品,以及开展大比例尺地形图的修测与更新。

　　Hofmann 等(1984)提出了三线阵立体成像原理。三线阵成像时,每个地面点分别被放置在同一个焦平面上三个不同线阵捕获,成像在三个不同的影像条带上,即每个地面点都是三度重叠点,任意两个线阵均可构建立体模型。在图 5-1 中,线阵 $A$、$B$、$C$ 垂直于卫星飞行方向放置在焦平面上,三个线阵彼此分离产生立体基线。飞行过程三个线阵按线中心投影方式同步推扫地面并同步记录影像数据及外定向参数。

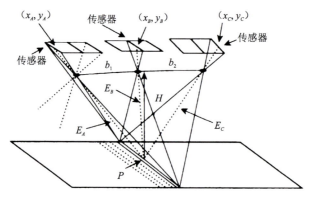

图 5-1　三线阵传感器推扫成像原理

如图 5-1 所示，$P$ 为地面点，前视、中视、后视三个影像条带上三个同名像点 $P_A(x_A, y_A)$、$P_B(x_B, y_B)$、$P_C(x_C, y_C)$ 对应不同的成像时刻 $N_A$、$N_B$、$N_C$，三条光线 $E_A$、$E_B$、$E_C$ 交会于地面点 $P$。若知道前视、中视和后视的外定向参数，则多片交会可解算地面点坐标 $P(X, Y, Z)$。此外，由于位姿能提供高精度的姿态及位置数据，地面点对应像点在影像上的位置可反向投影计算得到。

## 5.1.2 卫星遥感立体测图优势

新型卫星遥感技术正在迅速发展，使立体测图变得更加精确和高效。传统的遥感技术主要是基于单一视角的图像获取，而新型卫星遥感技术则可以通过多角度、多光谱波段的数据获取，实现更加全面和立体的测图。传统方法人工成本高、工作效率低，需要大量的外业控制测量，相比而言，新型卫星遥感立体测图具有高效性、便捷性、精确性、全面性等优势。立体测图遥感卫星是一种能够获取地球表面三维信息的遥感卫星，这些新型卫星通常搭载先进的光学、雷达和激光等传感器，可以获取高分辨率、高精度的地表三维信息。通过结合多个角度和波段的数据，可以重建地表的三维模型，实现立体测图，帮助人们全面了解地表特征和形态，广泛应用于地质勘探、地形测绘、城市规划、环境监测、土地管理、灾害评估等领域，为各领域的相关应用提供精确数据支持。

卫星遥感立体测图技术在各个领域都有广泛的实际应用。在城市规划与土地利用管理方面，卫星遥感立体测图技术可以提供城市和土地利用的详细三维信息，帮助规划者和管理者了解城市建设的现状和趋势，优化城市规划和土地利用方案；在环境监测与生态保护方面，卫星遥感立体测图技术可以实现对自然环境的三维监测和评估，包括森林、湿地、水域等生态系统的变化监测，有助于生态环境的保护和管理；在资源管理与勘探方面，卫星遥感立体测图技术可以用于资源的调查和评估，如矿产资源、水资源、土地资源等。通过三维地形模型的建立，可以辅助资源勘探和开发的决策；在城市基础设施建设与管理方面，卫星遥感立体测图技术可以提供城市基础设施的三维信息，包括道路、桥梁、建筑物等，有助于城市的规划、建设和管理；在灾害监测与应急响应方面，卫星遥感立体测图技术可被用于自然灾害的监测和评估，如地质灾害、洪涝灾害、森林火灾等，及时获取灾害现场的三维信息，有助于实施灾害应急响应和救援工作；在军事情报与国土安全方面，卫星遥感立体测图技术可以用于军事情报的获取和分析，以及国土安全的监测和防御，在军事领域发挥重要的应用价值；在交通运输规划与管理方面，卫星遥感立体测图技术可以提供交通运输网络的三维信息，包括公路、铁路、桥梁、航道等，有助于交通运输规划和管理的优化；在农业与林业管理方面，卫星遥感立体测图技术可以用于农业和林业资源的监测和管理。综上所述，卫星遥感立体测图技术为测绘地理信息的获取、分析和应用提供了重要的技术手段和数据支持。

## 5.1.3 卫星遥感立体测图技术发展

自 20 世纪 90 年代末以来，卫星遥感影像立体测图技术已在一些区域使用，作为最早的米级商业高分辨率光学遥感卫星，1999 年发射的 IKONOS 卫星标志着商业高分辨率遥感的新时代，它为地球观测和地球系统科学研究提供了更加全面、精细的数据，推动了遥感技术的发展，保障了卫星影像立体测图技术的应用和推广（张琳 等，2014）。之后二十多年时间里，随着计算机技术和遥感技术的蓬勃发展，立体测图卫星的精度和分辨率都得到了显著提高。

立体测图遥感卫星的具体发展情况如图 5-2 所示，中国立体测图卫星的发展经历了多个阶段，2010 年初，我国开始研发立体测图卫星，以满足国家对三维地图、地形模型等立体信息的发展需求。

图 5-2　立体测图遥感卫星发展情况

高分七号和资源三号 03 星是我国自主研制的第四代高精度光学立体测绘卫星。资源三号作为我国首个民用立体测绘卫星，在我国测绘事业的发展过程中具有重大革命性意义，2020 年发射的资源三号 03 星，其多光谱影像空间分辨率为 5.8 m，全色影像空间分辨率根据成像高度角的变化，在 2.1～2.7 m 变化，该星与资源三号 01 星（2012 年发射）、02 星（2016 年发射）组网运行，共同组成了我国立体测绘卫星星座。我国自主研发的首颗民用亚米级高分辨率立体测绘卫星——高分七号（GF-7），轨道高度和幅宽分别为 506 km、20 km，搭载了双波束激光测高系统和双线阵立体相机等高精度传感器，于 2019 年发射升空，实现了 1∶10 000 立体测图精度的全面突破。

# 5.2　典型的立体测图卫星

## 5.2.1　美国立体测图遥感卫星

1）IKONOS 卫星

IKONOS 卫星是由美国 DigitalGlobe 公司制造的商业高分辨率地球观测卫星，该卫星于 1999 年 4 月发射，是第一颗能够提供公开市场高分辨率地球观测图像的商业卫星。

IKONOS 卫星搭载了高性能的成像系统，包括全色相机和多光谱相机，具有 1 m 的全色分辨率和 4 m 的多光谱分辨率，可以获取建筑物、道路、植被等地物不同波段（从可见光到红外光谱范围）的时空特征，为用户提供高质量、信息丰富的图像数据。

2）QuickBird 卫星

快鸟（QuickBird）卫星轨道高度为 450 km，轨道倾角达 98°，为太阳同步轨道，单景影像像幅为 16.5 km×16.5 km；不同纬度重访周期为 1～6 天（刘昶，2019）。影像波段属性：全色波段（Pan）像元尺寸为 0.61 m，波长范围为 450～900 nm；多光谱像元尺寸为 2.44 m，波谱范围：蓝、绿、红和近红外，波长范围依次为 450～520 nm（band1）、520～600 nm（band2）、630～690 nm（band3）和 760～900 nm（band4）。

3）WorldView-1 卫星

WorldView-1 卫星是 DigitalGlobe 公司于 2007 年 9 月 18 日发射升空的新一代高分辨率（星下点分辨率为 0.5 m）成像卫星。该卫星运行在 450 km 高度、98° 倾角的太阳同步轨道上，平均重访同期为 1.7 天，波段范围为 400～920 nm，其星载大容量全色成像系统每天能够拍摄多达 50 万 km$^2$ 的 0.5 m 空间分辨率影像，具备现代化的地理定位精度能力和极佳的响应能力，能够快速瞄准要拍摄的目标，有效地进行同轨立体成像。WorldView-1 卫星在无地理控制时的定位精度可达 6.5 m，可利用卫星公司提供的有理多项式系数（rational polynomial coefficients，RPC）模型来恢复成像时的物像关系，辅以高精度地面控制点可完成卫星影像的几何处理。

4）GeoEye-1 卫星

GeoEye-1 卫星由美国 Space Imaging 公司于 2008 年 9 月 6 日成功发射，能提供 0.41 m 全色和 1.65 m 多光谱影像，多光谱数据共包含 4 个波段，分别为蓝波段 B1，其波长为 450～510 nm；绿波段 B2，其波长为 510～580 nm；红波段 B3，其波长为 655～690 nm；近红外波段 B4，其波长为 780～920 nm。

5）WorldView-2 卫星

WorldView-2 卫星能够提供高空间分辨率的多光谱图像，多光谱波段像元空间分辨率为 1.85 m，全色波段像元空间分辨率为 0.46 m。多光谱遥感器不仅具有 4 个业内标准谱段（红波段、绿波段、蓝波段、近红外波段），还增加了 4 个额外谱段（海岸波段、黄波段、红边波段和近红外远端波段），其多样的谱段包含了丰富的光谱信息（0.4～1.040 μm）。WordView-2 卫星具有极高的空间分辨率，重访周期在 1～4 天，能够检测目标地物精确的细节信息，能为立体测图工作提供可靠的依据。

6）WorldView-3 卫星

WorldView-3 卫星是 DigitalGlobe 公司在 2014 年 8 月 13 日发射升空的高分辨率光学卫星（刘冬枝 等，2023），运行高度为 617 km，包含了 1 个全色波段（空间分辨率为 0.31 m）、8 个可见光/近红外波段（空间分辨率为 1.24 m）和 8 个短波红外波段（空间分辨率为 3.7 m）。

WorldView-3 卫星是摆扫式成像，侧摆能力±45°，星下点幅宽为 13.1 km，单片长条带可达到 360 km×13.1 km，沿轨方向可实现连续 5 次前后摆扫，且每次摆扫在垂轨方向可以实现无缝拼接。

## 5.2.2 法国立体测图遥感卫星

### 1) SPOT-5 卫星

SPOT-5 卫星是由法国国家航天局于 2002 年发射的一颗低地球轨道卫星，其光谱响应范围：全色波段为 0.51~0.73 μm；多波段分别为 0.50~0.59 μm（绿）、0.61~0.68 μm（红）和 0.79~0.89 μm（近红外）。全色波段空间分辨率为 2.5 m，多光谱波段空间分辨率为 10 m。

### 2) Pleiades-1 卫星

Pleiades-1 卫星由法国国家空间研究中心于 2011 年 12 月 17 日发射成功，是欧洲第一颗 1 m 分辨率的商用光学遥感卫星。作为 SPOT 系列卫星的性能补充，其全色波段的空间分辨率达到 0.5 m，多光谱空间分辨率为 2 m，极大地提高了地物的清晰度。

### 3) SPOT-6 卫星

SPOT-6 卫星是法国国家空间研究中心于 2012 年 9 月发射的对地观测卫星，其全色波段空间分辨率为 1.5 m，多光谱影像包括可见光和近红外 4 个波段，空间分辨率为 6 m，图像覆盖范围为 60 km×60 km。

### 4) SPOT-7 卫星

SPOT-7 卫星是法国国家空间研究中心研制的一种地球观测卫星系统，于 2014 年 6 月 30 日在印度达万发射中心用印度极轨运载火箭成功发射，SPOT-7 卫星包含蓝、绿、红、近红外 4 个多光谱波段，空间分辨率为 6 m，全色波段影像分辨率为 1.5 m。

## 5.2.3 中国立体测图遥感卫星

### 1. 资源三号卫星

资源三号卫星是我国高分辨率光学立体测图卫星，可对地球南北纬 84° 以内的地区实现无缝影像覆盖。卫星采用太阳同步圆轨道，设计轨道高度为 506 km，由具有一定交会角的前视、正视和后视相机通过对同一地面点不同视角的观测，形成立体影像，同时配以精确的内外方位元素参数，准确获取影像的三维地面坐标，填补了我国立体测图领域的空白。

资源三号 01 星于 2012 年 1 月 9 日成功发射，是我国第一颗民用高分辨率光学传输型测绘卫星。地面分辨率下视 2.1 m、前后视 3.5 m、多光谱 5.8 m，覆盖宽度单载荷大于 50 km，立体成像大于 45 km。

资源三号 02 星于 2016 年 5 月 30 日成功发射，地面分辨率下视 2.1 m、前后视 2.5 m、多光谱 5.8 m，覆盖宽度单载荷大于 50 km，立体成像大于 45 km。02 星与 01 星形成观测星座，首次实现了我国自主民用立体测绘双星组网运行。

资源三号 03 星于 2020 年 7 月 25 日成功发射，地面分辨率下视 2.1 m、前后视 2.5 m、多光谱 5.8 m，覆盖宽度单载荷大于 50 km，立体成像大于 45 km。

资源三号卫星全面保障各级基础测绘生产任务和重大测绘工程建设（李德仁，2012）。自 2012 年资源三号 01 星成功发射后，资源三号卫星每年面向地理国情监测、国家基础地理信息数据库动态更新、"天地图"平台建设等重大测绘任务提供覆盖国内 90% 以上陆地面积的影像数据，4D 产品的更新周期缩短了 1/3，基础地理信息更新能力提高 2 倍以上，大幅度提高了我国遥感影像产品和测绘成果的现势性。同时，极大地降低了测绘生产成本，提升了我国测绘保障服务的快速响应能力，还使开展全球地理信息资源建设成为可能。资源三号卫星影像在国家重大测绘工程中发挥了核心数据源的作用，已经成为各大测绘生产任务最为主要的数据源支撑和保障。

**2. 高分七号卫星**

高分七号（GF-7）卫星于 2019 年 11 月 3 日成功发射，是我国投入使用的首颗民用亚米级高分辨率立体测绘卫星，主要服务于全球范围 1∶10 000 比例尺立体测图（张新伟 等，2020）。GF-7 卫星安装了双线阵立体相机，可有效获取 20 km 幅宽、优于 0.8 m 分辨率的全色立体影像和 2.6 m 分辨率的多光谱影像。

此外，GF-7 卫星还安装了两波束激光测高仪和足印相机，其中两波束激光测高仪以 3 Hz 的观测频率进行对地观测，可获取沿轨间隔 2.4 km、跨轨间隔 12.25 km 的稀疏地面激光高程点，同时星上足印相机能够迅速拍下激光点的物方位置，通过影像匹配技术实现激光与全色立体相机的几何关联。在 506 km 的轨道高度上，前视相机倾斜角度为 +26°，分辨率为 0.8 m；后视相机倾斜角度为 -5°，分辨率达到 0.65 m；在坡度小于 15° 的情况下，激光测高仪精度为 0.3 m。

高分七号卫星具有亚米级空间分辨率，具备同轨道前后视立体成像的能力，具备无控条件下获得高精度高程信息的能力，提高了我国高分辨率立体测绘图像数据自给率，大幅提升了我国卫星对地观测能力与测绘水平。

**3. 珞珈三号卫星**

1）珞珈三号 01 星

珞珈三号 01 星（图 5-3）是武汉大学联合航天东方红卫星有限公司等单位研制的一颗集遥感与通信功能于一体的智能测绘遥感试验卫星。卫星运行在约 500 km 的太阳同步轨道，配置了一台高分辨率彩色面阵相机，具有动静态成像能力，能够获取星下点空间分辨率优于 0.75 m 的 Bayer 格式图像；配置 X 频段扩频测控、X 频段星地直接传输及 Ka 频段星间中转传输的通信体制，能够打通星地-星间传输通信链路（李德仁 等，2022）。

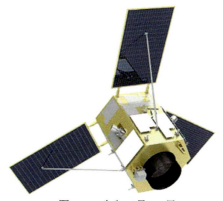

图 5-3　珞珈三号 01 星

珞珈三号 01 星具有视频凝视、面阵推帧、面阵推扫 3 种成像模式，搭配不同的星上处理流程，可进行不同的任务工作模式设计。珞珈三号 01 星具备的多种成像模式可以在轨获取大量动态和静态遥感数据。卫星工作在凝视成像模式时，相机的光轴始终指向固定的地面目标点，在成像时间段内通过实时调整卫星姿态对目标点实现连续快速跟踪，采用面阵成像方式对目标进行凝视视频成像。卫星工作在面阵推帧成像时，通过控制相机可以成多个单幅图像，每幅图像之间有一点搭接，多幅搭接的图像构成一个条带。卫星工作在面阵推扫成像时，在一次推扫成像任务期间，卫星保持在一个相对稳定的姿态进行面阵推扫成像。

2）珞珈三号 02 星

珞珈三号 02 星（图 5-4）重 345 kg，采用 530 km 高太阳同步轨道，具有 0.5 m 分辨率全色成像、10 m 分辨率高光谱成像、立体测绘、夜光成像等多种任务模式及在轨智能图像处理等功能。卫星可对武汉都市圈进行持续观测，具备月度生产武汉市 0.5 m 空间分辨率遥感影像一张图的能力。图 5-5 为武汉大学珞珈三号 02 星高空间分辨率遥感影像，旨在用高性价比小卫星解决无控制点高精度定位的核心技术问题，推动遥感科学技术发展和武汉市空间信息产业发展。

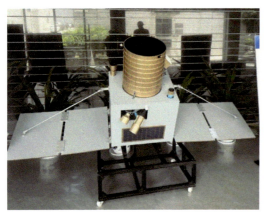 

图 5-4　珞珈三号 02 星　　　　　图 5-5　珞珈三号 02 星高空间分辨率遥感影像

随着我国测绘遥感事业的发展，国产立体测图卫星实现了"从无到有"到"从有到优"的发展和跨越，数据质量及定位精度从根本上产生了变革，大比例尺立体测图由依赖国外卫星数据到完全使用国产数据，突破了困扰我国高分辨率遥感数据长期依赖进口的瓶颈。总体来说，新型卫星遥感立体测图技术的发展极大推动了地理空间信息科技的进步，随着高分辨率卫星遥感影像数据更加灵活多样，卫星遥感立体测图技术会是应用于线路更新改造工程、地理空间测绘产品中越来越重要的手段，为人类社会的可持续发展提供重要支持。

# 5.3 卫星遥感立体测图铁路勘测工程应用

## 5.3.1 卫星遥感铁路选线

线路规划与选线是整个线路项目生命周期中非常重要的一个阶段，卫星遥感技术的应用为线路规划与选线提供了非常重要的决策依据。传统的线路勘测已很难适用于复杂山区线路测绘，而通过运用星载、机载平台搭载的多源遥感测绘方式获取的数字高程模型（DEM）、数字正射影像（DOM）地形数据，开展可视化立体勘测、遥感解译、数值模拟、实景三维地形模型测量、横纵断面设计等，一系列现代勘测技术将会大大减小勘测难度，对线路建设的前期大范围规划选线及后续各阶段勘测设计工作都极具实际意义。

利用不同分辨率遥感影像有助于不同尺度的铁路选线，可以弥补铁路选线基础资料的不足和局限性，也可以使用最新遥感影像开展地物调查。遥感工作的范围、重点和研究深度由选线的需要确定，并与一定深度的线路方案研究工作相配合。遥感解译目的是确定推荐工程地质条件最优的线路方案，线路总体依据地形条件、地质条件、环境条件、设站条件等多种因素进行综合选线。

## 5.3.2 卫星遥感铁路前期勘测

高分辨率立体卫星影像可为铁路勘测制图提供新的数据来源，具有较高的定位精度和较强的时效性，并且脱离了地域、人为管制（如边境地区、禁飞区）等限制，可在任何区域开展勘测制图工作，尤其适合海外地区项目。同时，大面积的卫星影像制图能减少外业工作，通过合理布设定向外控点就能达到较高的定位精度，满足铁路勘察设计要求（高山，2016）。随着我国高精度卫星的发展，利用卫星影像制作地形图的成本还将大幅度降低，将与业内航空摄影测量形成互补，推动铁路勘测设计手段向更高效、更全面方向发展。

**1. 卫星遥感修测地形图**

地形图反映了依照测制时的测绘标准表示的当时地面状况。随着时间的推移，受工程建设等生产活动和自然变迁的影响，地形不断地发生变化。已出版的地形图上的内容逐渐与实地现状不一致，或因科学技术的发展和测绘标准的修订，其几何精度、表示的内容和形式与现时要求不相适应。为了保持地形图的现势性，提高使用价值，就需要对地形图进行实时修测。由于卫星影像具有资料获取迅速、地面覆盖范围广等特点，所以利用卫星影像进行地形图修测是一条很好的途径。

利用遥感影像直接进行地物修测，可免去正射影像的制作过程。在进行地物修测时，若老地形图为栅格数据，则先将地形分版图或彩图的栅格数据二值化，再将二值化后的栅格数据进行重采样并叠加到遥感影像上，通过判读采集变更的地物数据并进行坐标变换。得到整幅图的地物变更数据后，将这些数据叠加到老栅格地形图上采集没变化的地物数据。最后将进行坐标变换后的变更地物数据与在栅格地形图上采集的无变化的地物数据一起进行编辑，得到修测后的地物数据。若老地形图为矢量数据，则要将这些矢量数据叠加到遥感影像上，通过判读采集变更的地物数据并进行坐标变换，最后将变更的地物数据与老地形图的地物矢量数据一起进行编辑，以得到修测后的地物数据。

**2. 卫星遥感线路地质灾害制图**

卫星遥感立体测图是一种重要的铁路线路地质灾害制图手段，能够用于识别和排查地质灾害风险隐患区，为地质灾害风险详查提供可靠的风险区范围（吴玮 等，2024）。地质灾害发生后，基于灾后卫星遥感立体测图结果（图 5-6 和图 5-7），能够分析研判地质灾害造成的铁路线损毁情况，评估铁路损失量和受损程度。

（a）灾前铁路影像　　　　　　　　（b）灾后铁路影像

图 5-6　铁路受损情况监测图

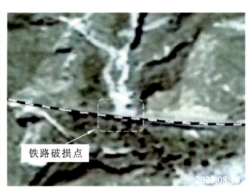

（a）灾前铁路影像图　　　　　　　　（b）灾后铁路影像图

图 5-7　北京市沿河城站附近铁路受损情况监测图

图为"23·7"极端强降雨洪涝引发山体滑坡

## 5.3.3　卫星遥感桥梁工程监测

常泰长江大桥跨江连通常州与泰兴两市，是集高速公路、城际铁路和普通公路"三位一体"的过江通道，也是目前在建世界最大跨度公铁两用斜拉桥。如图 5-8 所示，利用多期卫星影像可监测到项目不同时期的施工情况，确保工程进度和质量。

（a）2020 年 3 月主体工程奠基 　　（b）2022 年 3 月部分区域浇筑完成 　　（c）2023 年 12 月部分区域合龙

图 5-8　常泰长江大桥工程进度监测

# 5.4　卫星遥感立体测图技术公路设计线路勘测

遥感技术在线路工程设计中具有良好的效果，尤其是需要大面积范围内做多方案比选的重点工程地段和地质复杂地段，更具有优越性。卫星遥感影像视域宽、信息丰富，能在较宽的带状范围内，从宏观上初步查明线路方案通过地区的主要工程地质条件及控制线路方案的重大不良地质对线路的影响程度，从而达到不遗漏有价值的线路方案，为线路方案比选提供较为充分的地质依据。

## 5.4.1　应用背景

应用遥感技术获取公路沿线区域环境的信息，具有视域广、整体感强、影像逼真、信息量丰富、宏观和直观的特点，可广泛应用于公路勘测成图、选线设计、地质调查及数字公路建设。随着新一代高分辨率卫星影像大规模的使用，其突出优势表现在目标定位和立体测图。GeoEye-1 由美国 Space Imaging 公司于 2008 年 9 月 6 日发射，轨道高度为 681 km，其传感器可获得全色和多光谱影像，全色影像星下点分辨率为 41 cm，多光谱影像分辨率为 1.64 m，无控制点定位精度可达 3 m，有控制点情况下平面定位精度可达到 1∶2 000 测图要求，为公路勘测提供了新的遥感数据源和技术手段（胡雪峰 等，2011）。

## 5.4.2　技术方法

公路勘测前期工程，遥感技术一方面为公路选线设计提供影像图，另一方面为初勘提供 1∶2 000，1∶5 000 带状地形图。公路勘测中 GeoEye-1 立体像对的处理主要围绕数字高程模型（DEM）、数字正射影像（DOM）和数字线划图（digital line graph，DLG）等产品生产进行。一般获取的原影像数据只进行了必要的辐射纠正与几何纠正，并配备 RPC 参数模型，考虑 GeoEye-1 卫星及影像特点，可先进行融合处理，然后引入地面控制点进行 RPC 精化纠正，在此基础上生产 DEM、DOM 及 DLG。同时，考虑实际作业方便，可先用初始 RPC 参数对影像进行定位，以便 GPS-RTK 外业地面控制点的刺（转）点。具体数据处理流程如图 5-9 所示。

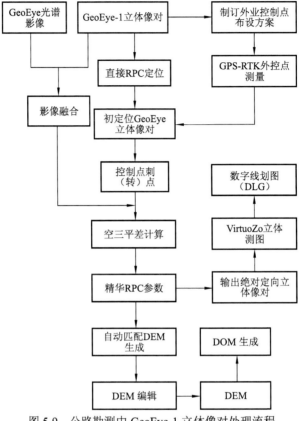

图 5-9　公路勘测中 GeoEye-1 立体像对处理流程

　　在实际公路勘测应用中，可根据要求选择不同坐标系统，保证空三平差计算采用的控制点坐标系为规定坐标系。控制点刺（转）点在立体状态下量测，以提高刺点精度，DEM 编辑也要求在立体模式下进行，立体测图可选取 LPS、VirtuoZo、JX4 软件。

## 5.4.3　应用案例

### 1. 实验结果

　　利用吉林长平高速 GeoEye-1 全色立体像对与多光谱影像各一景，影像获取时间是 2010 年 5 月 1 日 2 点 46 分（对应北京时间为上午 10 点 46 分），像幅大小为 40.3 km× 33.5 km。在公路两侧采用 Trimble 5700 型 GPS RTK 仪器野外实测获取 25 个控制点。控制点选取要求在影像上能准确定位，地面控制点定位精度优于 0.1 m。研究表明，RPC 模型具有较好的稳定性，用少量地面控制点即可有效地消除 RPC 模型系统误差，替代以共线条件为基础的严格几何模型。设计无控制点直接 RPC 定位、少量控制点纠正定位和全部控制点纠正定位 3 组实验，统计不同空三平差定位精度，如表 5-1 所示。

表 5-1　不同空三平差定位精度统计　　　　　　　（单位：m）

| 平差方案 | | 中误差 | | | 最大残差 | | |
|---|---|---|---|---|---|---|---|
| | | X | Y | Z | X | Y | Z |
| 方案 1 | 无控制 | 1.630 | 2.940 | 5.270 | 5.150 | 6.410 | 6.560 |
| 方案 2 | 少量控制点定向（6 个控制点，19 个检查点） | 控制点 | 0.347 | 0.171 | 0.449 | 0.365 | 0.255 | 0.410 |
| | | 检查点 | 0.570 | 0.678 | 0.833 | 1.270 | 0.704 | 3.260 |
| 方案 3 | 全部控制点定向 | 控制点 | 0.486 | 0.500 | 0.776 | 1.074 | 0.912 | 3.190 |

由表 5-1 可得出如下结论。

（1）无控制点直接采用 RPC 参数时，平面定位精度约为 3 m，高程精度约为 6 m，满足 1∶10 000 地形图平面测量精度要求。

（2）方案 2 加入少量控制点后，明显消除 RPC 模型系统误差，平面精度约为 0.4 m，高程精度约为 0.5 m，但检查点比控制点精度差，原因是部分检查点为实地刺点、像片转点，精度低。

（3）方案 3 添加更多控制点并不能有效提高平差精度，控制点实地刺点和像片转点精度会影响空三平差结果。

（4）通过控制点平差解算的卫星影像的精度基本满足 1∶2 000 地形图平面测量精度要求，并可得到高精度数字高程模型和数字正射影像，为公路勘测应用提供了一种新的技术途径。

**2. 应用分析**

从公路勘测应用需求出发，GeoEye-1 高分辨率影像在公路测设中的应用包括以下几个方面。

1）公路选线辅助设计

目前，高等级公路发生地质灾害问题主要是由路线选择不合理造成的。将 GeoEye-1 正射影像与光谱影像的 RGB 波段融合，可制作彩色正射影像。0.5 m 的彩色正射影像能准确识别大多数地物，如房屋、单个树丛、公路及各种地质体。选线设计人员可以彩色正射影像为底图，叠加系列比例尺地形图（图 5-10），辅以地质解译、勘探资料和地形

图 5-10　基于高分辨率 DOM 的公路辅助选线

数据，设计不同选线方案，加快选线设计的进度，避免遗漏有价值的工程方案，降低选线设计成本。由图 5-10 可见，以高分辨率彩色正射影像叠加线路图后，可全面了解公路线路布局及与地形地貌的关系，在此基础上可以开展公路线路规划。

2）公路前期勘测

公路前期初勘需要系列 1∶5 000、1∶2 000 地形图及公路数字高程模型。采用控制点纠正后的 RPC 参数可用于 GeoEye-1 立体像对绝对定向，在数字摄影测量工作站上进行地物采编、高程点和特征点线采集[图 5-11（a）]，进一步生成公路数字高程模型[图 5-11（b）]，用于公路选线各种方案比对、线路设计和标段土方计算，改变依赖航测或人工野外测量的公路勘测方法，节省大量人力、物力、资金和时间。

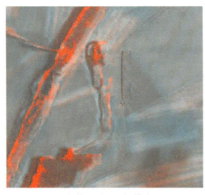 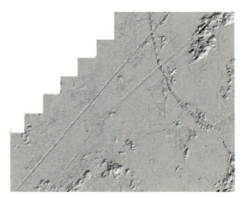

（a）立体测图（红绿模式）　　　　　　　（b）数字高程模型（2.5 m 间隔）

图 5-11　基于 GeoEye-1 的公路前期初勘

3）三维数字公路管理

利用 GeoEye-1 立体像对制作的高分辨率彩色正射影像和数字高程模型，在三维GIS、虚拟现实和计算机技术的支持下，可搭建三维可视化数字公路平台（图 5-12），实现公路信息共享。三维数字公路平台可叠加各种公路资料，进行公路信息定位、查询、量算和分析，为公路竣工验收、资产管理及应急指挥提供全可视化的数字公路地理平台支持，具有广阔的应用前景。

图 5-12　三维数字公路平台

# 5.5 雷达卫星干涉测量陆路交通变形监测

合成孔径雷达（SAR）是微波遥感中的主动式传感器，于 20 世纪 50 年代末研制成功，它利用小天线获取较大方位向分辨率雷达影像，取代了最早的真实孔径雷达（real aperture radar，RAR）。SAR 在农业、军事、环境、测绘和地质等方面具有的强大潜力。合成孔径雷达干涉具有全天时、高精度、大范围和速度快的优点，逐渐被应用于地表形变监测中，为大跨度陆路交通线路变形监测提供新的技术手段。

## 5.5.1 卫星合成孔径雷达干涉测量

卫星合成孔径雷达干涉测量（InSAR）为更有效地监测大范围地表沉降提供了可能。InSAR 技术利用卫星传感器的系统参数、姿态参数和轨道之间的几何关系等精确测量地表某一点的三维空间位置及微小变化。InSAR 技术诞生至今约 20 年时间里，起初主要应用于数字高程模型的建立；后来很快被扩展为差分合成孔径雷达干涉测量（differential InSAR，D-InSAR），凭借其独特的形变测量精度高、空间分辨率高、数据处理自动化程度高和基于面观测的遥感技术特点，兼顾全天候，穿透性，主动式遥感的数据获取手段，D-InSAR 已逐渐应用于地形测绘、灾害监测、资源普查、变化检测等诸多微波遥感应用领域，特别是在测量微小的地表形变方面表现出极好的应用前景。

InSAR 技术与传统的大地测量形变监测手段相比，在进行高精度连续短周期地表形变监测方面的应用优势较为突出，如表 5-2 所示。

表 5-2  InSAR 与大地测量形变监测对比

| 项目 | GPS 测量 | 精密测量 | InSAR |
|---|---|---|---|
| 形变分量 | 水平/垂直 | 垂直 | 水平/垂直 |
| 精度/mm | 5/20 | 1～10 | 5 |
| 样本获取频率（1/天） | 10～30 | 1～10 | $\geq 10^{-6}$ |
| 测量方式 | 网络 | 线 | 面 |
| 监测区域 | 小区域 | 小区域 | 大面积 |

目前 InSAR 技术的应用体系已逐渐趋于完善，无论是数据源的获取、后续数据处理，还是应用领域的拓展都发展迅速。随着基于干涉 SAR 时序影像集的形变监测研究不断深入，InSAR 技术广泛应用在火山、地震、滑坡、泥石流、采空区沉降、城市地表、交通设施等形变监测方面。

## 5.5.2 InSAR 沉降监测原理

合成孔径雷达干涉测量（InSAR）技术通过对同一区域的两幅 SAR 影像共轭相乘得到干涉图，依据观测几何关系计算出目标地物的地形信息。

### 1. InSAR 原理

InSAR 是利用 SAR 回波信号中的相位值来提取目标高程信息的，InSAR 常用的工作方式有交轨干涉测量、顺轨干涉测量和重复轨道干涉测量。前两者常用于机载 SAR 的干涉测量中，下面主要以单天线重复轨道测量方式介绍 InSAR 获取 DEM 的原理。

如图 5-13 所示，回波信号的相位值 $\varphi$ 除包含由往返路径确定的相位外，还包含由地表位移、地形起伏、大气延迟和噪声等影响产生的相位。将两次成像分别获得的相位值 $\varphi_1$、$\varphi_2$ 相减一般可以消除噪声的影响并获得干涉相位。将基线分解为垂直基线 $B_\perp$ 和水平基线 $B_{//}$ 两部分，假设水平基线 $B_{//}$ 为两者成像距离差，对干涉相位和目标点高程公式取微分可进一步获得由目标高程变化引起的相位和由平地引起的相位。

经过去平地效应后即可获得相位与高程的关系式

$$h = -\frac{\lambda R_1 \sin\theta}{4\pi B_\perp}\varphi \qquad (5\text{-}1)$$

式中：$R_1$ 为卫星在第一次成像位置 $A_1$ 时距离地面目标 $P$ 的距离；$\lambda$ 为已知的雷达波长；$\theta$ 为第一次成像时的入射角；水平基线 $B_{//}$ 通过分解可知，$\varphi$ 为 $\varphi_1$、$\varphi_2$ 干涉得到的相位值。由此，就可以通过 InSAR 获取地表的高程 $h$ 信息。

### 2. D-InSAR 原理

D-InSAR 是 InSAR 在技术应用上的扩展，目的是对地表的微小形变进行监测，在理论上与 InSAR 具有一致性。D-InSAR 为了得到两个或多个回波信号中关于地表形变的信息，必须要去除有关地形、参考面和噪声等影响。地形相位需利用同地区参考 DEM 进行差分消除，参考相位由成像系统参数及卫星位置信息形成的算法消除，噪声的去除与 InSAR 一样，根据两个相位相减的方式即可去除。根据地形相位消除中差分算法的不同，D-InSAR 又分为二轨法、三轨法和四轨法。

二轨法的基本思想是利用实验区前后两幅时相的主从影像经过干涉处理生成干涉图，如图 5-14 所示，利用同区域的参考 DEM 的二次差分去除干涉图中的地形相位影响，从而获得形变的相位信息。

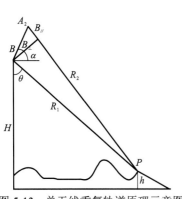

图 5-13 单天线重复轨道原理示意图

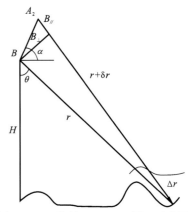

图 5-14 二轨法 D-InSAR 原理示意图

三轨法利用两幅前时相 SAR 影像和一幅形变后影像进行形变测量,其中一幅形变前的影像作为公共主影像,分别与另两幅影像干涉生成地形对和形变对,两者再相减获得相变相位。四轨法用两幅前时相 SAR 影像和两幅形变后影像,以其中一幅作为主影像,形变前与形变后分别干涉生成地形对和形变对,通过形变对与地形对相减获得相位信息。

**3. 二轨法 D-InSAR 沉降监测**

二轨法 D-InSAR 的关键技术步骤包括影像配准(基线估算)、干涉图生成、去平地效应、相位解缠、地理编码等,具体的技术流程如图 5-15 所示。

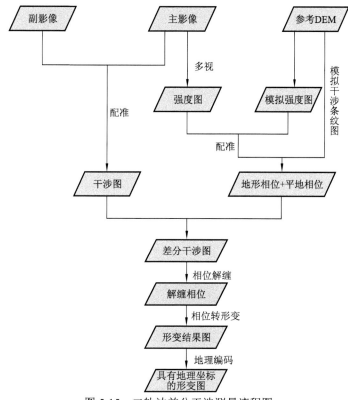

图 5-15　二轨法差分干涉测量流程图

1)影像配准

用于差分干涉测量的主从影像对时相不同,也可能来自不同传感器,影像配准就是将一组影像在空间位置上进行最适宜的匹配。影像自动配准应首先寻找两幅影像上的同名点,确定转换模型及相关参数,通过函数计算对待配准的影像进行重采样。常用的影像配准方式有相干系数法、最大频谱法和相位差平均波动函数法等。

2)干涉图生成

将主从同名点相位相减,可得到每点的相位差。主从影像同名点相位观测值可表示为

$$
\begin{aligned}
u_1 &= \left|u_1\right| \mathrm{e}^{\mathrm{j}\varPhi_1} \\
u_2 &= \left|u_2\right| \mathrm{e}^{\mathrm{j}\varPhi_2}
\end{aligned}
\tag{5-2}
$$

则相位差 $u_{\mathrm{int}}$ 可通过共轭方程计算,即

$$
u_{\mathrm{int}} = u_1 u_2^* = \left|u_1\right|\left|u_2\right| \mathrm{e}^{-\mathrm{j}(\varPhi_2 - \varPhi_1)}
\tag{5-3}
$$

将干涉相位值进行图像化即可生成干涉图。干涉图呈条纹状，这是由相位差的周期性变化造成的。干涉图的相位值只在$(-\pi, \pi]$出现，这不是真正的相位值，去平地效应后还需相位解缠得到真正的相位值。

3）去平地效应

去平地效应是为了消除无高程变化的平地产生的干涉相位。也就是说，高程相同点也具有相位差，且距离天线越远相位差越大。利用参考 DEM 去平地效应的方法是通过计算 DEM 相邻点间隔和干涉图像元间隔得到两者比值，通过采样得到像元级 DEM 值，将其利用轨道参数和多普勒、地球模型方程转换至地心坐标系，将 DEM 数据转换至相位值，最后将干涉相位减去 DEM 相位值即可得到去平地效应后的干涉结果。

4）相位解缠

由相位关系式：

$$\Psi = \varphi \pm 2k\pi \quad (-\pi \leqslant \Psi \leqslant \pi, \ k = 0, 1, 2, \cdots, n) \tag{5-4}$$

式中：$\Psi$ 为已知干涉图相位值；$\varphi$ 为所求解缠相位值。为求出解缠相位值，应先求解出 $k$ 值。

解缠相位的思想是利用干涉相位的梯度推算真实相位的变化规律，由相位在周期内发生跃变且跃变值确定（$2\pi$）的原则，通过邻域递推的方式得到每个点的真正相位值。解缠有一维和二维两种维度，常用的解缠方法分为基于路径跟踪和基于最小 Lp 范数思想两种。

5）地理编码

地理编码是将 D-InSAR 处理得到的形变值从原有的 SAR 斜距坐标转换为通用的地理坐标的过程，相当于几何校正。地理编码一般利用多项式拟合的方法，由影像中特征点的影像坐标和地面坐标拟合多项式系数，从而估算影像中每点的地面坐标。

## 5.5.3 时序 InSAR 交通线路变形监测——上海磁悬浮列车轨道

上海磁悬浮列车是世界上正式投入商业运营的、运行速度最快的专线列车。该线路连接上海市区与浦东国际机场，西起上海地铁 2 号线的龙阳路站，东至上海浦东国际机场，全长约 30 km，设计最高运行速度为 430 km/h。整条线路采用高架形式，如图 5-16 所示。与轮轨高速列车相比，磁悬浮列车运行更快速、更平稳。然而，由于上海地质条件复杂，地表沉降现象较为普遍。对高速运行的磁悬浮列车而言，轨道的微小形变都可能影响其运行质量和安全性，安全运营是磁悬浮列车专线的生命线。加强磁悬浮列车轨道的形变监测研究，对保障其安全运营及乘客人身安全至关重要。

本次研究选取 TerraSAR-X 条带成像模式的影像为实验数据，每幅影像对应陆地覆盖面积约为 $30 \times 50 \ km^2$。该高分辨率、短重访周期的数据不仅可以实现大范围的地表沉降监测，还可以发现更多的形变细节，从而实现对短周期微小形变的监测。研究区域内共有两个覆盖范围的 TerraSAR-X 影像，以西覆盖区（黄色标记区）、东覆盖区（蓝色标记区）代称，对应的覆盖范围如图 5-17 所示。本案例对磁悬浮列车轨道的形变监测分年度展开，每年度两覆盖区各自收集 13～15 景影像，年度监测有利于分析轨道沿线形变时空变化规律。

图 5-16　磁悬浮列车运营实景

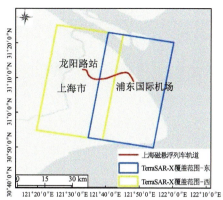

图 5-17　TerraSAR-X 影像空间覆盖范围

2013～2014 年，轨道沿线的年平均沉降速率分布如图 5-18（a）所示。可以看出，该年度磁悬浮列车专线全程西半段以沉降为主，最大沉降速率约为-10 mm/a，东半段以抬升为主，抬升不超过 8 mm/a，虽然沉降和抬升的速率都比较小，但过渡路段的差异

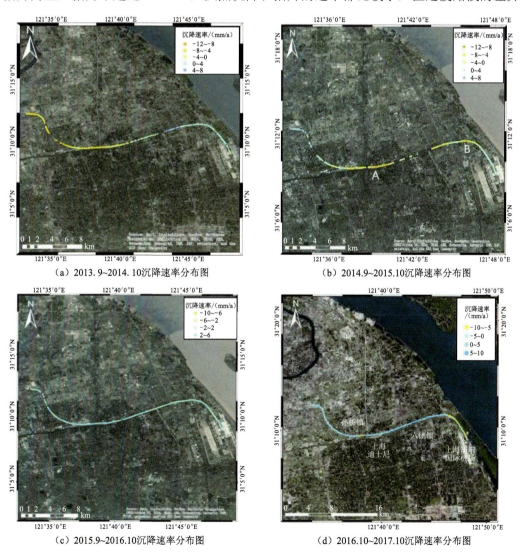

（a）2013.9～2014.10沉降速率分布图

（b）2014.9～2015.10沉降速率分布图

（c）2015.9～2016.10沉降速率分布图

（d）2016.10～2017.10沉降速率分布图

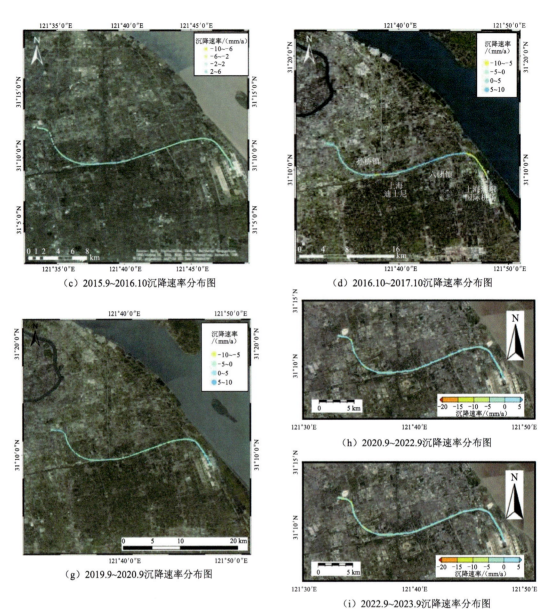

（c）2015.9~2016.10沉降速率分布图

（d）2016.10~2017.10沉降速率分布图

（h）2020.9~2022.9沉降速率分布图

（g）2019.9~2020.9沉降速率分布图

（i）2022.9~2023.9沉降速率分布图

图 5-18　历年磁悬浮列车轨道沿线沉降速率分布图

沉降较大，值得引起注意。沉降路段位于主城区张江镇沉降区，与罗山路部分重叠，靠近正在建设的轨道交通 16 号线，受到地铁工程施工的影响，该路段的沉降相对较大。

2014~2015 年，上海磁悬浮列车专线的年平均沉降速率分布如图 5-18（b）所示。相比于上一年度，磁悬浮列车专线西段的沉降速率有所减小，基本保持稳定，中段和东段的沉降速率有所增大，最大约为-12 mm/a，主要的沉降路段包括：A 处浦东张江镇与迎宾路重合的路段，这是整条线路沉降速率最大的路段，约为-12~-8 mm/a，且与左右两边的路段形成了一定程度的差异沉降，值得引起注意；B 处靠近浦东机场的转角路段，也存在微量沉降，沉降速率约为-4~0 mm/a。以上这两个路段的沉降速率都比周围的路段略大一些，形成线状地物的不均匀沉降，具有一定的安全隐患。

2015～2016 年，对应年平均沉降速率分布如图 5-18（c）所示。结果显示轨道沿线总体的沉降速率和分布范围都有明显的减小，全路段基本保持稳定，沉降速率分布在-10～6 mm/a。主要的沉降路段包括西边转弯处表现出略微的下沉，以及东边靠近浦东机场的路段，沉降速率为-10～-2 mm/a。

2016～2017 年，轨道沿线的年平均沉降速率分布如图 5-18（d）所示。该年度总体的沉降速率和分布范围与往年保持一致，全路段基本保持稳定，沉降速率分布在-10～10 mm/a。主要的沉降路段分布在东边靠近浦东机场的路段，位于沿海的软土地基上也表现出微小的沉降，大部分沉降速率在-6～-2 mm/a，极少数点沉降速率在-10～-6 mm/a。西边靠近轨道交通 16 号线和 11 号线的路段转弯处表现出略微的抬升，速率不超过 10 mm/a。

2017～2018 年，轨道沿线的年平均沉降速率分布如图 5-18（e）所示。该年度稳定目标点明显有所增加，沉降速率分布在-10～10 mm/a。主要的不均匀沉降分布在六团镇北边的小段路段及靠近上海浦东机场的路段，另外包括孙桥镇南边的部分路段存在 5 mm/a 左右的轻微抬升。

2018～2019 年，轨道沿线年平均沉降速率分布如图 5-18（f）所示，沉降速率分布在-10～10 mm/a。轻微的不均匀沉降分布在孙桥镇附近的转弯处，从龙阳路出发至孙桥镇附近出现轻微的抬升趋势。

2019～2020 年，轨道沿线的年平均沉降速率分布如图 5-18（g）所示。与往年结果相比，轨道沿线总体的沉降速率和分布范围保持一致，沉降速率分布在-10～10 mm/a，全路段基本保持稳定。轻微的不均匀沉降分布在浦东机场西北方向路段。

2021～2022 年，轨道沿线的年平均沉降速率分布如图 5-18（h）所示。整条线路的年平均形变速率分布在-8～6 mm/a，全路段基本保持稳定。轻微的不均匀沉降分布在川杨河基地附近路段和东边浦东机场西北方向路段，位于川杨河基地附近的沉降与该处区域的工业活动有关，浦东机场路段的沉降与位于沿海的软土地基有关，表现出微小的沉降。

2022～2023 年，轨道沿线总体的沉降速率和分布范围较上一年出现部分路段沉降，全路段基本保持稳定，沉降速率分布在-10～6 mm/a。磁悬浮列车专线北段临近上海国际博览中心区域出现较多沉降点，沉降速率分布在-10～5 mm/a，产生该处沉降的原因与上海博览中心南部的基础设施工程建设有关，影响地表的稳定性从而磁悬浮附近区域表现为沉降。川杨河基地附近的沉降与企业活动有关，靠近浦东机场路段东段的线路较上一年表现得更为稳定，沉降分布减少。

综合以上历年的实验结果可知，上海磁悬浮列车沿线的沉降逐年趋于稳定，历史形变上空间差异性形变是磁悬浮专线形变的一大特点。空间差异较大的形变会对磁悬浮列车的安全运营产生重要影响。因此，定期的形变监测对确保它的安全使用具有重大意义，尤其是对形变速率变化较大及形变速率较大的区域，需要进行重点监测。

# 5.6 基于多源遥感的青藏铁路沿线生态环境时空变化分析

## 5.6.1 青藏铁路沿线不同时空尺度下遥感生态因子变化趋势

沿西宁到江河路段的左右两侧中 5 km 距离范围内各指标的特征值差异性较小，在大于 5 km 时，各指标特征在左侧的空间范围内的变化速率要高于右侧，其中绿度和湿度因子在铁路左右两侧呈现出随距铁路距离增大而升高的变化规律，热度和干度因子则表现为随距铁路宽度的增大而降低的规律特征（图 5-19）。但归一化植被指数（normalized difference vegetation index，NDVI）和地表温度（land surface temperature，LST）指标随着铁路两侧空间距离变化的特征性较为显著，干度指数（又称归一化建筑裸土指数，normalized difference built-up and soil index，NDBSI）和湿度（wet）指标的特征变化相对较低。1986～2007 年各距离范围内的绿度和湿度特征逐年降低，在距离 0～5 km 最为显著，其他距离内影响逐渐降低，右侧大于左侧。1986～2007 年热度呈现显著上升而干度则是呈现一定程度下降的波动性变化，空间的影响范围与其他因子一致性较高，铁路沿线 30 km 外围的热度变化也同样呈现出一定的升高。2007 年以后绿度和湿度逐步变回上升，干度呈现出逐步下降，温度持续上升到 2013 年后开始下降，到 2020 年地表热度

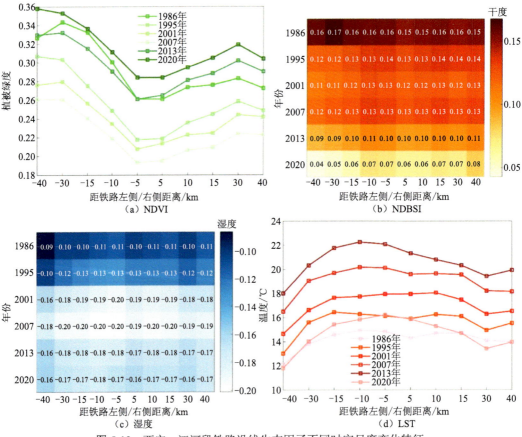

图 5-19 西宁—江河段铁路沿线生态因子不同时空尺度变化特征

整体较低，表现出各生态因子对环境变化影响敏感性不同。1986～2020年铁路两侧各生态因子不同时空尺度的特征变化具有较强的时空复杂性。

## 5.6.2 青藏铁路建设前后沿线遥感生态环境质量演变过程

关角—格尔木段整体生态质量变化区域相对较少（图5-20），2001～2007年生态质量轻度变好和变差的分布区域与1986～2001年的分布区呈现一定的负关联性，这与各生态因子特征在2001～2007年的变化特征具有一致性。就生态质量变化的具体表现而言，德令哈和格尔木在站点周边，在2001～2007年时段内，主要以生态质量轻度变差的分布特征为主，在其他时段内则主要以生态质量轻度变好为主，但对1986～2020年整体时段而言，铁路东北侧与江河站相连接的关角到乌兰段沿线生态质量轻度变好趋势明显，从德令哈到格尔木沿线整体生态质量轻度变差明显，显著变差和显著变好的占比在此区段内可忽略不计。

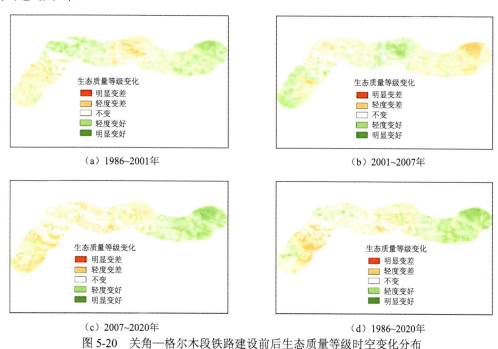

图5-20 关角—格尔木段铁路建设前后生态质量等级时空变化分布

# 5.7 本章小结

在国家迅速发展、科技水平不断提高的背景下，遥感技术凭借其高效性和实用性，打破了传统陆路交通线路测绘方法存在的诸多挑战和限制，使线路智能测绘的前景十分广阔。卫星遥感技术在线路工程中得到了广泛应用。首先，它从根本上确保线路工程测量的科学性和准确性，不断推动测绘工程的稳定发展。再者，多源卫星的协同观测实现了线路工程相关地理空间信息数据的全面采集，进而增强了线路工程测量信息数据采集的直观性、全面性和有效性。遥感技术在立体测图、线路规划与选线、线路勘测及线路地质灾害风险、生态环境评估等方面的应用，为工程和地质领域的相关工作提供了重要的数据支持和决策依据。

综上所述，遥感技术在线路智能测绘领域发挥着越来越重要的作用，未来，随着高分辨率遥感数据和精准地理空间信息数据的增加，将能够得到更加详细、准确的数据支持，使线路规划、设计更加精细化。此外，随着人工智能和大数据分析技术的发展，遥感的应用将进一步深化，持续发挥重要作用，为线路规划、设计、选线、勘测、地质灾害风险评估提供更高效和更智能化的解决方案。

# 参 考 文 献

高山, 2016. 遥感技术在铁路勘察体系中的功能定位研究. 铁道工程学报, 33(12): 14-18.

胡雪峰, 程海帆, 胡庆武, 等, 2011. GeoEye-1 立体像对在公路勘测中的应用研究. 地理信息世界, 9(1): 40-43, 71.

李德仁, 王密, 杨芳, 2022. 新一代智能测绘遥感科学试验卫星珞珈三号 01 星. 测绘学报, 51(6): 789-796.

李德仁, 2012. 我国第一颗民用三线阵立体测图卫星: 资源三号测绘卫星. 测绘学报, 41(3): 317-322.

刘昶, 2019. 基于 QuickBird 卫星影像的平地矿区 1∶2 000 比例尺地形图快速更新方法. 城市勘测(3): 109-114.

刘冬枝, 任毅, 朱万雄, 2023. 基于 WorldView-3 卫星带状影像生产地形级地理场景数据. 测绘通报(9): 135-138.

吴玮, 王汇, 苏伟, 等, 2024. 基于卫星遥感的铁路灾害监测与评估应用研究. 航天返回与遥感, 45(1): 1-14.

张琳, 任远东, 2014. IKONOS 卫星影像在 1∶10 000 地形图更新工程中的应用. 黑龙江科技信息(33): 59.

张新伟, 贺涛, 赵晨光, 等, 2020. 高分七号卫星测绘体制与性能评估. 航天器工程, 29(3): 1-11.

Hofmann O, Navé P, Ebner H, 1984. DPS: A digital photogrammetric system for producing digital elevation models and orthophotos by means of linear array scanner imagery. Photogrammetric Engineering and Remote Sensing, 50(8): 1135-1142.

# 第 6 章　无人机倾斜摄影测量陆路交通智能测绘技术

无人机倾斜摄影测量技术在陆路交通智能测绘中的应用具有重要意义。随着交通网络的快速发展，传统测绘方法已难以满足高效、精确和实时的需求。无人机倾斜摄影技术通过多角度、多视角获取高分辨率影像，能够快速生成 4D 产品和三维模型，大幅提高测绘效率和精度。同时，这种技术具有操作灵活、成本低廉和不受地形限制的优势，特别适用于铁路、公路等陆路交通的测绘任务。本章介绍无人机遥感技术及其发展，分析其在交通测绘领域的应用潜力和技术进步，重点阐述无人机倾斜摄影测量的关键技术，包括影像获取、数据处理和三维建模等核心环节。最后，通过实际案例介绍无人机倾斜摄影测量在陆路交通智能测绘中的具体应用和成效，总结技术优势和应用前景。

## 6.1　无人机遥感技术发展与应用

### 6.1.1　无人机遥感技术概述

无人机遥感技术是一种利用无人机搭载各种传感器和设备，对地面、海洋等目标进行高效、精准的数据采集和信息提取的遥感手段。如图 6-1 所示，该系统通常由无人机飞行器系统、任务载荷系统、地面辅助系统和数据处理系统组成。

图 6-1　无人机遥感技术组成

无人机飞行器系统包括无人机本体和其控制与传输装置。无人机本体能够在没有人员直接操控的情况下自主飞行，执行预定任务。飞行器系统通过控制和传输装置与地面辅助系统进行实时通信，确保飞行稳定性和任务执行的准确性。

任务载荷系统包括多种传感器，如光学相机、红外相机和激光雷达。这些传感器能够搭载在无人机上，进行高空或低空的快速数据采集，从而获取地表、地形、植被、水体等多源、多尺度、多角度的遥感信息。任务载荷系统的数据处理环节负责对采集的数据进行预处理和分析。

地面辅助系统包括操控设备和辅助传输设备，操作人员通过这些设备对无人机进行实时控制和任务管理。该系统确保无人机飞行和数据采集的稳定性和高效性。

数据处理系统将采集到的数据通过数据传输链路传输到数据处理系统，该系统对数据进行处理和信息提取。数据处理的过程包括数据预处理、影像配准、特征提取等，需要借助计算机视觉和图像处理等技术。同时，数据融合和模型建立也是关键环节。无人机遥感数据往往需要与 GIS 数据、GNSS 数据等进行融合，并建立相应的数学模型，实现对目标的识别、监测和预测。

无人机遥感技术是一种新兴的高效、精准的遥感手段，其特点主要体现在以下几个方面。

（1）高灵活性和机动性。无人机能够在各种复杂环境中灵活飞行，适应多种任务需求。其自主飞行能力使其能够迅速到达目标区域，完成数据采集任务。

（2）多种传感器搭载。无人机能够搭载多种类型的传感器，如光学相机、红外相机、激光雷达等。这些传感器能够在高空、低空或近距离对目标区域进行多角度、多尺度的数据采集。

（3）实时数据传输。无人机通过地面控制系统实时传输采集到的数据，使数据能够迅速得到处理和分析，提高了数据利用的时效性。

（4）高分辨率和高精度。无人机传感器技术的发展，使其能够采集到高分辨率、高精度的遥感数据，满足精细化观测和分析的需求。

其优势主要体现在以下几个方面。

（1）成本效益高。相较于传统的卫星遥感和有人驾驶飞机遥感，无人机遥感具有较低的运营成本。其小型化和便捷性使任务执行更加经济高效。

（2）操作简便。无人机的操作相对简单，地面控制系统能够实现对无人机的精确控制，减少了对操作人员的专业要求。同时，自动航线规划和自主飞行技术进一步降低了操作难度。

（3）快速响应能力。无人机能够快速部署，及时响应突发事件和紧急任务，如自然灾害监测、环境污染调查等，提供及时的遥感数据支持。

（4）数据获取的灵活性。无人机可以在任意时间、任意地点进行数据采集，受天气和光照条件影响较小，能够获取到连续性和周期性的遥感数据。

（5）多领域应用。无人机遥感技术广泛应用于农业、林业、环境监测、城市规划、灾害应急、军事侦察等多个领域，极大地拓展了遥感技术的应用范围。

## 6.1.2　无人机遥感技术发展

无人机遥感技术可以追溯到 20 世纪 60 年代初期，当时美国和苏联开始尝试使用遥控飞机进行地球观测和空中摄影。然而，受当时的技术和传感器局限性的限制，这种尝试并未取得太大的突破。随着时间的推移，无人机技术逐步成熟和遥感技术不断发展，无人机遥感技术逐渐走向实用化。在 20 世纪 80 年代和 90 年代，随着数字相机、激光雷达等传感器技术的不断发展，无人机遥感技术进入了一个新的发展阶段。这些新型传感器不仅提高了数据采集的精度和效率，还拓展了无人机遥感技术的应用范围。人们开始意识到无人机在土地利用规划、资源管理、环境监测等领域的潜在价值，并积极探索其在实际应用中的可能性。

2000 年以后，随着无人机技术的快速发展和应用需求的增加，无人机遥感技术取得了突破性进展，成为遥感领域的热点技术之一，无人机系统按照传感器分为可见光、多光谱、高光谱、热红外和激光雷达等。随着无人机技术和遥感技术的不断进步，人们对无人机遥感技术的应用前景充满期待。未来，随着无人机的智能化、多传感器融合等技术的发展，无人机遥感技术将在资源环境监测、城市规划管理、灾害监测预警等领域发挥越来越重要的作用，为人类社会的可持续发展做出更大的贡献。

## 6.1.3　无人机遥感技术应用

如图 6-2 所示，无人机遥感技术在测绘、交通、农业、环境和地质等领域有广泛应用。在测绘领域，无人机能够快速获取高分辨率的地形数据，生成数字高程模型和数字表面模型（digital surface model，DSM），用于地形图的绘制和更新。此外，通过无人机拍摄的影像进行三维重建，可以生成城市或区域的三维模型，应用于城市规划、建筑设计和工程测量。

（a）测绘　　　　　　　（b）交通　　　　　　　（c）农业

（d）环境　　　　　　　（e）地质

图 6-2　无人机遥感技术应用

在交通领域，无人机可以实时监测道路交通情况，提供交通流量数据，帮助交通管理部门优化交通调度，减少拥堵。在交通事故发生后，无人机能够迅速抵达现场，拍摄高分辨率图像和视频，辅助事故分析和责任认定。

在农业领域，无人机携带多光谱或热红外传感器，可以监测农作物的生长情况，评估作物健康状态，检测病虫害和水分状况，帮助农民进行精准农业管理，提高农业生产效率。

在环境领域，无人机可以监测空气质量、水体污染和土壤状况，提供及时的数据支持。无人机还可以用于生态系统监测，评估森林覆盖率、湿地状况和野生动物栖息地的变化，为环境保护和生态恢复提供重要参考。

在地质领域，无人机能够进行矿区勘测、地质灾害监测和地质结构分析。无人机拍摄的高分辨率影像可以用于识别地质构造和矿产资源分布。此外，无人机还可以监测滑坡、泥石流等地质灾害的发生和发展，及时预警，减少灾害损失。

# 6.2 无人机倾斜摄影测量技术

## 6.2.1 无人机倾斜摄影测量技术概述

无人机倾斜摄影测量是在无人机飞行平台上搭载多台相机，从垂直、倾斜等不同方向获取地物影像信息，并通过对影像的空中三角测量与密集匹配，生产出多种类型和格式的地理数据（图 6-3）。与传统正射数字摄影测量相比（张剑清 等，2003），无人机倾斜摄影测量技术不仅采集了地物正射影像，同时从多角度获取了地物侧面纹理信息，以大范围、多角度、高清晰度、高精度的方式全面感知复杂场景。将无人机技术同倾斜摄影测量技术结合，不仅方便了影像数据的获取，而且增加了倾斜摄影测量技术应用的范围和场景（张永军 等，2021；张祖勋 等，2015）。不仅如此，无人机倾斜摄影测量技术还融合了 GNSS 系统，记录了传感器中心的位置坐标和飞行姿态数据，极大地提高了影像处理的精度。目前，基于无人机倾斜摄影测量构建的模型精度可达到厘米甚至毫米级别。

图 6-3　无人机倾斜摄影测量

## 6.2.2 无人机倾斜摄影测量系统组成

一个完整的无人机倾斜摄影测量系统可分为两部分：影像数据获取系统和影像数据处理系统，如图 6-4 所示。影像数据获取系统主要包括无人机飞行模块、GNSS 模块、数据传输模块、地面监控模块和倾斜相机模块。影像数据处理系统包括影像匹配模块、区域网平差、密集匹配模块和模型构建模块。无人机飞行模块通过无人机平台搭载倾斜相机进行空中作业完成地物影像信息的采集。除了无人机平台，无人机飞行模块还包括飞行导航与控制装置，使无人机按预设航线飞行。GNSS 模块利用全球定位系统和惯性测量装置直接确定传感器空间位置和姿态。通过 GNSS 模块可以很容易地获得影像数据精确的初始外方位元素。倾斜相机模块由多台相机传感器组成，用于从垂直、倾斜多个角度采集地物信息，全方位捕获被测量场景真实信息。数据传输模块用于飞行参数和控制指令的传送。地面监控模块负责对无人机飞行状态进行监测，检查其是否按设计航线正常飞行。影像数据处理系统利用采集的倾斜影像生成地理产品。根据地理产品生产的技术流程，影像匹配模块、区域网平差、密集匹配模块和模型构建模块分别负责倾斜影像的稀疏匹配、影像位姿解算、影像密集匹配及指定类型地理产品的生成。

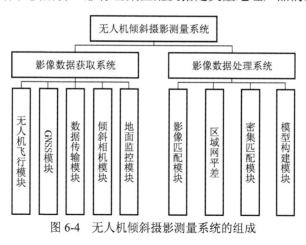

图 6-4 无人机倾斜摄影测量系统的组成

## 6.2.3 无人机倾斜摄影测量数据获取

基于无人机倾斜摄影测量系统的多视影像采集是无人机倾斜摄影测量的首要步骤，为后续稀疏场景重构与密集立体匹配等步骤提供数据基础。无人机倾斜摄影测量系统的传感器至少包含一个倾斜相机，基于五镜头相机的无人机倾斜摄影系统更为广泛地应用于不同任务场景的三维重建任务中，五个摄像头模块分别布置在下视与四个不同朝向的倾斜视角 [图 6-5（a）]，以不同的视角观察地物，能够同时捕捉建筑物与其他地物的顶部和侧面信息 [图 6-5（b）]，而多视角的重叠与交会带来的冗余观测则可进一步提高摄影测量重建精度与完整性 [图 6-5（c）]。

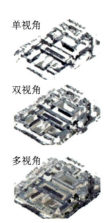

（a）五镜头倾斜摄影　　　　（b）影像视角捕获范围　　　单视角
　　　　　　　　　　　　　　　　　　　　　　　　　　　双视角
　　　　　　　　　　　　　　　　　　　　　　　　　　　多视角
（c）不同视角重建效果

图 6-5　五镜头倾斜摄影系统成像原理

目前，无人机倾斜摄影航线规划主要分为基于规则航线的常规方法与新颖的几何感知方法，如贴近摄影测量方法与优视摄影测量方法等。常规倾斜摄影依据地面分辨率与影像重叠度等基本要求，设计经典的网格线路作为无人机飞行轨迹。而针对常规倾斜固有的覆盖缺陷，以及不同采集目标的具体需求，贴近摄影/优视摄影采用从无到有与从粗到精的数据采集思路，利用初始场景信息作为引导完成贴近式视点生成与航迹规划。

**1. 常规无人机倾斜摄影测量数据获取**

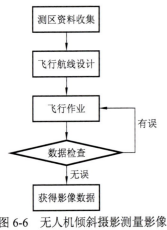

图 6-6　无人机倾斜摄影测量影像
数据获取流程

无人机倾斜摄影测量需要获取的数据主要包括影像数据和控制点数据，影像数据的作用是记录地物的位置和纹理信息，控制点数据主要用于多视影像的联合平差，解算影像外方位元素。常规的无人机倾斜摄影测量影像数据获取流程如图 6-6 所示：首先，进行测区资料的收集；然后，通过对收集到的测区资料的分析，合理地进行无人机飞行航线的设计；接着，按照飞行方案进行飞行作业，完成地物影像的采集；最后，检查获取的影像数据，如果数据完整且影像清晰，则采集结束，若有数据采集错误或者遗漏等情况，则重新采集，直至完成数据采集计划。

无人机飞行航线设计作为影像数据获取的一个重要步骤，主要是用于确定飞行高度、航向重叠度和旁向重叠度等飞控参数。在进行无人机飞行航线规划时，应遵守相关规范。根据《低空数字航空摄影规范》（CH/T 3005—2021），航向重叠度一般应在 60%～80%，最小应大于 53%，旁向重叠度一般应为 15%～60%，最小不小于 8%，且同一航线上相邻像片的航高差不应大于 30 m。无人机飞行高度由相机参数和摄影比例尺共同决定。航向重叠度和旁向重叠度根据图 6-7 影像间的几何关系进行计算：

$$p_x = \frac{P_x}{L_x} \times 100\% \qquad (6\text{-}1)$$

$$p_y = \frac{P_y}{L_y} \times 100\% \qquad\qquad (6\text{-}2)$$

式中：$p_x$ 和 $p_y$ 分别为航向重叠度和旁向重叠度；$L_x$ 和 $L_y$ 分别为影像的长和宽；$P_x$ 和 $P_y$ 分别为航向和旁向影像重叠的长度。

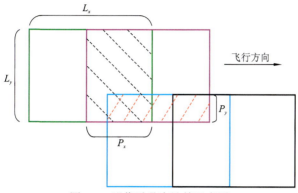

图 6-7　影像重叠度计算示意图

控制点的布设方式直接影响空三加密的精度，所以应该遵守控制点的布设原则，选择合适的控制点位置并保证布设的密度合理。一般，控制点应该满足在影像上清晰易寻找、没有遮挡及便于测量等基本条件；同时，为了增强控制效果，测区内地形变化较大和转角处应该加强布设，其余区域控制点进行均匀布设并保持密度合理。

**2. 无人机贴近摄影测量多视影像获取**

贴近摄影测量（nap-of-the-object photogrammetry）是利用无人机对非常规地面（如滑坡、大坝、高边坡等）或者人工物体表面（如建筑物立面、高大古建筑、地标建筑等）进行亚厘米甚至毫米级别分辨率影像的自动化高效采集，并通过高精度空中三角测量处理，以实现这些目标对象的精细化重建的一种摄影测量方法。如图 6-8 所示，贴近摄影测量采用"从无到有，由粗到细"的航线规划策略，当拍摄目标不存在初始场景信息时，需要先通过常规飞行或人工控制无人机拍摄目标场景少量的数据并重建目标的粗略场景信息；当拍摄目标存在已有的场景数据时，需要先将已有数据的坐标转到指定参考椭球下，并以此作为拍摄目标的初始场景数据。然后根据初始场景信息，对拍摄目标进行贴近航迹规划；最后让无人机根据规划的航迹飞行，自动高效地获取覆盖物体表面的高分

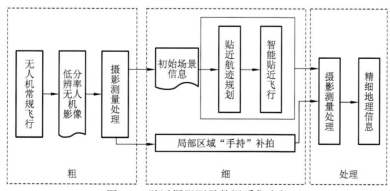

图 6-8　贴近摄影测量数据采集流程

辨率、高质量的影像（何佳男，2019）。

贴近摄影测量将立面、坡体、建筑物单体与不规则目标视为贴近采集的不同单元，定义不同的航迹规划算法。针对立面目标，贴近摄影涉及水平航线与垂直航线两步规划方式，首先利用立面法向量水平分量 $N$、立面高度 $H_v$ 与立面底部两端坐标描述立面，通过向外平移目标距离 $d$ 构建贴近飞行平面（图 6-9）。

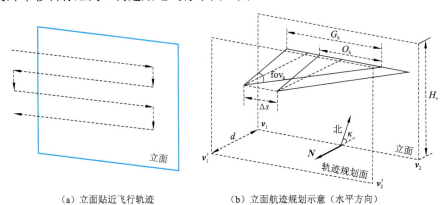

（a）立面贴近飞行轨迹　　　　（b）立面航迹规划示意（水平方向）

图 6-9　立面目标贴近飞行水平航线规划原理

在飞行平面，无人机始终朝向并垂直于立面，水平航线飞行中，根据影像焦距与成像距离定义的相机水平视场角 $\mathrm{fov_h}$，结合相机面向立面成像范围 $G_h$ 与相邻影像重叠基线长度 $O_h$，计算相邻视点水平距离 $\Delta s$：

$$G_h = 2d \times \tan(\mathrm{fov_h} / 2) \tag{6-3}$$

$$O_h = o_h \times G_h \tag{6-4}$$

$$\Delta s = G_h - O_h = 2d(1 - O_h) \times \tan(\mathrm{fov_h} / 2) \tag{6-5}$$

式中：$O_h$ 为水平方向重叠度。

由此设定贴近飞行平面的航线视点轨迹为

$$\mathbf{VP} = \{v_i | \ v_i = v_i' = i \times (\mathbf{K} \cdot \Delta s), i \in [0, \mathrm{num_h})\} \tag{6-6}$$

$\mathbf{K}$ 为底部两顶点（$v_1' \rightarrow v_2'$）单位向量，$\mathrm{num_h}$ 为单条航线视点数量。

垂直方向航迹规划需要进一步结合贴近飞行设定的安全航高最低值 $H_0$，考虑是否在最低航高处增补贴近航摄视点。如图 6-10 所示，若立面高度 $H_v$ 大于 $H_0$，无人机从 $H_0$ 高度处以俯仰角 $\varphi = 0$ 从下至上贴近拍摄。若立面高度 $H_v$ 小于 $H_0$，无人机需要从安全

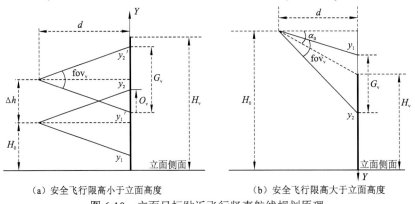

（a）安全飞行限高小于立面高度　　　　（b）安全飞行限高大于立面高度

图 6-10　立面目标贴近飞行竖直航线规划原理

限高处，向下调整俯仰角 $\alpha_0$ 进行贴近飞行拍摄，完成当前航线后抬升无人机高度，继续增加向下的俯仰角 $\alpha_0$ 朝向立面更下部的区域进行飞行拍摄，直至完成立面区域的覆盖或俯仰角 $\alpha$ 超过设定的阈值。

贴近摄影对建筑物立面与顶部分别进行航迹规划。建筑物顶部按照常规航摄方法，调整相机镜头为竖直向下进行影像获取。在顶部与立面的过渡区域，增补倾斜影像以确保不同表面间贴近影像的交会重叠。将相机主光轴旋转至建筑物两条长边的边缘，以倾斜姿态沿建筑顶部长边飞行进行贴近采集，无人机在倾斜航迹的视点布设间距 $\Delta s$ 与顶部贴近飞行相同。

建筑物立面拍摄可认为是多个立面贴近飞行的组合，相邻立面间的阶跃部分同样需要增补贴近视点。建筑物立面构成的拓扑关系存在凸多边形与凹多边形两种类型。贴近摄影测量采用顶点偏移方法，将建筑物轮廓向外平移指定采集距离，构建如图 6-11 中的外扩线条为立面区域的飞行平面。对于图 6-11（a）所示的凸多边形转角，以交点 $v_1$ 为圆心、$d$ 为半径画圆，使之与外廓面相切于点 $v'_{1,1}$ 和 $v'_{1,2}$，形成图 6-11（a）中的 1/4 圆弧作为航摄轨迹。若立面转角区域为图 6-11（b）所示的凹多边形转角，从外廓顶点 $v'_2$ 分别沿着两个轨迹平面的水平方向向外延伸指定距离取点 $v'_{2,1}$ 和 $v'_{2,2}$，形成图 6-11（b）中所示的线段 $(v'_{2,1} \rightarrow v'_2)$ 和 $(v'_2 \rightarrow v'_{2,2})$，作为该过渡区域增补的贴近航摄轨迹。

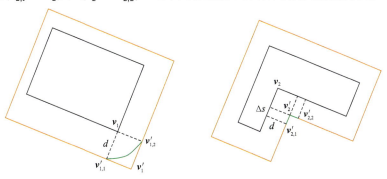

（a）凸多边形过渡区域视点规划　　　（b）凹多边形过渡区域视点规划

图 6-11　建筑物立面过渡区域航点设计原理

### 3. 无人机优视倾斜摄影测量多视影像获取

优视摄影测量为李清泉等（2022）面向城市场景精细重建需求提出的贴近式倾斜摄影测量方法，该方法在数据获取阶段同样以场景三维概略模型为依据，通过候选视点生成与可重建性优化等步骤（图 6-12），生成最优的无人机航摄视点与飞行轨迹。

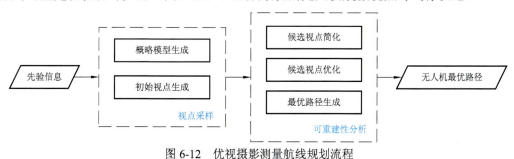

图 6-12　优视摄影测量航线规划流程

1）基于概略模型几何先验的初始视点生成

如图 6-13 所示，与贴近摄影测量类似，优视摄影测量基于场景几何先验信息进行航摄视点采样。其几何先验一般来自预先粗飞数据快速重建获取的概略模型。根据目标空间分辨率与相机内参，优视摄影首先定义航摄距离 $d_{\mathrm{GSD}}$，然后在概略模型表面构建均匀无偏的观测采样点集 $\boldsymbol{S}=\{\boldsymbol{s}_i,\boldsymbol{n}_i\}$。沿采样点 $\boldsymbol{s}_i$ 法线方向 $\boldsymbol{n}_i$ 取距离 $\boldsymbol{s}_i$ 为 $d_{\mathrm{GSD}}$ 的空间点 $\boldsymbol{v}_i$，作为初始航摄视点，其主光轴方向 $\boldsymbol{o}_i$ 朝向采样点 $\boldsymbol{s}_i$，即

$$
\begin{aligned}
\boldsymbol{v}_i &= \boldsymbol{s}_i + d_{\mathrm{GSD}} \cdot \boldsymbol{n}_i \\
\boldsymbol{o}_i &= -\boldsymbol{n}_i
\end{aligned}
\tag{6-7}
$$

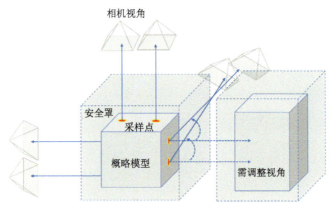

图 6-13　初始视点生成原理

根据采样点集 $\boldsymbol{S}$ 构建无人机摄影的初始视点集 $\boldsymbol{V}=\{\boldsymbol{v}_i,\boldsymbol{o}_i\}$。初始视点集中可能存在由于物体遮挡，部分视点与其他对象碰撞或在安全罩范围内的情况，需旋转视点直至在安全罩外（图 6-13）。

2）可重建性分析

优视摄影测量进一步通过可重建性分析构建用于无人机航线规划的最优视点子集 $\boldsymbol{U}^*=\{\boldsymbol{v}_i^*,\boldsymbol{o}_i^*\}$。定义采样点 $\boldsymbol{s}$ 在当前视角集 $\boldsymbol{U}$ 中的可重建性为

$$
h(\boldsymbol{s},\boldsymbol{U}) = \sum_{i=1,2,\cdots,|\boldsymbol{U}|,\,j=i+1,i+2,\cdots,|\boldsymbol{U}|} \delta(\boldsymbol{s},\boldsymbol{v}_i)\delta(\boldsymbol{s},\boldsymbol{v}_j)q(\boldsymbol{s},\boldsymbol{v}_i,\boldsymbol{v}_j)
\tag{6-8}
$$

式中：$\delta(\boldsymbol{s},\boldsymbol{v}_i)$ 表示视点 $\boldsymbol{v}_i$ 观察采样点 $\boldsymbol{s}$ 的可视性函数，若可见，则取值为 1；反之，取值为 0；$q(\boldsymbol{s},\boldsymbol{v}_i,\boldsymbol{v}_j)$ 则表示当视点为 $\boldsymbol{v}_i$ 和 $\boldsymbol{v}_j$ 时，采样点 $\boldsymbol{s}$ 可达到的重建质量，由交会角、采样距离与偏离法向量等度量加权决定。在此基础上，以采样点 $\boldsymbol{s}$ 可重建性最小值定义每个视点 $\boldsymbol{v}$ 的冗余度，即

$$
r(\boldsymbol{v}) = \min\{h(\boldsymbol{s},\boldsymbol{U})|\ \boldsymbol{s}\in\boldsymbol{S}, \delta(\boldsymbol{s},\boldsymbol{v})=1\}
\tag{6-9}
$$

视点冗余度会随采样点可重建性升高而升高，优视摄影测量将最小化视点冗余性和最大化采样点可重建性离散为两步法约束优化。首先，在所有采样点可重建性大于设定值的前提下，最小化视点集的冗余性。在此之后，在固定视点数量的同时，最大化采样点的可重建性，表示为

$$
\boldsymbol{U}^* = \underset{\boldsymbol{U}\subset\boldsymbol{V},|\boldsymbol{U}|=|\boldsymbol{W}|}{\arg\max}\ H(\boldsymbol{S},\underset{\boldsymbol{W}\subset\boldsymbol{V}}{\arg\min}\ R(\boldsymbol{W}))
\tag{6-10}
$$

$$
\text{s.t. } h(\boldsymbol{s},\boldsymbol{U})>t_h, h(\boldsymbol{s},\boldsymbol{W})>t_h, \forall \boldsymbol{s}\in\boldsymbol{S}
$$

式中：$H(\boldsymbol{S}, \boldsymbol{U}) = \sum_{s \in S} h(s, \boldsymbol{U})$ 为当前视点集所有采样点的可重建性；$R(\boldsymbol{W}) = \sum_{w \in W} r(\boldsymbol{w})$ 为所有视点的冗余度；$t_h$ 为可重建性最小阈值。

3）航线设计

将用于无人机拍摄的视点集 $\boldsymbol{U}^* = \{\boldsymbol{v}_i^*, \boldsymbol{o}_i^*\}$ 视作包含多个节点 $\boldsymbol{v}_i^*$ 的加权全连接图结构，定义连接节点过程对节点构成的边 $(\boldsymbol{v}_i^*, \boldsymbol{v}_j^*)$ 的代价函数为

$$e(\boldsymbol{v}_i^*, \boldsymbol{v}_j^*) = l(\boldsymbol{v}_i^*, \boldsymbol{v}_j^*) \exp(\alpha / l(\boldsymbol{v}_i^*, \boldsymbol{v}_j^*)) \tag{6-11}$$

式中：$\alpha$ 为 $\boldsymbol{v}_i^*$ 与 $\boldsymbol{v}_j^*$ 视角差异；$l(\boldsymbol{v}_i^*, \boldsymbol{v}_j^*)$ 为 $\boldsymbol{v}_i^*$ 与 $\boldsymbol{v}_j^*$ 间最短路径长度。该图结构中的节点数与边数分别为 $|\boldsymbol{U}^*|$ 与 $|\boldsymbol{U}^*|^2$。优视摄影测量采用旅行推销员问题（traveling salesman problem，TSP）策略以寻找代价最小的节点遍历路径作为无人机最优航摄路径。

## 6.2.4 无人机倾斜摄影测量建模方法

### 1. 无人机倾斜摄影测量建模流程

五镜头倾斜摄影后提取到的多视影像数据一般是由垂直摄影数据及前、后、左、右四个方向的倾斜摄影数据组成的。得到倾斜摄影测量数据后即可对数据进行处理和建模，其关键技术包括：倾斜影像稀疏匹配、空中三角测量、多视影像密集匹配、模型产品构建。无人机倾斜摄影测量数据的建模流程如图 6-14 所示。

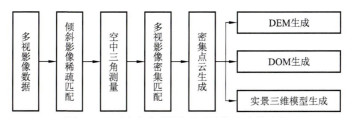

图 6-14　无人机倾斜摄影测量数据建模流程

### 2. 倾斜影像匹配

影像匹配旨在两张或多张有重叠区域的图像中识别出数量充足且分布均匀的同名点（图 6-15），包含特征提取、特征匹配与几何验证等步骤。误匹配少、精度高的稀疏

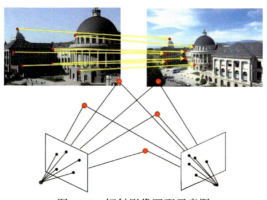

图 6-15　倾斜影像匹配示意图

匹配是影像高精度自动定向的重要保障，由于倾斜影像的视角差异大，同一地物在不同影像上的表现有很大不同。因此，倾斜影像的匹配需充分考虑影像间的几何变形和遮挡关系。用于匹配的局部特征可来自角点、模板和线段等人工定义的特征，也可通过卷积神经网络（convolutional neural network，CNN）等深度学习网络生成特征图方式预测深度局部特征。基于提取的特征建立影像间对应关系的匹配过程是光束法平差的前提，也是空三阶段最为耗时的环节。几何验证旨在匹配关系建立阶段消除外点，通常利用局部几何/灰度约束或对极几何约束过滤正确匹配点对以外的点。

### 3. 空中三角测量

使用无人机倾斜影像进行高精度测绘、三维信息提取和三维城市模型构建等应用的前提是解算倾斜影像的精确位姿参数，即外方位元素。空中三角测量（李德仁 等，2016）不仅可解算整个测区全部影像的摄影位置和姿态，也可求解影像同名点的地面测量坐标（图 6-16）；带附加参数的自检校光束法区域网平差还可以解算内方位元素和像片畸变参数以补偿系统误差。影像的区域网平差处理，是实现稀少或无地面控制点条件下区域网影像高精度定向的基本方法。在相对定向和自由网构建的过程中，基于重投影误差、光束交会角和冗余度等约束条件可以进一步过滤不可靠的同名点，从而得到较精确的同名点观测值。倾斜摄影系统通常需要配备高精度的 GNSS 系统以获取影像的初始外方位元素，精确的 GNSS 数据可作为观测值参与影像定向（孙钰珊 等，2018）。因此，参与平差的观测数据通常包括同名点的影像坐标、地面控制点坐标及其像点坐标及利用 GNSS 系统获取的影像外方位元素值。面对大范围测区与多参数的联合平差需求，多视影像联合平差可采用金字塔匹配策略，由粗到精地在每级影像上进行影像匹配和平差计算，完成影像精确外方位元素的解算。同时，建立连接点与连接线、控制点坐标、GNSS/IMU辅助数据的多视影像区域网平差的误差方程，通过光束法区域网平差进行联合解算，确保平差结果的精度，得到影像准确的外方位元素。

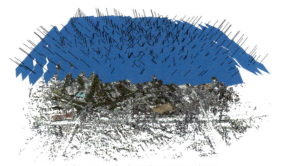

图 6-16　空中三角测量示意图

### 4. 多视影像密集匹配

密集匹配是在影像定向的基础上求解密集同名像点的过程。在倾斜摄影引入摄影测量前，密集匹配主要用于计算测区的数字高程模型，通过逐像素匹配，能够获得与航测影像具有相同地面采样距离的数字高程模型。随着倾斜摄影引入摄影测量，密集匹配被应用于倾斜影像。通过对相邻影像进行密集匹配可以获得视差图，利用视差图可以计算像点的深度，进而获得地物的三维点云（梁玉斌 等，2017）。多视影像密集匹配应充分考虑倾斜摄影畸变大、遮挡严重、重叠度高的特点，适用于倾斜影像的密集匹配通常使用双目立体匹配或多视图立体视觉（multiple view stereo，MVS）来实现。双目立体匹配问题通常通过匹配成本计算和聚合与视差计算，基于局部、全局或半全局能量最小化细化求解双目像对的视差图。多视图立体视觉方法可以进一步利用两个以上重叠图像的信息冗余，现有的 MVS 算法可以大致分为基于体积的方法、表面评估方法、深度图重建方法和特征点扩展方法（Jiang et al.，2022）。特征点扩展方法通过扩展丰富纹理区域中的稀疏匹配集来生成密集对应关系；而深度图重建方法计算每个图像的深度图，并通过合并深度图来重建密集点云。由于其灵活性和可扩展性，深度图重建方法更适用于大规模场景的倾斜摄影测量任务（图 6-17）。

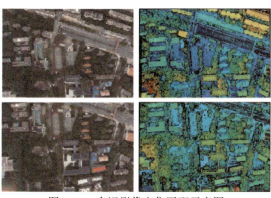

图 6-17　多视影像密集匹配示意图

**5. 4D 产品和实景三维模型生成**

通过多视影像联合平差恢复了影像精确的外方位元素，多视影像密集匹配可以得到密集的同名像点，此时根据空间前方交会即可获得地物大量的三维坐标点。在对这些点云进行噪声点剔除及融合不同视角的点云数据之后，便可得到地面高精度的三维密集点云（图 6-18）。

图 6-18　三维密集点云示意图

如图 6-19 所示，从三维密集点云中滤除非地面点，可进一步生成仅包含地形的数字高程模型（DEM）。

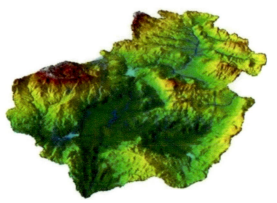

图 6-19　DEM 示意图

如图 6-20 所示，利用 DEM 进行正射校正，将影像转换为数字正射影像（DOM），消除地形和传感器引起的畸变。

图 6-20　DOM 示意图

基于密集点云数据，同样可以建立测区内地物的实景三维模型。实景三维模型构建通常包括三角网构建和纹理映射。基于三维三角网的数字表面模型建模算法已经比较成熟。其中，泊松表面重建算法被广泛应用于三维表面模型的构建。三角网构建完成后，表面模型需要通过纹理映射建立彩色纹理图像与三角网结构的对应关系。经过影像定向后，影像与三维模型的相对几何关系已经确定，将构成三角网的每个三角形投影至对应的影像上即可实现模型的纹理映射，进而生成带有真实纹理信息的三维表面模型，即实景三维模型（图 6-21）。

图 6-21　实景三维模型

# 6.3 无人机全景倾斜摄影测量技术

## 6.3.1 无人机全景倾斜摄影测量技术概述

以无人机为主要载体的倾斜摄影测量方式成为当前多类型场景三维重建最为普及便携的方法。倾斜摄影测量不仅可以全面感知目标物的复杂场景，也大大提升了内业处理过程中的自动化程度与建模效率。但是，专业的倾斜摄影测量系统仍然需要相对昂贵的硬件和用于专业摄影测量用途的先进处理方法，虽然目前已经出现便携的无人机可以搭载手机、数码相机等便携成像设备，但受到单镜头的限制，用户需要设计多次重复的航线以完全覆盖重建目标，依然比较难以满足大众的使用需求。全景成像技术广泛用于实景观看和漫游中，因其能够实现水平 360° 和垂直 180° 的完全视角，为观看者提供了更加逼真的沉浸感。全景图像凭借其全视角、虚拟现实和高度真实性的优势，逐渐成为一种新颖的空间信息数据，且已广泛用于导航和智慧城市等领域（图 6-22）。随着全景成像设备与拼接技术不断成熟，全景相机已经成为大众级的消费应用。目前，消费级的双目全景相机价格在几百至几千元不等，相较于专业的倾斜摄影系统与激光扫描设备，全景相机具有更高的性价比与便携性的优势。

| （a）空中全景 | （b）车载全景 | （c）近景全景 |

图 6-22　多场景全景图像

全景图像早期应用于三维场景浏览和虚拟现实领域，随着导航和移动测量等技术的发展，也逐渐成为一种新颖的空间信息数据，例如在移动测量系统中提供浏览、测量和漫游服务。围绕全景成像模型和拼接算法的研究相对成熟，许多面向全景数据的应用研究围绕场景理解、全景定位和目标跟踪展开。在三维场景建模方面，相对成熟而深入的研究集中在全景摄影测量稀疏重建与全景 SLAM 即时成图算法的设计与改进。近年来，全景数据在室内外场景中的三维重建应用逐渐成为新颖的研究热点。对于室内场景的三维重建，主流的研究策略为基于深度学习网络使用单个全景图像提取房间三维布局。在室外场景中，全景图像与透视影像相比具有更宽的视野。地面全景摄影测量的研究侧重于近距离文化遗产古迹和街景场景三维重建。谷歌公司提供应用程序编程接口（application programming interface，API）为公众提供街景全景数据，在非高精度使用要求下，该全景数据可以在 Agisoft Metashape 等实景三维重建工具中进行较完整的摄影测量处理。空中全景相比街景拥有更宽广的视野和更丰富的地面信息，相关研究通过在标准三脚架上旋转相机获得一系列图像构建全景模式，其摄影测量处理的效果证实全景图像与单视图相比具有更精细的建模效果，进一步证明全景影像数据应用于无人机倾斜摄影测量的潜力。

## 6.3.2 无人机全景倾斜摄影测量相关原理

### 1. 全景成像系统

全景图像能够实现高达水平 360°和垂直 180°的全视角，为观众提供了更真实的沉浸感，目前广泛应用于真实场景的浏览和漫游。根据全景硬件成像技术，分为折反射全景成像系统（catadioptric system）和折射全景成像系统（dioptric system）两种。

1）折反射全景成像系统

折反射全景成像系统由折射元件、反射镜及感光元件等组成。外界 360°范围光线由反射镜反射至透镜，再由透镜将光线折射到光敏元件以产生图像。按照成像折射透镜分类，折反射全景系统可分为透视投影成像［图 6-23（a）］与平行投影成像［图 6-23（b）］；根据成像系统内部视点是否唯一，又可将折反射全景系统分为单视点成像［图 6-23（c）］和多视点成像［图 6-23（d）］。折反射全景成像系统结构简单、成本低廉，可在水平和垂直方向上实现 360°和大于 100°的视场，但不具备垂直方向上的全向成像能力，因此一般适用于机器人导航与目标检测等低立体精度需求的场合。

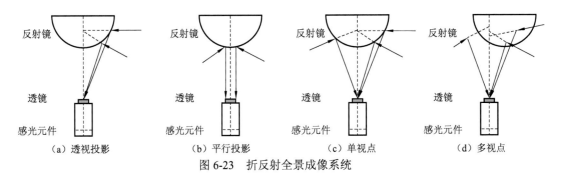

图 6-23　折反射全景成像系统

2）折射全景成像系统

折射全景成像系统一般由透镜与光学元件组合而成，可分为旋转式成像系统、多镜头成像系统和鱼眼系统等。旋转式成像系统具有旋转扫描成像法和旋转拼接法两种策略。旋转扫描成像法借助高速旋转轴在相机成像时即时生成真实无缝的全景图；而旋转拼接法通过固定成像中心，人工旋转相机对不同视角进行拍照，后期拼接为完整全景图。鱼眼系统包含的鱼眼镜头可获取 180°以上的视野，通常将鱼眼相机向上/向下拍摄以获得水平 360°的视角。多镜头成像系统由多个镜头组成，通过对每个镜头进行独立拍摄，再由逐幅图像拼接生成全景图像/视频。该系统的镜头可采用鱼眼镜头、普通镜头与广角镜头等类型，且具有视频录制与拼接能力，因此当前主流相机制造商均采用多镜头成像系统来生成全方位图像。

对于多镜头成像系统，全景拼接的完整过程主要包括图像预处理、图像配准和图像融合。预处理包括镜头校准和投影变换。图像配准将相邻图像对齐，并映射到同一个扩展平面。图像融合的目的是生成无缝全景图，在配准基础上实现重叠区域亮度和颜色的平滑过渡。

## 2. 全景成像模型

全景成像后的数据都需要以全景成像模型进行保存，常用的模型包括圆柱模型、立方体模型与球体模型。

### 1）圆柱模型

圆柱模型可以理解为保持相机中心固定，并围绕成像中心水平旋转相机来拍摄；或者将多相机/多视角拍摄的图像投影至柱面并拼接成图，实现水平方向上360°场景浏览。从影像获取的角度，圆柱模型的采集方式相较球体与立方体的方式更为简单，且可以直接按照经度将全景图展开，而存在的缺点为无法实现垂直方向上的全方位漫游。

### 2）立方体模型

立方体全景由6张相互垂直的90°画面组合而成。严格意义的立方体全景影像直接以立方体为模型通过拍摄与拼接生成，比如采用特制的拍摄装置，在90°的视野下拍摄每一张照片，并且要求相邻视角拍摄的相机的主光轴必须保持相互垂直。从全景采集方式的角度来说，立方体全景的成像方式对采集设备与方法的要求最为严格，也比较复杂。但立方体形式的全景影像非常适合数据存储与交互，可以与等矩形全景平面格式存储的球形全景数据相互转换，也是目前较为常用的全景数据格式。

### 3）球体模型

球体模型指将所有透视图像都映射至同一球面，经过无缝拼接与融合，最终生成水平360°、垂直180°的全景图像。球形全景具有全面的视野，也是最自然与人性化的浏览方式。目前实际应用中的球形全景生成方式主要有两种：一种是将影像获取与全景处理分开，通过普通/鱼眼相机在统一成像中心采集多张透视影像后，通过专门的拼接软件（如PT GUI、AutoPano Giga等）进行拼接；另一种是直接利用双目/多目镜头组合式全景相机，直接在数据采集时实时生成全景图像，如Ladybug、Insta 360相机等。与圆柱模型、立方体模型相比，球体模型具有全方位的成像能力、便携简单的采集与生成方式，以及良好的浏览、应用体验，也因此成为目前主流全景相机厂商的影像产品格式。

## 3. 全景立体定向

### 1）基于核线几何的两视全景立体定向

在两视全景影像立体定向研究中，球形全景也可引入核线对几何模型，但其几何模型与航空、近景影像存在不同。如图6-24所示，$O_1$-$XYZ$ 与 $O_2$-$XYZ$ 表示两个存在交会的

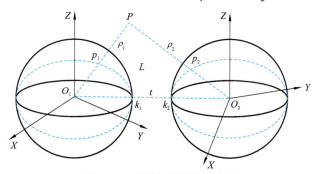

图6-24 球形全景的核线几何

全景影像，空间一点 $P$ 分别相交于两球面的 $p_1$ 点与 $p_2$ 点，则平面 $PO_1O_2$ 即两全景图对应该核面，图中蓝色椭圆线为各自的核线。

设两球心基线矢量为 $T(t, t \cdot u, t \cdot v)$，由 $O_1\text{-}XYZ$ 至 $O_2\text{-}XYZ$ 的旋转矩阵为 $\pmb{R}_{O_2}$，则 $O_1$ 在以 $O_2$ 为原点的空间直角系下的坐标为

$$\begin{pmatrix} X_{O_1} \\ Y_{O_1} \\ Z_{O_1} \end{pmatrix} = \pmb{R}_{O_2} \cdot \begin{pmatrix} -t \\ -tu \\ -tv \end{pmatrix} = -t\pmb{R}_{O_2}\begin{pmatrix} 1 \\ u \\ v \end{pmatrix} \tag{6-12}$$

已知 $p_1$ 点在 $O_1\text{-}XYZ$ 对应影像坐标，可以计算该点在 $O_1\text{-}XYZ$ 的三维坐标 $P_{O_1}(X_{O_1}^p, Y_{O_1}^p, Z_{O_1}^p)$；进而，$P$ 点在 $O_2\text{-}XYZ$ 系下的坐标为

$$\begin{pmatrix} X_{O_2}^p \\ Y_{O_2}^p \\ Z_{O_2}^p \end{pmatrix} = \pmb{R}_{O_2} \begin{pmatrix} X_{O_1}^p - t \\ Y_{O_1}^p - tu \\ Z_{O_1}^p - tv \end{pmatrix} \tag{6-13}$$

设核面 $PO_1O_2$ 方程的一般表达式为 $AX + BY + CZ + D = 0$，将三个点分别代入核面方程得

$$\begin{cases} e_1 = \dfrac{Z_{O_2}^p Y_{O_1} - Y_{O_2}^p Z_{O_1}}{X_{O_2}^p X_{O_1} - X_{O_2}^p Y_{O_1}} \\[3mm] e_2 = \dfrac{Z_{O_2}^p X_{O_1} - X_{O_2}^p Z_{O_1}}{Y_{O_2}^p X_{O_1} - Y_{O_2}^p Y_{O_1}} \\[3mm] e_1 X + e_2 Y + Z = 0 \end{cases} \tag{6-14}$$

式中：$e_1$、$e_2$ 为简化的核面方程系数，可由 $O_1$ 与 $p$ 坐标求得，将 $O_2\text{-}XYZ$ 坐标系转换成极坐标系 $(\theta, \phi)$ 形式，再求核面 $PO_1O_2$ 与 $O_2\text{-}XYZ$ 球面的交集可计算出核线轨迹方程：

$$\phi = \arctan\left( -\frac{1}{e_1 \sin\theta + e_2 \cos\theta} \right) \tag{6-15}$$

即已知 $e_1$、$e_2$，可随着 $\theta$ 变化对应求得 $\phi$ 数值，其对应的直角坐标又可由极坐标转换得出。

在推导出核线轨迹后，要进一步结合相对定向与绝对定向实现双球全景的立体量测。相对定向是在影像匹配后，通过同名点计算一个球面系统相对另外一个球体全景的中心坐标与旋转角度量，可通过共面方程或本质矩阵的方式求取。共面方程通常用在全景间未发生大幅度旋转变化的情况；本质矩阵通常采用八点法求解，并通过奇异值分解得到相对平移矩阵与旋转矩阵。绝对定向在已有物方点绝对坐标的前提下，通过解算同名点在当前坐标系与绝对坐标系间的平移量、转角余弦（旋转矩阵）与缩放比例尺等元素，求解同名物方点的绝对坐标。

2）基于 SLAM 框架的多站全景立体定向

基于视觉 SLAM 的全景 SLAM 技术（季顺平 等，2019）相比传统摄影测量方法可以实现实时的三维建图效果，通过闭环保证快速重建的效果。球形全景在地图点追踪更新的过程中，本质上还是需要全景之间的匹配解算相对位置关系，并通过前方交会解算新的三维地图点云。球面坐标下的前方交会公式为

$$
\begin{bmatrix}
P_{11}-\dfrac{x_1}{z_1}P_{31} & P_{12}-\dfrac{x_1}{z_1}P_{32} & P_{13}-\dfrac{x_1}{z_1}P_{33} & P_{14}-\dfrac{x_1}{z_1}P_{34} \\[2mm]
P_{21}-\dfrac{y_1}{z_1}P_{31} & P_{22}-\dfrac{y_1}{z_1}P_{32} & P_{23}-\dfrac{y_1}{z_1}P_{33} & P_{24}-\dfrac{y_1}{z_1}P_{34} \\[2mm]
P_{11}-\dfrac{x_2}{z_2}P_{31} & P_{12}-\dfrac{x_2}{z_2}P_{32} & P_{13}-\dfrac{x_2}{z_2}P_{33} & P_{14}-\dfrac{x_2}{z_2}P_{34} \\[2mm]
P_{21}-\dfrac{y_2}{z_2}P_{31} & P_{22}-\dfrac{y_2}{z_2}P_{32} & P_{23}-\dfrac{y_2}{z_2}P_{33} & P_{24}-\dfrac{y_2}{z_2}P_{34}
\end{bmatrix}
\begin{bmatrix} X \\ Y \\ Z \\ 0 \end{bmatrix}=0
\tag{6-16}
$$

式中：$\boldsymbol{P}$ 为两幅全景间的 $[R|\,t]$ 变换矩阵；$(x_1,y_1,z_1)$ 与 $(x_2,y_2,z_2)$ 为同名点。求取相机位姿的优化结果时需要使用位姿初值与地图点，位姿初值的确定选用有效透视-n-点位（efficient perspective-n-point，EPnP）方法计算，由球面投影关系：

$$
\begin{cases}
l=\dfrac{R}{\sqrt{x_j^2+y_j^2+z_j^2}} \\[3mm]
s\begin{bmatrix} u_i \\ v_i \\ w_i \end{bmatrix}=\begin{bmatrix} l & 0 & 0 \\ 0 & l & 0 \\ 0 & 0 & l \end{bmatrix}\displaystyle\sum_{j=1}^{4}\alpha_j\begin{bmatrix} x_j \\ y_j \\ z_j \end{bmatrix}
\end{cases}
\tag{6-17}
$$

式中：$s$ 为尺度因子；$\alpha_j$ 为权重；$(u_i,v_i,w_i)$ 为控制点对应球面坐标；$(x_i,y_i,z_i)$ 为控制点。通过进一步消元对应出控制点在球面系下的方程，在计算出 4 组控制点在世界系与球坐标系的坐标后，可根据式（6-17）计算出所有匹配点的坐标，进而以坐标对齐法解算位姿的初值。相机位姿的优化在最小二乘法框架中完成，通过最小化重投影误差的方式解算最优解。

全景 SLAM 完整流程包括：初始化、地图点追踪、关键帧提取、局部地图构建及全局优化与闭环。初始化通过三帧相互匹配与三角化的方式，通过判定正确点匹配数量的方式选择最优三帧影像作为初始化结果；地图点追踪通过恒速模型定位、立体匹配定位、多视匹配与重定位等约束确定当前全景位姿初值，并将已有地图点变换至当前帧；关键帧提取部分按照帧间隔、地图点数量等度量判断当前全景是否作为关键帧；若加入新的关键帧，选取与当前帧拥有足够共视点对、帧间隔合适与分辨率差异较小的帧作为共视帧；SLAM 系统根据新采集的图像数据进行地图更新与重建，并对局部地图进行优化；全局优化则通过图优化等算法处理全局地图，以最小化地图点与相机位姿误差；在闭环部分，利用词袋模型进行探测，通过闭环帧与当前帧的匹配和转换关系，借助局部的光束法平差调整当前帧的位姿，并更新优化新的地图点。

## 6.3.3 基于多视投影的无人机全景视频三维重建技术

直接基于球形全景成像模型的三维场景密集重构是全景摄影测量研究的难点，目前，可公开使用的摄影测量工具只有少部分支持全景影像数据源，而其场景重构效果还存在深度解算不可靠等不稳定因素。本小节介绍一种基于全景多视角投影策略的无人机全景摄影测量技术，将多视三维重建的优势引入球面全景影像。基于全景多视投影的无人机全景视频三维重建技术路线如图 6-25 所示，通过无人机平台搭载全景相机，获取测区完整的全景视频。对全景视频进行关键帧提取，得到用于三维重建的全景视频帧。然后，基于设计的全景多视投影模型，生成用于三维重建的全景多视影像集。最后，将全景多视影像输入摄影测量工作流，最终生成测区实景三维模型。

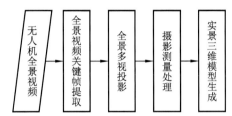

图 6-25　基于全景多视投影的无人机全景视频三维重建技术路线

### 1. 全景视频关键帧提取

多视影像间的重叠是建立影像空间关系的基础，充足的重叠是摄影测量空三与立体视觉 SfM 处理的基本要求，但是过高的重叠度会带来影像间的弱几何约束，导致三维重建模型几何关系错乱。全景视频的帧率一般可达 24～30 帧/s，产生的全景影像序列间的重叠度相当大；同时，当无人机处于手动控制飞行状态时，难免会存在停留、旋转、加减速等状态，相比匀速飞行产生更多的影像冗余。用于三维重建的空中全景视频关键帧应为能充分代表视频局部帧域内容，与相邻关键帧具有良好立体交会且冗余度尽可能小的高图像质量的视频帧。

在缺少定位参考信息的前提下，直接计算相邻帧匹配度或重叠度的方法虽然可行，但是过重叠视频帧间匹配会造成大量计算代价及几何退化现象。空中全景视频关键帧提取方法流程大致如图 6-26 所示，首先，将视频流以等间隔抽取的方式提取间隔较密的初始关键帧，减少后续筛选的数据量；进一步地，根据影像相似度理念，快速过滤初始帧中重复度过高的视频帧；在此基础上，利用全景下视切片，通过影像中心位移变化大小，对载体旋转过程造成的冗余进行进一步过滤；最后结合重叠度与基线计算，选取最终用于重建的关键帧集合。

图 6-26　空中全景视频关键帧提取流程

### 2. 全景多视投影

利用单幅全景模拟倾斜多视影像，需要对全景图进行分解并转换成朝向不同方向的多幅小畸变透视图像。以全景球心为光心，来自中心的每一条光线都可以利用直线投影方式投射到三维全景球表面。进一步地，组合一束相邻光线并投射至同一图像平面，即可生成一幅中心透视图像。通过选取多组光线并分别映射，则可生成包含不同朝向的透视影像集。本小节首先介绍等矩形全景影像与全景球对应关系，并进一步结合全景多视投影模型将全景影像转化为用于无人机摄影测量的多视影像集。

1）等矩形全景影像与全景球对应关系

等矩形投影模型是球形全景最为常用的投影模型。等矩形投影模型采用纬度和经度网格来划分球面，图 6-27 展示了通过等矩形投影模型，在全景球面上的点 $q_s$ 和二维全景图像上的点 $q_{\text{pano}}$ 之间的一对一映射关系，设二维全景图像的宽度为 $w$，高度为 $h$，球体模型的半径为 $R$，将全景图像上像素的直角坐标设置为 $(x^q_{\text{pano}}, y^q_{\text{pano}})$，球面坐标系上的坐标为 $(\theta_q, \varphi_q)$。根据全景图像展开的原理，$(x^q_{\text{pano}}, y^q_{\text{pano}})$ 可以由 $(\theta_q, \varphi_q)$ 通过式（6-18）计算：

$$\begin{cases} x^q_{\text{pano}} = \dfrac{\theta_q}{\pi} \cdot \dfrac{w}{2} + \left( \dfrac{w}{2} - 1 \right) & (-\pi < \theta \leqslant \pi) \\[3mm] y^q_{\text{pano}} = \left( \dfrac{h}{2} - 1 \right) - \dfrac{\varphi_q}{\pi} \cdot h & \left( \dfrac{-\pi}{2} \leqslant \varphi < \dfrac{\pi}{2} \right) \end{cases} \tag{6-18}$$

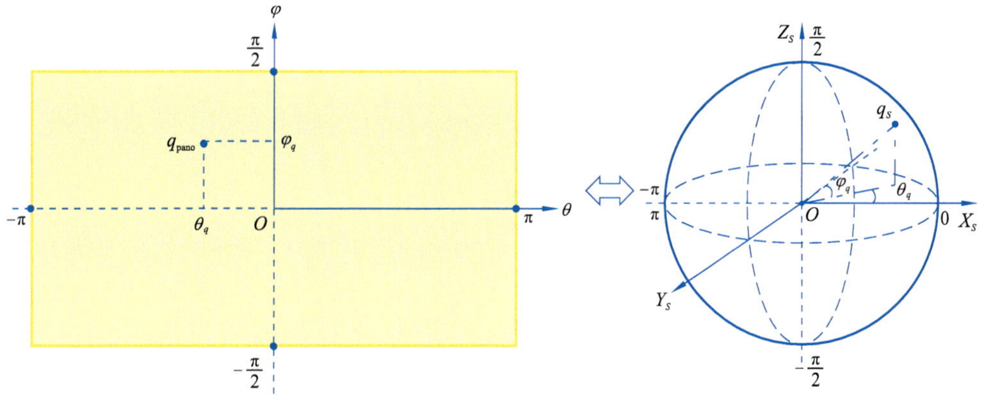

图 6-27　全景影像与全景球转换示意图

类似地，给定已知的二维全景图像坐标 $(x^q_{\text{pano}}, y^q_{\text{pano}})$，球面坐标 $(\theta_q, \varphi_q)$ 也可以通过式（6-19）计算：

$$\begin{cases} \theta_q = \dfrac{2\pi \cdot x^q_{\text{pano}} + 2\pi}{w} - \pi & (0 \leqslant x^q_{\text{pano}} < w) \\[3mm] \varphi_q = \dfrac{\pi}{2} - \dfrac{\pi - 2\pi \cdot y^q_{\text{pano}}}{2h} & (0 \leqslant y^q_{\text{pano}} < h) \end{cases} \tag{6-19}$$

2）全景多视投影模型

全景规则六面体投影（regular hexahedral projection，RHP）模型来源于常规五镜头倾斜摄影与立方体全景成像模型的启示，两种成像模式均实现了可建模的畸变控制与宽视野的成像范围。如图 6-28 所示，全景球被 6 个透视平面覆盖，从视点 $O$ 映射一条光线到目标点 $Q$，则可对应出其在球体上的映射点 $q_s(\theta_q, \varphi_q)$ 和某一个透视平面上的唯一像素位置 $q_{\text{pro}}$。

基于规则六面体投影的原理，由一幅全景生成的 6 个透视图像中（图 6-28），互相不包含重叠区域。当场景只存在单一航线，或没有控制点参与平差的情况下，这种模型可能不够鲁棒。在规则六面体投影基础上，多重叠六面体投影（multi-overlap hexahedral projection，MHP）模型进一步考虑了单摄站内与多摄站间的多视交会。如图 6-29 所示，

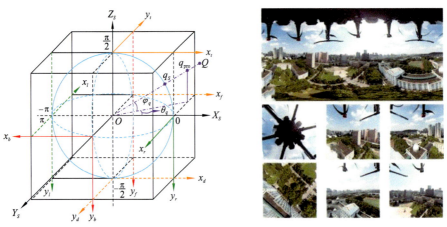

（a）全景规则六面体投影模型　　　　　　　　（b）多视投影结果

图 6-28　全景规则六面体投影模型与其多视投影结果

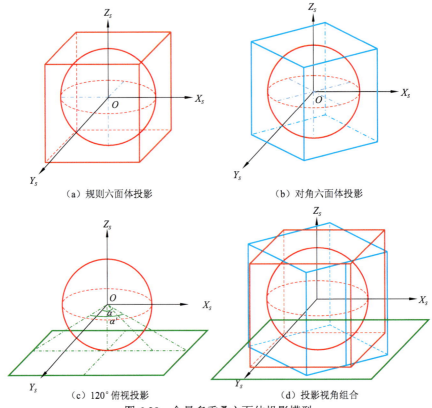

（a）规则六面体投影　　　　　　　　　　　　（b）对角六面体投影

（c）120°俯视投影　　　　　　　　　　　　（d）投影视角组合

图 6-29　全景多重叠六面体投影模型

将规则六面体投影模型的投影平面沿 $Z_s$ 轴旋转 45°生成对角六面体模型，获取其对应的 4 个水平视图，并将下视视角扩展至 120°，完整的多重叠六面体投影模型如图 6-29（d）所示，共包含 9 个视角。与规则六面体投影相比，多重叠六面体投影模型提供了更为丰富的视角，某一摄站的某方位切片可以与其他摄站间的更多视角进行更好的交会，为相邻摄站间提供更多的可靠对应关系，也让连接点分布得更加均匀。

　　基于全景视频关键帧抽取与全景多视投影模型等步骤，空中全景视频可作为三维重建有效数据源,输入至摄影测量工作流自动完成无人机倾斜摄影测量处理,最终生成室外场景高精度实景三维模型。

## 6.3.4 无人机全景倾斜摄影测量三维建模分析

### 1. 实验区域与数据获取

为验证基于多视投影的全景摄影测量方法的精度和通用性,采用不同型号和分辨率的全景相机对两个场景进行全景倾斜摄影测量三维建模分析。如表 6-1 与图 6-30 所示,测试场景 1 是一个形状规则的单体建筑;测试场景 2 范围更大,包含了多个建筑和其他地物。

**表 6-1　数据集信息**

| 场景 | 相机类型 | 全景分辨率 | 拼接软件 |
| --- | --- | --- | --- |
| 场景 1 | 小蚁运动相机 | 8 192×4 096 | HD Pano Factory |
| 场景 2 | Insta360 Pro | 7 680×3 840 | Insta360 Stitcher |

 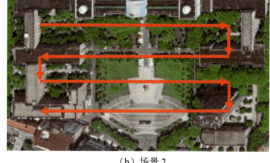

（a）场景 1　　　　　　　　　　　　（b）场景 2

图 6-30　无人机飞行路线

为进行点位精度分析,场景 1 中使用三维激光扫描仪扫描测试区域。获取建筑高精度三维激光点云作为点位坐标真值。场景中建筑物侧面贴有人工标记点,在扫描后获取的点云数据中选取 47 个点并记录各点三维坐标。在场景 2 中,控制点/检查点数据由电子全站仪系统测量获取,以坐标测量方式对其他未知点进行测量。实地共采集 35 个点,根据点位分布,选择 6 个为控制点,29 个为检查点,使之在场景中均匀分布。

### 2. 实验结果分析

1）测试场景 1

场景 1 中共采集 214 幅全景影像,并被映射成 1 070 幅 RHP 模型图像和 1 926 幅 MHP 模型图像,其中俯视图的地面分辨率约为 0.02 m。空中三角测量处理完成后,对每张照片中连接点匹配误差进行统计,RHP 模型中影像重投影的像素误差均方根为 1.328 像素,MHP 模型为 0.987 像素,两种模型距离均方根误差小于 2.5 cm。场景 1 中每个连接点的重投影误差统计结果如表 6-2 所示。利用 MHP 模型,借助拍摄站内部重叠与站间重叠交会的稳定性,相比 RHP 模型获得了更准确与鲁棒的匹配效果。

表 6-2　连接点误差统计

| 模型 | 点数 | 最小值 | 最大值 | 均值 |
|---|---|---|---|---|
| RHP 模型 | 85 239 | 0.02 | 2.75 | 1.23 |
| MHP 模型 | 90 015 | 0.02 | 2.11 | 0.90 |

场景 1 控制点与检查点的点位误差统计结果如表 6-3 所示。RHP 模型中所有控制点的 RMSE 为 0.013 m，MHP 模型中所有控制点的 RMSE 为 0.021 m，两者基本相似，且每个控制点的误差分布也是相似的。检查点的 RMSE 在 RHP 模型中为 0.029 m，在 MHP 模型中为 0.023 m。由于布设了大量的控制点，两种模型都达到了较高的精度，没有很大的差异，两个模型控制点残差点位分布规律比较一致。

表 6-3　点位 RMSE 统计 　　　　　　　　　　　　　　　　（单位：cm）

| 模型 | 点类型 | X 误差 | Y 误差 | 平面误差 | 高程误差 | 三维误差 |
|---|---|---|---|---|---|---|
| RHP 模型 | 控制点 | 0.610 | 0.989 | 1.161 | 0.619 | 1.315 |
| | 检查点 | 1.507 | 2.204 | 2.669 | 1.148 | 2.905 |
| MHP 模型 | 控制点 | 0.93 | 1.714 | 1.95 | 0.886 | 2.142 |
| | 检查点 | 1.042 | 1.697 | 1.99 | 1.096 | 2.28 |

图 6-31 显示了重建后的三维模型，模型再现了建筑的真实形状和纹理。图 6-31（a）和（b）为 RHP 模型与 MHP 模型分别与扫描仪生成的点云模型叠合显示的效果，可以看出两组模型与点云数据配准后，不存在大的偏差与变形情况。为了体现全景三维重建对地物侧面信息的重建能力，单独对俯视图进行摄影测量处理并对比分析。三种重建模型纹理细节如图 6-32 所示，细节 A 的汉字和英文字母能够清晰地映射到 RHP 模型与 MHP 模型上，而垂直摄测模型存在模糊和扭曲现象；细节 B 中的空调机柜在 MHP 模型中重建得最好，但在垂直摄测模型的效果较差。MHP 模型在真实感和平滑过渡方面更具优势。RHP 模型比垂直摄测模型表现得更好，没有明显扭曲或细节缺失。

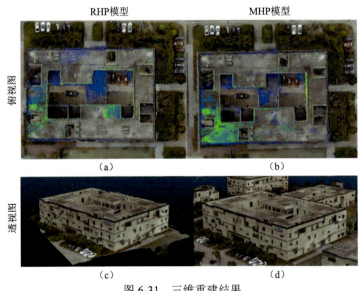

图 6-31　三维重建结果

| RHP模型 | 垂直摄测模型 | MHP模型 |

图 6-32　三种重建模型细节对比

2）测试场景 2

场景 2 共包含 286 幅全景图像，由 RHP 模型生成 1 430 幅透视图，通过 MHP 模型获得 2 574 幅图像。俯视角透视图的地面分辨率约为 0.04 m。场景 2 中的摄影测量处理在 Metashape 中进行，将 286 幅全景影像作为输入进行摄影测量处理对比实验。所有影像连接点 RMSE 在 RHP 模型与 MHP 模型中分别为 1.27 像素和 1.21 像素，而直接使用全景影像的重投影误差为 1.59 像素。表 6-4 为控制点与检查点点位误差的统计结果，RHP 模型、MHP 模型和等矩形全景中控制点的三维均方根误差分别为 0.053 m、0.050 m 和 0.074 m，检查点的 RMSE 分别为 0.085 m、0.075 m 和 0.093 m。MHP 模型的控制点和检查点的精度相对较高。站内图像的充分重叠与良好交会有利于鲁棒的图像配准和光束法平差结果。

表 6-4　点位 RMSE 统计　　　　　　　　　　　　　　　（单位：cm）

| 模型 | 点类型 | $X$ 误差 | $Y$ 误差 | 平面误差 | 高程误差 | 三维误差 |
| --- | --- | --- | --- | --- | --- | --- |
| RHP 模型 | 控制点 | 3.47 | 3.57 | 4.98 | 1.85 | 5.31 |
| | 检查点 | 5.83 | 4.51 | 7.37 | 4.14 | 8.46 |
| MHP 模型 | 控制点 | 2.96 | 3.86 | 4.86 | 0.92 | 4.95 |
| | 检查点 | 4.99 | 4.52 | 6.73 | 3.27 | 7.49 |
| 等矩形全景 | 控制点 | 4.61 | 5.08 | 6.86 | 2.80 | 7.40 |
| | 检查点 | 5.59 | 5.58 | 7.90 | 4.95 | 9.32 |

场景 2 数据的密集重建在 Metashape 中以直接计算深度图的方式完成，场景重建整体结果如图 6-33 和图 6-34 所示。图 6-33（a）和（b）分别为 RHP 模型与 MHP 模

（a）RHP模型重建结果　　　　　　　　　（b）MHP模型重建结果

图 6-33　全景 RHP 与 MHP 模型重建整体结果

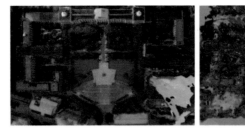

（a）基于密集点云构建网格 　　　　（b）基于深度图生成网格

图 6-34　等矩形全景重建整体结果

型重建结果。图 6-34（a）和（b）分别为全景基于密集点云构建网格与全景基于深度图生成网格方式模型构建结果。RHP 模型和 MHP 模型的整体可视化效果较好，而直接基于全景数据重建的模型都会受到顶部无效纹理与天空场景的影响，其中基于密集点云的方法的纹理效果仍然是可接受的；而基于深度图的方法表现最差，场景的纹理都被混淆在一起。

更加详细的纹理细节如图 6-35 所示。对于细节 A，MHP 模型表现最好，墙壁平滑过渡，文字清晰可辨；RHP 模型中存在蓝色窗口轻微扭曲，但文字清晰；而全景模型表现最差，字符相对模糊且存在锯齿状的窗口边缘。对于细节 C，RHP 模型与 MHP 模型的地面细节非常平坦，路面网线规整；而全景模型则发生了较为严重的扭曲现象，侧面的建筑也是变形的。这说明基于全景模型的密集重建还不足够成熟稳健，而 MHP 模型与 RHP 模型能够继承多视影像的优点，可通过精确的稀疏匹配与密集立体对应得到可靠的三维重建结果。

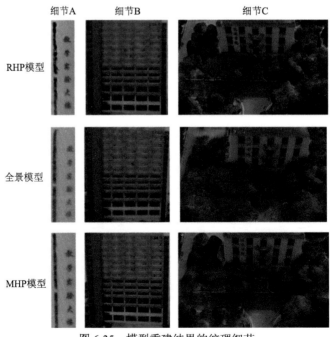

图 6-35　模型重建结果的纹理细节

# 6.4 无人机倾斜摄影测量陆路交通智能测绘应用案例

## 6.4.1 神朔铁路双岩畔隧道至霍家梁隧道出口模型生成

选取神朔铁路双岩畔隧道至霍家梁隧道出口约 13 km 的铁路作为试验区，如图 6-36 所示。以此段铁路中心线两侧各外扩 1 km 为数据采集范围，工作区面积约为 26 km²。试验区地跨陕西省与山西省 2 省，全程长度约为 13 km，其中包含场站 1 个、桥梁 7 座、涵渠 18 个、隧道 4 座等。以霍家梁隧道入口为界分属河西运输段和河东运输段管理。

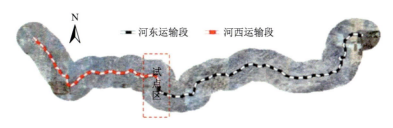

图 6-36  神朔铁路全区示意图

采用搭载倾斜摄影相机的固定翼无人机进行铁路地理空间数据采集。无人机倾斜摄影相机参数如表 6-5 所示。航线设计按照 1∶1 000 航摄标准实施，飞行高度为地表以上 400 m，同一航线相邻影像的航高差不大于 30 m，最大航高与最小航高之差不大于 50 m，实际航高与设计航高之差不大于 50 m，航向重叠度保持在 85%，旁向重叠度保持在 85%。

表 6-5  无人机倾斜摄影相机参数

| 指标 | 参数 |
| --- | --- |
| CCD 数量/个 | 2 |
| 飞行高度/m | 400 |
| 最大影像分辨率/m | 0.058 |
| 倾视镜头倾角/（°） | 45 |
| 总像素 | 大于 7 500 万 |
| 镜头 | 35mm/F2.8（等效焦距） |
| 最小曝光间隔/s | 1.5 |

根据无人机倾斜摄影数据构建的 DSM 图、DEM 图、DOM 图、DLG 图及实景三维模型图如图 6-37～图 6-41 所示。

图 6-37　神朔铁路段数字表面模型图

图 6-38　神朔铁路段数字高程模型图

图 6-39　神朔铁路段数字正射影像图

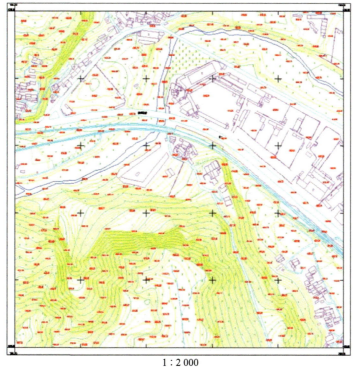

1 : 2 000

图 6-40  神朔铁路段数字线划图

图 6-41  神朔铁路段实景三维模型图

## 6.4.2  长赣铁路萍乡段途经区域及其周边区域模型构建

本小节选取长沙至赣州铁路（简称长赣铁路）萍乡段途经区域及其周边区域为研究对象，研究区域如图 6-42（为保证数据安全，图像经过旋转放缩移动等处理）所示，从常益长铁路设计终点长沙西站东咽喉引出，折向北跨过长沙绕城高速，沿着杭长铁路朝东南方向前行，全长约 70 km，宽约 1 km。

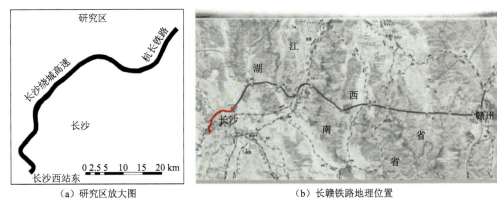

| （a）研究区放大图 | （b）长赣铁路地理位置 |

图 6-42　研究区放大图及长赣铁路地理位置

根据无人机倾斜摄影数据构建的 DSM 图、DOM 图、DLG 图及实景三维模型图如图 6-43～图 6-46 所示。

图 6-43　长赣铁路萍乡段数字表面模型图

图 6-44　长赣铁路萍乡段数字正射影像图

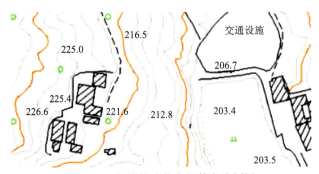

图 6-45　长赣铁路萍乡段数字线划图

图 6-46 长赣铁路萍乡段实景三维模型图

## 6.4.3 武汉绕城高速公路中洲至北湖段改扩建工程模型构建

本小节测区起点位于武汉市江夏区粟庙村，沿绕城高速东行，经沪蓉立交北行，止于终点严西湖。测区从西往东，再转向北，呈反 L 形走向。测区地形主要为平原区，部分为微丘区，平均海拔约为 50 m。平原以鱼塘、水田为主，微丘区以山林为主。根据无人机倾斜摄影数据构建的 DSM 图、DOM 图及 DLG 图如图 6-47～图 6-49 所示。

图 6-47 武汉绕城高速公路测区数字表面模型图

图 6-48 武汉绕城高速公路测区数字正射影像图

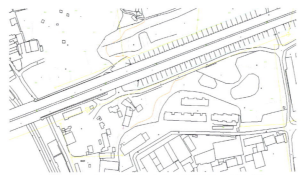

图 6-49    武汉绕城高速公路测区数字线划图

# 6.5 本章小结

6.1 节介绍了无人机遥感技术的概念、发展历程和应用领域，为后续介绍无人机倾斜摄影测量技术奠定了基础。6.2 节详细介绍了无人机倾斜摄影测量技术的相关原理和技术流程，包括数据获取、影像处理及建模等环节。6.3 节介绍了无人机全景倾斜摄影测量技术。6.4 节通过具体案例展示了无人机倾斜摄影测量技术在陆路交通智能测绘中的应用，为交通建设和维护提供了重要的技术支持。

# 参 考 文 献

何佳男, 2019. 贴近摄影测量及其关键技术研究. 武汉: 武汉大学.

季顺平, 秦梓杰, 2019. 多镜头组合式相机的全景 SLAM. 测绘学报, 48(10): 1254-1265.

李德仁, 肖雄武, 郭丙轩, 等, 2016. 倾斜影像自动空三及其在城市真三维模型重建中的应用. 武汉大学学报(信息科学版), 41(6): 711-721.

李清泉, 邵成立, 万剑华, 等, 2022. 优视摄影测量与泛在实景三维数据采集: 以实景三维青岛为例. 武汉大学学报(信息科学版), 47(10): 1587-1597.

梁玉斌, 崔铁军, 2017. 倾斜摄影测量的研究进展. 天津师范大学学报(自然科学版), 37(5): 1-6.

孙钰珊, 张力, 艾海滨, 等, 2018. 倾斜影像匹配与三维建模关键技术发展综述. 遥感信息, 33(2): 1-8.

张剑清, 潘励, 王树根, 2003. 摄影测量学. 2 版. 武汉: 武汉大学出版社.

张永军, 张祖勋, 龚健雅, 2021. 天空地多源遥感数据的广义摄影测量学. 测绘学报, 50(1): 1-11.

张祖勋, 吴媛, 2015. 摄影测量的信息化与智能化. 测绘地理信息, 40(4): 1-5.

Jiang S, Jiang W S, Wang L Z, 2022. Unmanned aerial vehicle-based photogrammetric 3D mapping: A survey of techniques, applications, and challenges. IEEE Geoscience and Remote Sensing Magazine, 10(2): 135-171.

# 第 7 章　地面激光雷达扫描陆路交通智能测绘技术

陆路交通场景的精细测绘与建模，要求三维扫描设备具备高精度测量、高密度采样、高完整性数据等性能。地面激光雷达扫描（terrestrial laser scanning，TLS）技术以固定测站的形式对所在场景进行扫描，保证了数据采集时的平台稳定性，从而保证了更高精度、更高质量的激光点云数据。相较于其他的扫描形式，地面激光雷达扫描技术正是由于在数据精度上具有显著优势，被广泛应用于对高精度测绘和精细建模提出要求的使用场景中，在陆路交通智能测绘应用中发挥重要作用。本章首先介绍地面激光雷达扫描技术，总结其发展和应用；其次列举国内外常用的地面激光雷达扫描仪设备，介绍常规的数据采集流程；然后介绍地面激光雷达点云处理技术和相关算法，针对地面扫描特殊的架站形式，重点介绍点云配准和多站拼接的方法；最后通过几个具体案例，介绍地面激光雷达在陆路交通智能测绘方面的应用。

## 7.1　地面激光雷达扫描技术发展与应用

地面激光雷达扫描技术，通过几十年的发展，测距精度越来越高，数据处理方法越来越完善，应用场景越来越广泛，为陆路交通智能测绘提供了精度保证与可靠支持。

### 7.1.1　地面激光雷达扫描技术概述

地面激光雷达扫描技术以固定测站的方式，通过向地物发射激光脉冲并测量从设备到目标的距离来获取这些点的空间坐标。

近三十年来，激光测距技术在陆地测量及工程测量方面的应用得到了快速发展，相较于传统的全站仪工作模式，激光扫描仪不需要测量人员在现场进行单独特定地物特征的点测量，而是通过自主扫描的形式在很短的时间内获取仪器周边环境数以万计的三维坐标点。此外，地面激光雷达系统不需要全球导航卫星系统（GNSS）的支持以获取位姿参考信息，而仅利用传统的测量学技术即可获取自身的位置，通过三脚架的对中整平来控制姿态，在一定程度上简化了系统集成难度，提高了应用能力。

地面激光雷达系统主要由激光扫描仪、小型主机或平板电脑、三脚架和电源组成。地面激光雷达测量的是自身发射激光束的回波信号，激光探测系统将接收到的回波信号转换成电信号为测距与测角系统所识别。仪器记录了激光光束到达位置的水平方向、天顶距、斜距等信息，同时也记录点的亮度和颜色。获得的距离与角度值经过处理，转换成测量点以仪器中心为原点的三维坐标信息。仪器使用的独立坐标系 $X$ 轴和 $Y$ 轴在水平扫描面内垂直，$Z$ 轴与水平扫描面垂直，$Y$ 轴正方向为仪器发射激光束的方向。测距系统通过发射激光与接收回波信号的时间间隔来计算仪器激光发射中心与所测物体的距离。其工作原理如图 7-1 所示。

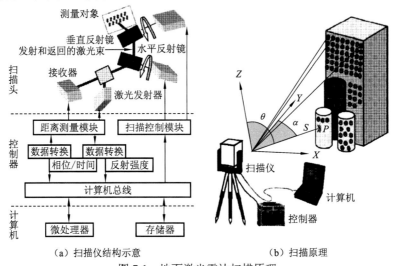

图 7-1　地面激光雷达扫描原理
$\theta$ 为垂直角；$\alpha$ 为水平角；$S$ 为测距值

目前常用的地面激光雷达按工作原理可分为：①脉冲式扫描仪，使用脉冲测距技术测量距离，其特点是测量距离长、测量速度快、不受环境光线影响，但所得单点定位精度较其他两种差，适用于室外工作环境和大范围获取；②相位干涉式扫描仪，利用激光光线发射连续波、根据光学干涉原理确定干涉相位，其测量距离较短，测量一定程度上受环境光线影响，但所得点位精度高；③三角法扫描仪，具有立体相机和机构化光源，通过获取两条光线信息建立立体投影关系，仪器精度高，适用于近距离扫描，受环境光线影响较大，多用于室内逆向工程建模等。在工程领域，常见的扫描仪多为脉冲式扫描仪，脉冲式扫描仪测量距离大、受环境光线小和扫描速率快的特点使它能够很好地适应各种户外环境下的工作，具有更广泛的应用。

## 7.1.2　地面激光雷达扫描技术研究现状

虽然地面激光雷达扫描技术具有目标精细刻画的优势，但由于其固定站的采集形式，容易受到场景目标遮挡的影响，往往采用多站扫描的数据作业模式，以尽可能实现场景的全方位扫描。因此，点云配准和拼接是数据处理的关键环节。

在实际工程中，不乏人工配准拼接的解决方案，即通过手工交互的形式，分别在待配准的两站中选择几组同名点完成配准。这种方法具有灵活易用的优势，常见的扫描仪厂商如 Riegl、Trimble 等的配套软件都提供了相关的功能模块。然而，人工配准的方法往往费时费力，处理多站大数据量地面站点云时严重影响效率。寻找一种低人工依赖、自动化的地面点云数据处理方法，对提高地面激光雷达扫描技术水平有重要意义。

1）标志辅助法

借助人工标志或仪器来辅助完成点云拼接是一种简单可行的思路。标志辅助法通过标志点作为公共点进行坐标转换，标志中心提取精度影响拼接精度。通过该方法对地面站扫描点云进行拼接，其精度容易解算和控制。常用的标志包括平面标志、靶标球等，如图 7-2 所示。同名标志点通过匹配，运用坐标转换模型求解转换参数，完成相邻测站的点云拼接。

（a）Leica 标准平面靶标　（b）Mensi 平面靶标　（c）Faro 标准平面靶标　（d）Leica TSS60　（e）Faro 标准球形靶标

图 7-2　地面点云拼接常用靶标

2）直接匹配法

直接匹配法点云拼接主要采用匹配算法求取不同测站的转换参数。其中，迭代最近点（iterative closest point，ICP）算法是一种典型算法，只需两站点云存在互相重叠区域，即能完成拼接。直接匹配法的最大优点是自动化程度高、拼接精度高，但也存在局部收敛、收敛慢、迭代次数多等缺点。对此，许多学者对 ICP 算法在同名点对搜索速度（盛业华 等，2010）、提高同名点对搜索正确性（张蕾 等，2012）、初始旋转矩阵优化等方面（姚晓山 等，2012）进行了各种改进。

3）特征关系法

通过提取扫描场景中或者被测物容易提取和使用的特征，将其作为多站点云拼接的依据。诸多学者研究通过特征建立相邻测站对应关系模型，完成点云拼接。形状特征是最容易提取和使用的特征，而平面特征是较广泛存在的一种特征；几何特征是另一种较容易提取和使用的特征，主要是曲率和轮廓特征；还有学者利用属性特征、灰度图像等进行点云拼接（侯东兴，2014）。

4）多站拼接

目前的多站拼接主要有两种方法：①逐站拼接到某一固定测站下，进行全局坐标系的统一，如直接法中的两两拼接、基于特征的拼接，以及辅助法中的序列拼接等；②对扫描测站进行绝对定位，如绝对定位法中布设控制点、GNSS 定位及惯性导航定位等。此外，利用光束法平差的方法也可以优化点云拼接（杨英保，2011）。地面三维激光扫描仪多站点云整体拼接是研究的热点和难点，建立平差模型、增加约束条件、组合求解测站转换参数是提高整体拼接精度的重要发展方向。

## 7.1.3　地面激光雷达扫描应用

地面激光雷达扫描技术具有高精度、高效率和非接触式特点，为各行业带来了新的数据采集和分析方法，被越来越广泛地应用于生产生活的各个方面，如地形测绘制图（Li et al.，2020）、城市规划设计（Chen et al.，2021）、交通管理（Cha et al.，2019）、农林业环境监测（Koenig et al.，2015）、考古学等（Gutierrez et al.，2024）。在陆路交通行业，地面激光雷达的应用也日益受到关注，其在设计、建设、维护和安全监测方面展现出了巨大的潜力。

　　在国际上,Gawronek 等（2019）将地面激光扫描数据应用于中钢结构铁路桥梁的垂直位移,然后将三维数据结果与传统的土地测量结果进行比较,该技术提供了更加客观的测量结果,并加快了结果处理速度;Kampczyk 等（2021）提出并开发了测量铁路专用网格激光雷达扫描标志,将其与地面激光扫描目标和近场通信相结合,可用于定义轨道和道岔轴线的 $X$、$Y$ 和 $H$ 坐标和调整数据,并且可通过智能手机收集和共享;地面激光扫描点云数据还可以应用于隧道场景,如图 7-3 所示,进行三维建模和形变监测,获得的隧道点云以最小的遮挡物验证了几何特征。在国内,汤建凤（2016）利用车载式地面三维激光雷达进行线路复测,通过少量地面控制点对原始激光点云数据进行精细化处理,具有自动化程度高的特点,为运营系统信息化管理创造条件;夏绪川（2016）利用激光雷达对地处陡崖、峡谷等复杂困难地区的铁路进行工点 1∶500 地形图测绘,具有精度高、劳动强度低、安全系数高等特点;曹成度等（2018）提出了一种提高铁路车载激光雷达测量精度的方法,通过在轨道两侧布设控制点,调节控制点的密度对点云进行精简,找到了控制点密度与激光雷达数据精度之间的关系,确定满足既有线测量的控制点密度,提高了点云的精度。

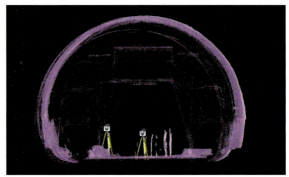

图 7-3　隧道场景建模

　　总体而言,地面激光雷达扫描技术在各个领域的应用十分广泛,可以提供高精度的地表信息、实现非接触式测量、支持三维建模和可视化、帮助实时监测和分析、提高资源管理效率及支持灾害预警和应急响应。这项技术不仅可以用于地形测绘、城市规划、交通管理等领域,还在林业监测、农业生产、地质灾害监测等方面发挥重要作用。在陆路交通智能测绘领域,地面激光雷达扫描技术可以为沿线场景提供高精度的地形数据,为基础设施建设规划、智能化管理提供有力的技术保障,在提高陆路交通安全性和运行效率、降低维护成本等方面具有积极作用,对交通行业的发展具有重要意义。

# 7.2　地面激光雷达陆路交通数据获取

　　国内外老牌测绘厂商在地面激光雷达扫描仪上深耕多年,产品丰富的同时性能也在不断进步。使用地面激光雷达进行数据采集,在遵守一定的采集原则和处理方法下,更有利于得到高精度、高质量的扫描成果。

## 7.2.1 地面激光雷达扫描仪设备

经过激光雷达设备软硬件的发展，地面激光雷达扫描仪越来越广泛地应用于陆路交通测绘，提供高精度扫描结果。国内外厂商均推出了一系列地面激光雷达扫描仪设备，如图 7-4 所示，它们特点有别，性能各异，其关键参数见表 7-1。

| (a) Z+F 5016 | (b) TLS360 | (c) SPL-500 | (d) HGS-300 |

| (e) VZ6000 | (f) X7 | (g) Focus S | (h) RTC360 |

图 7-4　地面激光雷达扫描仪产品

**表 7-1　地面激光雷达扫描仪设备及其关键参数**

| 厂家 | 产品 | 扫描精度/mm | 扫描距离/m | 重量/kg | 扫描密度 |
| --- | --- | --- | --- | --- | --- |
| 华测导航 | Z+F 系列 | 2 | 180 | 9.8 | 1 MPts/s |
| 中海达 | HS 系列 | 5 | 1 000 | 10.5 | 0.5 MPts/s |
| | HD TLS360 | 30 | 150 | 4.0 | 0.32 MPts/s |
| 南方测绘 | SPL 系列 | 3 | 1 500 | 6.0 | 2 MPts/s |
| 珞珈伊云 | HGS-300 | 3 | 300 | 7.0 | 100 Lines/s |
| Riegl | VZ 系列 | 5 | 800 | 9.7 | 240 Lines/s |
| Trimble | X7 | 2 | 80 | 5.8 | 0.5 MPts/s |
| Faro | Focus 系列 | 2 | 350 | 4.4 | 2 MPts/s |
| Leica | RTC360 | 1.9 | 130 | 5.35 | 2 MPts/s |
| | BLK360 | 4 | 60 | 1.0 | 0.36 MPts/s |

注：MPts/s 为百万点每秒；Lines/s 为线每秒

总体而言，当前地面三维激光扫描仪产业正经历快速发展，技术不断进步，产品性能显著提升，其在各种测绘应用中得到越来越广泛的使用。相较于国外的传统测绘产商动辄大几万或几十万美元的仪器，地面激光雷达技术国产化进程的加快，让更多性价比更高的地面激光雷达进入市场，进一步降低了用户的采购成本，使更多中小型企业和机构能够负担得起，从而大大推动了地面三维激光扫描仪在各行业中的普及和应用。可以说，国产品牌的崛起不仅促进了技术自主创新，也在不断加强它们的市场竞争力，为测绘产业的可持续发展奠定了坚实的基础。

## 7.2.2　地面激光雷达数据采集

地面三维激光扫描仪是一种利用激光技术采集物体表面和环境三维数据的设备。地面三维激光扫描仪通常固定在地面进行三维数据的采集。三维激光扫描仪发射器发出一个激光脉冲信号，经物体表面漫反射后，沿几乎相同的路径反向传回到接收器，可以计算目标点与扫描仪距离；此外，为了获取整个环境的点云数据，其往往内置垂直和水平两个方向的旋转电机。垂直电机用于将激光束均匀地在垂直于地面的扫描面上发射，而水平电机以扫描仪中心与地面的垂线为旋转轴，使扫描面拓展到整个场景，控制编码器同步测量每个激光脉冲横向扫描角度观测值和纵向扫描角度观测值。受三维激光扫描距离的限制，对于大型场景的点云数据采集，需要加设多站地面三维激光扫描仪，因此面临站与站之间的点云数据拼接问题。

地面激光扫描数据获取是一个重要的过程。一般来说，地面激光扫描技术采集数据的工作大致分为计划制订、外业数据采集两个过程。在实际工程应用中，地面激光扫描主要通过引入外部参考的扫描方式进行数据采集，该方法通过利用全站仪测出靶标在外部坐标系的坐标，直接将每站扫描的点云数据配准到外部坐标系中。数据获取流程如图 7-5 所示。

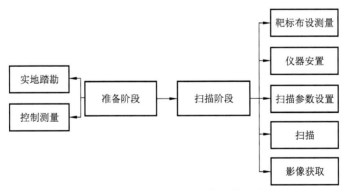

图 7-5　地面激光雷达扫描数据获取流程

（1）计划制订。在对现场进行走访、勘探之后，需要根据扫描对象的不同和实验数据精度的具体要求，结合实际地形设计一条合理的扫描路线、确定合适的采样密度、大致确定扫描距离、站点的布设数量、大致的设站点位置等。

（2）外业数据采集。外业数据采集主要包括数据采集、现场分析采集到的数据是否大致符合要求、进行初步的质量分析和控制等。地面激光扫描仪采用多点设站方式对站场进行激光扫描的工作流程主要包括：①反射靶标布设；②扫描仪安置；③扫描准备与配置；④开始扫描；⑤数据管理。完成所有的数据扫描后，整理好仪器，将所有物品归位，撤离扫描区域。

（3）内业数据处理与拼接。数据多站拼接，其本质是激光点云配准工作，可以借助地面激光雷达扫描仪提供的配套软件进行，一般的数据处理流程包括：①数据导入；②点云配准；③数据导出。

# 7.3 地面激光雷达点云处理技术

地面激光扫描技术可以快速获取被测场景和被测物的点云数据，但是在测绘领域，它们都受到客观条件的制约，如遮挡问题、测程限制及精度要求等。这些客观条件对地面激光扫描的重要影响之一就是很难在一个测站记录物体完整的三维信息，因此需要进行多个测站的扫描测量。如何将不同测站下的点云数据统一到一个测量坐标系下，是三维激光扫描数据处理的一个重要问题，即多站点云拼接。点云拼接技术是地面三维激光扫描仪数据采集和处理中的关键环节，它不仅决定扫描测量流程，也是影响数据预处理和建模精度的最重要因素之一。

## 7.3.1 地面激光扫描坐标转换解算

地面激光扫描仪主要有以下几套坐标系统。

（1）扫描坐标系统（scanner own coordinate system，SOCS）。该系统是以扫描仪自身为基准定义的，$X$ 轴在横向扫描面内，$Y$ 轴在横向扫描面内与 $X$ 轴垂直，$Z$ 轴与 $XY$ 平面在纵向扫描面内垂直，三轴焦点为激光器的扫描中心。

（2）工程坐标系统（project coordinate system，PRCS）。该坐标系是物空间选定的一种符合右手定则的空间直角坐标系，是点云数据配准后的常用坐标系，用来描述扫描过程中物体的相对位置。

（3）大地坐标系统（global coordinate system，GLCS）。大地坐标系统是指国家统一的坐标系，也就是国家测图所使用的高斯-克吕格三度带或者六度带摄影的 1980 西安坐标系和 1985 国家高程基准。它所描述的是物体在空间中的位置。

扫描坐标系统、工程坐标系统、大地坐标系统三个坐标系统的关系如图 7-6 所示。

在激光扫描仪获取点云数据之后，这些数据是离散的点云数据，它们的坐标系统是独立的扫描坐标系统，而不是实际中所采用的大地坐标系统或者工程坐标系统，因此需要将扫描坐标系统转换为工程坐标系统。

由于激光扫描仪测量得到的数据中所采用的三维直角坐标系与实际的坐标系之间的欧拉角可能很大，所以在纠正中不能采用小角度的空间直角坐标转换。一种大旋转角的空间直角坐标转换的简便模型，能比较简单地实现大角度的转换。它的主要思想是将旋转矩阵中的 9 个方向余弦设为未知量，外加 3 个平移参数，1 个缩放比例，共 13 个未知数。

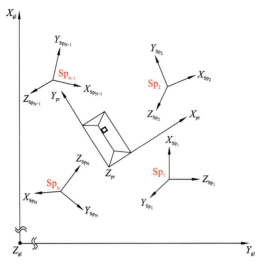

图 7-6　各坐标系统关系示意图

设空间中有一点 $A$ ，如图 7-7 所示，其在空间直角坐标系 $O\text{-}XYZ$ 中的坐标为 $(X,Y,Z)$ ，在空间直角坐标系 $o\text{-}xyz$ 中的坐标为 $(x,y,z)$ ， $O\text{-}XYZ$ 与 $o\text{-}xyz$ 的关系如图 7-7 所示。

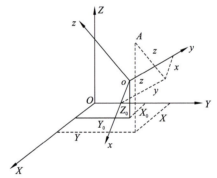

图 7-7　坐标转换关系

令 $x$ 轴在 $O\text{-}XYZ$ 中的方向余弦为 $(a_1,b_1,c_1)$ ， $y$ 轴在 $O\text{-}XYZ$ 中的方向余弦是 $(a_2,b_2,c_2)$ ， $z$ 轴在 $O\text{-}XYZ$ 中的方向余弦为 $(a_3,b_3,c_3)$ ；而 $X$ 轴在 $o\text{-}xyz$ 中的方向余弦是 $(a_1,a_2,a_3)$ ， $Y$ 轴在 $o\text{-}xyz$ 中的方向余弦是 $(b_1,b_2,b_3)$ ， $Z$ 轴在 $o\text{-}xyz$ 中的方向余弦是 $(c_1,c_2,c_3)$ ， $\mu$ 为尺度， $(X_0,Y_0,Z_0)$ 为 $o\text{-}xyz$ 的原点相对于 $O\text{-}XYZ$ 原点的平移，用矩阵可表示为

$$
\begin{bmatrix} X \\ Y \\ Z \end{bmatrix} = \mu \begin{bmatrix} a_1 & a_2 & a_3 \\ b_1 & b_2 & b_3 \\ c_1 & c_2 & c_3 \end{bmatrix} \begin{bmatrix} x \\ y \\ z \end{bmatrix} + \begin{bmatrix} X_0 \\ Y_0 \\ Z_0 \end{bmatrix} \tag{7-1}
$$

式中，9 个方向余弦存在以下关系。

（1）同一行（列）的各元素平方和为 1。

（2）任意两行（列）的对应元素乘积之和为 0。

（3）旋转矩阵的行列式 $|\boldsymbol{R}|=1$ 。

（4）每个元素的值等于其代数余子式。

（5）每个元素的值为变换前后两坐标轴相应夹角的余弦，即

$$
\begin{cases}
a_1^2 + a_2^2 + a_3^2 = 1 \\
b_1^2 + b_2^2 + b_3^2 = 1 \\
c_1^2 + c_2^2 + c_3^2 = 1 \\
a_1a_2 + b_1b_2 + c_1c_2 = 0 \\
a_1a_3 + b_1b_3 + c_1c_3 = 0 \\
a_2a_3 + b_2b_3 + c_2c_3 = 0
\end{cases}
\tag{7-2}
$$

将式（7-1）按泰勒级数展开，得

$$
\begin{bmatrix} X \\ Y \\ Z \end{bmatrix}_i = \begin{bmatrix} X_0^0 \\ Y_0^0 \\ Z_0^0 \end{bmatrix} + \mu_0^0 \begin{bmatrix} a_1^0 & a_2^0 & a_3^0 \\ b_1^0 & b_2^0 & b_3^0 \\ c_1^0 & c_2^0 & c_3^0 \end{bmatrix} \begin{bmatrix} x \\ y \\ z \end{bmatrix}_i + \begin{bmatrix} \mathrm{d}X_0^0 \\ \mathrm{d}Y_0^0 \\ \mathrm{d}Z_0^0 \end{bmatrix} + \begin{bmatrix} a_1^0 x_i & a_2^0 y_i & a_3^0 z_i \\ b_1^0 x_i & b_2^0 y_i & b_3^0 z_i \\ c_1^0 x_i & c_2^0 y_i & c_3^0 z_i \end{bmatrix} \mathrm{d}\mu
$$

$$
+ \begin{bmatrix} \mu^0 x_i \mu^0 y_i \mu^0 z_i & & \\ & \mu^0 x_i \mu^0 y_i \mu^0 z_i & \\ & & \mu^0 x_i \mu^0 y_i \mu^0 z_i \end{bmatrix} \begin{bmatrix} \mathrm{d}a_1 \\ \mathrm{d}a_2 \\ \mathrm{d}a_3 \\ \mathrm{d}b_1 \\ \mathrm{d}b_3 \\ \mathrm{d}b_3 \\ \mathrm{d}c_1 \\ \mathrm{d}c_2 \\ \mathrm{d}c_3 \end{bmatrix}
\tag{7-3}
$$

式中：上标为 0 的数为其近似值，$\mathrm{d}X_0$、$\mathrm{d}Y_0$、$\mathrm{d}Z_0$、$\mathrm{d}a_1$、$\mathrm{d}a_2$、$\mathrm{d}a_3$、$\mathrm{d}b_1$、$\mathrm{d}b_2$、$\mathrm{d}b_3$、$\mathrm{d}c_1$、$\mathrm{d}c_2$、$\mathrm{d}c_3$ 为改正数。

将式（7-3）写成误差方程式如下：

$$
V_i = A_i X + L_i, \quad i = 1, 2, \cdots, n
\tag{7-4}
$$

式中：$V_i = \begin{bmatrix} V_{X_i} & V_{Y_i} & V_{Z_i} \end{bmatrix}^{\mathrm{T}}$，

$$
X = \begin{bmatrix} \mathrm{d}X_0 & \mathrm{d}Y_0 & \mathrm{d}Z_0 & \mathrm{d}\mu & \mathrm{d}a_1 & \mathrm{d}a_2 & \mathrm{d}a_3 & \mathrm{d}b_1 & \mathrm{d}b_2 & \mathrm{d}b_3 & \mathrm{d}c_1 & \mathrm{d}c_2 & \mathrm{d}c_3 \end{bmatrix}^{\mathrm{T}}
$$

$$
A_i = \begin{bmatrix} 1 & & & a_1^0 x_i + a_2^0 y_i + a_3^0 z_i & \mu^0 x_i \mu^0 y_i \mu^0 z_i & & \\ & 1 & & b_1^0 x_i + b_2^0 y_i + b_3^0 z_i & & \mu^0 x_i \mu^0 y_i \mu^0 z_i & \\ & & 1 & c_1^0 x_i + c_2^0 y_i + c_3^0 z_i & & & \mu^0 x_i \mu^0 y_i \mu^0 z_i \end{bmatrix}
$$

根据 $a_1$、$a_2$、$a_3$、$b_1$、$b_2$、$b_3$、$c_1$、$c_2$、$c_3$ 的相关性，可列出条件方程：

$$
BX + W = 0
\tag{7-5}
$$

式中：$B = \begin{bmatrix} 0 & & 2a_1^0 & 2a_2^0 & 2a_3^0 & & & & & & \\ & 0 & & & & 2b_1^0 & 2b_2^0 & 2b_3^0 & & & \\ & & 0 & & & & & & 2c_1^0 & 2c_2^0 & 2c_3^0 \\ & & 0 & a_2^0 & a_1^0 & b_2^0 & b_1^0 & c_2^0 & c_1^0 & & \\ & & a_3^0 & & a_1^0 & b_3^0 & & b_1^0 & c_3^0 & & c_1^0 \\ & & a_3^0 & a_2^0 & & b_3^0 & b_2^0 & & c_3^0 & c_2^0 \end{bmatrix}$，

$$W = \begin{bmatrix} a_1^{0^2} + a_2^{0^2} + a_3^{0^2} - 1 \\ b_1^{0^2} + b_2^{0^2} + b_3^{0^2} - 1 \\ c_1^{0^2} + c_2^{0^2} + c_3^{0^2} - 1 \\ a_1^0 a_2^0 + b_1^0 b_2^0 + c_1^0 c_2^0 \\ a_1^0 a_3^0 + b_1^0 b_3^0 + c_1^0 c_3^0 \\ a_2^0 a_3^0 + b_2^0 b_3^0 + c_2^0 c_3^0 \end{bmatrix}。$$

按附有条件的间接平差法解算式（7-3）和式（7-4），即可解得 $X$。

根据以上方法，理论上在解算中使用 4 对同名控制点，即可完成这 13 个参数的解算。但是在实际的生产实践中，为了满足精度的要求，我们往往会使用更多的反射靶标，增加控制点数量。一般将反射靶标的数量控制在 6 个左右，利用多余数据进行迭代求解，提高运算精度，一般可以满足精度要求。

### 7.3.2 地面激光点云直接配准

直接法点云拼接主要采用基于 ICP 的算法求取不同测站的转换参数。选择直接法进行点云拼接，必须满足迭代最近点算法的处理要求。直接法点云拼接一般适用于被测物为文物雕像、工业部件、逆向工程等，而在地形测量、大型工程测量、数字城市等的应用中，由于测量范围较大、点云数据量大、重叠区域"同名点"误差较大，且重叠率低，ICP 算法应用受限。应用直接法进行点云拼接，当设计数据采集方案时，保证重叠区域的点云数量适中，并且保证三个方向数据量，重叠区域点云具有复杂的特征，避免重叠区域为平面、球面等。

ICP 算法是一个寻找两个三维表面点集最优匹配的几何变换的迭代优化过程。该算法迭代地进行以下步骤最小化两个点集之间的平均距离：首先寻找第一个点集中的每个点与最邻近的第二个点集中的点，从而建立两者之间的对应关系，然后估计匹配点之间的空间变换，最后对第一点集应用计算出来的变换，不断循环上面几步直到收敛。这种方法计算两个点集间的匹配关系使用的是最邻近原则，而不是通过寻找同名点对应，因此每次都朝"正确位置"前进一小步，通常需要迭代几十次才能收敛。

假设对同一目标，分别提取模型轮廓点，得到两组点集 $X = \{x_i, i = 1, 2, \cdots, m\}$ 和 $Y = \{y_i, i = 1, 2, \cdots, n\}$。用 $P$ 和 $Q$ 分别代表 $X$ 和 $Y$ 中参与计算的点集。ICP 算法描述如下。

（1）初始化 $k = 0$，$P_0 = T_0(X)$，$P_0$ 为 $X$ 经过初始变换 $T_0$ 后的点云。

（2）寻找 $P_k$ 中每个点在 $Y$ 上的最近点 $Q_k$。

（3）寻找互换最邻近点 $P_{\varepsilon k}$ 和 $Q_{\varepsilon k}$，即同时互为最近点并且距离小于 $\varepsilon$ 时才被标注。

（4）计算 $P_{\varepsilon k}$ 和 $Q_{\varepsilon k}$ 间的均方距离 $d_k$，$P_{\varepsilon k}$ 和 $Q_{\varepsilon k}$ 是第 $k$ 次迭代中的互换最邻近点。

（5）计算 $P_{\varepsilon 0}$ 和 $Q_{\varepsilon k}$ 间最小二乘意义下的三维相似变换 $T$。

（6）执行变换 $T$：$P_{k+1} = T(P_0)$。

（7）计算 $P_{\varepsilon k+1}$ 和 $Q_{\varepsilon k}$ 间的均方距离 $d_k'$。

（8）如果 $|d_k - d_k'|$ 小于预先设定的阈值或超过最大迭代次数，则停止；否则转第

（2）步。

该算法在每一次迭代中都保证使距离误差单调减少。由于 ICP 算法属于精确配准算法。它的代价函数可能是非凸的，此时有可能落入局部最小，故需要一个较好的初始估计 $T_0$。实际计算时为了加快速度，通常可以取 $Y$ 中的全部点，而只取 $X$ 中的部分点。而且要求配准点集中的一个需是另一个的子集。

ICP 算法效果如图 7-8 所示，其最大优点是自动化程度高、拼接精度高，用存在互相重叠区域的两站点云即能完成拼接而无须其他辅助工作。然而，该算法目前一次只能进行两个不同测站的点云拼接，算法要求两个测站待拼接的点云数据有足够的重叠，并且能高精度地提取重叠区域；算法还要求重叠的点云数据在三维方向上都有足够多的数据才能避免陷入迭代局部极值，保证精度。待拼接的两站重叠的点云数量较少时，即没有足够的重叠，不能保证拼接精度，甚至无法进行拼接；待拼接的两站重叠的点云数量较多时，如达到数十万甚至上百万个点，该方法拼接速度慢，效率很低。

图 7-8　基于 ICP 算法的点云直接配准

总体而言，ICP 算法作为当前应用最广的点云配准算法，其算法本身计算的效率不高、计算时间长，而且它对配准的初始位置要求较高，容易陷入局部最优。在实际应用中需要对其进行优化。

### 7.3.3　基于特征的地面激光点云配准

特征法是通过提取扫描场景中或者被测物容易提取和使用的特征，包含特征点、平面、球体、圆柱、圆台、曲率、反射率等，通过特征建立相邻测站对应关系模型，完成点云拼接。

由于存在测量误差，提取的特征往往存在误差，相邻测站通过特征建立的关系模型也会存在模型误差，通过特征法得到的转换参数精度相对较低。在地形测量、工程测量、雕像建模、数字城市等领域，容易提取和应用的特征相对较多，特征拼接容易满足精度要求，可以采用特征法进行拼接。

基于共有单平面的点云拼接技术：首先进行平面的提取、拟合，精确计算平面的法向量；再运用平面的法向量信息，利用旋转角构造旋转矩阵；最后通过平面的中心点（视为公共点）进行坐标平移，完成点云拼接。

平面特征在扫描场景中广泛存在，一般提取平面特征的方法分为人机交互法和平面特征自动提取算法等，后者包括基于法向聚类、回光强度等方法。

平面拟合实质上是求解平面的最优参数。三维空间中一个平面的数学表达式一般为：$ax+by+cz+d=0$。该表达式唯一确定了一个平面，但是平面方程并不是只有一个这样的表达式来确定，如：$2ax+2by+2cz+2d=0$。为了能让平面有唯一的表达式，定义平面方程：

$$z = ax + by + c \tag{7-6}$$

式中：$a$、$b$、$c$ 为平面拟合的待估参数（此平面不与 $x\text{-}O\text{-}y$ 面平行）。

扫描仪获取的点坐标在 $x$、$y$、$z$ 三个方向均存在误差，列误差方程式为

$$z + v_{z_i} = a(x + v_{x_i}) + b(y + v_{y_i}) + c \tag{7-7}$$

式中：$v_{x_i}$、$v_{y_i}$、$v_{z_i}$ 为点坐标在 $x$、$y$、$z$ 三个方向的误差改正数。

将式（7-7）整理成误差方程向量形式：

$$V_Z = (A + E_A)\hat{x} - L \tag{7-8}$$

式中：$V_Z = \begin{bmatrix} v_{Z_1} \\ v_{Z_2} \\ \vdots \\ v_{Z_n} \end{bmatrix}$，$\hat{x} = \begin{bmatrix} a \\ b \\ c \end{bmatrix}$，$A = \begin{bmatrix} x_1 & y_1 & 1 \\ x_2 & y_2 & 1 \\ \vdots & \vdots & \vdots \\ x_n & y_n & 1 \end{bmatrix}$，$E_A = \begin{bmatrix} v_{x_1} & v_{y_1} & 1 \\ v_{x_2} & v_{y_2} & 1 \\ \vdots & \vdots & \vdots \\ v_{x_n} & v_{y_n} & 1 \end{bmatrix}$，$L = \begin{bmatrix} z_1 \\ z_2 \\ \vdots \\ z_n \end{bmatrix}$。

取方程的最小二乘解作为参数的估值。考虑系数矩阵和观测值中均含有误差，采用矩阵的奇异值分解法（SVD）求解参数最小二乘解。SVD 的步骤如下。

（1）组成增广矩阵，并进行奇异值分解，即

$$[A \quad L] = [U_1 \quad U_2]\begin{bmatrix} \Sigma \\ O \end{bmatrix} V^{\mathrm{T}} = U_1 \Sigma V^{\mathrm{T}} \tag{7-9}$$

式中：$V = \begin{bmatrix} V_{11} & V_{12} \\ V_{21} & V_{22} \end{bmatrix}$。

（2）求解参数估值，如果 $V_{22}$ 非奇异，则 $\hat{x} = -V_{12}V_{22}^{-1}$。

（3）进行精度评定。

三维激光扫描仪获取的平面点云受各种因素的影响，必然会存在粗差点，特别是平面的边界区域。因此为了获取较高的平面参数，需要对这些粗差点进行剔除，再进行平面参数的重新估值。通过不断优化，得到较高精度的平面参数估值。粗差点的剔除主要根据点到拟合平面的距离进行判定。

不同测站下扫描获取的同一平面点云的法向量是不同的。假设测站 1 与测站 2 之间的旋转矩阵为 $R_{21}$，那么一定满足 $(a_1, b_1, -1) = R_{21}(a_2, b_2, -1)$（设这两条法向量同为背离测站方向或者同为指向测站方向）。旋转矩阵具有三个自由度，如果只将法向量视为一个公共点坐标，是不能解出旋转矩阵的。平面的法向量是由平面点云拟合解算得出的，所以不能只将法向量视为一个点坐标。运用两个法向量求解一个旋转矩阵使法向量重合有较多方法。其中较经典的是基于罗德里格矩阵求解旋转矩阵，其求解公式为

$$R = I\cos\theta + (1 - \cos\theta)rr^{\mathrm{T}} + \sin\theta \begin{bmatrix} 0 & -r_z & r_y \\ r_z & 0 & -r_x \\ -r_y & r_x & 0 \end{bmatrix} \tag{7-10}$$

式中：$I$ 为单位阵；$r$ 为向量叉乘运算后的单位向量；$\theta$ 为向量间夹角。

旋转矩阵 $\boldsymbol{R}$ 满足 $(a_1, b_1, -1) = \boldsymbol{R}(a_2, b_2, -1)$，但是该旋转矩阵只是将平面的法向量重合，而没有将平面上的点云重合，不是欧氏空间变换的旋转矩阵，即法向量存在自旋转的问题。

欧氏空间变换的旋转矩阵可由欧拉角、单位四元数、Kardan 旋转（依次绕坐标轴 $Z$、$Y$、$X$ 旋转）等方法得到。已知同一平面在不同测站的法向量，可根据 Kardan 旋转方法求取旋转矩阵。旋转矩阵由平面参数解算，旋转矩阵的精度取决于平面参数精度，取决于平面的平面度。仪器的整平和补偿精度越高，有助于提高旋转矩阵的精度。

待拼接测站的平面经过旋转后，与固定测站平面平行，再经过平移即能完成平面点云的重合。平移矩阵至少需要一对公共点解算：

$$\begin{bmatrix} \Delta x \\ \Delta y \\ \Delta z \end{bmatrix} = \begin{bmatrix} x_1 \\ y_1 \\ z_1 \end{bmatrix} - \begin{bmatrix} x_2 \\ y_2 \\ z_2 \end{bmatrix} \tag{7-11}$$

寻找公共点有多种方法，如将两个平面的几何中心或者点云重心作为公共点，在扫描时测得一个公共点，或者用人机交互方法直接确定一个公共点等。公共点的坐标精度将直接影响点云拼接的精度。基于特征的点云数据拼接效果如图 7-9 所示。

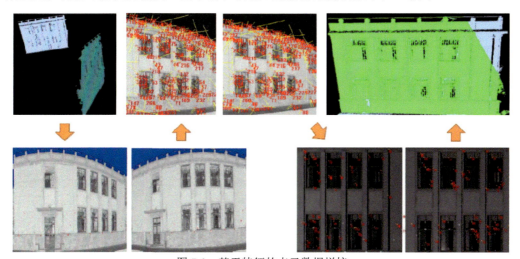

图 7-9　基于特征的点云数据拼接

## 7.3.4　地面激光点云多站自动拼接

传统测量模式（全站仪、经纬仪等）下通过测定公共点在不同测站下的点坐标，解算坐标变换矩阵。体测量模式（激光扫描仪等）下通过对人工标志扫描，经过一系列运算（人工标志的识别、拟合中心等）精确提取了标志点的中心坐标。通过相邻测站间的人工标志中心点坐标计算坐标变换矩阵，完成点云的拼接。地面三维激光扫描仪使用的人工标志相同，无法通过标志识别、给人工标志编码等方法确定标志的编号，不能确定标志点的对应关系，因此需要通过一定的算法来建立两站中人工标志的对应关系。多站拼接场景的靶标布设如图 7-10 所示。

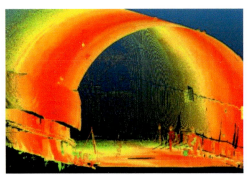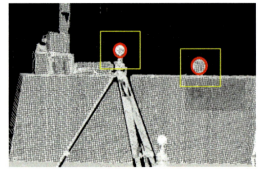

图 7-10　多站拼接场景的靶标布设

　　为了完成多站点的点云数据配准，需要在公共区域布设 4 个以上反射靶标，通过提取反射靶标在两个坐标系下的坐标，来求解 9 个方向余弦未知量，3 个平移参数，1 个缩放比例。获取这些参数之后，即可完成点云的坐标转换，实现点云的配准。基于靶标的多站点云拼接流程如图 7-11 所示。

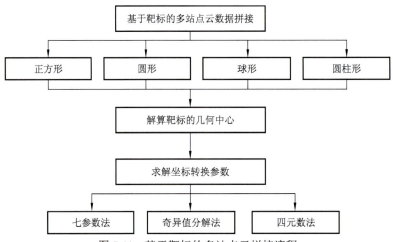

图 7-11　基于靶标的多站点云拼接流程

　　离散点云利用反射靶标完成点云配准之后，坐标转换模型对激光扫描数据转换结果的好坏起着决定性的影响，其精度一般表示为

$$\sigma_m = \sqrt{\frac{\Delta x^2 + \Delta y^2 + \Delta z^2}{3n-7}} \tag{7-12}$$

式中：$\Delta x$、$\Delta y$ 和 $\Delta z$ 分别为转换前后同一点在 $x$、$y$ 和 $z$ 三个方向上的差值，一般而言，都是选择控制点来进行比较；$n$ 为特征点的点数，$\sigma_m$ 越大，则模型配准精度越低；反之则模型配准精度越高。

## 7.3.5　地空异源点云配准方法

　　机载激光扫描和地面站激光扫描是当前最为常见的两种激光点云获取手段。然而，受激光扫描视角的限制，往往无法通过其中某一种方式获取到大场景完整的三维点云。

将机载点云和地面站点云进行融合可以有效弥补两种点云的扫描缺陷，扩大点云的覆盖范围，增强对场景的表达能力。地空异源点云的配准是机载点云和地面站点云进行融合的基础，可以为二者提供统一的坐标参考。

基于旋转不变视点描述子的地空异源点云图配准方法将地面站点云视为局部点云、机载点云视为全局点云，采用局部点云在全局点云中进行定位的思想实现地空点云的配准，技术路线如图 7-12 所示。

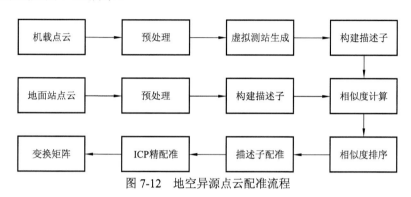

图 7-12  地空异源点云配准流程

首先，分别对机载点云和地面站点云进行点云去噪和降采样等预处理工作；其次，从机载点云中提取地面点，在地面点中生成虚拟测站，并根据虚拟测站位置对机载点云进行分块；然后，为地面站点云和分块后的机载虚拟测站点云构建旋转不变的视点描述子来表征点云的空间分布特性；随后，逐块计算机载虚拟测站点云描述子和地面站点云描述子之间的相似性，找到与地面站点云相似性最高的机载虚拟测站点云，并根据描述子的偏移量对点云进行粗配准；最后，使用基于 Trimmed ICP 的方法对地面站点云和机载虚拟测站点云进行精配准，得到最终的变换矩阵，即地空异源点云图配准结果。

旋转不变描述子经过匹配后，可以获得与地面站视点描述子 $\boldsymbol{D}^{\mathrm{T}}$ 相似度最高的机载点云虚拟测站视点描述子 $\boldsymbol{D}^{A}$，以及使二者距离最近的列平移量 $n^{*}$。由于 Scan context 描述子中将 $N_s$ 定义为一个圆周被划分成的网格数，每次列平移表示以扫描中心为原点，绕垂直地面的轴旋转一个 $2\pi / N_s$ 角度，当列平移 $n^{*}$ 个单位时，对应的旋转角度为

$$\mathrm{yaw} = \frac{2\pi n^{*}}{N_s} \tag{7-13}$$

利用生成机载点云虚拟测站扫描时模拟的仪器高度 $h$、坐标平移量 $(x^A, y^A)$ 和描述子匹配时的旋转角度 yaw，对虚拟测站点云进行坐标变换。记虚拟测站点云为 $\boldsymbol{P}^A$，经过粗配准坐标变换后的点云为

$$\boldsymbol{P}^A_{\mathrm{coarse}} = \boldsymbol{T}_{\mathrm{coarse}} \cdot \boldsymbol{P}^A = \boldsymbol{R}_{\mathrm{coarse}} \cdot \boldsymbol{P}^A + \boldsymbol{t}_{\mathrm{coarse}} \tag{7-14}$$

其中，坐标变换矩阵为

$$\boldsymbol{R}_{\mathrm{coarse}} = \begin{bmatrix} \cos(\mathrm{yaw}) & -\sin(\mathrm{yaw}) & 0 \\ \sin(\mathrm{yaw}) & \cos(\mathrm{yaw}) & 0 \\ 0 & 0 & 1 \end{bmatrix} \tag{7-15}$$

$$\boldsymbol{t}_{\mathrm{coarse}} = [x^A \quad y^A \quad -h]^{\mathrm{T}}$$

以粗配准的变换矩阵作为初值，使用 Trimmed ICP 对地面站点云和机载虚拟测站点云进行精配准。Trimmed ICP 算法使用最小截平方和（least trimmed squares，LTS）的方法来拟合误差函数：

$$E(\boldsymbol{R}_{\text{refined}}, \boldsymbol{t}_{\text{refined}})$$

$$= \frac{1}{n} \sum_{k=1}^{n} \left| \boldsymbol{P}_k^{\text{T}} - \boldsymbol{T}_{\text{refined}} \boldsymbol{P}_{\text{coarse}_k}^{A} \right|^2 \tag{7-16}$$

$$= \frac{1}{n} \sum_{k=1}^{n} \left| \boldsymbol{P}_k^{\text{T}} - \left( \boldsymbol{R}_{\text{refined}} \boldsymbol{P}_{\text{coarse}_k}^{A} + \boldsymbol{t}_{\text{refined}} \right) \right|^2$$

式中：$n$ 为对应点对的数目；$\boldsymbol{P}_k^{\text{T}}$ 和 $\boldsymbol{P}_{\text{coarse}_k}^{A}$ 分别为地面站点云和经过粗配准的机载虚拟测站点云中的一组对应点。

LTS 方法对每组对应点求得的残差做一个升值排序，只截取前面比例为 $\varepsilon$（取 60%）的对应点拟合误差函数，然后通过迭代使误差函数最小求解 $\boldsymbol{R}_{\text{refined}}$ 和 $\boldsymbol{t}_{\text{refined}}$，以此来增强算法的鲁棒性。经过两步配准后机载虚拟测站点云到地面站点云的变换矩阵为

$$\boldsymbol{T}_{A-T} = \boldsymbol{T}_{\text{refined}} \cdot \boldsymbol{T}_{\text{coarse}} \tag{7-17}$$

最终由地面站点云转换到机载虚拟测站点云的变换矩阵：

$$\boldsymbol{T}_{T-A} = \boldsymbol{T}_{A-T}^{-1} \tag{7-18}$$

地空异源点云配准效果如图 7-13 所示，其实现了在机载点云底图上，多站地面激光雷达点云的配准。

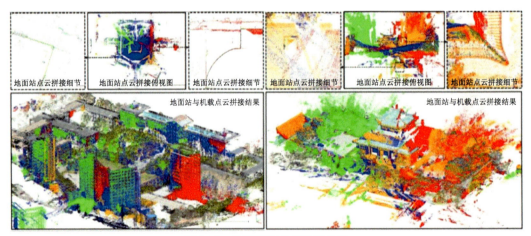

图 7-13　地空异源点云配准效果

# 7.4　地面激光雷达陆路交通智能测绘应用案例

地面激光雷达以其高精度、高密度的特点，在陆路交通智能测绘中发挥着重要作用，在例如场景监测、物件检测等这类要求精细测绘和精密建模的应用中，具有难以替代的优势。

## 7.4.1 拉林线危岩体三维激光扫描

拉萨到林芝铁路（简称拉林线）项目，地处青藏高原，高海拔多峡谷山区。工程多桥梁，多隧道。该地区高陡边坡环境恶劣，地质环境复杂，施工中常面临危岩体崩塌等危险。危岩体调查测量主要是确认其几何尺寸、边界条件、控制性结构面特征、可能失稳方式、可能运动轨迹及对施工的危险性等。然而由于该地区地质环境恶劣，某些区域十分危险，且常有峡谷急流相隔，现场调查人员难以到达目标山体，所以传统地质调查方法的测量方式受到很大限制，急需一种远距离、非接触、准确、快速的调查测量技术。

采用 Riegl VZ1000 远距离三维激光扫描仪对拉萨至林芝铁路 DK190+102 至 DK312+676 里程范围内共计 6 个隧道进/出口处高陡边坡的危岩体进行三维激光数据采集、数据拼接。拉林线各危岩体扫描工程点如图 7-14 所示，主要分布在青藏高原，从山南地区到林芝地区，雅鲁藏布江峡谷两侧，海拔都在 3 000 m 以上。沿线峡谷陡峭深切，山脉高峻逶迤，是典型的高原山地地形，地质条件复杂。

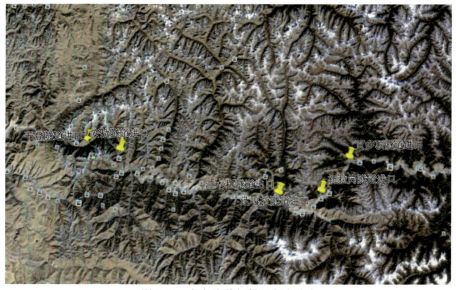

图 7-14　各危岩体扫描工程点分布

项目实施的总体技术路线如图 7-15 所示，数据的采集过程为：现场踏勘、反射片布设、粗扫描、实景影像获取、精扫描、反射片绝对坐标获取；数据的处理过程为：扫描站拼接、点云配准、扫描站导入大地坐标系。最终处理完成的点云和影像成果，进行工程点数据精度评定，配准精度达到 0.003 4 m。

总体而言，拉林线危岩体三维激光扫描在高原山区复杂环境下进行，扫描对象往往无法到达，传统测量方式受到极大限制。采用三维激光扫描的方法，可以实现远距离、非接触。此外，通过与专业数码相机结合，一站式采集扫描对象的点云数据和影像数据，作业效率高。彩色激光点云成果如图 7-16 所示，扫描精度符合技术要求，为后期危岩体

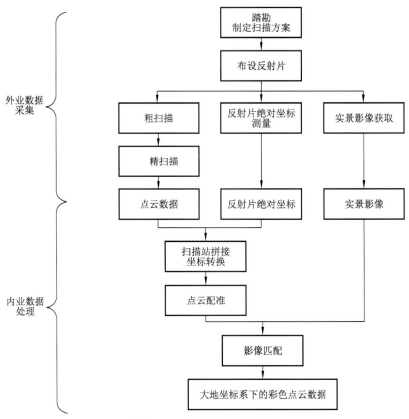

图 7-15 项目总体技术路线

定性分析和定量计算提供了宝贵的数据支持。三维激光扫描仪在高原山区危岩体扫描中的应用实践，丰富了危岩体分析数据获取的手段，效率高、效果好、方法可行。

图 7-16 项目数据采集与彩色激光点云成果

## 7.4.2 天津西站隧道点云时空变形探测

相较于传统工程形变监测，地面激光雷达可以满足高密度、大范围和高时序的要求，助力地下隧道工程形变监测与解决安全预测问题。

以天津西站 2 号隧道施工对 1 号线的影响监测为例进行说明。位于天津红桥区的天津西站，监测的隧道工程变形距离为 50 m，该段隧道上部为 2 号线施工交叉工程，其作为一个扰动源，施工过程会对周围地层造成破坏而引起该段隧道沉降。

数据采集过程包括基础控制布设测量和三维激光扫描，跨度为 7 天。数据采集所在的 1 号线为运营地铁隧道，选择的扫描时间区间在 23:30～4:00。在隧道基底布设固定控制点 4 个，使其连成一条导线，其中前 2 个控制点分别位于变形区域 100 m、50 m 以外，后 2 个控制点在 50 m 范围的变形区域里面，控制点采用 0.5 秒全站仪一站联测，其相对精度控制在 0.5 mm。除 4 个控制点外，在扫描区域布设 32 个反射靶标点，以 4 个控制点为基础，每次采用 0.5 秒全站仪测定其在 4 个控制点所确定的局部坐标系下的坐标，每隔四段分三站对监测隧道区域进行三维激光扫描。三维激光扫描仪采用 Riegl VZ-400，32 个靶标点将每个时序的三站扫描数据合并成该时序点云集。

首先，对隧道工程时空形变安全监测需求进行分析，提出基于三维激光扫描仪的时序三维点云快速获取与处理流程，包括三维激光扫描、多站点云配准和隧道点云滤波预处理，效果如图 7-17 所示。

（a）隧道场景 1　　　　　　　　　　　（b）隧道场景 2

图 7-17　隧道点云滤波预处理前后对比

其次，使用点云断面曲线拟合的形变点探测与定位方法，实现地下工程扰动点的精确定位。隧道断面坐标系定义如图 7-18（a）所示。地下隧道工程形变首先需要从大数据量的三维激光点云中探测到扰动形变点，缩小时空形变分析的范围，以扰动点周边一定范围内的时序点云数据为对象，进行多个时段三维激光点云数据的聚焦形变分析。采用 Hermite 三次多项式差值曲面模型，分析扰动施工过程的整体形变，得到隧道扫描断面数据拟合曲线，如图 7-18（c）所示。

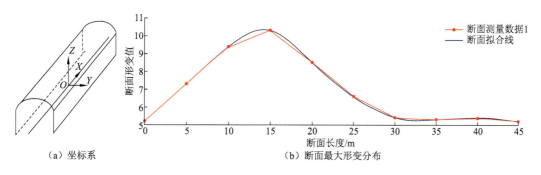

（a）坐标系　　　　　　　　　　　　（b）断面最大形变分布

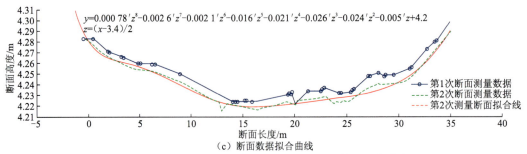

图 7-18　隧道断面坐标系、最大形变分布和数据拟合曲线

最后，以天津西站 2 号线隧道施工对 1 号线隧道影响监测为例，采用该方法进行形变监测分析，如图 7-18（b）所示。结果表明，快速定位施工扰动点的方法是可行的，可以定位到扰动点位置，如图 7-19 所示。对施工过程时空形变参数监测的精度优于 4 mm，可用于地下工程安全监测。

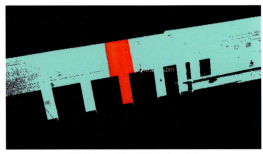

图 7-19　监测扰动点位置

## 7.4.3　铁路隧道钢轨提取与限界检测

地面激光扫描具有高速度、高密度、高精度、主动性等优势，可以快速获取点的三维坐标，根据国内外的经验，利用三维激光扫描技术获取的观测数据可以完整地体现被测对象，其对铁路轨道和隧道的扫描数据可用于隧道变形监测、限界检测。相对于传统测量方式，三维激光扫描测量作业速度快，后处理过程较简单，对环境光照条件要求低，总体更具优势。

考虑钢轨面上无激光反射点云的影像，传统的高程投影方式存在缺陷。首先，根据轨距限制及钢轨位于隧道底部的特点，删除轨道壁、轨道顶及两轨之间部分点云；然后利用轨面点高程最大及两轨平行分布的特点，精提取得到轨面点；最后，用最小二乘直接对提取后点云进行直线拟合。这种方法合理利用了地面激光扫描时只能扫描到轨面边缘的点这一特点，具有较高的提取精度。基于提取得到的钢轨直线，以隧道点云构建不规则三角网（triangulated irregular network，TIN）得到横断面，并引入铁路隧道标准检测架模型，即可计算实现限界检测。

基于点云的三维钢轨直接提取是对隧道点云进行精筛选，通过分析钢轨在整个隧道中的平面位置特点，结合钢轨在隧道底面的高程特点，对隧道点云逐步筛选，最终只保留精确的钢轨点云。由于钢轨外侧边缘上的点多于内侧边缘点，所以拟合的钢轨直线更靠近外侧。两条均靠近外侧的钢轨直线的中线即为线路中心线。实际中两条钢轨必定相互平行，因此，拟合的两条三维钢轨直线应该相互平行，但由于激光扫描、点云提取、直线拟合等过程中存在细微误差，两条拟合的直线不会完全平行，它们的方向向量间会有微小夹角。为了与实际相符，同时为了方便限界测量坐标系的确定，可以对两条钢轨直线的方向向量稍作修正，用二者的平均向量作为方向向量，以保证两条钢轨直线相互平行。钢轨点云提取流程如图 7-20 所示。

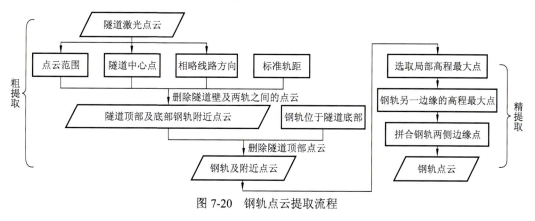

图 7-20　钢轨点云提取流程

将不规则三角网借用到隧道连续模型的生成中，用不规则三角网来描述三维隧道。隧道限界检测最常用的方法是横断面检测法。在限界测量坐标系中获取一定间隔的隧道横断面，通过实际横断面轮廓与设计轮廓间的对比分析，实现隧道限界检测。通过机车模型与铁路隧道横断面轮廓之间的距离计算，判断隧道空间能否保证列车的行驶安全。

由钢轨直线确定隧道限界测量坐标系，如图 7-21（a）所示。之后进行隧道横断面的截取和限界计算，具体步骤为：①筛选横断面附近点云，沿着线路中线等间隔采集隧道横断面基准点，进而得到每个基准点处横断面的平面方程，通过计算隧道点云到横断面平面的距离筛选在横断面附近的点云；②分别对每个横断面附近的点云构建不规则三角网；③计算不规则三角网中各个三角形的三条边与横断面平面的交点；④对交点进行排序，并将它们顺次连接得到横断面轮廓；⑤引入铁路隧道检测架模型，将其统一到横断面轮廓所在的限界测量坐标系中，计算二者之间的距离，实现限界检测。

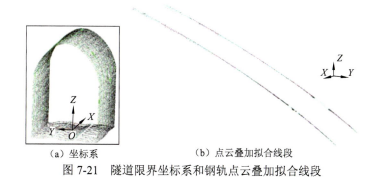

（a）坐标系　　　　　　（b）点云叠加拟合线段

图 7-21　隧道限界坐标系和钢轨点云叠加拟合线段

考虑隧道不同位置点云分布特征的不同，选取隧道中的三段数据进行隧道限界检测分析，这三段数据分别位于隧道进口、隧道中部、隧道出口处。钢轨点云叠加拟合线段效果如图 7-21（b）所示。

由钢轨直线确定限界测量坐标系后，即可采集隧道横断面。隧道横断面轮廓由横断面平面附近的隧道点云拟合得到。沿着隧道线路方向，对每个横断面轮廓向其前后各延展 0.01 m，计算延展面范围内隧道点云到横断面轮廓的距离，统计其中的最大距离和平均距离作为隧道断面轮廓可靠性的分析依据，如图 7-22 所示。

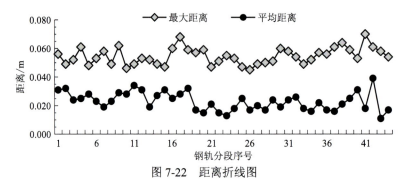

图 7-22　距离折线图

总体而言，利用地面三维激光扫描点云对铁路隧道限界进行检测的应用，对不同类型的隧道点云具有普遍适应性，同时，在直线拟合、点云构不规则三角网、利用不规则三角网的横断面获取、隧道限界检测方面，该方法都具有较高的精度，具有较好的可行性与可靠性。

### 7.4.4　汉十高铁枣阳段既有铁路中线勘测

铁路既有线勘测是既有铁路改造、维护及增建二线的重要环节。传统的既有线勘测以既有中线为控制线，基于全站仪、水准仪等测量仪器进行接触式测量，时间长，效率低，影响铁路正常运行。随着 GNSS 测量精度的不断提高，部分铁路勘测项目使用 GNSS-RTK 方法来进行测量，显著降低了测量所需时间与人力，提高了效率，但仍需接触式作业，随着行车密度与行车速度增加，难以满足现代化铁路既有线勘测的安全性与效率要求。

为了解决铁路轨道三维激光点云不完整对钢轨线型提取的精度和可靠性问题，如图 7-23 所示，使用钢轨结构特征约束匹配的三维激光点云轨道中心线自动提取方法，通过存在信息缺失的轨道点云与标准钢轨模板进行匹配，可充分利用已知点信息，降低边缘遮挡对钢轨提取结果的影响，提高钢轨自动提取的精度和鲁棒性。

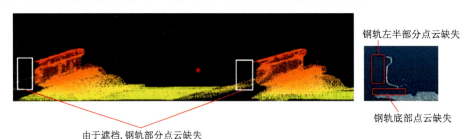

图 7-23　三维激光扫描钢轨点云中缺失问题

钢轨结构特征约束匹配的三维激光点云轨道中心线自动提取方法的技术路线如图 7-24 所示。首先，通过轨道直线拟合和基于钢轨宽度点云过滤，对钢轨横断面进行提取；其次，通过坐标系转换和 ICP 匹配实现标准轨的匹配，得到钢轨断面点云序列；然后，引入标准钢轨点云模板，通过计算左右轨面中心点进而计算钢轨中心点，并生成中心线，实现基于配准轨的中心点计算；最后得到钢轨线型。

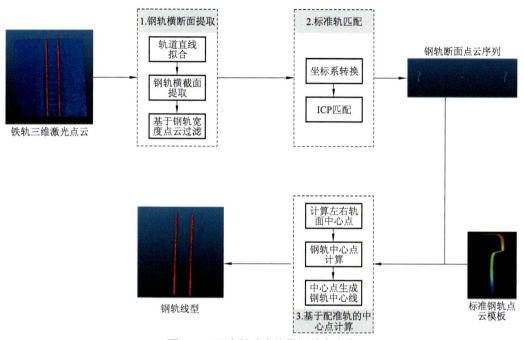

图 7-24　既有铁路中线勘测技术路线

采用 Rigel VZ-400 地面三维激光扫描按照不同的设站间隔、扫描角度间隔获取不同密度的三维激光点云，各站激光点云都采用靶标拼接，拼接内符合精度均优于 2 mm。提取钢轨左右轨中心线及轨道中线，该方法能够取得稳健的轨道中心线结果，如图 7-25 所示。在保证测量精度的同时（图 7-26），该方法提供了一种新的可靠的勘测手段。

图 7-25　轨道中线提取结果

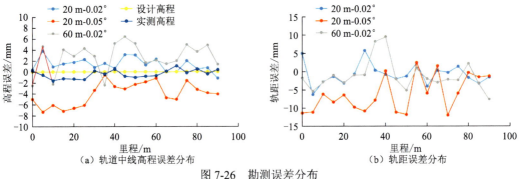

（a）轨道中线高程误差分布　　　　　　（b）轨距误差分布

图 7-26　勘测误差分布

　　总体而言，传统的铁路既有中线测量为接触式测量，耗费时间长，效率较低，对铁路正常运营存在干扰。地面三维激光扫描技术应用于铁路既有线勘测领域，可以有效缩短测量时间，提高效率，降低对铁路正常运营的影响，满足铁路测量的高效率、高精度要求，为基于三维激光扫描技术的既有线勘测和维护提供了技术保障，具有广泛的应用前景。

# 7.5　本章小结

　　本章详细介绍了地面激光雷达扫描陆路交通智能测绘技术。首先介绍了地面激光雷达技术的相关研究现状、技术发展及其应用；其次，介绍了地面激光雷达对线路数据的获取流程；再次，详细介绍了地面激光雷达点云处理技术，包括地面激光雷达扫描坐标系统的转换解算、点云直接配准、基于特征的点云配准、多站自动拼接方法和地空异源点云配准方法；最后，介绍了地面激光雷达的四种陆路交通智能测绘应用。

# 参 考 文 献

曹成度, 曹思语, 2018. 一种提高铁路车载激光雷达测量精度的方法. 铁道勘察, 44(2): 4-7.

侯东兴, 2014. 地面三维激光扫描仪点云拼接技术研究. 郑州: 中国人民解放军信息工程大学.

盛业华, 张卡, 张凯, 等, 2010. 地面三维激光扫描点云的多站数据无缝拼接. 中国矿业大学学报, 39(2): 233-237.

汤建凤, 2016. 基于车载激光雷达的铁路既有线复测技术研究. 铁道工程学报, 33(12): 43-47.

夏绪川, 2016. 基于地面激光雷达技术的铁路工点地形图测绘方法. 铁道勘察, 42(3): 13-15.

杨英保, 2011. 多视图点云拼接全局优化方法. 绵阳: 西南科技大学.

姚晓山, 刘健鑫, 柯维, 2012. 多视点云拼接中的 ICP 算法优化. 微电子学与计算机, 29(8): 94-97.

张蕾, 冀治航, 普杰信, 等, 2012. 约束改进的 ICP 点云配准方法. 计算机工程与应用, 48(18): 197-200.

Cha G, Park S, Oh T, 2019. A terrestrial LiDAR-based detection of shape deformation for maintenance of bridge structures. Journal of Construction Engineering and Management, 145(12): 04019075.

Chen Y P, Wu R R, Yang C Z, et al., 2021. Urban vegetation segmentation using terrestrial LiDAR point clouds based on point non-local means network. International Journal of Applied Earth Observation and Geoinformation, 105: 102580.

Gawronek P, Makuch M, Mitka B, et al., 2019. Measurements of the vertical displacements of a railway bridge using TLS technology in the context of the upgrade of the polish railway transport. Sensors, 19(19): 4275.

Gutierrez I, Lindenbergh R, Watson L, et al., 2024. Building a Mycenaean chamber tomb catalogue from terrestrial laser scan data. Digital Applications in Archaeology and Cultural Heritage, 32: e00319.

Kampczyk A, Dybeł K, 2021. Integrating surveying railway special grid pins with terrestrial laser scanning targets for monitoring rail transport infrastructure. Measurement, 170: 108729.

Koenig K, Höfle B, Hämmerle M, et al., 2015. Comparative classification analysis of post-harvest growth detection from terrestrial LiDAR point clouds in precision agriculture. ISPRS Journal of Photogrammetry and Remote Sensing, 104: 112-125.

Li L, Nearing M A, Nichols M H, et al., 2020. The effects of DEM interpolation on quantifying soil surface roughness using terrestrial LiDAR. Soil and Tillage Research, 198: 104520.

# 第8章　机载激光雷达陆路交通智能测绘技术

针对大范围区域场景的快速扫描与数据获取,一直是一项重要的测绘需求。尤其是陆路交通线路这类大跨度、大范围的场景,对数据采集方法和流程提出了更高的要求。对此,机载激光雷达(airborne laser scanning, ALS)遥感技术提供了一种常用且成熟的解决方案。机载激光雷达遥感借助飞行平台搭载激光雷达扫描设备,辅以卫星定位和惯性导航系统,形成的这套集成系统可以实现对大范围区域场景的快速测绘,计算并得到扫描场景准确的全局坐标。机载激光雷达遥感技术的优势,使其成为测绘领域中最为重要的数据获取手段之一,也能够助力陆路交通智能测绘技术和应用的进一步发展。

本章首先介绍机载激光雷达遥感技术,总结其发展和应用;其次列举国内外知名的机载激光雷达遥感设备,介绍常规的数据采集流程;再次介绍机载激光雷达点云处理技术和相关算法,重点介绍提高扫描点云质量的航带平差方法和广泛使用的数字产品生产方法;然后介绍一种多载荷协同无人机遥感集成系统装备,其激光雷达与倾斜摄影测量相结合的特点,也在一定程度上标志未来机载设备的集成化、一体化的发展方向;最后通过几个具体案例,介绍机载激光雷达在陆路交通智能测绘方面的应用。

## 8.1　机载激光雷达遥感技术发展与应用

机载激光雷达遥感技术作为一种常用且成熟的测绘手段,是大范围区域场景快速扫描与数据获取的重要解决方案。通过多年的发展,机载激光雷达遥感相关研究丰富,技术手段成熟,应用场景广泛。

### 8.1.1　机载激光雷达遥感技术概述

机载激光雷达遥感技术是一种集激光测距、全球导航卫星系统(GNSS)和惯性导航系统(INS)三种技术于一体的高新测量技术。通过机载平台获取三维点云数据,用于生成精确的数字高程模型(DEM)、数字表面模型(DSM)等。由于激光本身具有非常精确的测距能力,其测距精度可达毫米级,由它获得的三维数据可保证精确性。以脉冲作为载波的机载激光雷达系统为例,它包括一个单束窄带激光器和一个接收系统,激光器产生并间隔一段时间连续发射激光脉冲,打在物体上反射回来,最终被搭载在飞机平台上的接收器所接收。接收器准确地测量从光脉冲发射到被反射返回的传播时间,并将其直接转换成对距离的测量。结合激光器高度、激光扫描角度、GNSS 得到的激光器位置，以及 INS 得到的激光束发射方向，根据矢量解算原理可以准确计算出每一个被照射地面光斑的 $X$、$Y$、$Z$ 坐标。

一套完整的机载激光雷达测量系统，通常由空中测量平台、激光扫描仪、姿态测量装置和导航定位系统、计算机控制平台及相关控制测量软件组成，如图 8-1 所示。为了获取目标更为丰富的纹理光谱信息，测量系统还经常搭配一个或多个数码相机。

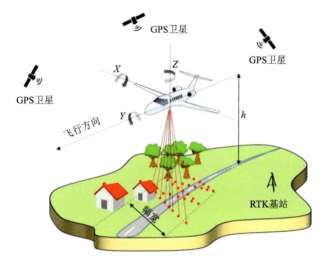

图 8-1　机载激光雷达测量系统工作原理

机载激光雷达测量技术是当代航空、航天遥感最具代表性的高新测绘技术，它集全球定位、惯性导航、激光测距等高新技术于一体，工作效率高、数据精度高，能迅速获取地理空间物体的三维信息数据，一定程度上解决了传统航空、航天摄影测量获取地面三维信息不便的难题。由于具有诸多优点，机载激光雷达测量技术实际上已经代表了对地观测领域一个新的技术发展方向。其具有空间数据三维性、多次回波类型数据、光斑密度不同、数据量大、航带覆盖面积较小、获取同名点困难、存在数据盲区等特点，也对数据采集与处理提出了一定挑战。

## 8.1.2　机载激光雷达遥感技术研究现状

对于机载激光雷达系统的研究，1970 年美国国家航空航天局研制出世界上第一台对地激光测绘系统。20 世纪 90 年代开始，德国率先出现了商用化的激光雷达扫描系统。激光雷达扫描仪作为机载激光雷达扫描技术的核心硬件，目前已有几十家商用企业研制出多种不同类型的激光扫描系统，包括 Trimble、Riegl、Leica、Velodyne、Optech 等各大厂商。

国内激光雷达遥感技术的研究起步较晚。从 21 世纪开始，我国也逐渐出现了一些优秀的生产激光扫描仪的厂商，如大族激光、速腾聚创、镭神智能、巨星科技等企业，此外随着无人机和机器人技术的发展，机载激光雷达遥感技术也开始进入快速发展的阶段。

机载激光雷达系统是由多部件组成的复杂多传感器集成系统，其精度受到系统内各个部件的共同影响，造成系统误差和随机误差，导致不同航带的同名特征间存在三维空间偏移，这严重影响点云数据的相对精度及后续的数据处理。

对于机载激光雷达扫描系统点云校检处理算法的研究，国内外也逐渐提出很多校检模型及校检方法，主要分为手工校检法及航带平差法。在激光雷达扫描系统的安装角误差校检方面，起初是用目测或者手工测量的方式来完成系统初始校检处理。但传统手工校检法存在精度不够、操作麻烦等问题，逐渐发展出航带平差法，通过校正重叠航带的形变来减弱系统误差的影响。其原理是由重叠航带对应区域或连接点具有某些相同的特性（例如高程相同）求解每条航带的变形参数来进行改正，以降低系统误差的影响量。过去的十几年，国内外学者对航带平差技术进行了大量的研究，有的已经成功运用到主流的机载激光雷达数据处理软件中。

机载点云需要根据空中数据获取的形式和特点，对采集的数据进行必要的预处理。点云预处理一般包含点云的去噪平滑、点云精简、点云重构等。噪声数据通常具有较高的频率特性，运用经典的数字图像处理方面的理论，通过设计合理的阈值，对呈现高频特性的噪声数据进行平滑滤波处理。目前采用较多的是高斯滤波、平均或中值滤波算法（靳克强，2011）。

机载点云滤波处理中常常要引入算子或采用有选择性的滤波方法，目前的点云数据规模庞大，对点云去噪算法的适应性和有效性提出更高的要求。一些较为成熟的滤波算法已经获得了一定的应用，例如 TerraScan、TerraSolid、SCOP++ 等软件，如图 8-2 所示；另一种被普遍使用的是基于数学形态学的滤波方法（Kilian et al.，1996），它使用一种被称为结构元素的窗口模板作为处理单元，利用基于形态学的方法进行综合处理；还有的是根据机载激光雷达传感器记录的回波次数进行滤波（张小红，2007）。

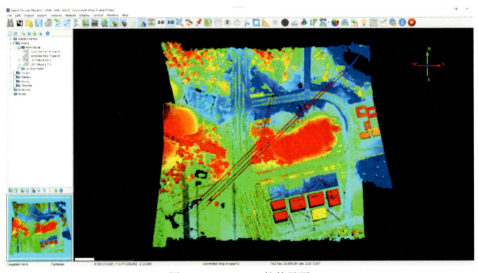

图 8-2　TerraSolid 软件界面

总的来说，目前大多数算法都是基于点云空间几何特征的过滤与分类方法，算法集中考虑并顾及了点云数据的空间三维散乱特征。此外对于点云数据中回波次数信息、回波强度信息，还有数码相机获取的光谱信息等的利用，仍鲜有人深入研究。新一代的滤波算法将朝着联合机载激光雷达系统获取的带有强度与光谱信息的几何数据及其他多源数据的共同融合滤波方向发展。

滤波后的点云数据重构 DEM 的方法，主要分为基于规则格网和基于不规则三角网的重建方法（吴敬文 等，2006）。对规则格网重建方法而言，包括基于格网节点和格网面元的 DEM 重建，数据模型结构简单，便于计算机快速处理；对于不规则三角网的重建方法，主要是应用 Voronoi 图对散乱点云进行 Delaunay 三角化，对每个采样点在各个方向探索所有邻域，寻找可能的邻近点来计算曲面。该方法顾及了表面的细节结构，能重构任意曲面，但计算 Delaunay 三角形需要花费较大的内存开销和时间。重建算法主要还是要解决普适性、高效性、智能性等瓶颈问题，尤其是对大规模的点云数据而言具有挑战性。

## 8.1.3 机载激光雷达遥感技术应用

机载激光雷达具有多回波特性，可以穿透植被打到地面，因此可以应对传感遥感影像中普遍存在的树木遮挡问题。同时，机载激光雷达不受外界光照条件以及光线明暗变化的影响，且包含强度数据，更有助于提高提取精度。相较于传统方法，从机载激光雷达点云数据中进行测绘具有较大优势，其突破了传统单点测量技术的限制，能够全天时、全天候、准确快速地获取物体的三维坐标信息。现如今，此项技术已广泛用于获取数字地面模型（digital terrain model，DTM）、提取城市道路、建立城市三维模型等地球空间信息学科的众多领域。

机载激光雷达遥感技术赋能陆路交通智能测绘。国际上，机载激光雷达在埃塞俄比亚铁路测绘中得到应用（林扬波，2016），采用区别于传统测绘方式的高精度机载激光雷达技术，消除了基础测绘资料匮乏、气候、交通、安全等不利因素的影响。在国内，机载激光雷达在汉十铁路断面生产中得到了应用（蒋珊珊，2017），其采集的断面反映的山体形态比实测数据准确且稳定性好，提高了横纵断面的生产效率；机载激光雷达技术在昌景黄铁路断面测量中也得到了应用（李红，2018），通过对扫描数据和 RTK 断面结果的对比分析，机载激光雷达减少外业投入的同时也提高了勘测质量，具有一定的优势。此外，高文峰等（2010）对传统方法、航测方法及激光雷达方法也进行了详细的对比，在断面生产中突出了激光雷达方法的优势；利用激光雷达数据生产 4D 产品、地形图及断面图，如图 8-3 所示，也能够提高铁路勘测设计的自动化强度。

机载激光雷达在陆路交通测绘方面可以起到重要作用，它能够实现地形数据的智能化高精度采集，为交通行业提供了革命性的数据获取手段。通过快速、自动化的扫描，机载激光雷达能够精确测量线路、轨道、桥梁等关键要素，为基础设施的规划、设计和运营管理提供可靠的信息支持，进一步推动行业智能化发展和安全运行。

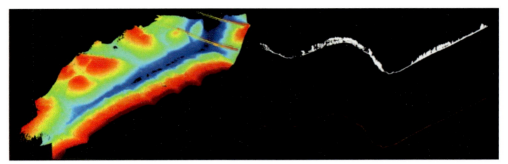

图 8-3　激光雷达数据生成断面图

# 8.2　机载激光雷达陆路交通数据获取

随着无人机技术、卫星与惯性定位技术的发展，以及激光雷达设备的技术进步，国内外机载激光雷达设备的产品愈加丰富，品类愈加细分，选择愈加多样。使用机载激光雷达进行数据采集也有一种常规的模式，方便用户开展数据采集作业。

## 8.2.1　机载激光雷达遥感设备

在各种形式的激光雷达遥感平台中，机载是最为广泛使用的一种形式。在机载激光雷达方面，国内外厂商都推出了性能各异的机载激光雷达遥感设备，如图 8-4 所示。

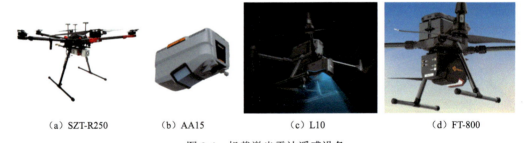

　　（a）SZT-R250　　　（b）AA15　　　（c）L10　　　（d）FT-800

图 8-4　机载激光雷达遥感设备

当前，机载激光雷达遥感设备往往是搭载了激光雷达、IMU 和 GNSS 等多传感器的集成系统，再利用无人机的航飞特点，为陆路交通数据的获取提供了一种新的视角，极大提高了大范围区域的测绘能力。

常见的机载激光雷达厂商及其产品见表 8-1。在机载激光雷达产品中，国内外厂商的产品多、类型丰富，为用户提供了不同的选择。此外，随着机载激光雷达国产化的深入发展，高性价比的产品和便捷的售后保障，让更多的用户享受到了机载激光雷达给数据采集带来的便携性，其成果精度在某些方面甚至不输国外老牌测绘厂商的产品。这不仅极大方便了陆路交通数据的获取，也为推动测绘产业的可持续发展做出了重要贡献。

表 8-1　常见的机载激光雷达厂商及其产品

| 厂商 | 机载激光雷达系统 |
|---|---|
| 南方测绘 | SZT-V100 无人机载移动测量系统 |
| | SZT-R250 轻型无人机载移动测量系统 |
| | SAL-1500 机载三维激光扫描测量系统 |
| 华测导航 | AA9 激光航测系统 |
| | AA15 激光扫描系统 |
| | AA1400 机载激光扫描系统 |
| 中海达 | L10 机载激光测量系统 |
| | 智喙 S1 轻小型机载激光测量系统 |
| | ARS-1200 机载激光测量系统 |
| 珞珈伊云 | FT-800 机载激光雷达 |
| | FT-1500 机载激光雷达 |
| Riegl | VUX-120 机载激光雷达 |
| | miniVUX-1UAV 小型无人机激光扫描系统 |
| Trimble | AX60 机载激光雷达系统 |
| | AX80 机载激光雷达系统 |
| Leica | CountryMapper 混合传感器航测系统 |
| | CityMapper-2 混合传感器航测系统 |

## 8.2.2　机载激光雷达数据采集

陆路交通线路走廊带的三维地理信息的精确获取是勘察设计的重要前提。基于机载激光雷达获取密集的激光点云和高分辨率数码影像，可生产设计所需的 4D 数字产品和线路纵横断面等，从而安全、快速、高精度地服务于勘察。

针对陆路交通线勘测设计的机载激光雷达数据获取流程如图 8-5 所示。

机载激光雷达数据获取主要包括采集前准备、外业数据采集和内业数据处理与生产三个部分。

**1. 采集前准备**

（1）航摄设计。根据线路方案及其稳定性，确定航摄宽度。机载激光雷达点云密度根据实际所需精度确定，一般应优于 1 点/m²，影像地面分辨率一般应优于 0.2 m。

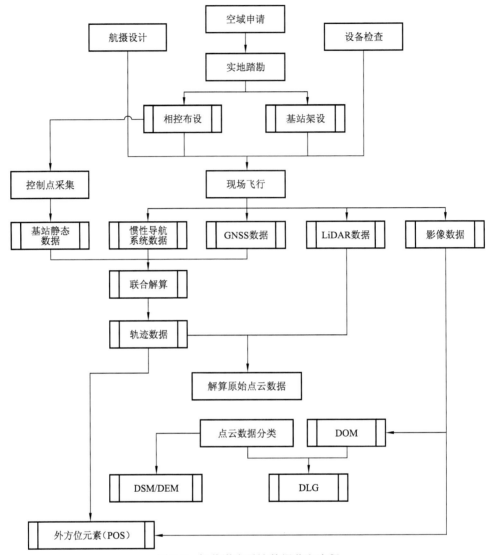

图 8-5 机载激光雷达数据获取流程

（2）空域申请。准备航空摄影空域申请资料，办理航空摄影批文及调机手续，严格遵守《无人驾驶航空器飞行管理暂行条例》。

（3）收集控制成果。收集测区基础控制网资料，或实地进行控制点信息采集。

**2. 外业数据采集**

（1）人工控制点布设。在航飞前或航飞过程中，可在测区人工布设控制标志，布设的同时完成测量工作。标志布设在硬质的平地，该标志可作为影像控制点，同时可作为激光点云的高程控制点。

（2）航飞实施。按航摄设计航线执行航飞，采集测区或线路的激光雷达数据和数码影像数据。

（3）数据预处理与检查。航飞完成后应及时对获取的数据进行检查，重点检查位姿（POS）数据、点云和影像的质量。

**3. 内业数据处理与生产**

（1）4D 数据生产。基于采集的激光雷达和影像数据，生产 DEM、DOM、DRG、DLG 等测绘产品。

（2）陆路交通应用产品。根据陆路交通测绘需求，生产地形图、桥隧工点图、纵横断面数据。

（3）精度验证。验证数据精度，保证产品可用性。

# 8.3　机载激光雷达点云处理技术

机载激光雷达遥感设备是一个高度集成的设备，其收集并记录了多个传感器的原始观测数据。如何将这些原始数据进行处理、融合、解算，并得到扫描点云的准确空间坐标，是机载激光雷达遥感中的关键问题。机载点云质量也是用户最为关心的方面之一，直接关系基于机载点云生产的数据产品的成果及其精度。因此，机载激光点云处理技术是一项重要工作。

## 8.3.1　机载激光雷达观测与解算

机载激光雷达测量系统对地定位属于纯几何定位。激光测距仪通过记录激光从发射经地面目标物反射到接收的时间延迟，利用已知光速，可精确测定发射参考点到地面反射激光脚点的斜距；惯性导航系统测定飞行器在空中的三个姿态参数：侧滚角（Roll，$R$）、俯仰角（Pitch，$P$）、航偏角（Heading，$H$）；GNSS 提供飞机平台飞行时刻的精确位置信息和飞行航迹。在数据的前期预处理中，联合惯性导航系统测出的姿态信息、GNSS 测定的飞机航迹信息、激光测距仪获取的斜距信息，可以求出每个激光脚点的三维空间直角坐标 $X$、$Y$、$Z$。利用扫描仪的摆动，可以获取具有一定带宽的海量地面点的三维空间坐标信息。

**1. 机载激光雷达坐标系统**

为了建立机载激光雷达对地定位的几何模型，必须先定义 7 个关键的坐标系，相关的几何模型推导、误差分析、系统参数的检校都是以这些坐标系为基础的。以下是其定义。

（1）瞬时激光束坐标系。原点 $O$ 为激光发射的参考点；$x$ 轴指向航飞方向；$z$ 轴指向瞬时激光束方向；$y$ 轴与 $x$ 轴、$z$ 轴构成右手系 $Oxyz$。

（2）激光扫描参考坐标系。原点 $O$ 为激光发射的参考点；$x$ 轴指向航飞方向；扫描角为零时，$z$ 轴指向激光扫描系统零点；$y$ 轴与 $x$ 轴、$z$ 轴构成右手系 $Oxyz$。

（3）载体坐标系。原点 $O$ 为飞机纵轴、横轴的交点；$x$ 轴指向机身纵轴向前；$y$ 轴垂直于 $x$ 轴，指向飞机的右机翼；$z$ 轴垂直向下；$x$、$y$、$z$ 三轴构成右手系 $Oxyz$。

（4）惯性平台参考坐标系。原点 $O$ 位于惯性平台参考的中心，坐标系按照惯性平台内部参考框架定义；$x$ 轴指向机身纵轴向前；$y$ 轴垂直于 $x$ 轴，指向飞机的右机翼；$z$ 轴垂直向下；$x$、$y$、$z$ 三轴构成右手系 $Oxyz$。

（5）当地水平参考坐标系。载体姿态角是相对于当地水平参考坐标系测定的，原点 $O$ 位于某天线的相位中心；$x$ 轴指向真北；$y$ 轴指向东；$z$ 轴沿椭球法向量反向指向地心；$x$、$y$、$z$ 三轴构成右手系 $Oxyz$。

（6）当地垂直参考坐标系。原点 $O$ 位于某天线的相位中心；$x$ 轴指向真北；$y$ 轴指向东；$z$ 轴平行于大地水准面的法向量向下；$x$、$y$、$z$ 三轴构成右手系 $Oxyz$。

（7）WGS84 坐标系。原点 $O$ 位于包括海洋和大气在内的整个地球质心；$z$ 轴与国际地球自转和参考系统服务（International Earth Rotation and Reference Systems Service，IERS）参考极指向相同，该指向与历元 1984.0 的国际时间局（Bureau International de I'Heure，BIH）协议地极一致；$x$ 轴指向 IERS 参考子午线与通过原点并垂直于 $z$ 轴的平面的交点，IRM 与在历元 1984.0 时的 BIH 零子午线一致；$y$ 轴与 $x$ 轴、$z$ 轴形成右手地心地固正交坐标系。

**2. 机载激光雷达坐标解算**

机载激光雷达系统的对地定位的坐标就是按照上述的 7 个坐标系逐一转换的。由此可以推导机载激光雷达系统测量的几何模型。假设某个瞬间激光扫描测距测得激光发射点到被照射激光脚点的斜距为 $\rho$，根据上述对各坐标系的定义，此时被测激光脚点在瞬时激光束坐标系中的坐标为

$$[x_{sl}, y_{sl}, z_{sl}]^{\mathrm{T}} = [0, 0, \rho]^{\mathrm{T}} \tag{8-1}$$

由坐标系定义，瞬时激光束坐标绕 $x$ 轴逆时针旋转瞬时扫描角 $\theta_i$ 就可转换到激光扫描参考坐标系，如图 8-6 所示。激光脚点在扫描参考坐标系中的坐标为

$$[x_l, y_l, z_l]^{\mathrm{T}} = \boldsymbol{R}_l [x_{sl}, y_{sl}, z_{sl}]^{\mathrm{T}} \tag{8-2}$$

式中：$\boldsymbol{R}_l = \begin{bmatrix} 1 & 0 & 0 \\ 0 & \cos\theta_i & -\sin\theta_i \\ 0 & \sin\theta_i & \cos\theta_i \end{bmatrix}$ 为转换矩阵，瞬时扫描角 $\theta_i = \dfrac{\theta}{2} - i\dfrac{\theta}{N-1}$，其中 $N$ 为激光脚点总数，$\theta$ 为系统扫描角，$i$ 为激光脚点对应扫描线序号。

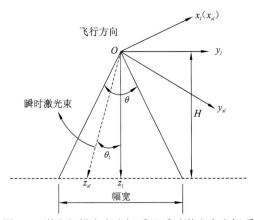

图 8-6　激光扫描参考坐标系及瞬时激光束坐标系

激光扫描参考坐标系与惯性平台参考坐标系的原点经常不重合，存在偏心量 $t_g = [\Delta x_i^l, \Delta y_i^l, \Delta z_i^l]^T$，且两坐标系之间存在安置误差角 $\alpha$、$\beta$、$\gamma$。设激光脚点在惯性平台参考坐标系中的坐标为

$$[x_i, y_i, z_i]^T = \boldsymbol{R}_m [x_l, y_l, z_l]^T + [\Delta x_i^l, \Delta y_i^l, \Delta z_i^l]^T \tag{8-3}$$

式中：$\boldsymbol{R}_m = \boldsymbol{R}(\alpha) \cdot \boldsymbol{R}(\beta) \cdot \boldsymbol{R}(\gamma)$，

其中 $\boldsymbol{R}(\alpha) = \begin{bmatrix} 1 & 0 & 0 \\ 0 & \cos\alpha & -\sin\alpha \\ 0 & \sin\alpha & \cos\alpha \end{bmatrix}$，$\boldsymbol{R}(\beta) = \begin{bmatrix} \cos\beta & 0 & \sin\beta \\ 0 & 1 & 0 \\ -\sin\beta & 0 & \cos\beta \end{bmatrix}$，$\boldsymbol{R}(\gamma) = \begin{bmatrix} \cos\gamma & -\sin\gamma & 0 \\ \sin\gamma & \cos\gamma & 0 \\ 0 & 0 & 1 \end{bmatrix}$。

GNSS 天线相位中心与惯性平台参考中心也不重合，存在偏心量 $t_g = [\Delta x_i^g, \Delta y_i^g, \Delta z_i^g]^T$。同时惯性测量系统也测定了三个姿态角，如图 8-7 所示。这三个姿态角侧滚角 $R$、俯仰角 $P$、航偏角 $H$，提供了由惯性平台参考坐标系转换到当地水平参考坐标系的三个旋转欧拉角。设激光脚点在当地水平参考坐标系下的坐标为

$$[x_{lh}, y_{lh}, z_{lh}]^T = \boldsymbol{R}_n ([x_i, y_i, z_i]^T - [\Delta x_i^g, \Delta y_i^g, \Delta z_i^g]^T) \tag{8-4}$$

式中：$\boldsymbol{R}_n = \boldsymbol{R}(H) \cdot \boldsymbol{R}(P) \cdot \boldsymbol{R}(R)$，

其中

$$\boldsymbol{R}(R) = \begin{bmatrix} 1 & 0 & 0 \\ 0 & \cos R & -\sin R \\ 0 & \sin R & \cos R \end{bmatrix}, \quad \boldsymbol{R}(P) = \begin{bmatrix} \cos P & 0 & \sin P \\ 0 & 1 & 0 \\ -\sin P & 0 & \cos P \end{bmatrix}, \quad \boldsymbol{R}(H) = \begin{bmatrix} \cos H & -\sin H & 0 \\ \sin H & \cos H & 0 \\ 0 & 0 & 1 \end{bmatrix}。$$

令 $\boldsymbol{R}_n = \begin{bmatrix} a_1 & a_2 & a_3 \\ b_1 & b_2 & b_3 \\ c_1 & c_2 & c_3 \end{bmatrix}$，则 $a_1 = \cos H \cos P$，$a_2 = \cos H \sin P \sin R - \sin H \cos R$，

$a_3 = \sin H \sin R + \cos H \sin P \cos R$，$b_1 = \sin H \cos P$，$b_2 = \cos H \cos R + \sin H \sin P \sin R$，$b_3 = \sin H \sin P \cos R - \cos H \sin R$，$c_1 = -\sin P$，$c_2 = \cos P \sin R$，$c_3 = \cos P \cos R$。

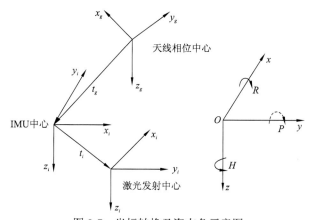

图 8-7　坐标转换及姿态角示意图

当地水平参考坐标系以地球参考椭球的法线为基准，当地垂直参考坐标系以大地水准面的法线为基准，两者之间存在垂线偏差。设激光脚点在当地垂直参考坐标系下的坐

标为

$$[x_{lv}, y_{lv}, z_{lv}]^{\mathrm{T}} = \boldsymbol{R}_g [x_{lh}, y_{lh}, z_{lh}]^{\mathrm{T}} \qquad (8\text{-}5)$$

式中：$\boldsymbol{R}_g$ 为由垂线偏差产生的旋转矩阵。

当地垂直参考坐标系到 WGS84 坐标系的旋转矩阵 $\boldsymbol{R}_w$ 是对应激光脚点的经纬度函数。激光脚点在 WGS84 坐标系中的坐标为

$$[x_{84}, y_{84}, z_{84}]^{\mathrm{T}} = \boldsymbol{R}_w [x_{lv}, y_{lv}, z_{lv}]^{\mathrm{T}} + [x_{84} y_{84}, z_{84}]_{\mathrm{APC}}^{\mathrm{T}} \qquad (8\text{-}6)$$

式中：$[x_{84} y_{84}, z_{84}]_{\mathrm{APC}}^{\mathrm{T}}$ 是 GNSS 测定的天线相位中心（antenna phase center）在 WGS84 坐标系下的坐标。

至此，完成了机载激光雷达测量系统对地定位几何模型的推导，综合式（8-1）～式（8-6），得到被测激光脚点在 WGS84 坐标系下的坐标为

$$\begin{bmatrix} x_{84} \\ y_{84} \\ z_{84} \end{bmatrix} = \boldsymbol{R}_w \boldsymbol{R}_g \boldsymbol{R}_n \left( \boldsymbol{R}_m \boldsymbol{R}_l \begin{bmatrix} 0 \\ 0 \\ \rho \end{bmatrix} + \begin{bmatrix} \Delta x_i^l \\ \Delta y_i^l \\ \Delta z_i^l \end{bmatrix} - \begin{bmatrix} \Delta x_i^g \\ \Delta y_i^g \\ \Delta z_i^g \end{bmatrix} \right) + \begin{bmatrix} x_{84} \\ y_{84} \\ z_{84} \end{bmatrix}_{\mathrm{APC}} \qquad (8\text{-}7)$$

式（8-7）用向量形式可表示为

$$\boldsymbol{P}_{84} = \boldsymbol{R}_w \cdot \boldsymbol{R}_g \cdot \boldsymbol{R}_n (\boldsymbol{R}_m \cdot \boldsymbol{R}_l \cdot r + t_l - t_g) + \mathrm{APC}_{84} \qquad (8\text{-}8)$$

## 8.3.2 机载激光雷达点云航带平差

针对机载激光雷达遥感中普遍存在的不同航带同名特征间三维空间偏移问题，如图 8-8 所示。采用机载激光雷达点云航带平差技术，通过匹配技术代替公共控制点来进行两个三维表面配准，找出由不同时期、不同设备或不同视角获取的同一表面或相似表面模型中的相同部分，并求出它们之间的变换关系，进而提高多航带激光雷达点云匹配质量，提高测绘精度。

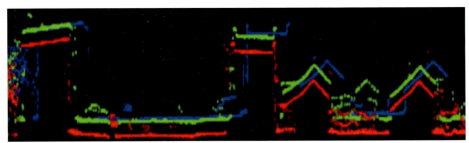

图 8-8　航带间同名目标的系统性偏移

**1. 基于最小高程差的点云匹配**

最小高程差（least $Z$ difference，LZD）算法（Rosenholm et al.，1988），通过内插临时对应点的方式避免了耗时的对应点搜索过程，提高了算法的执行效率，是一种高效的机载激光雷达点云航带平差方法。其以对应点间的 $Z$ 坐标差（高差）作为观测量，在迭代过程中两表面沿垂向相互接近，如图 8-9 所示。

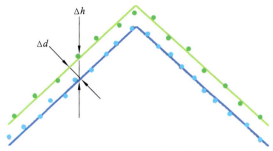

图 8-9　表面间法向偏差与垂向偏差示意图

假设两个匹配表面分别为参考面 $Z = f(X,Y)$ 与待匹配面 $z = f(x,y)$，两个表面对应的点可表示为 $\boldsymbol{P} = [X,Y,Z]^{\mathrm{T}}$ 与 $\boldsymbol{P}' = [x,y,z]^{\mathrm{T}}$，对应的数学关系转换式为

$$\boldsymbol{P} = \boldsymbol{T} + S \cdot \boldsymbol{R} \cdot \boldsymbol{P}' \tag{8-9}$$

式中：$\boldsymbol{T} = [T_x, T_y, T_z]^{\mathrm{T}}$ 为 $\boldsymbol{P}'$ 沿 $X$ 轴、$Y$ 轴和 $Z$ 轴相对 $\boldsymbol{P}$ 的平移参数；$S$ 为缩放系数；$\boldsymbol{R}$ 为

由三个旋转参数（$\boldsymbol{R}_x = \omega$，$\boldsymbol{R}_y = \varphi$，$\boldsymbol{R}_z = \kappa$）构成的旋转矩阵，令 $\boldsymbol{R} = \begin{bmatrix} a_1 & a_2 & a_3 \\ b_1 & b_2 & b_3 \\ c_1 & c_2 & c_3 \end{bmatrix}$，

则 $a_1 = \cos\varphi\cos\kappa$，$a_2 = \sin\omega\sin\varphi\cos\kappa + \cos R\sin\kappa$，$a_3 = -\cos\omega\sin\varphi\cos\kappa + \sin\omega\sin\kappa$，$b_1 = -\cos\varphi\sin\kappa$，$b_2 = -\sin\omega\sin\varphi\sin\kappa + \cos\omega\cos\kappa$，$b_3 = \cos\omega\sin\varphi\sin\kappa + \sin\omega\cos\kappa$，$c_1 = \sin\varphi$，$c_2 = -\sin\omega\cos\varphi$，$c_3 = \cos\omega\cos\varphi$。

在 $\omega = 0$、$\varphi = 0$、$\kappa = 0$、$S = 1$ 处，对式（8-9）按泰勒级数展开并略去二次以上高次项，得

$$\begin{bmatrix} X \\ Y \\ Z \end{bmatrix} + \begin{bmatrix} \Delta X \\ \Delta Y \\ \Delta Z \end{bmatrix} = \begin{bmatrix} T_{x0} \\ T_{y0} \\ T_{z0} \end{bmatrix} + \overline{SR}\begin{bmatrix} x \\ y \\ z \end{bmatrix} + \begin{bmatrix} \Delta T_x \\ \Delta T_y \\ \Delta T_z \end{bmatrix} + \begin{bmatrix} \Delta S & -\Delta\kappa & \Delta\varphi \\ \Delta\kappa & \Delta S & -\Delta\omega \\ -\Delta\varphi & \Delta\omega & \Delta S \end{bmatrix}\begin{bmatrix} x \\ y \\ z \end{bmatrix} \tag{8-10}$$

建立对应点时，取

$$\begin{bmatrix} X \\ Y \\ Z \end{bmatrix} = \begin{bmatrix} T_{x0} \\ T_{y0} \\ T_{z0} \end{bmatrix} + \overline{SR}\begin{bmatrix} x \\ y \\ z \end{bmatrix} \tag{8-11}$$

因此，由式（8-10）和式（8-11）可得

$$\Delta X = \Delta T_x + x \cdot \Delta S - y \cdot \Delta\kappa + z \cdot \Delta\varphi$$
$$\Delta Y = \Delta T_y + x \cdot \Delta\kappa + y \cdot \Delta S - z \cdot \Delta\omega \tag{8-12}$$
$$\Delta Z = \Delta T_z - x \cdot \Delta\varphi + y \cdot \Delta\omega + z \cdot \Delta S$$

若激光雷达数据表达方式采用不规则三角网，则不规则三角网表面任意一点的高程可表示成 $Z = f_z(X,Y)$，假设 $X$、$Y$ 方向的高程梯度存在且连续，则 $\Delta Z$ 可由一阶偏导数表示：

$$\Delta Z = \frac{\mathrm{d}f}{\mathrm{d}x}\Delta X + \frac{\mathrm{d}f}{\mathrm{d}y}\Delta Y \tag{8-13}$$

式中：点 $(i,j)$ 处对 $x$、$y$ 的一阶偏导数可以进行如下求解：对重叠区域内待匹配表面的所有点在参考表面中内插其对应点时，记参考面任意三角剖面方程为 $ax + by + cz - d = 0$，

则

$$z = \frac{d - ax - by}{c}, \quad \frac{\mathrm{d}f}{\mathrm{d}x} = -\frac{a}{c}, \quad \frac{\mathrm{d}f}{\mathrm{d}y} = -\frac{b}{c} \quad (8\text{-}14)$$

结合式（8-12）和式（8-13），两表面对应坐标相同点高差：

$$\begin{aligned}
\lambda = &\ \Delta T_z - x \cdot \Delta \varphi + y \cdot \Delta \omega + z \cdot \Delta S \\
&- \frac{\mathrm{d}f}{\mathrm{d}x}(\Delta T_x + x \cdot \Delta S - y \cdot \Delta \kappa + z \cdot \Delta \varphi) \\
&- \frac{\mathrm{d}f}{\mathrm{d}y}(\Delta T_y + x \cdot \Delta \kappa + y \cdot \Delta S - z \cdot \Delta \omega)
\end{aligned} \quad (8\text{-}15)$$

然后，依据最小二乘法求解 $\min \sum p_i(\lambda_i)^2$，其过程是个不断迭代的收敛过程。$p_i$ 表示待匹配表面的各个点的权，如果在参考表面中找到对应点，则为 1，否则为 0。

式（8-15）的矩阵形式为

$$\underset{n \times 1}{V} = \underset{n \times 7}{A} \underset{7 \times 1}{X} + \underset{n \times 1}{\lambda}, P \quad (8\text{-}16)$$

式中：$V$ 为残差向量；$A = \left[ \dfrac{\partial \lambda}{\Delta T_z} \ \dfrac{\partial \lambda}{\Delta T_y} \ \dfrac{\partial \lambda}{\Delta T_x} \ \dfrac{\partial \lambda}{\Delta \kappa} \ \dfrac{\partial \lambda}{\Delta \varphi} \ \dfrac{\partial \lambda}{\Delta \omega} \ \dfrac{\partial \lambda}{\Delta S} \right]$ 为系数矩阵；

$X = [\Delta T_z \quad \Delta T_y \quad \Delta T_x \quad \Delta \kappa \quad \Delta \varphi \quad \Delta \omega \quad \Delta S]^{\mathrm{T}}$ 为初始转换参数改正向量；$\lambda$ 为两表面同名特征间 $Z$ 坐标差；$P$ 为权阵。

### 2. 基于最小法向距离的点云匹配

在 LZD 算法的基础上，采用改进的最小法向距离（least normal distance，LND）算法（Pâquet，2004），实现机载激光雷达点云航带平差。该算法借鉴了 Pâquet 提出的一种用于空间数据配准的最小二乘表面匹配算法，其通过最小化两个表面的法向距离得到两表面之间的正形变换七参数。

给定两个表面，一个为参考面 $S_1$，另一个为搜寻面 $S_2$，二者具有重叠区域 $\Omega$。最小二乘表面匹配的任务在于找到 $S_1$ 和 $S_2$ 之间的 7 个正形变换参数（旋转参数 $\omega$、$\varphi$、$\kappa$，平移参数 $T_x$、$T_y$、$T_z$，比例因子 $S$），对 $S_2$ 进行转换得到 $S_2'$，使 $S_2'$ 和 $S_1$ 之间沿法向距离平方和最小，建立表面匹配的目标方程：

$$\min \sum \omega_i \cdot \mathrm{Dist}_i^2 \quad (8\text{-}17)$$

式中：$\mathrm{Dist}_i$ 为两表面对应点沿法向距离；$\omega_i$ 为 $\mathrm{Dist}_i$ 的权，取值 0 或 1，用来处理两个表面没有覆盖相同区域的问题。根据最小二乘原理进行迭代求解，进行参考面与搜寻面间匹配。

对参考面 $S_1$ 构建不规则三角网，任意三角剖面方程记为 $ax + by + cz - d = 0$，则 $S_2'$ 中一点 $I'(x', y', z')$ 沿法向到 $S_1$ 中三角面片的法向距离：

$$D = \frac{|ax_i' + by_i' + cz_i' - d|}{\sqrt{a^2 + b^2 + c^2}} \quad (8\text{-}18)$$

将式（8-18）用泰勒公式展开并忽略高次项，对方程进行线性化得到法向距离 $D$ 的估值：

$$D^* \approx D_0 + \frac{\partial D}{\partial \omega}\Delta\omega + \frac{\partial D}{\partial \varphi}\Delta\varphi + \frac{\partial D}{\partial \kappa}\Delta\kappa + \frac{\partial D}{\partial T_x}\Delta T_x + \frac{\partial D}{\partial T_y}\Delta T_y + \frac{\partial D}{\partial T_z}\Delta T_z + \frac{\partial D}{\partial S}\Delta S \quad （8\text{-}19）$$

记估值 $D^*$ 与真值 $D$ 的差为 $V$ ，则其为由泰勒级数展开忽略的高次项构成的残差，是由参考面建模的内插误差、采样误差引起的，则有

$$D = D^* - V \quad （8\text{-}20）$$

将式（8-19）代入式（8-20）得

$$D = D_0 + \frac{\partial D}{\partial \omega}\Delta\omega + \frac{\partial D}{\partial \varphi}\Delta\varphi + \frac{\partial D}{\partial \kappa}\Delta\kappa + \frac{\partial D}{\partial T_x}\Delta T_x + \frac{\partial D}{\partial T_y}\Delta T_y + \frac{\partial D}{\partial T_z}\Delta T_z + \frac{\partial D}{\partial S}\Delta S - V \quad （8\text{-}21）$$

显然，理想情况下匹配完成时对应点间的距离 $D = 0$ ，则

$$V = D_0 + \frac{\partial D}{\partial \omega}\Delta\omega + \frac{\partial D}{\partial \varphi}\Delta\varphi + \frac{\partial D}{\partial \kappa}\Delta\kappa + \frac{\partial D}{\partial T_x}\Delta T_x + \frac{\partial D}{\partial T_y}\Delta T_y + \frac{\partial D}{\partial T_z}\Delta T_z + \frac{\partial D}{\partial S}\Delta S \quad （8\text{-}22）$$

式（8-22）的矩阵形式为

$$\boldsymbol{V} = \boldsymbol{L} + \boldsymbol{AX}, \boldsymbol{P} \quad （8\text{-}23）$$

式中： $\boldsymbol{V}$ 为七参数改正数向量； $\boldsymbol{L} = D_0$ 为点沿法向到对应面距离估值，

$$\boldsymbol{A} = \left[ \frac{\partial D}{\Delta T_x} \quad \frac{\partial D}{\Delta T_y} \quad \frac{\partial D}{\Delta T_z} \quad \frac{\partial D}{\Delta S} \quad \frac{\partial D}{\Delta \varphi} \quad \frac{\partial D}{\Delta \omega} \quad \frac{\partial D}{\Delta \kappa} \right]$$ 为系数矩阵； $\boldsymbol{X} = [\mathrm{d}T_x \quad \mathrm{d}T_y \quad \mathrm{d}T_z \quad \mathrm{d}S \quad \mathrm{d}\varphi \quad \mathrm{d}\omega \quad \mathrm{d}\kappa]^{\mathrm{T}}$ ；

$\boldsymbol{P}$ 为权阵。

解式（8-23），其最小二乘解为

$$\hat{\boldsymbol{X}} = -(\boldsymbol{A}^{\mathrm{T}}\boldsymbol{PA})^{-1}\boldsymbol{A}^{\mathrm{T}}\boldsymbol{PL} \quad （8\text{-}24）$$

若平差计算中同时考虑统计理论，视观测量为随机变量，引入高斯-马尔可夫模型：

$$\boldsymbol{E}(\boldsymbol{V}) = 0, \quad \boldsymbol{E}\{\boldsymbol{VV}^{\mathrm{T}}\} = \sigma_0^2 \boldsymbol{Q}_{ll} = \sigma_0^2 \boldsymbol{P}_{ll}^{-1} \quad （8\text{-}25）$$

式中： $\boldsymbol{E}(\boldsymbol{V})$ 为 $\boldsymbol{V}$ 的期望值矢量； $\boldsymbol{E}\{\boldsymbol{VV}^{\mathrm{T}}\}$ 为协方差矩阵； $\boldsymbol{P} = \boldsymbol{P}_{ll}$ 为先验矩阵。将未知转换参数都视为基于适当的先验权计算得出的随机量，从而可以对估算参数进行控制。基于这种考虑引入另一个系统参数的观测方程：

$$\boldsymbol{V}_b = \boldsymbol{IX} + \boldsymbol{L}_b, \boldsymbol{P}_b \quad （8\text{-}26）$$

式中： $\boldsymbol{I}$ 为单位矩阵； $\boldsymbol{L}_b$ 为先验的系统七参数观测向量； $\boldsymbol{P}_b$ 为相应的先验权系数矩阵。当 $(\boldsymbol{P}_b)_{ii} \to \infty$ ，表示第 $i$ 个参数可看作常量，而当 $(\boldsymbol{P}_b)_{ii} = 0$ ，表示第 $i$ 个参数可以任意变化。

联合式（8-24）和式（8-26），根据最小二乘原理可以得出高斯-马尔可夫模型的最小方差无偏估计参数：

$$\hat{\boldsymbol{X}} = -(\boldsymbol{A}^{\mathrm{T}}\boldsymbol{PA} + \boldsymbol{P}_b)^{-1}(\boldsymbol{A}^{\mathrm{T}}\boldsymbol{PL} + \boldsymbol{P}_b\boldsymbol{L}_b)$$

$$\hat{\boldsymbol{V}} = \boldsymbol{A}\hat{\boldsymbol{X}} + \boldsymbol{L}, \quad \hat{\boldsymbol{V}}_b = \boldsymbol{I}\hat{\boldsymbol{X}} - \boldsymbol{L}_b \quad （8\text{-}27）$$

$$\hat{\sigma}_0^2 = (\boldsymbol{V}^{\mathrm{T}}\boldsymbol{PV} + \boldsymbol{V}_b^{\mathrm{T}}\boldsymbol{P}_b\boldsymbol{V}_b)/r$$

式中： $\hat{\sigma}_0^2$ 为单位权中误差； $(\hat{\cdot})$ 表示最小二乘估计； $r = n - u$ 为多余观测，其中 $n$ 为观测方程数， $u = 7$ 为转换参数个数。

### 3. 机载点云航带平差策略

为避免原始点云的大地坐标不在同一数量级和转换参数之间的高相关性引起的误差，采用以下优化策略：对参考点云和搜寻点云做质心化处理，基于参考点云计算其质

心，平移参考点云和搜寻点云原点至质心，待匹配完成后再转换到原坐标系统下即可（王丽英，2011）。另外，质心化由于减小了旋转参数的臂长从而简化了匹配算法。

机载点云航带平差流程如图 8-10 所示，具体说明如下。

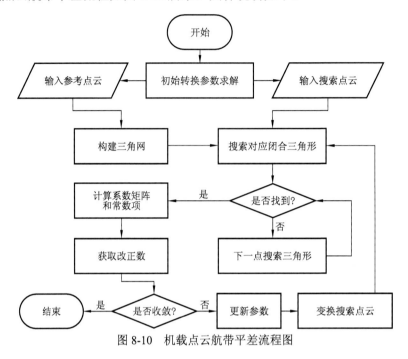

图 8-10　机载点云航带平差流程图

（1）初始转换参数求解。

（2）对 $S_1$ 构建不规则三角网，并保存三角网。

（3）结合粗差剔除，对 $S_2$ 中所有点逐一搜索其在 $S_1$ 中的对应面片。如果没有找到对应闭合三角形，则继续 $S_2$ 中下一点的搜索；如果找到对应闭合三角形，则转入下一步。

（4）构建系数矩阵 $A$ 和常数项 $L$。

（5）依据式（8-27）对误差方程进行解算，获取转换参数的改正数 $\hat{X}$。

（6）根据迭代终止条件判断迭代是否收敛。如果不满足迭代收敛条件，更新转换参数，并用转换参数对 $S_2$ 进行变换，转入步骤（3）；如果满足迭代收敛条件，则停止迭代，并显示结果。

值得注意的是，匹配过程中法向距离受表面随机误差、表面变形和表面姿态差异等因素的共同影响，法向距离分布图在迭代过程中是变化的（迭代收敛前，随着迭代次数增加，两表面越来越接近，则法向距离也越来越小），由此确定的平均值及标准差也随之变化。因而这样确定的粗差阈值子集容量能够适应不同的表面变化情况，具有良好的自适应性。

定义以下几个迭代终止条件。

（1）最大迭代次数。

（2）相邻两次迭代求得转换参数的差值足够小。7 个转换参数的限差值由各观测值的精度决定。

（3）对于 LND 算法，法向距离均值 $\overline{D}$ 满足 $\overline{D}_{i+1} < \overline{D}_i$，$D \in L$，否则停止迭代；对于

LZD 算法，对应点高差均值 $\bar{\lambda}$ 满足 $\bar{\lambda}_{i+1} < \bar{\lambda}_i$，否则停止迭代。

（4）单位权中误差满足 $\sigma_{0(i+1)} < \sigma_{0(i)}$，否则停止迭代。

最终得到机载点云航带平差结果，如图 8-11 所示。可以实现对原本存在明显偏移的不同航带的校正。

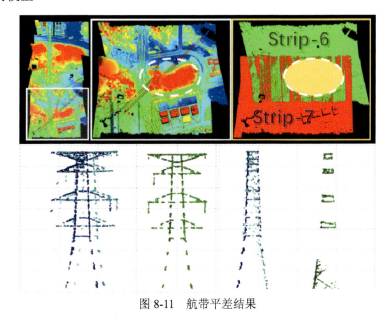

图 8-11　航带平差结果

## 8.3.3　机载激光雷达点云滤波生成 DEM 技术

截至目前，用于机载激光雷达测量数据滤波的方法大致可分为两类：基于激光点云空间几何分布特征的点云数据滤波方法和基于激光点云属性特征信息的点云数据滤波方法。

**1. 基于激光点云空间几何分布特征的点云数据滤波方法**

原理是根据邻近激光脚点间的高程突变进行滤波。这种高程突变表现为点云高程值的局部不连续，这一般不是由地表形态的突然起伏造成的，很可能是因为激光脚点位于某些地物表面上。即使邻近的高程突变是由地形的起伏变化引起的，就各自的表现形态来说，也不尽相同。在同一区域的一定大小范围内，陡坎只会引起一个方向的高程突变，而房屋所引起的高程突变在四个方向上都会形成阶跃状的边界。

地形表面起伏平坦时，激光脚点的分布比较均匀且有规律，邻近激光脚点间的高程差异很小；激光雷达扫描到植被时，由于多次回波的影响，激光点云成云团簇状散乱分布；而打在规则建筑物顶的激光点云则呈现规则离散分布，屋顶的激光点云与周围邻近的地面激光点云有明显的高程差异。可以看出，激光两邻近点间的距离越近，两点高程差异越大，较高的点位于地形表面的可能性就越小。因此，基于激光点云空间几何特征的点云数据滤波方法判断激光脚点是否位于地形表面，常常要用到该激光脚点到参考地形表面的距离这个阈值。并且随着两点距离的增加，判断的阈值也应该逐渐放宽（Vosselman，2000）。

基于点云空间几何特征的点云数据滤波方法概括了目前存在的多种滤波算法，都是基于三维激光脚点数据的高程突变、空间邻近关系等信息进行滤波，代表性的算法有数学形态学滤波方法、多级移动窗口法、迭代线性最小二乘内插法、基于坡度的滤波方法等。该方法发展较快，目前已成为点云数据滤波处理的流行算法，点云数据滤波效果如图 8-12 所示。

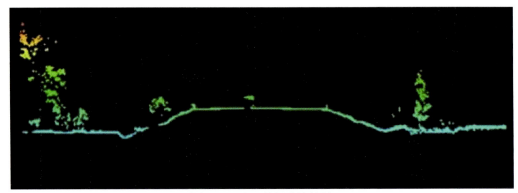

图 8-12　点云数据滤波效果

**2. 基于激光点云属性特征信息的点云数据滤波方法**

原理是根据机载激光雷达测量系统所获取的光谱信息、纹理信息、激光回波信息和激光强度信息等进行数据滤波。目前，大多数机载激光雷达测量系统都集成了高品质的CCD 数码相机或成像光谱仪，能在获取激光数据的同时，获取被扫描地区的影像数据和光谱数据。将激光点云数据与影像数据、光谱数据等进行数据融合处理，能大大提高地形、地物的识别与分类精度。

基于激光点云属性特征信息的点云数据滤波方法具有的一大特点是可以将激光点云数据与多光谱影像数据进行融合，称为激光点云数据的光谱合成（spectral imagery LiDAR composite，SILC）。其为每个激光点匹配一个多光谱像元，并给点云赋予该像元的 RGB 值，融合后的点云数据不仅包含空间位置坐标信息、回波强度信息、回波次数信息等，同时增加了丰富的光谱、色彩信息。将光谱、影像数据用于点云数据滤波，首先得对光谱影像数据进行监督或非监督分类，统计出各类典型地形、地物的光谱值，然后用此光谱值对融合后的点云数据进行滤波分类。

# 8.4　多载荷协同无人机遥感集成系统装备

无人机测绘系统通过无人机低空摄影和三维激光扫描获取高清晰影像（正射、倾斜）和三维点云数据，实现地理信息的快速获取。该测量手段效率高，成本低，数据准确，操作灵活，极大地节省了测绘人员野外测绘的工作量，取得了巨大的社会经济效益。多载荷协同无人机遥感系统方案设计了一套基于无人机荷载模块搭载激光雷达模块、正射影像模块及倾斜影像模块的组合方案，同时满足不同场景的作业需求。

## 8.4.1　集成系统设备组成

多载荷协同无人机遥感系统配备机载激光雷达、倾斜相机等设备，以高精度时空同步和一体化多传感器集成技术为支撑，同步获取三维激光点云、倾斜高清影像和定位定姿数据，通过配备的数据预处理软件，进而能够生成高精度三维激光实景模型成果。所研系统具有坚固稳定、免标定、体积小、重量轻的优点，方便现场使用、维护、保管和携带，便于车载运输。多载荷协同无人机遥感系统总体组成如图 8-13 所示。

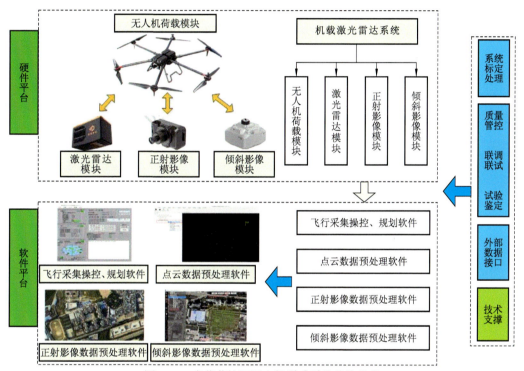

图 8-13　多载荷协同无人机遥感系统总体组成

该系统集成装备包含以下几大模块。

1）激光雷达

珞珈 FT1500 是一款自主国产高精度激光扫描仪，具备高速、高点频的机载激光器，拥有 1 500 m 的测量距离及 75°～90°的扫描范围，激光点的频率达到 200 万点/s，测量精度达到 5 mm@100 m。

2）GNSS 和惯性导航系统

惯性导航系统使用 Honeywell 惯性导航单元，具有很高的姿态精度和稳定性，与双频三星 GNSS 板卡组合，能为无人机载激光雷达系统提供高精度的位置姿态信息。该惯性导航系统的生产厂商为霍尼韦尔，具有体积极小、重量轻、功率低、性能高等优势，是一款高性能微机电系统惯性测量单元。

3）正射相机

RIY-M6Pros 量测型相机是睿铂开发的多用途产品，配备三轴增稳云台，既可以用来生产正射图像，也可以用于近景摄影测量建立高质量精细化模型。M6Pros 可直接使用 DJI Pilot 执行航点任务，具备实时参数设置、实时图像显示功能。

4）倾斜相机

DG4M 是睿铂在旗舰级产品 DG4Pros 的基础上研发的高性价比全画幅、高像素倾斜相机，可适配市面主流的旋翼/固定翼类无人机。相机采用市面成熟的通用型光学模组，总像素为 2.1 亿，配合 40/56 mm 焦距镜头，全画幅 CMOS，不仅适用于传统项目，还可用于实景三维智慧城市项目前端数据采集。

5）无人机平台

飞马 D20 工业级多旋翼无人机，D20 最大有效负载 6 kg，搭载一有效负载时，其续航时间达到 80 min，有效控制半径 50 km。配备第一人称视角（first person view，FPV）摄像头、长距毫米波雷达、前/下视觉传感器，实现高精度避障及定高功能。支持航测模块、倾斜模块、遥感模块、激光雷达模块、视频模块与 V10 飞行平台载荷模块通用，展开与撤收时间均小于 10 min。

多载荷协同无人机遥感系统集成装备效果如图 8-14 所示。

图 8-14　多载荷协同无人机遥感系统集成装备效果

## 8.4.2　集成设备工作流程

机载倾斜相机与激光雷达一体化设备总体工作流程分为飞行准备、数据采集、数据处理三个主要阶段。

1）飞行准备阶段

机载激光雷达（含无人机）分系统飞行准备阶段主要是航线规划与基站布设工作。根据测区范围与数据成果要求，按照一定的飞行高度、飞行速度、点云密度、影像分辨率、航线方位、拍摄像片的重叠率，综合推算出既满足成果技术要求又使航飞最经济的航飞参数，自动生成预定的飞行范围区域的航线。进行机载激光点云及倾斜影像数据采集前，需在测绘作业区域内完成控制点的布设，用于架设地面 GNSS 接收机作为后处理动态（post-processing kinematic，PPK）差分基站。

2）数据采集阶段

该阶段主要完成定位定姿信息、激光点云、倾斜影像的采集，主要包括设备状态检查、飞行采集实施、原始数据质检工作。飞行前需对设备各项状态进行检查，确保设备可以正常启动。至测绘作业区域起始点位，展开机载激光雷达分系统设备，将设计好的航线导入飞行操控软件，无人机自主安全起降，依据规划航线自主巡航完成测区的数据采集。采集完成后，通过软件对原始数据进行自动质量检查，以验证采集的数据是否符合要求。

3）数据处理阶段

该阶段主要针对无人机载激光雷达、正射相机和倾斜相机获取的原始数据进行预处理，完成轨迹解算，以及三维激光点云、正射影像和倾斜影像融合工作。

借助轨迹解算软件、数据融合解算软件和质检功能模块，完成各数据产品合格性检测，生成各数据合格性检测报告。

多载荷协同无人机遥感集成系统工作流程如图 8-15 所示。

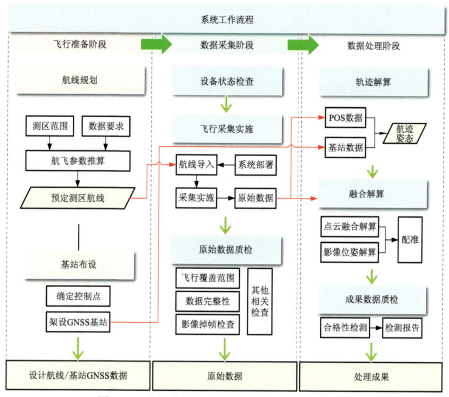

图 8-15 多载荷协同无人机遥感集成系统工作流程

# 8.5 机载激光雷达陆路交通智能测绘应用案例

机载激光雷达提供了大范围、大跨度场景下快速扫描的解决方案，在陆路交通智能测绘中发挥着重要作用，基于机载激光雷达数据可以制作测绘区域的数字产品，其数据采集和数据生产的便利性，使其在陆路交通智能测绘方面得到了广泛应用。

### 8.5.1 董梁高速公路横断面测量

董家口-梁山高速公路（简称董梁高速公路）是山东省"九纵五横一环七连"高速公路网的重要通道。东起青岛港董家口港区，西至梁山与河南省台前县交界处。董梁高速公路全线采取分段的形式进行建设。董梁高速公路（沂南至新泰段）自东向西途经山东省临沂市沂南县、蒙阴县和山东省泰安市新泰市，如图 8-16（a）所示。其主线长 67 km，比较线长 23 km。测区位于 117°47′27″E～118°41′33″E，35°37′50″N～35°48′10″N。线路途经鲁中地区泰沂山脉，地势高差起伏较大。

采用飞马 D20 无人机搭载珞珈伊云 FT1500 机载 LiDAR 系统，如图 8-16（b）所示，获取拟建高速公路设计中心线左右两侧各 250 m 带宽范围内机载雷达点云数据。点云密度大于 16 点/m²；高程精度：经分类的点云数据高程中误差不大于 0.1 m，困难地区（大面积植被覆盖、乱掘地、采沙场、地面坡度在 6°以上等）的中误差可相应放宽至 0.2 m。

（a）测区位置

（b）机载设备

图 8-16　项目扫描测区位置与机载设备

机载激光雷达横断面测量技术路线如图 8-17 所示。首先，采用机载雷达技术获取测区范围内原始点云数据；然后，通过内业数据预处理、点云数据滤波、异常点滤波、地物分类提取 4 个关键环节，获得地面点点云；接着，通过外业检测点或者大比例尺地形图特征点，计算点云精度；最后，在精度合格的情况下，通过横断面处理软件进行道路任意断面提取、绘制断面图。

通过专用软件在 DEM 上剖切任意断面，如图 8-18 所示，对地形变换比较平缓的丘陵、山区效果较好，可以非常直观、逼真地反映出断面形态。道路典型特征剖面效果形态良好，通过与人工实测断面对比，可以满足高速公路定测阶段断面设计精度要求。

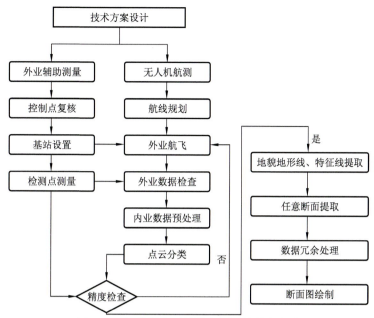

图 8-17 机载激光雷达横断面测量技术路线

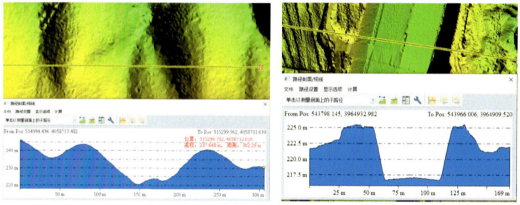

图 8-18 丘陵、山区和道路典型特征断面 DEM 剖面效果

## 8.5.2 南宁至百色高速公路测绘

南宁至百色高速公路（简称南百高速）测绘项目是空地一体化解决方案服务广西交通设计集团有限公司的应用实例。南百高速全长 187.815 km，路线起于南宁市坛洛镇，途经隆安县、平果市、田东县、田阳区，终于百色市右江区，是我国西南地区通往广西沿海港口和粤港澳地区及东盟国家的重要运输路线之一，对加速构建广西出海出边国际大通道、推动广西北部湾经济区全面开放开发和泛北部湾区域经济合作具有十分重大的意义。

作业使用飞马智能航测/遥感/巡检/应急系统，包含珞珈伊云 FT1500 机载 LiDAR，车载系统及飞马激光雷达背包平台系统、SLAM100 手持激光雷达扫描仪，空地一体化多平台协同作业，极大提高了作业效率，在一周内就高效完成了对南百高速及其周边地形的激光点云数据采集任务。

南百高速改扩建路测绘任务由广西交通设计集团有限公司岩土工程勘察设计院测绘团队承担，项目范围总里程长约 132 km，测区内气候潮湿，地形复杂，点多、线长、面广。若使用传统的测量方法，则面临数据采集量大、工作周期长、劳动强度大、安全风险高、工期难以保证等问题。该团队采用"空＋地"多平台激光雷达测量方式，同时配合背包激光雷达扫描系统和手持激光雷达扫描仪，如图 8-19 所示，加以对桥涵设计、规划重点关注但无卫星信号、环境复杂的区域进行重点扫描，重建了桥梁、涵洞的三维模型，为后续的设计、施工作业提供了有力的数据支撑，为高速公路改扩建项目提供了新的测量解决方案。

图 8-19　背包激光雷达补充扫描（桥下场景）

同时，为了满足高速公路改扩建对测绘精度的要求，该团队使用靶标点对点云进行高精度校正，满足了激光点云平面中误差不大于 5 cm、高程中误差不大于 2 cm 的精度要求，保证激光点云能够完整反映实际路面状况。利用地面点可以制作 DEM 获取地面信息。结合激光点云强度信息的特点，原有道路车道标志线、中央分隔带、横断面等数据信息，以满足设计对基础数据的需求，为高速公路环境信息提取及道路三维重建、实现三维虚拟地形地物的可视化提供了有效途径。点云数据渲染效果如图 8-20 所示。机载激光雷达在测绘中的应用，有效降低了外业测量工作风险，进一步提高了测量精度，提高了项目的整体效益，为改扩建路线的后续设计规划提供了强有力的数据支撑和决策依据。

图 8-20　那坡一号大桥点云数据渲染

### 8.5.3　武汉四环线改扩建工程扫描

武汉绕城高速公路中洲至北湖段改扩建工程的三维激光扫描测量项目由中交第二

公路勘察设计研究院有限公司委托武汉海达数云技术有限公司承接。在已完成该区域的控制测量工作并提供了控制测量成果的基础上，对该路段开展车载道路测量、机载 LiDAR 航空摄影测量、三维数据生产（DOM、DEM、DLG）。

测区地理位置如图 8-21（a）所示，起点位于武汉市江夏区粟庙村，沿绕城高速东行，经沪蓉立交北行，终点位于严西湖。测区从西往东，再转向北，呈反 L 形走向。测区地形主要为平原区，部分为微丘，平均海拔约为 50 m。平原以鱼塘、水田为主，微丘区以山林为主。

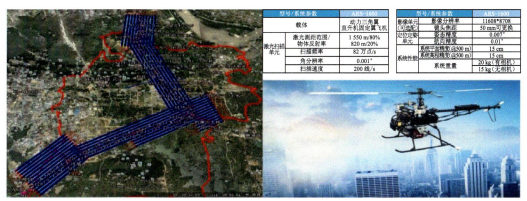

（a）测区位置与航线设计　　　　　　　　（b）机载激光雷达系统参数

图 8-21　扫描项目设计与系统

项目采用中海达 ARS-1600 机载三维激光扫描系统，系统以恩斯特龙 480B 直升机平台为载体，激光扫描仪的型号为 Riegl VUX-1LR，如图 8-21（b）所示。一体化集成的高精度激光扫描仪、相机、GPS、IMU 等传感器，以中海达自主知识产权的高精度时空同步和一体化多传感器集成技术为支撑，同步获取三维激光点云、高清影像和定位定姿数据，作业历时 2 天，总共飞行了 3 架次，总飞行时间达到 5 h。

项目作业流程如图 8-22 所示，具体如下：①测前准备，批文办理与航飞协调；②测区范围内 LiDAR 和 GPS 数据采集；③控制与参考面测量与检查；④数据解算，包括三

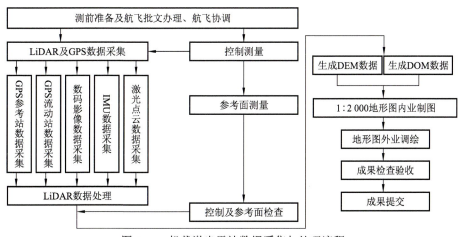

图 8-22　机载激光雷达数据采集与处理流程

维点云解算、航带拼接、系统误差校正、点云分类；⑤DEM 与 DOM 数据制作；⑥1：2 000 地形图内业制图与外业调绘；⑦成果检查、验收与提交。

通过配备的全套数据处理和应用软件，快速生成 DEM、DOM 和 DLG，方便地完成项目测绘和三维产品生产，1：2 000 地形图平面和高程中误差分别为 0.193 m 和 0.12 m，满足设计精度要求。

# 8.6　本章小结

本章详细介绍了机载激光雷达陆路交通智能测绘技术。首先，介绍了机载激光雷达遥感技术的研究现状与应用；其次，介绍了机载激光雷达数据获取流程；再次，详细介绍了几种典型的机载激光雷达点云处理技术，包括机载激光雷达观测与解算、点云航带平差方法、点云滤波生成 DEM 技术；此外，介绍了一种多载荷协同无人机遥感集成系统装备；最后，介绍了机载激光雷达陆路交通智能测绘应用的三个案例。

# 参 考 文 献

高文峰, 王长进, 2010. 铁路勘测中使用机载激光雷达测绘横断面相关问题的探讨. 铁道勘察, 36(2): 13-15.

蒋珊珊, 2017. 机载激光雷达技术(LiDAR)在汉十铁路断面生产中的应用. 铁道勘察, 43(3): 31-33, 38.

靳克强, 2011. 机载激光雷达数据滤波生成 DEM 技术研究. 郑州: 中国人民解放军信息工程大学.

李红, 2018. 机载激光雷达技术在昌景黄铁路纵横断面测量中的应用. 建材与装饰, 14(20): 218-219.

林扬波, 2016. 高精度机载激光雷达技术在埃塞俄比亚铁路测绘中的应用. 铁道建筑技术(1): 85-89.

王丽英, 2011. 面向航带平差的机载 LiDAR 系统误差处理方法研究. 阜新: 辽宁工程技术大学.

吴敬文, 周丰年, 赵辉, 2006. 基于格网节点的土方量计算方法研究. 测绘通报(11): 43-45, 57.

张小红, 2007. 机载激光雷达测量技术理论与方法. 武汉: 武汉大学出版社.

Kilian J, Haala N, Englich M, 1996. Capture and evaluation of airborne laser scanner data. International Archives of Photogrammetry and Remote Sensing, 31: 383-388.

Pâquet R J M, 2004. Theory and applications of weighted least squares surface matching for accurate spatial data registration. New South Wales: University of Newcastle.

Rosenholm D, Torlegard K, 1988. Three-dimensional absolute orientation of stereo models using digital elevation models. Photogrammetric Engineering and Remote Sensing, 54(10): 1385-1389.

Vosselman G, 2000. Slope based filtering of laser altimetry data. International archives of Photogrammetry and Remote Sensing, 33(B3/2; PART 3): 935-942.

# 第9章　多传感器集成移动测量陆路交通智能测绘技术

　　对既有的陆路交通进行测绘，需要在适当的载体平台上集成各种类型传感器，形成陆基多传感器集成移动测量系统，实现在载体移动过程中对陆路交通及其附属设施多源、多视角、多尺度观测数据的快速、动态和高精度获取。多传感器集成的功能和指标由测量对象所处场景、自身特征及测量速度等多种影响因素决定，此外传感器的合理选型、多传感器的时空协同和多源数据融合处理也是多传感器集成移动测量系统的关键。本章首先对多传感器集成移动测量系统的原理和关键技术进行介绍，其次针对公路、铁路等典型陆路交通要素测量，介绍典型多传感器集成移动测量系统的组成、功能和应用模式，最后介绍多传感器集成移动测量系统陆路交通智能测绘典型应用案例。

## 9.1　多传感器集成移动测量技术与系统

　　三维空间数据快速、高精度采集是测绘地理信息应用与服务的基础。近半个世纪以来，测绘工作朝着数字化、信息化和智能化方向发展，在大规模、快速、高精度数据采集应用需求推动下，伴随着动态定位定姿技术、数字传感器技术、摄影测量与遥感技术、自动控制技术及测绘载体平台的进步，三维空间数据采集的方式从传统的静态、离散采集方式向移动、连续方式不断发展。其中最典型的代表就是多传感器集成移动测量系统（mobile mapping system）（李德仁 等，2009）。自20世纪90年代以来，多传感器集成移动测量技术取得了长足的发展，并在多个领域获得广泛的应用，如城市街景采集、三维建模、公路移动测量、铁路移动测量、电力巡线、石油管线测量、海岸带测绘、海岛礁测量等。移动测量系统极大地提高了三维空间信息数据采集效率，改变了传统测绘外业作业流程，拓展了测绘应用范围。

### 9.1.1　多传感器集成与移动测量概述

　　多传感器集成是指综合利用在不同的时间序列上获得的多种传感器信息或数据按一定准则加以综合分析来帮助系统完成某项任务，包括对各种传感器给出的有用信息进行采集、传输、分析与合成等处理。多传感器集成的基本出发点是充分利用多个传感器所获取的数据资源，通过对这些传感器及其观测信息的合理支配和使用，把多个传感器在空间或时间上的冗余或互补信息（数据）依据某种准则（如最小二乘最优准则）进行组合，以获得对被观测对象一致性解释或描述。多传感器集成技术从 20 世纪 80 年代初以军事领域的研究为开端，迅速扩展到自动目标识别、自主车辆导航、遥感、GIS 空间属性数据采集更新、战场与灾害监控、生产过程监控、基于环境的复杂机械维护、机器人及医疗等许多应用领域。

多传感器集成移动测量则是一种利用多传感器集成技术进行地理空间信息采集的技术。通过在运动载体上搭载多种空间数据采集传感器（如 GNSS、IMU、CCD 相机、LiDAR 等），在载体运动过程中对测量对象地理空间要素进行快速、动态获取，通过多传感器获取的多源数据融合处理，实现三维空间数据全面、快速、高精度测绘。

多传感器集成空间数据采集较单一的测绘仪器、单一传感器（如遥感平台）进行空间数据采集与更新方式具有以下优点。

（1）扩展了空间数据采集的时间和空间的覆盖范围，增加了测量空间的维数，避免了工作盲区，获得单个传感器不能获得的信息，如直接获取目标三维信息。利用多维测量传感器的多余观测数据进行平差处理，提高测量精度；引入多余观测也进一步提高了多传感器集成空间数据采集的稳定性、可靠性和容错能力。

（2）提高了空间数据的时间分辨率和空间分辨率，为多时相、多源和多尺度数据的融合处理提供基础。

（3）提高了系统定位、导航、跟踪的精度（如通过 GPS/INS 的集成可以相互改正以提高定位定姿精度）。

（4）可以进行大范围快速数据采集，提高空间数据采集效率。

针对不同的用途和测量对象，多传感器集成移动测量系统的运动载体可以是载车、轮船、火车机车、三轮车、人等。一般按照运动载体可将移动测量系统划分为机载移动测量系统、车载移动测量系统、背包/手持移动测量系统、船载移动测量系统等，如图 9-1 所示。

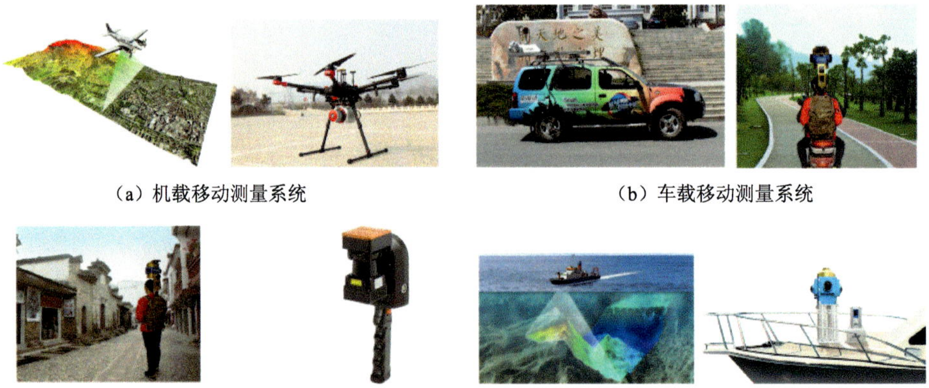

（a）机载移动测量系统　　　　　　　　　　　　（b）车载移动测量系统

（c）背包/手持移动测量系统　　　　　　　　　　（d）船载移动测量系统

图 9-1　多平台多传感器集成移动测量系统

## 9.1.2 多传感器集成陆路交通移动测量原理与特点

多传感器集成移动测量是一种快速、高效、非接触式的动态测绘技术，其在运动载体上装配全球导航卫星系统（GNSS）、惯性测量单元（IMU）、里程编码器（DMI）、多目/全景相机（CCD）、三维激光扫描设备（LiDAR）等空间测量传感器，在运动载体行进之中，快速采集测量系统定位定姿数据、陆路交通（公路、铁路）及两旁地物的多视角高清影像、三维激光点云，通过 GNSS/IMU 融合定位定姿处理获取的高精度位姿数据，对多视角影像、激光雷达扫描数据等空间感知传感器进行摄影测量处理，得到具有绝对位姿的多视角影像、三维激光点云，具有绝对位姿的多视角影像与三维激光点云可严格地理配准，实现对陆路交通及其周边场景的一致空间描述，在此基础上可以根据各种应用需要测量陆路交通及其周边场景中的地理空间要素，例如陆路交通中心线或边线位置坐标、目标地物的位置坐标、路（车道）宽、桥（隧道）高、交通标志、陆路交通设施等。

多传感器集成移动测量系统在本质上是一种无控制测量系统，其关键是摄影测量直接地理参考（DG）技术，其测量原理如下：①通过安装在运动载体上的 GPS/IMU/DMI 的组合定位定姿处理，计算运动载体高精度位置和姿态数据；②根据事先检校得到的空间传感器（CCD、LiDAR）和绝对定位定姿传感器（GNSS、IMU）的关系，在统一的时间参考下，计算 CCD、LiDAR 等空间感知传感器高精度位置和姿态数据，实现对多视角影像、激光扫描数据直接地理参考；③在具有绝对坐标参考的多视角影像、三维激光点云上任意提取交通要素的三维坐标，建立陆路交通场景实景三维模型，其基本原理如图 9-2 所示。

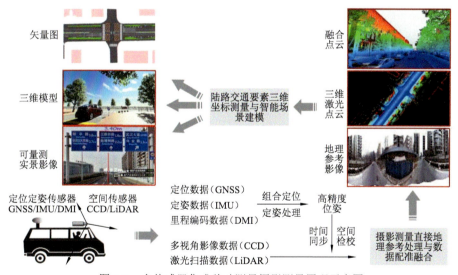

图 9-2　多传感器集成移动测量摄影测量原理示意图

多传感器集成移动测量中直接地理参考摄影测量处理三维空间坐标计算包括三步：①利用 GNSS/IMU/DMI 组合导航处理获取运动载体中心当前坐标和姿态；②根据空间检校参数计算出空间传感器 CCD 相机、LiDAR 设备的位置和姿态（摄影测量中的外方位元素）；③以多视角 CCD 相机为例，利用立体影像对计算地物的空间坐标，其基本数学模型为

$$r_C^M = r_{GPS/IMU}^M + \Delta r_C^{GPS/IMU}$$
$$r_O^M = r_C^M + r_O^C \tag{9-1}$$

式中：$r_{\text{GPS/IMU}}^{M}$ 为 GPS/IMU/DMI 组合导航绝对定位结果；$r_{C}^{M}$ 为 CCD 相机的绝对位置；$\Delta r_{C}^{\text{GPS/IMU}}$ 为 CCD 相机和 GPS/IMU/DMI 中心的偏心量，可以通过系统检校得到；$r_{O}^{C}$ 为目标地物相对于 CCD 相机的位置；$r_{O}^{M}$ 为目标点的绝对坐标。

事实上，通过立体影像计算目标点相对于 CCD 相机的绝对位置一方面要利用 GPS/IMU/DMI 的绝对定位结果，另一方面需要使用 GPS/IMU/DMI 提供的载体姿态。因此，式（9-1）所示的基本数学模型是移动测量直接地理参考摄影测量解析处理在位置空间的一个简化模型。根据以上基本数学模型，引入 GNSS/IMU/DMI 提供的载体姿态可以建立从立体影像到大地坐标的严格解析模型。

多传感器集成移动测量系统的特点和技术优势如下。

（1）它是一种动态测量技术。在运动载体上搭载动态定位测量装置，在载体运动过程中完成目标定位测量。

（2）它是一种动态瞬间获取被测物体大量物理和几何属性信息的测量手段。在运动过程中获取的立体影像、激光点云中有被测目标最多的信息（可重复使用、容易存储的信息），特别适合于测量点众多的目标。

（3）它是一种多传感器集成定位测量和空间信息采集的技术。多个测量传感器相互协调和补充，扩展了系统的时间和空间的覆盖范围，提高了系统工作的稳定性、可靠性和容错能力。

（4）它是一种无控制摄影测量与遥感技术，可不接触测量目标，无须空三加密处理，直接获取目标的空间位置和属性信息。

（5）它是一种基于严密 3S 集成理论的硬软件一体化移动测控系统，可以高精度快速测量，是对传统测绘技术的一种革新，提高空间地理信息采集和更新效率，提升测绘保障服务能力。

多传感器集成陆路交通移动测量系统改变了传统人工外业测量方式，提高了陆路交通三维空间数据采集效率，实现了数据采集从"人工"向"自动化"、从"单点"到海量"点云"、从"静态"到"动态"、从"阶段、局部"向"全生命、全覆盖"的全面转变，建立了陆路交通测绘新范式。

## 9.1.3 多传感器集成陆路交通移动测量误差分析

影响多传感器集成陆路交通移动测量系统测量精度的因素比较多，主要包括：三维激光扫描仪的分辨率、激光信号的信噪比、激光信号的反射率、回波信号的强度、背景辐射噪声的强度、激光脉冲接收器的灵敏度、仪器与被测点间的距离、仪器与被测目标面所形成的角度、多传感器的同步精度、IMU 传感器的计量精度、GNSS 定位精度等。这些影响因素直接导致了相应误差的产生，这些误差主要分为 3 种类型：仪器固有的误差、按照一定规律变化的系统误差和偶然误差。对于按照一定规律变化的系统误差和偶然误差，可以通过一定的方式予以修正，使误差得以消除或削弱；而对于仪器固有的误差，目前尚无有效的消除或削弱措施，但可以通过对比试验来验证它的存在。

（1）三维激光扫描仪测距误差。目前，三维激光扫描仪主要采用脉冲式和相位式测距，当前测绘型激光扫描仪测距误差均在 1 cm 以内，是一个小误差，对移动测量系统而言可忽略不计。

（2）目标物体差异误差。任何电磁波照射到物体表面，都会引起反射和吸收，只是反射和吸收的程度不同而已。激光作为一种特殊的电磁波，它照射到不同的目标表面上时，其被反射和吸收的程度也会不一样。当一个物体吸收了大部分的电磁波时，这个物体反射回来的信号也必然很少，从而导致测量的精度不高。一般情况下，亮色的物体表面要比暗色的物体表面测量精度高。

（3）外界环境误差。外界环境条件主要以温度、气压等的变化为主。温度在一定程度上会对三维激光扫描仪这种精密仪器产生细微影响，恶劣的环境会使获取的点云数据产生很大的影响，比如下雪或者起大风的时候，这些天气会使获取的点云数据产生很大的误差，一般不建议恶劣的天气情况下进行数据采集作业。

（4）激光光斑尺寸和点间距误差。一般的情况下，激光光斑的尺寸及点间距会随着距离的增加而变大，即使激光的发散率很低，当扫描距离到一定程度时，激光点云的分辨率会很差。目前市场上主流的激光扫描仪基本都是 I 级的安全激光，当其测距超过 500 m 之后，其光斑会很大，测量精度会大幅降低。

（5）扫描距离和工作角度误差。当仪器和被测目标的距离越近时，物体反射的激光光斑就越小，激光扫描仪接收的回波信号也就越强，测量精度就越高；反之，测量精度就会越低。同时，激光扫描仪的入射激光与被测目标的角度也是影响点云精度的一大因素。当入射激光与被测目标的曲面法线所形成的角度越小，则激光光斑越小，获得的激光点云的分辨率就会越高，测量精度就越高；当情况相反时，点云精度就越差，测量精度就越低。

（6）多传感器的同步误差。移动测量系统各传感器具有不同的采样频率和不同的计量精度，其时间同步精度直接影响系统集成的成果数据位置和姿态精度，导致系统误差的产生。

（7）GNSS 定位精度。高铁隧道、地铁隧道等 GNSS 遮挡或拒止环境直接影响 GNSS 定位精度，也直接导致 POS 姿态及航位精度的大幅降低，大大降低了系统精度。

（8）IMU 传感器的计量精度。 IMU 模块的性能参数主要取决于组成的加速计和陀螺仪精度，也直接决定系统生成的 POS 航位姿态精度，精度越高的 IMU 模块能推算得到更高精度的整体航位姿态数据，但是同时也意味着更高的成本。

## 9.1.4　多传感器集成陆路交通移动测量关键技术

### 1. 多传感器集成时空同步技术

对多传感器采集的多源测量数据的集成处理技术的关键在于实现多数据源的同步。多传感器的同步控制是指为完成指定的检测和测量任务，通过特定的方法和手段使得参与任务的多个传感器按照预定的节奏、频率和逻辑顺序协同工作。时间同步控制器就是通过一系列的电路系统，保证各传感器之间及传感器与定位系统之间的时间同步。同步控制系统是车载三维激光扫描数据采集系统的中枢神经系统和指挥控制系统，在车载三维激光扫描数据采集系统建立统一时空基准的同时，协调、指挥和控制着所有车载激光传感器、数据采集板卡及计算机。多传感器集成移动测量系统的同步控制系统主要由时间同步控制器（主同步控制器）、激光扫描同步控制器和外部事件记录同步控制器组成，如图9-3所示。

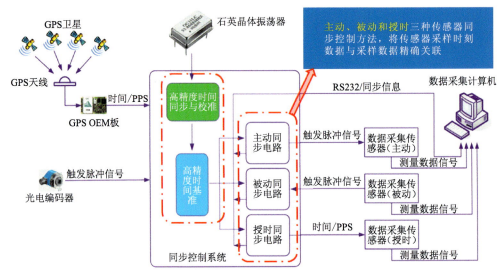

图 9-3　多传感器集成移动测量系统同步控制方案

PPS 为 pulse per second，每秒脉冲；OEM 为 original equipment manufacturer，原始设备制造商

时间同步控制器的主要功能是接收 GPS 空间和时间信息及上位机的设置信息，在建立时空基准的同时，将位置信息、距离信息和时间信息融合，为其他职能型同步控制器提供位置、距离及时间等同步信息。通常采用统一的时间板进行多传感器集成时间同步。时间同步控制器的工作原理如图9-4所示。

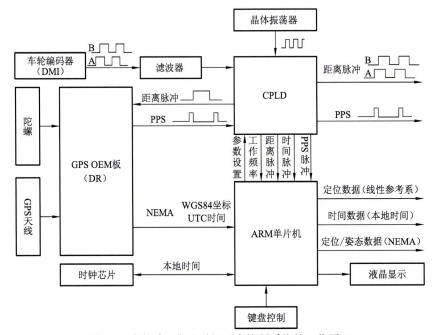

图 9-4　多传感器集成时间同步控制系统的工作原理

在图 9-4 所示的时间同步控制系统中，通过一个时间板（time-board）实现各传感器数据的同步记录。时间板有一个高精度的授时单元，通过 GNSS 获取绝对时刻，并与 GNSS、PPS 相结合，从而达到高精度的时间同步。

**2. 多传感器标定技术**

多传感器集成移动测量系统由多个传感器集成，各传感器采集数据通过时间同步统一时间基准，其空间位置关系则通过系统标定来完成。系统标定包含各传感器本身和相互之间位置与姿态的标定，包含每个传感器本身及求得的各传感器坐标系间的相互转换关系。

多传感器集成移动测量系统标定主要包括以下几个方面。

（1）传感器本身参数的标定。三维激光扫描仪设备自标定包含模拟量输出的测距传感器的电信号与测距值之间的标定等；IMU 的自漂移和地球自转的影响值、零偏值、零偏稳定性、零偏重复性及陀螺和加速度计的交叉耦合误差等；多视角全景相机中各相机的内方位元素及多个相机之间外方位元素等。

（2）定位定姿传感器之间参数的标定。主要指 GNSS、IMU 组合导航间位置关系的标定，包含 GNSS 天线相位中心与 IMU 中心的位置关系；IMU 坐标系与以 IMU 中心为原点的载体坐标系间的角度旋转关系。其中 GNSS 相位中心到天线中心的距离一般由 GNSS 厂家标定后提供；IMU 中心及其坐标系定义由 IMU 厂家提供；IMU 与 GNSS 间位置关系则由结构设计确定，在保证结构安装生产精度的情况下，其误差可忽略。

（3）高精度激光扫描仪与载体坐标系之间参数的标定。要标定高精度激光扫描仪与定位定姿传感器确定的载体坐标系之间的位置、姿态关系，目前常见的标定算法主要包含基于已知控制点坐标的点位标定方法、基于已知面特征的面标定方法、无控制点的往返点位标定方法及多回扫描分步自标定方法等。移动测量系统集成标定主要针对激光扫描仪与载体坐标系间参数的标定，如图 9-5 所示。

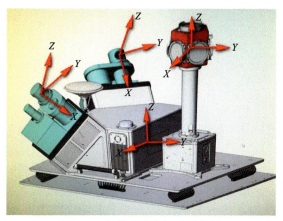

图 9-5　各传感器坐标系示意图

针对高精度激光扫描仪扫描频率高、点位相对精度毫米级的特点，结合高精度激光惯性导航系统与 GNSS 定位定姿精度高的特性，采用基于已知控制点坐标的点位标定方法进行粗略标定，再采用无控制点的往返点位标定方法及多回扫描分步自标定方法相结合来精确标定高精度激光扫描仪与载体坐标系之间的位置、姿态关系。具体步骤如下。

（1）采用基于已知控制点坐标的点位标定方法对控制厂布设要求较高，一般应满足地形开阔、GPS 观测条件良好、200 m 以内不应存在通信基站等强信号发射源及高压线等信号干扰源等。控制点布设选择为四层楼高的稳固墙体，采用多台 GNSS 基站与已知控制点联测，进行同步观测后做基线解算平差等，再采用 0.5 s 级全站仪免棱镜多测回重复观测，确定控制点精度并转换至标准投影坐标系。

（2）将移动测量系统采集的 IMU、GNSS、DMI 数据进行定位定姿后差分解算，获得采集时间段的 POS 数据，将经纬度转换成 WGS84 投影坐标（或其他投影坐标）后，获得采集工程任意时刻 POS 载体的位置及姿态值。

（3）在移动测量系统已完成时间同步的情况下，高精度激光扫描仪获取的任何时刻的原始三维点坐标均可以通过时间插值的方式获得该时刻 POS 记录的载体位置及姿态值。通过两次矩阵运算可获得该时刻该原始三维激光点的 WGS84 投影坐标，该坐标系定义与控制点坐标系为同一坐标系。

### 3. 多传感器集成移动测量系组合导航技术

多传感器集成移动测量系统组合导航采用 GNSS/IMU/DMI 融合定位定姿处理方法。GNSS/IMU/DMI 融合定位定姿以紧组合方案，可以直接利用 GNSS 原始观测信息（伪距、载波相位、多普勒频移），此模式下不存在独立的 GNSS 解算模块，而是采用 GNSS/IMU 综合卡尔曼滤波器，要求该滤波器能同时估计 GNSS 和 IMU 总的误差信息，其紧组合导航系统结构及信息流程图如图 9-6 所示。

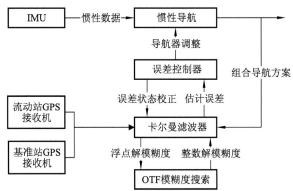

图 9-6　GNSS/IMU 紧组合结构及信息流程图

OTF 为 on-the-fly，动态

GNSS/IMU 紧组合定位定姿计算中，卡尔曼滤波器使用了 GNSS 伪距、载波相位及多普勒观测，组合 RTK 使用卡尔曼滤波器估计惯性导航器的误差并同时估计相位整周数浮点解，同时使用 OTF 来固定整数解模糊度。

### 4. 移动测量多源数据配准与融合技术

首先通过对多传感器所采集的数据进行严格的时间和空间同步，然后对不同传感器的数据进行相关预处理或后处理，最终得到地物目标三维空间信息。移动测量多源数据配准和融合技术主要包括两个过程：一是通过解算三维激光扫描仪获取的原始扫描点数据，获得各点的三维空间坐标信息；二是三维空间点云与影像的配准，使得二者同步叠加显示时地物特征一一对应。移动测量影像配准过程实际作用于全景影像坐标系转换，通过记录每张影像采集时刻对应的 POS 位置、姿态信息及全景影像坐标系相对于 POS 载体坐标系的位置、姿态信息来完成。当需要将影像与获取的大地坐标系下的点云数据进行联动或叠加显示时，通过实时完成该部分矩阵运算来旋转全景影像纹理数据以达到激光点云与影像的精确配准，如图 9-7 所示。

图 9-7　全景影像与点云融合示意图

**5. 基于地面控制网的 POS 点云精度质量增强技术**

多传感器集成移动测量系统在山体峡谷、隧道及林木茂盛区域工作时，GNSS 信号受到遮挡会导致组合导航定位定姿精度下降。为了保证多传感器集成移动测量精度的连续性和可靠性，可将地面控制网通过影像/激光扫描视觉引入 GNSS/IMU 组合导航计算中，实现基于地面控制网坐标约束的组合导航系统误差修正，从而实现对点云精度质量的增强。该方法主要包括两个步骤：一是在 GNSS 信号不良区域先采用以 IMU/DMI 为主的航位推算进行定位定姿解算，采用正向航位推算和逆向航位推算相结合的方式；二是根据误差传播规律引入地面控制网的控制点坐标进行联合解算，修正定位定姿误差。

1）正向航位推算算法

航位推算是一种常用的移动载体自主定位技术，它利用姿态、航向和行驶里程信息来推算载车对起始点的相对位置。里程仪输出的信号一般是载车在一小段时间内行驶的路程增量，为了理论分析方便，假设里程仪输出的是瞬时速度。移动载体在正常行驶时，假设车轮紧贴路面，无打滑、滑行和弹跳，里程仪测量的是沿车体正前方向上的速度，前进取正、倒车取负。为研究方便，建立里程仪测量坐标系（或称车体坐标系），简记为 $m$ 系，$oy_m$ 轴在与载车车轮相接触的地平面内，并且指向车体的正前方，$oz_m$ 轴垂直于地平面向上为正，$ox_m$ 轴指向右方，里程仪坐标系是一个与车体固联的"右-前-上"右手直角坐标系。按照上述定义，里程仪的速度输出在里程仪坐标系上可以表示为

$$v_D^m = \begin{bmatrix} 0 & v_D & 0 \end{bmatrix}^T \tag{9-2}$$

式中：$v_D$ 为里程仪测得的前向速度，右向和天向速度均为零，可视为载车正常行驶时的速度约束条件。

捷联 IMU 固定安装在车体上，假设 IMU 坐标系（$b$ 系）与车体坐标系（$m$ 系）的

同名坐标轴重合。通过 IMU 中的三陀螺组合可以实时计算载车的姿态矩阵，记为 $\boldsymbol{C}_b^n$，利用 $\boldsymbol{C}_b^n$ 对 $\boldsymbol{v}_D^m$ 转换可得在导航坐标系下里程仪速度输出，即

$$\boldsymbol{v}_D^n = \boldsymbol{C}_b^n \boldsymbol{v}_D^m \tag{9-3}$$

与捷联惯导位置更新算法微分方程式一样，由里程仪速度 $\boldsymbol{v}_D^n$ 可得航位推算定位解算的微分方程：

$$\dot{L}_D = \frac{v_{DN}^n}{R_{MhD}} \tag{9-4}$$

$$\dot{\lambda}_D = \frac{v_{DE}^n \sec L_D}{R_{NhD}} \tag{9-5}$$

$$\dot{h}_D = v_{DU}^n \tag{9-6}$$

式中：$\dot{L}_D$ 为纬度变化率；$\dot{\lambda}_D$ 为经度变化率；$\dot{h}_D$ 为高度变化率；$v_{DN}^n$ 为 $\boldsymbol{v}_D^n$ 在沿北方向的速度分量；$v_{DE}^n$ 为 $\boldsymbol{v}_D^n$ 在沿东方向的速度分量。

若将式（9-4）~式（9-6）写成矢量形式，为

$$\dot{\boldsymbol{p}}_D = \boldsymbol{M}_{pvD} \boldsymbol{v}_D^n \tag{9-7}$$

式中：$\boldsymbol{p}_D = [L_D \quad \lambda_D \quad h_D]^T$，$L_D$、$\lambda_D$ 和 $h_D$ 分别为航位推算的地理纬度、经度和高度；$R_{MhD} = R_{MD} + h_D$，$R_{NhD} = R_{ND} + h_D$，$R_{MD}$ 和 $R_{ND}$ 分别为使用航位推算地理位置计算的子午圈和卯酉圈主曲率半径；$\boldsymbol{v}_D^n = [v_{DE} \quad v_{DN} \quad v_{DU}]^T$；且有

$$\boldsymbol{M}_{pvD} = \begin{bmatrix} 0 & 1/R_{MhD} & 0 \\ \sec L_D / R_{NhD} & 0 & 0 \\ 0 & 0 & 1 \end{bmatrix}$$

在惯导姿态微分方程式中，以里程仪计算速度 $\boldsymbol{v}_D^n$ 代替捷联惯导速度 $\boldsymbol{v}^n$，并以航位推算纬度 $L_D$ 代替捷联惯导解算纬度 $L$，可得航位推算的姿态矩阵微分方程：

$$\dot{\boldsymbol{C}}_b^n = \boldsymbol{C}_b^n (\boldsymbol{\omega}_{ib}^b \times) - (\boldsymbol{\omega}_{in}^n \times) \boldsymbol{C}_b^n \tag{9-8}$$

式中：$\boldsymbol{\omega}_{ib}^b$ 为三陀螺组件的角速度信息，且

$$\boldsymbol{\omega}_{in}^n = \boldsymbol{\omega}_{ie}^n + \boldsymbol{\omega}_{en}^n \tag{9-9}$$

式中：$\boldsymbol{\omega}_{ie}^n = [0 \quad \omega_{ie} \cos L_D \quad \omega_{ie} \sin L_D]^T$；$\boldsymbol{\omega}_{en}^n = \left[ -\dfrac{v_{DN}}{R_{MhD}} \quad \dfrac{v_{DE}}{R_{NhD}} \quad \dfrac{v_{DE} \tan L_D}{R_{NhD}} \right]^T$。

式（9-7）和式（9-8）便构成了航位推算算法，由此可见，在航位推算算法中无须使用加速度计的任何信息。当然，为了获得姿态阵 $\boldsymbol{C}_b^n$ 的初值而进行惯导初始对准，就需要加速度计辅助来确定水平姿态。

下面采用里程仪的路程增量给出航位推算数值更新算法。

记里程仪在一小段时间段 $[t_{j-1}, t_j]$（$T_j = t_j - t_{j-1}$）内的路程增量为 $\Delta S_j$，如果该时间很短，则可以认为载车在这一小段时间内是沿直线行驶的，路程增量在车体坐标系 $m$ 系的投影为

$$\Delta \boldsymbol{S}_j^m = [0 \quad \Delta S_j \quad 0]^T \tag{9-10}$$

类似于速度转换关系式（9-3），有

$$\Delta \boldsymbol{S}_j^n = \boldsymbol{C}_{b(j-1)}^n \Delta \boldsymbol{S}_j^m \tag{9-11}$$

式中：$\boldsymbol{C}_{b(j-1)}^{n}$ 是 $t_{j-1}$ 时刻的载车姿态矩阵，记 $\Delta\boldsymbol{S}_{j}^{n}=[\Delta S_{E(j)} \quad \Delta S_{N(j)} \quad \Delta S_{U(j)}]^{\mathrm{T}}$。

将式（9-4）～式（9-6）离散化，可得航位推算位置更新算法：

$$L_{D(j)} = L_{D(j-1)} + \frac{T_j v_{DN(j)}}{R_{MhD(j-1)}} = L_{D(j-1)} + \frac{\Delta S_{N(j)}}{R_{MhD(j-1)}} \tag{9-12}$$

$$\lambda_{D(j)} = \lambda_{D(j-1)} + \frac{T_j v_{DE(j)} \sec L_{D(j-1)}}{R_{NhD(j-1)}} = \lambda_{D(j-1)} + \frac{\Delta S_{E(j)} \sec L_{D(j-1)}}{R_{NhD(j-1)}} \tag{9-13}$$

$$h_{D(j)} = h_{D(j-1)} + T_j v_{DU(j)} = h_{D(j-1)} + \Delta S_{U(j)} \tag{9-14}$$

与捷联惯导姿态更新算法式类似，航位推算的姿态阵更新算法为

$$\boldsymbol{C}_{b(j)}^{n} = \boldsymbol{C}_{n(j-1)}^{n}\boldsymbol{C}_{b(j-1)}^{n}\boldsymbol{C}_{b(j)}^{b(j-1)} \tag{9-15}$$

其中

$$\boldsymbol{C}_{b(j)}^{b(j-1)} = \boldsymbol{M}_{RV}(\boldsymbol{\phi}_{ib(j)}^{b}), \quad \boldsymbol{C}_{n(j-1)}^{n(j)} = \boldsymbol{M}_{RV}^{\mathrm{T}}(\boldsymbol{\phi}_{in(j)}^{n})$$

式中：$\boldsymbol{\phi}_{ib(j)}^{b}$ 为由陀螺输出计算的等效旋转矢量，与捷联惯导中的算法完全一样；$\boldsymbol{\phi}_{in(j)}^{n}$ 的计算方法为

$$
\begin{aligned}
\boldsymbol{\phi}_{in(j)}^{n} &= T_j(\boldsymbol{\omega}_{ie(j)}^{n} + \boldsymbol{\omega}_{en(j)}^{n}) = T_j\begin{bmatrix} 0 \\ \omega_{ie}\cos L_{D(j)} \\ \omega_{ie}\sin L_{D(j)} \end{bmatrix} + T_j\begin{bmatrix} -v_{DN(j)}/R_{MhD(j)} \\ v_{DE(j)}/R_{NhD(j)} \\ v_{DE(j)}\tan L_{D(j)}/R_{NhD(j)} \end{bmatrix} \\
&= T_j\begin{bmatrix} 0 \\ \omega_{ie}\cos L_{D(j)} \\ \omega_{ie}\sin L_{D(j)} \end{bmatrix} + \begin{bmatrix} -\Delta S_{DN(j)}/R_{MhD(j)} \\ \Delta S_{DE(j)}/R_{NhD(j)} \\ \Delta S_{DE(j)}\tan L_{D(j)}/R_{NhD(j)} \end{bmatrix}
\end{aligned} \tag{9-16}
$$

**2）逆向航位推算算法**

航位推算算法通常都是按照时间正常顺序进行推导解算，但遇到特殊情况无法解算时（如没有起始点信息）就需要利用逆向航位推算算法从终点开始解算，以保证能输出正常定位定姿结果。在正向航位推算算法的基础上，直接给出逆向航位推算公式：

$$
\begin{aligned}
\boldsymbol{C}_{b(k-1)}^{n} &= \boldsymbol{C}_{bk}^{n}(I + T_s \boldsymbol{\Omega}_{nbk}^{b})^{-1} \approx \boldsymbol{C}_{bk}^{n}(I - T_s \boldsymbol{\Omega}_{nbk}^{b}) \\
\boldsymbol{v}_{k-1}^{n} &= \boldsymbol{v}_k^{n} - T_s[\boldsymbol{C}_{b(k-1)}^{n}f_{sfk}^{b} - (2\boldsymbol{\omega}_{ie(k-1)}^{n} + \boldsymbol{\omega}_{en(k-1)}^{n}) \times \boldsymbol{v}_{k-1}^{n} + g^{n}] \\
&\approx \boldsymbol{v}_k^{n} - T_s[\boldsymbol{C}_{bk}^{n}f_{sf(k-1)}^{b} - (2\boldsymbol{\omega}_{ie(k-1)}^{n} + \boldsymbol{\omega}_{en(k-1)}^{n}) \times \boldsymbol{v}_{k-1}^{n} + g^{n}] \\
L_{k-1} &= L_k - \frac{T_s \boldsymbol{v}_{N(k-1)}^{n}}{R_M + h_{k-1}} \approx L_k - \frac{T_s \boldsymbol{v}_{Nk}^{n}}{R_M + h_k} \\
\lambda_{k-1} &= \lambda_k - \frac{T_s \boldsymbol{v}_{E(k-1)}^{n} \sec L_{k-1}}{R_N + h_{k-1}} \approx \lambda_k - \frac{T_s \boldsymbol{v}_{Ek}^{n} \sec L_k}{R_N + h_{k-1}} \\
h_{k-1} &= h_k - T_s \boldsymbol{v}_{U(k-1)}^{n} \approx h_k - T_s \boldsymbol{v}_{Uk}^{n}
\end{aligned} \tag{9-17}
$$

与正向航位推算不同的是，进行逆向航位推算时，陀螺仪输出零偏、陀螺仪测量角速度、地球自转角速度、初始速度、惯性导航系统和里程计之间的时间延迟等数值都需要取反。

**3）联合地面控制网控制点修正航位推算位姿误差**

由于 IMU/DMI 组合方式没有 GNSS 信号的约束，属于一种相对定位方式，为了控制误差的量级，需要引入外部控制点信息对航位推算所得位姿进行误差修正。捷联惯性

导航系统的误差方程如下：

$$\dot{\phi}_E = \left(\omega_U + \frac{v_E \tan L}{R_{Nh}}\right)\phi_N - \left(\omega_N + \frac{v_E}{R_{Nh}}\right)\phi_U - \frac{1}{R_{Mh}}\delta v_N + \frac{v_N}{R_{Mh}^2}\delta h - \varepsilon_E \qquad (9\text{-}18)$$

$$\dot{\phi}_N = -\left(\omega_U + \frac{v_E \tan L}{R_{Nh}}\right)\phi_E - \frac{v_N}{R_{Mh}}\phi_U + \frac{1}{R_{Nh}}\delta v_E - \omega_U \delta L - \frac{v_E}{R_{Nh}^2}\delta h - \varepsilon_N \qquad (9\text{-}19)$$

$$\dot{\phi}_U = \left(\omega_N + \frac{v_E}{R_{Nh}}\right)\phi_E + \frac{v_N}{R_{Mh}}\phi_N + \frac{\tan L}{R_{Nh}}\delta v_E + \left(\omega_N + \frac{v_E \sec^2 L}{R_{Nh}}\right)\delta L - \frac{v_E \tan L}{R_{Nh}^2}\delta h - \varepsilon_U \quad (9\text{-}20)$$

$$\delta \dot{v}_E = -f_U \phi_N + f_N \phi_U + \frac{v_N \tan L - v_U}{R_{Nh}}\delta v_E + \left(2\omega_U + \frac{v_E \tan L}{R_{Nh}}\right)\delta v_N - \left(2\omega_N + \frac{v_E}{R_{Nh}}\right)\delta v_U$$
$$+ \left[2(v_N \omega_N + v_U \omega_U) + \frac{v_E v_N \sec^2 L}{R_{Nh}}\right]\delta L + \frac{v_E (v_U - v_N \tan L)}{R_{Nh}^2}\delta h + \nabla_E \qquad (9\text{-}21)$$

$$\delta \dot{v}_N = f_U \phi_E - f_E \phi_U - 2\left(\omega_U + \frac{v_E \tan L}{R_{Nh}}\right)\delta v_E - \frac{v_U}{R_{Mh}}\delta v_N - \frac{v_N}{R_{Mh}}\delta v_U$$
$$- v_E\left(2\omega_N + \frac{v_E \sec^2 L}{R_{Nh}}\right)\delta L + \left(\frac{v_N v_U}{R_{Mh}^2} + \frac{v_E^2 \tan L}{R_{Nh}^2}\right)\delta h + \nabla_N \qquad (9\text{-}22)$$

$$\delta \dot{v}_U = -f_N \phi_E + f_E \phi_N + 2\left(\omega_N + \frac{v_E}{R_{Nh}}\right)\delta v_E + \frac{2v_N}{R_{Mh}}\delta v_N$$
$$- [2\omega_U v_E + g_e \sin 2L(\beta - 4\beta_1 \cos 2L)]\delta L - \left(\frac{v_E^2}{R_{Nh}^2} + \frac{v_N^2}{R_{Mh}^2} - \beta_2\right)\delta h + \nabla_U \qquad (9\text{-}23)$$

$$\delta \dot{L} = \frac{1}{R_{Mh}}\delta v_N - \frac{v_N}{R_{Mh}^2}\delta h \qquad (9\text{-}24)$$

$$\delta \dot{\lambda} = \frac{\sec L}{R_{Nh}}\delta v_E + \frac{v_E \sec L \tan L}{R_{Nh}}\delta L - \frac{v_E \sec L}{R_{Nh}^2}\delta h \qquad (9\text{-}25)$$

$$\delta \dot{h} = \delta v_U \qquad (9\text{-}26)$$

上述 9 个公式分别为东北天方向的姿态误差、速度误差及纬度、经度和高程方向的位置误差。根据这 9 个公式可以初步确定不同状况下惯导的误差累积状况，辅助确定惯导误差累计及对定位定姿精度的影响，然后进行误差建模并改正。

采用多项式对误差进行建模，例如：

$$\Delta = \alpha_0 + \alpha_1 x + \alpha_2 x^2 + \gamma \qquad (9\text{-}27)$$

式中：$\Delta$ 为某一方向上的位置误差；$x$ 为沿着轨迹线性分布的距离或者时间；$\alpha_0$、$\alpha_1$、$\alpha_2$ 均为多项式系数，选取至少三个控制点进行拟合求解多项式系数，建立误差模型对航位推算的位姿误差进行改正。对三个方向的误差依次采取该方法进行修正，最终获取高精度位姿信息。

## 9.1.5　多传感器集成移动测量应用

多传感器集成陆路交通移动测量技术综合了动态测量、激光雷达测量与摄影测量等技术精度高、速度快和信息量大的特点，加快了测量响应速度，提高了野外三维空间数据获取的效率，具有直接三维坐标参考的多视角影像和三维激光点云使得数据处理与信息提取灵活多样，可以随时按需从立体影像数据、三维激光点云中获得特定目标的三维坐标及其属性信息，建立对场景的实景三维表达，改变了传统测绘按照外业、内业工序测量的模式，实现了"一次测量，多次应用"的按需测绘模式，在新型基础测绘、交通、城市建设管理、公安等领域得到了广泛的应用。

**1. 新型基础测绘**

传统的基础测绘主要是靠人工进行的，已经很难满足当今地理数据采集与更新的要求，使用移动测量系统则可以很好地满足道路及相关设施的采集与测绘工作。移动测量系统不仅采集数据速度快、精度高、可靠性好、不依赖操作员的技术水平，而且得益于移动测量系统集成的多种传感器，可以从多个角度获取多元信息，增加更丰富的地物属性信息及图像和视频信息，可为 GIS 数据库增加沿道路周边的影像序列，以及重要建筑及部门的实景影像和视频数据，增强 GIS 数据库的可利用性。

**2. 公路养护与检测**

我国高速公路正处于高速发展时期。高速公路由于长期受车轮的磨损，雨水、冰雪、风沙、日晒等的侵蚀和风化，以及人为的破坏，使用质量会逐年降低。因此，如何做好公路的检测和养护工作，延长路面的使用寿命，是当前面临的一项重要课题。传统的人工检测手段不仅效率低下，而且严重影响交通流量，甚至危及检测人员的人身安全。车载的移动测量系统在该领域大有可为，比如车载路面病害检测、激光连续动态弯沉测量等，极大地提高了高速公路检测的自动化程度和检测的精度及效率，为我国高速公路的养护提供准确的原始测量数据依据。

**3. 铁路检测**

将移动测量系统安装在铁路机车上，便可像行驶在公路上一样开展测量工作，实现铁路沿线地理设施的可视化快速采集、GIS 数据库的快速构建与更新，为铁路地理信息系统、铁路部门的运营管理、铁路的紧急救援等提供精确的数据基础，解决铁路可视化信息管理的难题。

另外，我国的高速铁路、地铁都在快速发展，我国现行在役的铁路状态巡检和维护也是一个重要的课题，直接关系铁路出行的安全，比如铁轨轨距、货物超高、扣件紧固度等参数的精准监控和评估。传统的人工测量速度慢、效率低，难以满足高速铁路迅猛发展的检测需要，移动轨道综合检查小车利用激光扫描测量、激光测距、惯性测量、GIS 等关键技术，可以有效地实现铁轨轨道参数的快速自动测量，极大地提高测量效率和自动化水平，并可以建立起我国铁路的铁轨轨道参数的数据库，实现可视化管理和不同时段的轨道参数对比分析。

**4. 公安 GIS 测量**

移动测量系统的图像传感器采集的图像为连续可量测图像，可将需要重点关注的交通线路、地区和部位的实景图像拍摄下来，并保存在警用 GIS 数据库中，公安系统内部各级用户通过登录警用 GIS 数据库浏览所需查看目标的真实实景图像，提升公安系统目标管理水平，实现目标管理可视化。

**5. 城市部件普查**

利用移动测量系统可以快速、精确地采集城市市政设施、城市道路及其附属地物的电子地图数据，提供给数字化城管系统使用，为各种市政设施的管理维护、道路管理及新修道路验收等提供有力的支撑和可视化的全新管理模式，为城市部件的普查提供一种快速高效的手段。

**6. 实景三维地理信息服务**

利用移动测量系统的激光扫描仪扫描道路周边的建筑物，根据标定后的激光点云获取其精确的高度和宽度信息，利用相机进行道路周边的实物拍摄获取实景图像，经数据融合后形成可量测的三维实景地图数据文件，其直观性、信息量和精确性大大优于传统的二维电子地图，可提供全新的三维实景地理信息服务模式。

# 9.2　车载移动道路测量系统

道路基础设施空间信息是实现道路信息化、智慧化建设和运营管理的基础，以汽车为移动载体的多传感器集成移动测量系统，可以对道路数字基础设施进行高效率、高质量的信息化采集，实现道路高精度、精细化的实景三维建模。

## 9.2.1　公路智能测绘的背景与需求

随着越来越多的公路开工建设和交付运营，如何有效地组织好公路勘测、设计、施工，提高公路规划、勘测设计的效率、准确性和质量，确保公路工程建设质量和避免国家投入的浪费，已成为现代化公路建设管理的重要课题。与此同时，已建高速公路通车容量已近饱和状态，现有高速公路改扩建项目日渐提上议程，迫切需要加快高速公路改扩建工作。其中，高速公路改扩建勘测工作是整个改扩建工作的基础和重要环节，它贯穿整个公路建设的全过程，同时改扩建工程对测量精度的要求远高于新建工程，与高速公路改扩建工程的工期、质量和效率关系密切。另外，随着越来越多的公路投入运营、养护和管理，公路规划设计部门、公路建设部门和公路管理养护部门对公路地理空间信息的需求越来越迫切，对公路空间地理信息获取的时效性、精度和可视化提出越来越高的要求。

针对公路设计勘测、改扩建勘测和公路地理信息数据的获取，主要采用的工程测量实测、GPS-RTK 测量、航空摄影测量等技术需要人员上道作业，不可避免地存在作业安全隐患、影响现场交通通行、项目成本高、开发周期长等问题，并且航空摄影测量受制航高和空三，精度无法满足公路改扩建要求。需要在保证公路勘测设计、改扩建勘测满足行业勘测规范的前提下，尽可能保证外业测量作业人员安全、不影响改扩建公路交通通行、缩短开发周期，满足公路改扩建部门对勘测设计工作成本低、工期短、精度和质量要求高等多方面要求。

公路勘测设计、改扩建项目和数字公路建设，通常需要的测量内容为沿线带状地形图（宽200 m，比例尺1∶2 000）和包括路面标高在内的高精度数字地面模型（宽100 m）。具体公路改扩建工程测量需求如下。

（1）地形图测量：高速公路主线测量宽度两侧各100 m，互通立交、天桥引道以实际划定为准，连接线两侧各200 m，精度应符合现行相关测量规范要求，比例尺为1∶2 000。

（2）高精度数字地面模型（DEM）测量，具体要求如下。①主线路基范围内（土路肩以内）路面激光点的平面中误差小于5 cm，高程中误差小于3 cm，测量的高速主线特征点（线）10个（条）必须精确提取，其中路面中间测点均为标线中心；②互通立交匝道特征点（线）5个（条）必须精确提取，其中路面中间测点均为标线中心，有凸起边缘（路缘石、防撞墙）要求测量底部点，其他点间距按0.5 m和1 m进行抽稀；③精密数字地面模型测量：范围路中心两侧各50 m，路肩范围外高程中误差小于10 cm，要求连接特征线［路基边缘、坡脚（顶）、排水沟各特征点等］。

以汽车为载体的多传感器集成移动测量系统，可以快速获取公路路面及两旁的三维空间数据，为道路及其附属结构等三维信息的精确获取提供一种全新的技术手段。在不干扰交通流、保证测设人员人身安全和测设设备安全的情况下，仅需极少的外业测量工作量，成果精度满足高速公路改扩建勘察测量精度要求，解决传统旧路改扩建勘测中面临的一系列问题。车载移动测量系统可建立基于控制点的激光扫描数据高程改正模型，将动态定位定姿、激光扫描的数据融合解算出高精度高密度三维点云，采用系统后处理软件进行地物特征信息提取，包括进行特征点位及纵横断面的自动提取，以及道路路面及道路两旁地形数据，使得旧路路面的地形数据精度达到厘米级，旧路两旁地形满足1∶2 000、1∶500测量精度要求，实现对现有道路基础测量信息的安全、快速、经济的高精度获取，将为道路改扩建、竣工验收、数字公路运营等全生命周期勘测提供一种全新、高效和智能测绘技术方法和手段，具有广阔的市场和应用前景。

## 9.2.2 车载移动道路测量智能测绘技术

以汽车为移动载体的多传感器集成移动道路测量系统是一种将三维激光扫描设备（LS）、卫星定位模块（GNSS）、惯性导航装置（IMU）、车轮编码器、360°全景等多种传感器与总成控制模块、高性能板卡计算机高度同步集成于一体的系统（图9-8），综合运用了全球卫星定位、惯性导航、摄影测量及同步控制等技术，在高速行驶状态下快速获取高精度定位定姿数据、高密度三维点云和高清连续全景影像数据，具有机动灵活、短周期、高精度、高分辨率、实时多源三维空间数据高效采集等特点。

图9-8　车载多传感器集成移动道路测量系统

多传感器集成移动道路测量系统不仅仅是一套设备，为了满足用户从外业采集规划、数据采集处理、高精度测绘应用等方面的实际生产应用需求，系统提供一套全流程完整的道路移动测量智能测绘解决方案，包括外业数据采集、内业数据处理、数据建库与道路地理空间数据服务等，其技术框架如图 9-9 所示。

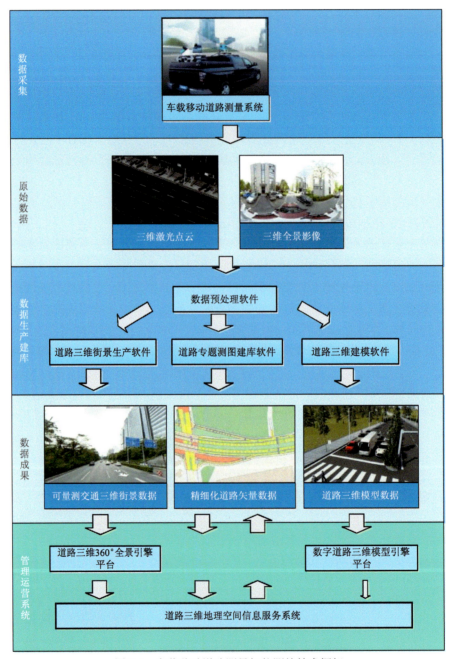

图 9-9　车载移动道路测量智能测绘技术框架

## 1. 数据采集

根据预先规划好的采集线路及采集顺序，车载移动道路测量系统进行道路三维激光点云和高清影像的数据采集。车载移动道路测量系统需要布设基站与其同步观测，基站按静态观测技术要求进行，并与车载移动道路测量系统上搭载的 GNSS 设备进行同步观测，采样率为 1 Hz 以上。

为确保测量精度满足道路改扩建要求，可以在载车行驶的道路上按一定间隔布置控制点，在融合处理中将控制点坐标纳入平差处理，用所测控制点对 GNSS/IMU 组合定位定姿进行纠偏改正，以提高车载移动道路测量系统误差。一般城市内部道路有均匀分布的道路标线，且在靠近路边处有标线角点，可直接选择一定间隔的道路标线角点作为控制点（图 9-10）。考虑安全因素，高速公路无法在车行道标线角点进行控制点测量，而道路边缘线无明显特征点，可在应急车道靠外侧较明显的位置布设靶标（图 9-11），靶标点按照中心黑色、外白圆形、最外围黑矩形来设计，采用涂料喷涂便于从激光点云中准确识别。

图 9-10　城市道路常用控制点特征点位

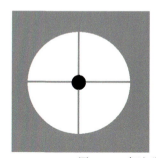

图 9-11　高速公路控制点靶标

控制点采用 GNSS-RTK 的方法施测，要求其测量平面精度为 3 cm、高程精度为 2 cm。

**2. 内业数据处理**

内业数据处理包括 GNSS/IMU/DMI 组合定位定姿处理、影像和激光扫描数据融合处理、三维激光点云预处理等。GNSS/IMU/DMI 组合定位定姿处理主要是用 GNSS 基站数据和 POS 数据（移动站 GNSS 数据、IMU 数据、里程计数据）进行组合导航计算，输出高精度的定位定姿数据。影像和激光扫描数据融合处理主要是根据测量模型（各传感器的时序和位置参数）进行直接地理参考、数据融合和配准，得到具有绝对坐标的道路三维激光点云和多视角影像；配准与融合才能还原出被测目标的三维几何空间坐标和属性。三维激光点云预处理主要包括点云着色、滤波、分类等。

**3. 道路数据建库**

在对点云进行滤波分类和平差计算后，可基于地面点云构建不规则三角网，并按照给定间隔提取断面。进一步，结合三维激光点云和高清全景影像数据进行道路矢量地图测制，建立道路地理信息数据库。

**4. 道路地理信息服务**

以道路地理信息数据库为基础，通过三维实景、二/三维管理展示技术，搭建可视化道路信息服务平台，提供道路基础地图展示、图层分类标注、二/三维地图联动、道路测量、基础信息查询等功能，为道路运营管理提供地理信息底座。

## 9.2.3 车载移动道路测量智能测绘应用

车载移动道路测量系统可以实现道路实景三维数据采集，对道路线路、标线、断面及道路设施（如交通标志、护栏、里程碑、收费站、沟渠等）进行精准测量与建库，为道路改扩建、竣工验收、数字公路智慧运营提供高精度、实景三维信息支撑，全面服务于道路"建、管、养"全生命周期。

**1. 道路改扩建**

利用车载移动道路测量系统获取的高精度高密度三维激光点云，可以直接测制道路线划图，提取道路标线，按照道路改扩建要求生成道路路面数字高程模型（DEM），输出纵、横断面图等（图 9-12）。

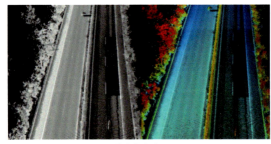 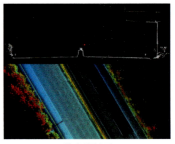

（a）道路激光点云　　　　　　　　　　（b）道路横断面

图 9-12　道路改扩建

**2. 竣工验收**

道路工程建设完工后，采用车载移动道路测量系统获取的三维激光点云、高分辨率多视角影像对道路进行全可视化的工程竣工验收，可快速、准确、直观检查工程建设是否满足设计的各项技术指标要求、各项配套设施（如路堤、路堑、排水沟、护栏、绿化、交通标志、交通标线、桥梁等）是否齐全和满足标准，也可以对土石方工程量进行核实与审计（图 9-13）。

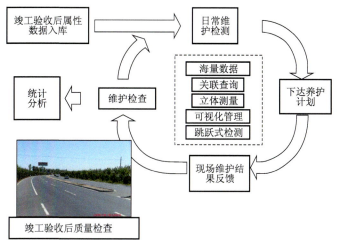

图 9-13　竣工验收

### 3. 数字公路智慧运营

公路竣工投入运营后，利用车载移动道路测量系统获取的道路三维激光点云及全方位影像数据，可建立道路地理信息数据库，制作道路实景三维模型，利用三维 GIS 开发平台综合公路相关的数据库信息建立全息三维数字公路智慧运营管理平台，全面服务于公路营运管理、公路养护、安全监测与应急指挥（图 9-14）。

图 9-14　数字公路智慧运营

# 9.3　铁路移动三维激光全景扫描系统

多传感器集成移动三维激光全景扫描系统可获取轨道高密度、全息三维激光点云和高分辨率全景影像数据，可为既有铁路智能勘测、安全检测、信息化管理和智慧运营提供高精度、全要素的三维地理信息支撑。

## 9.3.1　既有铁路勘测与检测背景与需求

铁路是国家重要基础设施，是国民经济大动脉和大众化交通工具，大规模发展具有运能大、安全舒适、全天候运输、环境友好和可持续性等优势的高速铁路，是在当前能源和环境约束下解决我国交通运输能力供给不足矛盾的必由之路和必然选择。截至 2015 年底，中国铁路营业里程已达 12.1 万 km，其中高速铁路 1.9 万 km，根据 2016 年修编的《中长期铁路网规划》，到 2025 年，铁路网规模达到 17.5 万 km 左右，其中高速铁路 3.8 万 km 左右。展望到 2030 年，基本实现内外互联互通、区际多路畅通、省会高铁连通、地市快速通达、县域基本覆盖。

随着大量的铁路投入运营，铁路线路行车密度大、养护维修标准高、检修作业时间短，对线路的检测手段、处理方法等方面提出新要求。此外，随着全国时速 200 km/h 及以上速度运行的线路逐渐扩展，大量的既有铁路提速改造工程也相应展开。《中长期铁路网规划》明确提出除完善路网布局和西部开发性新线建设外，还要进一步加强既有路网技术改造和枢纽建设工作，提高既有线路运能。既有线路勘测是铁路养护维修及增建二线的重要环节，传统的既有线路静态测量采用以既有铁路中线为基本控制线的接触式测量，对运营干扰大，安全性低，数据采集效率不高。因此，引入高新技术，改进勘测手段，提高勘测效率就显得十分必要。高质量、高精度的勘测方法既可以有效提高既有铁路勘测水平，也可在日常养护维修、轨道状态检查中发挥重要作用，为提升提速铁路、客运专线的平顺性和舒适性提供技术支撑。

由于铁路沿线的地形比较复杂，既有铁路的养护维修、落坡、改建线路平面、延长站线、增建复线等技术改造，均需要通过铁路复测工作准确掌握沿线基础数据。既有铁路复测主要包括线路纵向丈量、横向测绘、水准测量、地形测绘、横断面测量、线路平面测绘、站场测绘及绕行定测等内容。传统的复测方法包括钢尺丈量配合全站仪的矢距法或偏角法、导线坐标测量法及现场调查等。随着铁路大提速尤其是高速铁路建设的快速发展，传统的复测作业方法在测量精度、作业效率、作业安全性、运营干扰性等方面已不能满足铁路快速发展的要求。

高速铁路维护、管理等工作中，需要大量实施既有线路测量。传统的既有线路测量方法主要依靠人工上道测量。传统"经纬仪＋水准仪"或者"光电测距仪＋全站仪"铁路线路勘测模式需要较长时间，GNSS-RTK 技术在测量基准点选取、测量数据处理等方面与传统的测量模式有显著改善，在缩短勘测工期、降低外业工作强度等方面效果明显，但以上线路测量方法均为接触式作业模式，对铁路正常运营有干扰（图 9-15）。

图 9-15　传统的铁路既有线路测量

随着铁路大幅提速后，车辆行驶速度快、密度高，传统的既有线路测量方法施测存在较大的安全隐患，且测量效率低。在这种情况下，通过对外业测量数据获取方式的技术性变革，寻求高效、安全、对运营低干扰或零干扰的全新的高速铁路测量技术和方法已势在必行。

目前，对既有铁路线路勘测技术的国内外最新研究主要集中在 GPS、GIS、RS 相结合的多传感器集成、移动测绘技术在道路、铁路领域应用方面。相较于传统测绘方式，在三维激光扫描移动测量数据采集效率和数据丰富程度方面具有无可比拟的优势；在测量精度上，三维激光全景扫描移动测量的精度也随着 GNSS、惯性导航系统、相机、激光扫描仪等硬件和组合导航算法的发展而不断提升。可见，利用三维激光扫描移动测绘方式对线路进行勘测和检测是技术发展的必然趋势，对提高我国线路勘测和检测的技术水平、效率和安全保障具有重要意义，也是实现轨道交通数字化、信息化的必由之路。

## 9.3.2　铁路移动三维激光全景扫描系统组成

以列车平台为移动载体的多传感器集成铁路移动三维激光全景扫描系统（图 9-16）采用三维激光扫描技术、GPS/IMU 组合导航定位定姿技术、多传感器集成移动测量技术等，将定位测姿系统（POS）、激光扫描仪（LiDAR）和高分辨率 CCD 相机一体化集成的多传感器集成移动测量系统，其中 POS 由 GNSS、IMU 和里程计构成，通过 GNSS 载波相位差分定位技术获取激光扫描仪的位置参数，通过惯性测量单元（IMU）测定激光扫描仪的姿态参数，经差分全球定位系统（differential global positioning system，DGPS）、IMU、双惯性测量单元（dual inertial measurement unit，DIMU）数据的联合后处理，直接获得三维激光扫描点的空间三维坐标和全景影像外方位元素。铁路移动三维激光全景扫描系统在列车行进过程中对铁路及沿线两侧进行三维全景扫描，可以快速获取铁路周围地形的三维空间几何信息，很好地解决航空摄影测量经常遇到的复杂地形内的遮挡与盲区问题，为既有铁路测量提供高质量的地理空间数据。

图 9-16　铁路移动三维激光全景扫描系统

高密度快速精确采样测量是铁路移动三维激光全景扫描系统的重要特征，而高精度、高速度、高分辨率激光扫描技术是实现高密度精确采样测量的基础。激光扫描仪采用线推扫式扫描工作方式，随着移动载体的高速行进，连续获取沿线三维空间数据。扫描数据的密度可根据实际情况的需要，通过控制移动载体行进速度来调整，通常按照扫描仪的性能，其扫描频率一般在 30 kHz 以上，可以大量获取沿线纵深 100 m 内的地物坐标信息。同时高分辨率的 CCD 相机联合完成多视角影像采集，通过同步采集的多视角影像对各种目标的属性信息进行辨识，满足后续处理过程中地物属性判断的需求。

**1. 系统组成**

铁路移动三维激光全景扫描系统主要包括以下组成部分。

（1）卫星导航定位系统。GNSS 用于确定激光雷达信号发射参考点空间位置，采用动态差分定位模式。利用安装于移动平台上与激光雷达相连接的和设在一个或多个基准站的至少两台 GNSS 信号接收机同步而连续地观测 GNSS 信号，同时记录瞬间激光和数码相机开启脉冲的时间标记，通过载波相位测量差分定位技术的离线数据后处理获取激光雷达的三维坐标。动态 GNSS 的天线安装在移动平台顶部，基站 GNSS 接收机的数据更新频率不低于车载接收机的更新频率。如果采用实时动态差分技术，还必须架设数据发射电台，以便把必要的数据发送给作业移动平台上的接收电台。

（2）惯性测量单元。移动平台姿态角测量装置可以实时提供组合传感器主光学系统主光轴的姿态角，即俯仰角、侧滚角和航向角，以便与 GNSS 定位数据结合起来，对激光扫描和多波段成像进行快速定位。姿态角的精度要求取决于铁路移动三维激光全景扫描系统的定位精度总体技术指标。

（3）激光扫描仪。激光扫描仪是铁路移动三维激光全景扫描系统的核心部件，一般由激光发射器、接收器、时间间隔测量装置、传动装置、计算机和软件组成。其主要功能是发射测量激光脉冲和接收脉冲遇到障碍物（目标）后所反射的回波。依据不同用途和设计思想，激光扫描仪的特性也有所不同，主要区别表现在光斑尺寸、回波记录方式和扫描方式等方面。其他指标还包括波长、功率、脉冲重复频率等。

（4）成像装置。成像装置一般为一个或多个 CCD 或摄像机，通过高分辨率数码相机获取地物地貌的多视角影像，可拼接为 360° 全景影像。多视角影像与三维激光雷达融合后，可以增强对测量对象的认知，作为对目标进行判读、分类识别或作为三维建模纹理的数据源。

（5）同步控制模块。同步控制模块用于协调各传感器的运行、记录所有回波数据、导航数据、扫描时间的实时检测与数据记录。

**2. 系统形式**

铁路轨道上道作业有严格的要求，移动三维激光全景扫描系统采用一体化集成设计，可以直接安装在火车机车、火车平板车、轨道自行车、轨道推车等移动平台上作业，也可以将车载移动测量系统搭载在火车平板车上，如图 9-17 所示。

（a）火车机车　　　　　　　　　　（b）火车平板车

（c）轨道自行车　　　　　　　　　　（d）轨道推车

图 9-17　不同形式的铁路移动三维激光全景扫描系统

### 9.3.3　铁路移动三维激光全景扫描既有线测量

**1. 外业数据采集**

为了满足铁路既有线复测要求，铁路移动三维激光全景外业数据采集设计十分关键，需要针对三维激光扫描移动测量系统的技术特点及优势，对点云间距与行车速度、地面基站布设和地面约束控制点布设方法进行系统设计。

1）点云间距与行车速度

传感器参数的设置应该考虑覆盖测区范围并尽量提高激光点的密度。测区可根据区段内最宽的铁路防护网确定；设备安装完成后，应检查是否存在遮挡，保证扫描范围能够覆盖防护网内部的所有空间。

目前，三维激光扫描移动测量设备通常有两个以上的扫描头，由于激光雷达的发射频率通常高达 500 kHz 以上，而通常其扫描频率在 200 Hz 左右。行车方向的点云间距小于垂直于行车方向的点云间距。为了保证一定的点云密度，通常要首先设计好行车速度。

假设激光雷达系统有两个激光扫描头，点云间距与行车速度的关系如下：

$$D = \frac{V}{2S} \tag{9-28}$$

式中：$D$ 为点云间距；$V$ 为行车速度；$S$ 为扫描频率。

2）地面基站布设

在铁路工程 GNSS 测量中，单个 GNSS 基站的覆盖半径通常为 30 km 左右。为确保机载激光雷达采集数据的高精度，通常确定相邻 GPS 地面基站间基线长度不大于 8 km。地面 GNSS 基站点位应具备视野开阔、对天空通视情况良好的条件，高度角 15° 以上不得有成片障碍物阻挡卫星信号。

3）地面约束控制点布设

三维激光扫描移动测量直接获取的数据是 WGS84 坐标系下的坐标，为了基于该数据进行既有线信息提取，需要通过坐标传递、坐标变换参考点进行坐标变换。坐标变换主要分为平面坐标变换和高程拟合。对于以轨道平板车为载体的移动测量方案，平面坐标变换需要沿铁路线每 4 km 布设一个控制点，高程拟合需要沿铁路线每 2 km 布设一个控制点；对于以轨道小车为载体的移动测量方案平面和高程都通过高铁沿线 CPIII 控制网进行靶标布设。每个控制点需要同时具有 WGS84 坐标和基础控制网坐标。

4）数据采集

完成地面控制网标志布设后，采用铁路移动三维激光全景扫描系统对铁路进行移动扫描作业。扫描作业过程中，应按照采集设计要求控制行车速度，确保扫描点云的间距在 2 cm 左右，同时应能获取清晰的高分辨率 CCD 影像。

**2. 数据处理**

铁路移动三维激光全景扫描系统外业数据采集完成后，即可进行数据处理。数据处理包括：航迹解算、数据融合处理、点云精度质量增强与精度评价及工程坐标变换。航迹解算利用移动三维激光全景扫描系统移动站 GPS 数据与同步采集的地面 GNSS 基站数据进行差分处理，联合高精度激光惯性导航系统及里程编码器数据融合解算出高精度的移动平台航迹数据；数据融合处理利用航迹数据与激光扫描仪测距数据、影像数据进行直接地理参考处理，得到带绝对坐标的三维激光点云和多视角影像；利用布设的地面控制网标志点对扫描的三维点云精度进行质量增强，并评价精度质量增强后的三维激光点云精度；将精度质量增强后的点云利用基础控制网资料变换到工程坐标系下。图 9-18 所示为处理后的铁路三维激光点云。

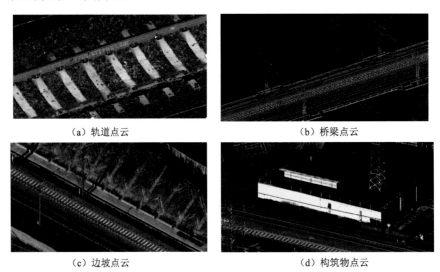

（a）轨道点云　　　　　　　　　　　　　（b）桥梁点云

（c）边坡点云　　　　　　　　　　　　　（d）构筑物点云

图 9-18　铁路三维激光点云

**3. 既有线几何要素测量**

1）提取线路里程

传统测量方法中，里程丈量采用拉百尺标的方式进行，是其他测量工作的先导。基于铁路移动三维激光全景扫描技术的既有线测量无须进行里程丈量，激光扫描生成的铁路三维激光点云可直接获取全线轨道信息，在三维激光点云中提取出轨道中心线（图9-19）并确定里程起点后，可直接推算里程。

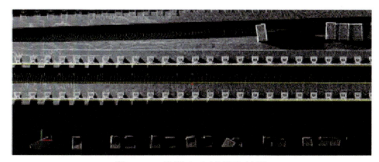

图9-19 轨道中心线提取结果

2）轨道线形测量

铁轨轨面线是指轨道的最高面中心线（图 9-20）。通过铁路三维激光点云数据提取出的轨道中心线完全可替代传统基于全站仪和水准仪方法测量的轨道平面和高程数据。基于铁路三维激光点云自动轨道中心线进行线形拟合后，可高精度、高密度地恢复轨道线形。

图9-20 铁轨轨面线

轨面线可以融合航迹数据与三维激光点云数据进行自动提取，其算法步骤如下。

（1）基于航迹数据包含的位置姿态信息数据，结合设备自身标定好的结构信息参数通过算法自动分类出轨道面点云（图9-21）。

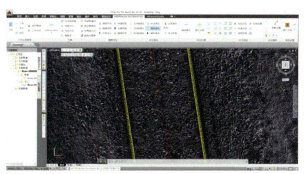

图9-21 轨道面点云自动分类

（2）利用分类的轨面激光点云，POS 姿态信息结合设备标定参数构建任意里程处横断面轨面中心坐标系，将该轨面坐标系下轨顶处点云按平面 3 cm、高程 3 cm 空间进行滤波处理，最终得到任意断面轨顶点数据（图9-22）。

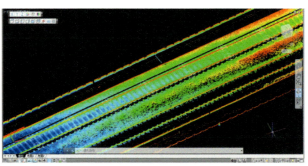

图9-22 提取指定断面轨顶点

（3）利用指定间距（如1 m/5 m间隔）的轨顶点数据进行拟合，形成最终的精确轨面线（图9-23）。

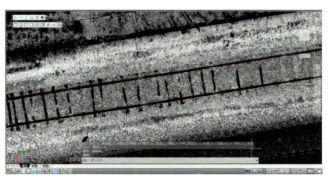

图9-23 精确轨面线提取

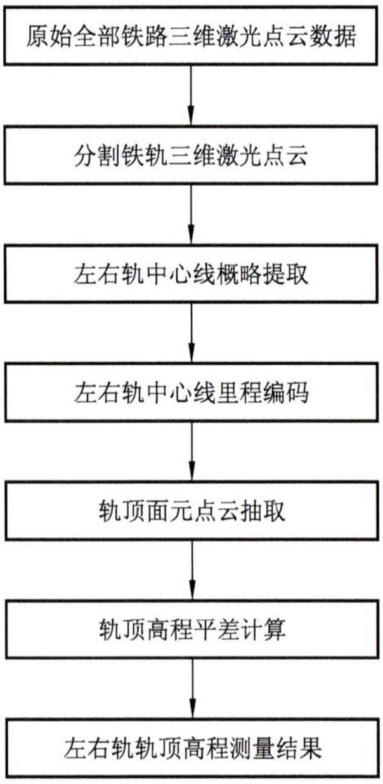

```
┌─────────────────────┐
│原始全部铁路三维激光点云数据│
└─────────────────────┘
          ↓
┌─────────────────────┐
│  分割铁轨三维激光点云  │
└─────────────────────┘
          ↓
┌─────────────────────┐
│  左右轨中心线概略提取  │
└─────────────────────┘
          ↓
┌─────────────────────┐
│  左右轨中心线里程编码  │
└─────────────────────┘
          ↓
┌─────────────────────┐
│   轨顶面元点云抽取    │
└─────────────────────┘
          ↓
┌─────────────────────┐
│   轨顶高程平差计算    │
└─────────────────────┘
          ↓
┌─────────────────────┐
│ 左右轨轨顶高程测量结果 │
└─────────────────────┘
```

图9-24 轨顶高程自动提取
方法流程

3）构筑物测量

线路上的桥梁、涵洞等构筑物均应在复测中进行测量，基于车载激光雷达数据，可直观地分辨桥梁等构筑物，从激光雷达数据中提取相关要素。对于涵洞、站房等构筑物，可采用背包三维激光扫描或其他测量方法进行补充。

4）轨顶高程测量

针对利用三维激光移动扫描系统获取的三维激光点云用于既有线勘测中最为重要的轨面高程提取和测量难点，利用三维激光点云高精度、鲁棒的自动提取轨顶高程测量的方法实现从散乱、高密度点云中分离出铁轨并计算轨顶高程，解决铁路勘测中利用三维激光扫描手段时高密度激光点云处理和智能分析关键问题，为三维激光扫描移动测绘在铁路既有线路勘测、检测和信息化中提供技术支撑。基于三维激光点云的既有线轨顶高程自动提取方法的流程如图9-24所示。

5）轨道平顺性测量

在现代铁路系统中，铁路轨道的平顺性对列车的安全运行和乘客的舒适性具有至关重要的影响。为了确保铁路轨道的高质量标准，铁路轨道激光三维点云数据的应用提供了一种高效、精确的检测和评价方法。通过激光扫描技术，可以快速地收集轨道的三维几何信息，生成密集的点云数据。利用轨道三维激光点云数据，可以精确提取轨道的几何参数，如轨道轨距、超高、曲线半径等（图9-25）。

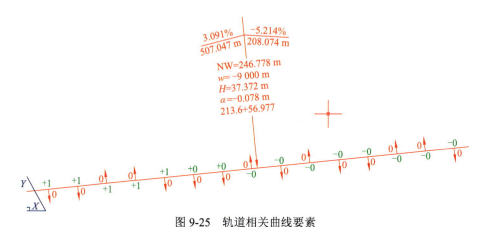

图 9-25　轨道相关曲线要素

NW 为轨道轨距；$w$ 为扭曲量；$H$ 为超高；$\alpha$ 为偏移量

通过轨道相关曲线参数的分析，可以有效地检测轨道的偏差和不平顺区域，如轨道弯曲、扭曲或沉降等。对轨道平顺性的评价不仅包括对几何参数的测量，还涉及对轨道表面的细节分析，如轨道磨损、接头间隙和轨道表面缺陷等。通过对这些细节的检测和分析，可以及时发现潜在的安全隐患，并采取相应的维修和维护措施。基于对轨道平顺性的综合评价，可以为列车的运行提供科学依据，给出列车运行速度的建议值。这不仅可以提高列车的运行效率，还可以确保列车运行的安全性。在实际应用中，轨道激光三维点云数据的处理和分析需要借助专业的软件和算法，以确保数据的准确性和可靠性。

### 4. 既有线横断面测量

既有线的横断面测量是既有线复测中一项重要而又繁重的工作。横断面图是线路维修、技术改造时设计、施工的重要依据；在既有线百米标、地形变化处的加标、挡土墙、护坡、路基病害处、平交道口、隧道洞口、涵管中心及桥台等处均应测绘比例尺为 1：200 的横断面图。测绘横断面时在轨顶、砟脚、砟肩、路肩、侧沟、平台和围墙等处均应布设测点。

采用铁路移动三维激光全景扫描技术获取既有线数据后，相当于获取了既有线的全息信息，即可生产横断面。由铁路移动三维激光全景扫描系统获取的轨道三维激光点生成横断面算法流程如图 9-26 所示。

具体算法步骤：①给定中桩文件，生成横断面剖线；②提取到横断面剖线平面距离小于阈值的原始激光点；③对提取出的激光点构建三角网；④求横断面剖线与三角网的交点，并内插交点高程；⑤通过人工可视化核查横断面；⑥根据需要，采用改进的道格拉斯-皮克法简化横断面；⑦输出横断面。

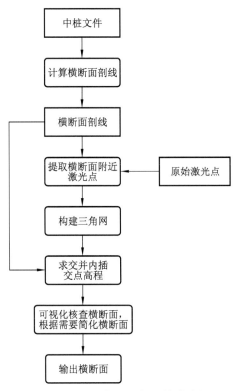

图 9-26　轨道横断面提取算法流程

图 9-27 给出了基于三维激光点云生成的既有线横断面示例。

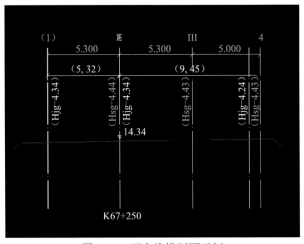

图 9-27　既有线横断面示例

　　针对既有线隧道测量，可直接利用输出的航迹数据或提取的轨道中心线信息，按制定里程提取隧道断面数据（图 9-28），并输出二维横断面图（图 9-29）。

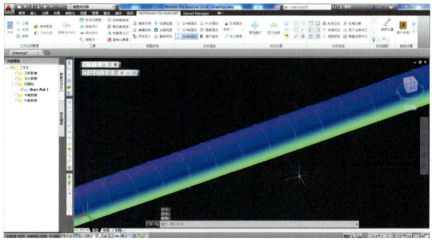

图 9-28　隧道断面数据提取

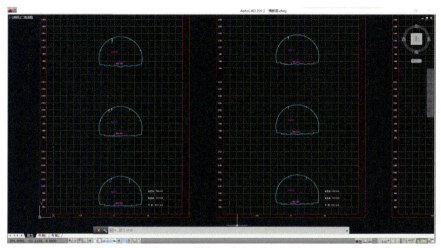

图 9-29　隧道二维横断面输出

### 5. 既有线调查

对既有线进行技术改造需要建立在对铁路现状充分了解的基础上，快速、高效、安全地对铁路既有线进行调绘勘测对既有线技术改造的规划、设计、建设及运营十分重要。传统的既有线调绘勘测以人工携带各种调绘、勘测设备上道调绘为主，对运营干扰大，且安全性低，既有线调绘勘测的效率不高。同时受制于上线人员的技术水平和责任心，调绘成果存在错漏，核查成本高，影响铁路既有线技术改造的精准性。三维激光移动扫描可以快速获取铁轨高密度、高精度的三维点云坐标数据和连续的 360°全景影像数据，为铁路既有线调绘勘测提供了一种高效率、安全、准确的测量手段。但三维激光扫描移动获取的三维点云是一个坐标点，缺乏直观可视的线路及设施类别、属性等信息，360°全景影像可以清晰看出线路及设施类别，但又无法提供坐标及几何尺寸信息。

针对利用三维激光移动扫描系统获取的三维激光点云坐标数据和连续的 360°全景影像数据用于既有线勘测中线路及设施调绘难点，将带坐标的三维激光点云数据和带属性的 360°全景影像数据相结合，充分发挥两种数据的特点和优势，实现铁路既有线线路及设施调查与测绘（图 9-30），为三维激光扫描移动测绘在铁路既有线技术改造、资产调查和信息化运营管理提供技术支撑。利用带坐标的三维激光点云与丰富纹理的高清全景影像数据恢复可测量、可定位的三维全息可视化铁路现场，充分利用三维激光点云直接高精度测量优势和 360° 全景影像真实、可视化优势，进行既有线路基病害、道路洁净度及轨道沿线设施的调查，可进一步提高既有线勘测与调绘的准确性和完整性。

图 9-30　三维激光全景扫描既有线调查

## 9.3.4　铁路移动三维激光全景扫描隧道测量

### 1. 铁路隧道限界检测

在现代铁路工程中，铁路隧道的安全性和可靠性对整个铁路系统的运行至关重要。随着技术的进步，利用轨道激光三维点云数据成为铁路隧道断面测量和限界检测的一种有效手段。通过这种方法，可以快速、精确地提取铁路隧道的几何参数，并与设计数据进行对比，以确保铁路隧道的安全运行。

铁路移动三维激光全景扫描系统利用高精度的激光对隧道内部进行全面扫描，生成包含数百万个点的三维点云数据，包含了铁路隧道表面详细几何信息，能够精确反映铁路隧道的形状和尺寸。通过特定的算法从点云数据中提取出铁路隧道的横断面（图 9-31）和纵剖面，可快速计算隧道的形状和结构特征。

图 9-31　铁路隧道三维横断面图

限界检测是指通过比较实际测量的铁路隧道尺寸与设计规范或安全标准之间的差异，来评估铁路隧道是否满足运营要求。利用提取出的铁路隧道断面数据，可进行限界检测（图 9-32），识别出铁路隧道内可能存在的狭窄区域、变形或损坏部分，为铁路隧道的维护和修复提供依据。铁路隧道限界检测结果还可以指导列车安全运行，如检测到铁路隧道某部分的限界小于标准要求，需要限制通过该区域的列车速度，或采取其他安全措施，以确保列车安全通过。

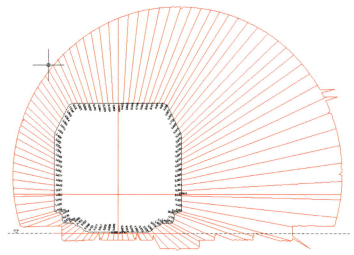

图 9-32　铁路隧道断面限界检测

### 2. 铁路隧道变形监测

在铁路建设和维护中，对隧道及其他构筑物的变形监测是保证安全运行的重要环节。利用轨道激光三维点云数据进行特征点提取和变形监测，是一种高效、精确的技术手段。通过轨道激光扫描系统在不同时间点对隧道及其他构筑物进行多次扫描，获取高精度的三维点云数据包含了构筑物表面的详细几何信息，能够精确反映其形状和位置。从每次扫描的点云数据中提取出隧道及其他构筑物的特征点数据，如隧道拱顶、转角、接缝等（图 9-33）。这些特征点的三维坐标（$X, Y, Z$）可用于隧道变形分析。

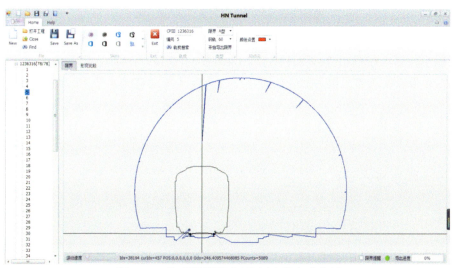

图 9-33　基于隧道断面及特征点的变形分析

铁路隧道变形监测的关键步骤是比较不同时间点获取的特征点数据。通过对比两次扫描中相应特征点的位置变化,可以判断隧道及其他构筑物在这段时间内是否发生了变形或位移。如果特征点的位置变化超出了预设的安全阈值,就意味着可能存在变形或安全隐患,需要进一步的检查和处理。为了提高变形监测的准确性和可靠性,通常会采用多次三维激光点云数据进行长期监测。通过对比多个时间点的特征点数据,可以更准确地识别和分析隧道及其他构筑物的变形趋势和规律。此外,结合其他监测手段,如地面沉降监测、裂缝监测等,可以对构筑物的整体稳定性进行综合评估。

# 9.4 移动测量陆路交通智能测绘应用案例

多传感器集成移动测量系统可以高精度、高效率进行陆路交通动态测量,获取陆路交通全息实景三维模型,在陆路交通勘测、安全检测和智慧运营管理中具有广泛的应用前景。

## 9.4.1 京哈高速公路(拉林河至德惠段)改扩建工程

京哈高速公路(拉林河至德惠段)改扩建工程位于吉林省榆树市、扶余市、德惠市境内。起点位于榆树市拉林河大桥,途经扶余市,终点位于德惠市,全长 80 km,海拔高度为 139.82～221.11 m(图 9-34)。

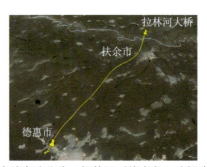

图 9-34 京哈高速公路(拉林河至德惠段)改扩建工程范围

采用中海达车载移动道路测量系统 iScan[图 9-35(a)]对测区进行外业数据采集,以 60 km/h 对道路双向采集,沿线按照不超过 30 km 布设基站 4 个进行同步观测。道路

(a)车载移动测量　　　　　　　　　　　(b)靶标测量

图 9-35 京哈高速公路改扩建外业采集

沿途在紧急行车道按照 300 m 的间隔共布设 582 个靶标点作为地面控制点，覆盖双向 174.6 km。靶标点采用 RTK 高精度施测其平面坐标[图 9-35（b）]，采用三等水准采集靶标处高程，以此对移动测量三维激光扫描道路测量测绘结果进行比对验证。

分别从道路三维激光点云中提取靶标点平面坐标和高程，经过与验证点位进行比对分析，平面中误差$\Delta X = 0.028$ m、$\Delta Y = 0.019$ m、$\Delta H = 0.030$ m，道路三维激光点云平面坐标满足道路改扩建要求，进一步引入靶标点水准高程对三维激光点云高程进行纠正处理，生成满足道路改扩建工程要求的道路三维激光点云。在此基础上，根据道路三维激光点云进行道路矢量图测制、纵横断面生产和路面高精度数字三维模型生成（图 9-36），全面满足道路改扩建工程勘测需求。

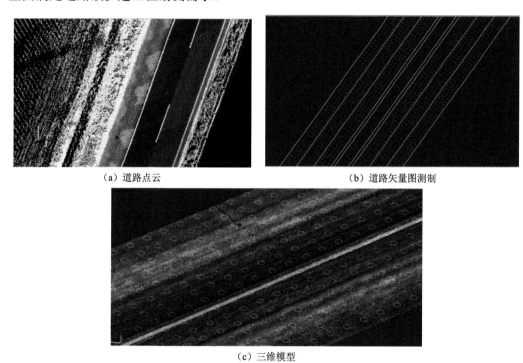

（a）道路点云　　　　　　　　　　　　　　（b）道路矢量图测制

（c）三维模型

图 9-36　京哈高速公路改扩建勘测成果

## 9.4.2　巴基斯坦 1 号铁路干线（ML1）既有线大修勘测

巴基斯坦 1 号铁路干线（ML1）从卡拉奇向北经拉合尔、伊斯兰堡至白沙瓦，是巴基斯坦最重要的南北铁路干线。哈维连站是巴基斯坦铁路网北端尽头，规划建设由此向北延伸经中巴边境口岸红其拉甫至喀什铁路，哈维连拟建陆港，主要办理集装箱业务。1 号铁路干线升级建设项目是中巴经济走廊远景规划联合合作委员会确定的中巴经济走廊交通基础设施领域优先推进项目，也是巴基斯坦首条轻轨线路，项目建成后将极大地缓解拉合尔市 500 多万人口的交通压力。项目为以抬坡为主既有线大修项目，建设周期为 2017 年 1 月 1 日～2027 年 1 月 11 日，采用铁路移动三维激光全景扫描系统（图 9-37）对全线近 900 km 线路进行勘测，取得了良好效果。

图 9-37　巴基斯坦 1 号铁路干线铁路移动测量

　　铁路移动三维激光全景扫描系统获取了轨道高精度、高密度的三维激光点云和高分辨率 360° 全景影像，在专业软件支持下，自动输出沿铁路线路按里程输出左右轨的轨面中心线坐标及高程、路基断面、车站股道中心线平面布置图、铁路地形图等成果（图 9-38），为设计人员提供线路丰富的实景三维地理信息，支持设计人员数字化大修设计。

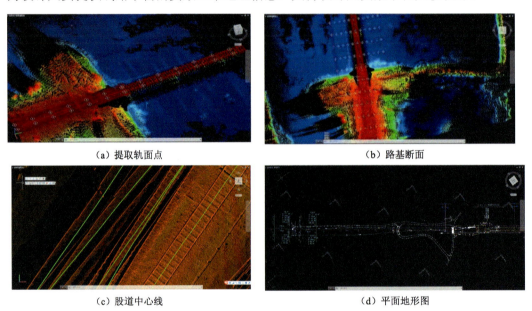

<table>
<tr><td>（a）提取轨面点</td><td>（b）路基断面</td></tr>
<tr><td>（c）股道中心线</td><td>（d）平面地形图</td></tr>
</table>

图 9-38　巴基斯坦 1 号铁路干线铁路移动测量成果

## 9.4.3　青藏铁路格拉段电气化改造项目

　　青藏铁路格拉段电气化改造工程覆盖青藏铁路格拉段正线长约 1 200 km，除拉萨站外的其余 32 处车站到发线有效长延长至 850 m，并对安多、那曲、当雄 3 处车站客运设施进行改造，以满足动车组列车停站需求，电气化改造勘测预计工期 3 年，采用铁路移动三维激光全景扫描系统（图 9-39）于 2018 年 8 月 10～24 日（15 天，日均 2 h，70 km）对线路进行移动测控，三车编组按图定运行，测量速度为 50～70 km/h，获取点云数据 2.5 TB，将工期缩短到 3 个月。

图 9-39 巴青藏铁路电气化改造作业系统

以铁路移动三维激光全景扫描系统获取的全线 1 200 km 三维激光点云和高分辨率全景影像数据为基础，利用后处理工具进行沿线轨道中线、路基桥梁隧道断面、隧道限界测量，为电气化改造设计提供全线图及实景三维地理信息数据（图 9-40）。

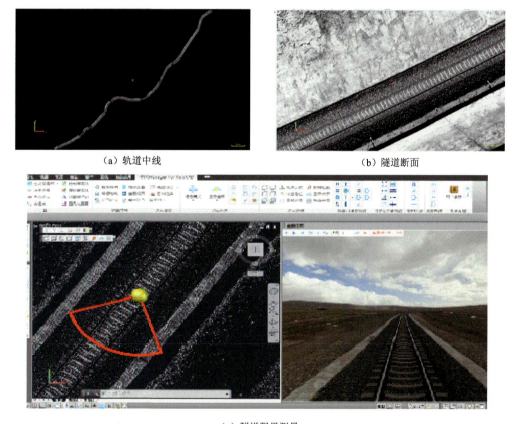

（a）轨道中线　　　　　　　　　　　　　（b）隧道断面

（c）隧道限界测量

图 9-40　项目成果数据

### 9.4.4　地铁隧道检测项目

采用轨道移动三维激光全景扫描系统（图 9-41）对武汉地铁 2 号线、3 号线、4 号线、6 号线、7 号线、8 号线、11 号线进行三维扫描数据采集，在采集得到的三维激光点云（图 9-42）基础上，利用三维激光点云地铁隧道检测软件（图 9-43）实现了隧道环片检测，并在此基础上完成隧道变形分析，输出成果包括环片水平收敛（图 9-44）、错台、裂缝、限界、渗水、掉块等病害。

图 9-41　地铁隧道三维激光全景扫描系统

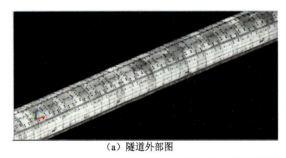

（a）隧道外部图

（b）隧道内部图

图 9-42　地铁隧道三维激光点云

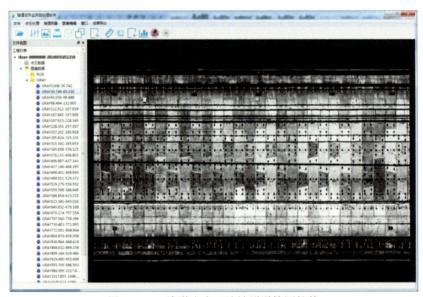

图 9-43　三维激光点云地铁隧道检测软件

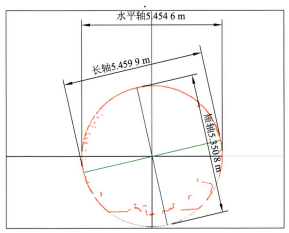

图 9-44　隧道水平收敛分析

# 9.5　本章小结

本章详细介绍了多传感器集成移动测量技术原理、技术特点和优势，在多传感器集成分析基础上对移动测量的关键技术进行了分析，介绍了多传感器集成移动测量技术的应用领域，分别对公路、铁路多传感器集成移动测量系统、技术和应用进行了介绍，最后给出了移动测量陆路交通智能测绘应用的典型案例。

# 参 考 文 献

李德仁, 胡庆武, 2007. 基于可量测实景影像的空间信息服务. 武汉大学学报(信息科学版), 32(5): 377-380.

李德仁, 胡庆武, 郭晟, 等, 2008. 基于3S集成技术的LD2000系列移动道路测量系统及其应用. 测绘学报, 37(3): 272-276.

李德仁, 胡庆武, 郭晟, 等, 2009. 移动道路测量系统及其在科技奥运中的应用. 科学通报, 54(3): 312-320.

刘严岩, 2006. 多传感器数据融合中几个关键技术的研究. 合肥: 中国科学技术大学.

刘晓曼, 2018. 基于激光扫描的铁路隧道形变测量与分析研究. 成都: 西南交通大学.

毛庆洲, 董翠军, 胡伟, 2021. 基于移动激光扫描数据的铁路轨顶高程自动提取方法. 铁道学报, 43(7): 108-113.

# 第 10 章　SLAM 技术及其陆路交通智能测绘应用

在陆路交通中，同步定位与制图（SLAM）技术可以通过融合多种传感器实现对复杂交通环境的实时感知与精确定位，保证移动平台在 GNSS 拒止环境下仍然具有自主定位和制图能力。例如，在城市峡谷、隧道等场景中，GNSS 信号可能会被遮挡或反射，无法提供可靠的定位信息。此时，SLAM 系统能够通过实时处理环境感知数据，持续跟踪设备的运动轨迹，并动态更新周围环境的三维地图，从而保证设备在复杂环境中的稳定运行。本章将介绍 SLAM 的技术发展沿革、典型 SLAM 系统及 SLAM 在陆路交通智能测绘领域的典型应用。

## 10.1　SLAM 技术与进展

### 10.1.1　SLAM 技术简介

随着机器视觉和机器人工业的蓬勃发展，SLAM 技术得到了广泛的研究。SLAM 通过运动估计和地图匹配来解决未知环境中的定位与制图问题，在移动过程中根据定位结果建立增量地图，又根据已有地图辅助进一步定位。

SLAM 问题的通用模型可以归纳为：设 SLAM 问题中待估计的机器人运动参数为 $X_{0:k} = \{x_0, x_1, \cdots, x_k\}$，其中 $x_k$ 为 $k$ 时刻载体的位姿参数；设 SLAM 构建的地图可表示为一组地标的集合 $M = \{m_1, m_2, \cdots, m_n\}$，其中 $m_n$ 表示第 $n$ 个地标在地图中的位置。机器人在移动过程中可以通过传感器对地标进行观测，这些观测的集合表示为 $Z_{0:k} = \{z_0, z_1, \cdots, z_k\}$；而驱使机器人从 $x_{k-1}$ 到 $x_k$ 转移的控制量为 $u_k$，在移动过程中所有控制量的集合表示为 $U_{0:k} = \{u_0, u_1, \cdots, u_k\}$。

SLAM 问题的核心就是根据观测 $Z_{0:k}$ 和控制输入 $U_{0:k}$，估计运动轨迹 $X_{0:k}$ 和地标位置 $M$ 的过程。在 SLAM 算法框架中，观测 $Z_{0:k}$ 的提取部分通常被称为 SLAM 的前端（front-end）；而利用 $Z_{0:k}$ 和 $U_{0:k}$ 对运动轨迹和地标位置进行估计的部分被称为 SLAM 的后端（back-end），如图 10-1 所示。

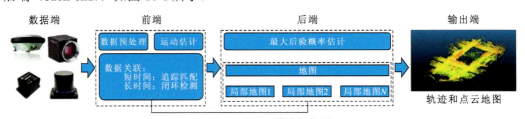

图 10-1　SLAM 算法架构图

前端算法一方面要从每一帧的传感器数据中提取出地标观测信息，另一方面利用数据关联方法判断新一帧数据中的观测地标是首次观测到的新地标还是某一已经被观测到的旧地标。由于不同的 SLAM 系统使用的传感器不同，观测信息的提取方式也有较大差异。例如，在激光雷达 SLAM 中，通常直接采用三维点云描述环境；在视觉 SLAM 中，则可以采用像素的光度或视觉特征描述地标。建立帧间观测的关联也是前端算法的重要组成部分，数据关联算法与地标描述方法紧密联系。在激光雷达 SLAM 系统中，广泛使用迭代最近点（iterative closest point，ICP）、正态分布变换（normal distributions transform，NDT）等方法进行帧间点云配准。在视觉 SLAM 系统中，则主要采用光流跟踪、特征匹配等方式建立帧间观测关联。

当前，SLAM 后端算法模型已日趋成熟，大致分为基于最大后验概率（maximum a posteriori，MAP）优化、拓展卡尔曼滤波（extended Kalman filter，EKF）和粒子滤波（particle filter，PF）等三类后端处理算法。PF 算法也可以被认为是一种 MAP 问题的求解方式，因此主要介绍 MAP 和 EKF 两种后端处理算法。MAP 算法和 EKF 算法可以概括为两个主要步骤：第一步是根据 $\boldsymbol{u}_k$ 和 $\boldsymbol{x}_{k-1}$ 对 $\boldsymbol{x}_k$ 进行预测；第二步是根据观测 $\boldsymbol{z}_k$ 对 $X_{0:k}$ 和 $M$ 进行估计。MAP 模型可以表示为

$$X^*, M^* = \arg\max_{X,M} p(X,M \mid Z_{0:k}, U_{0:k}) \tag{10-1}$$

在多数 SLAM 系统中，采用高斯误差模型和一阶马尔可夫模型近似后，式（10-1）的求解可以转化为一个非线性最小二乘求解问题，即

$$X^*, M^* = \arg\min_{X,M} \left\{ \sum_{k=1}^{N} \left\| f(\boldsymbol{x}_{k-1}, \boldsymbol{u}_k) - \boldsymbol{x}_k \right\|_{\Lambda} + \sum_{k=1}^{N}\sum_{i=1}^{M} \left\| h(\boldsymbol{x}_k, \boldsymbol{m}_i) - \boldsymbol{z}_{ik} \right\|_{\Sigma} \right\} \tag{10-2}$$

式中：$\boldsymbol{m}_i$ 为第 $i$ 个地标；$\boldsymbol{z}_{ik}$ 为 $k$ 时刻对 $\boldsymbol{m}_i$ 地标的观测；$f(\cdot)$ 和 $h(\cdot)$ 分别为运动模型和观测模型；$\Lambda$ 和 $\Sigma$ 为相应模型的信息矩阵。在 EKF 算法中，$f(\cdot)$ 和 $h(\cdot)$ 分别表示状态转移函数和观测函数。当载体运动时间长、观测特征多时，SLAM 中待估计的参数量也会增加。但通常情况下，某一个地标点仅在少数几个位置能被机器人观测到，这在数学上就表现为 $f(\cdot)$ 和 $h(\cdot)$ 具有明显的稀疏性，利用这种稀疏性可显著提升 SLAM 的后端算法效率。目前，常用的 MAP 优化工具箱有 g2o、GTSAM 和 Ceres-Solver 等，而 EKF 后端算法中常用的有多状态约束卡尔曼滤波（multi-state constraint Kalman filter，MSCKF）算法。

## 10.1.2  SLAM 研究现状

SLAM 最早于 20 世纪 80 年代被提出，当时研究人员开始探索如何使移动平台能够同时感知其环境并构建地图。早期的 SLAM 系统主要是基于单线激光雷达传感器构建的，且仅适用于在二维平面中运动的载体（Hess et al.，2016；Kohlbrecher et al.，2011）。其中，地图构建主要依赖特征点匹配和运动估计，这些方法在硬件和计算能力方面存在一定的限制。随着激光雷达技术的发展，基于激光雷达的 3D SLAM 系统得到迅速发展。目前，性能较好的激光雷达可以实现百米外厘米级的测距精度，支撑了一系列高精度 SLAM 应用场景。然而，激光雷达 SLAM 仍面临众多难题，例如在自运动较快时雷达数据会发生畸变，导致 SLAM 精度下降；此外，在隧道、高速路等结构特征不明显的区域，

雷达帧间数据难以配准，会造成 SLAM 系统退化甚至失效（Li et al.，2022；Zhang et al.，2016）。

随着计算机视觉和深度学习技术的发展，视觉 SLAM 在 21 世纪迎来了巨大的突破。研究者开始使用摄像头和图像来进行环境感知和地图构建，而不仅仅依赖激光传感器（Mur-Artal et al.，2015；Klein et al.，2007）。相较于激光雷达 SLAM 系统，视觉 SLAM 系统具有不主动发出信号的优点。此外，视觉是对环境的稠密感知，可以利用视觉特征构建出更符合人类感知的环境地图。然而，视觉传感器本质上是一种角度测量传感器，不能直接测量距离信息，因此需要从多视图中重构出特征的距离。而且，复杂变化和特征匮乏的视觉环境也会对视觉 SLAM 系统造成影响甚至使系统失效。

为了提高 SLAM 系统的鲁棒性，基于多传感器融合的 SLAM 得到了越来越多的关注（Lin et al.，2022；Shan et al.，2021；Zuo et al.，2019）。激光雷达、相机和惯性测量单元（IMU）三者之间具有较好的互补性。IMU 测量不受环境特征的影响，惯性导航系统仅基于载体运动产生的惯性信息就可以对速度、位置和姿态进行全参数估计。惯性导航估计的运动参数可用于校正雷达数据的畸变、补偿单目视觉缺失的尺度信息等；而激光雷达 SLAM 和视觉 SLAM 测量的载体运动则可以校正惯性导航系统的累积误差。当前，惯性/视觉 SLAM、惯性/激光雷达 SLAM、视觉/激光雷达 SLAM 等基于多传感器融合的 SLAM 系统发展迅速，展现出了比单一传感器 SLAM 更高的精度和更强的环境适应性。

近年来，随着深度学习技术的兴起，研究人员开始探索如何将深度神经网络应用于 SLAM 系统中。深度学习在图像特征提取、姿势估计和地图构建方面取得了显著的进展。例如，研究人员使用 CNN 来提取图像特征，以提高 SLAM 系统的鲁棒性和精度。此外，循环神经网络（recurrent neural network，RNN）和长短时记忆网络（long short-term memory，LSTM）等网络结构也用于改善 SLAM 系统的状态估计。另外，神经辐射场 NeRF 以及 3D 高斯泼溅方法的提出为如今的 SLAM 带来了新的表达形式，可以为用户带来更加真实可观的场景渲染效果（Tosi et al.，2024）。深度学习的应用使 SLAM 系统在复杂环境中更加可靠，同时也提高了地图的质量，但算法的泛化能力及对算力的要求仍然很难满足在线实时建图的需求。

尽管基于多源传感器融合的 SLAM 技术在精度和鲁棒性上都已经表现出比单个传感器 SLAM 方法更优的性能，但仍有以下重点问题值得关注。

（1）对单个导航源置信度的准确估计。多源信息融合的基础是能够对每个导航源的置信度进行准确估计。在复杂场景下，视觉或激光雷达则会因周围环境特征的缺失而变得不可信，如何在线对视觉和激光雷达测量信息的置信度进行准确估计是目前的一个研究热点。

（2）更加鲁棒的感知前端。SLAM 的前端是实现定位与制图的基础。一方面，可以通过融合更多互补的传感器，例如事件相机、固态激光雷达及毫米波雷达等，提升前端感知能力；另一方面，可以利用更为鲁棒的特征信息构建 SLAM 系统，例如基于语义特征的 SLAM 方法近年来就得到了广泛的关注。

（3）适应性更强的后端优化方法。现有基于卡尔曼滤波或因子图的后端融合方法对测量信息的噪声特征等都有一定的限定条件。在复杂环境和复杂动态条件下，测量信息中包含未知模型噪声和大量外点时，优化方法如何适应环境和动态性变化，保持系统的有效性和精度是值得关注的问题。目前，基于学习和学习＋模型的信息融合与标定方法有望解决这类难题。

（4）基于 SLAM 的无人系统环境感知技术。对无人系统来说，SLAM 是一种技术手段而不是终极目的。如何利用好 SLAM 提供的帧间相对位姿，实现基于多帧序贯数据融合的环境感知，以及如何从 SLAM 系统构建出的环境高精度地图中挖掘出物体、语义、关系等高层特征以辅助对场景的实时理解，是无人平台环境感知系统亟须突破的关键核心技术。

## 10.1.3　典型 SLAM 系统

准确高效的定位与制图结果依赖稳定可靠的 SLAM 系统。目前，已经有测绘、智驾、机器人等众多领域的企业研发出了一系列优秀的 SLAM 系统，包括但不限于手持、背包、车载、机载等诸多形态。表 10-1 列出了一些典型的 SLAM 系统，其形态如图 10-2 所示。

**表 10-1　国内外典型 SLAM 系统**

| SLAM 系统 | 厂家/研究机构 | 传感器 | 形态 | 特性 |
|---|---|---|---|---|
| Pegasus Backpack 移动背包扫描系统 | Leica（德国） | 相机＋激光＋IMU＋GNSS | 背包 | 厘米级精度、彩色点云 |
| VLX 3 穿戴式三维扫描系统 | NavVis（德国） | 相机＋激光＋IMU | 背包 | 快速、长距离、准确 |
| LiBackpack DGC50H 背包激光雷达扫描系统 | 数字绿土（中国） | 相机＋激光＋IMU＋GNSS | 背包 | 高点频、高精度、高清影像 |
| Swift 移动式高精度扫描系统 | Faro（美国） | 相机＋激光＋IMU | 车载 | 推车式、高效作业 |
| Pegasus TRK Evo 移动实景采集系统 | Leica（德国） | 相机＋激光＋IMU＋GNSS | 车载 | 支持多平台、高性能芯片 |
| AU20 多平台激光雷达系统 | 华测导航（中国） | 相机＋激光＋IMU＋GNSS | 机载 | 强穿透、高精度、多平台、高效率、高性价比 |
| FT-1500 机载激光雷达系统 | 珞珈伊云（中国） | 相机＋激光＋IMU＋GNSS | 机载 | 长测距、高精度、轻小型 |
| LiGrip H300 手持激光扫描系统 | 数字绿土（中国） | 相机＋激光＋IMU＋GNSS | 手持 | 模块化设计、支持多平台 |
| ZEB Revo RT 手持扫描系统 | GeoSLAM（英国） | 激光＋IMU | 手持 | 快速、实时、准确、轻量化 |
| 灵光 Lixel X1 手持扫描系统 | 中海达（中国） | 相机＋激光＋IMU＋GNSS | 手持 | 支持远程协作 |
| 手持式半球形视角 SLAM 系统 | 武汉大学（中国） | 相机＋激光＋IMU | 手持 | 超光视场角、全景影像、低成本、轻量化 |
| 手持式激光全景一体化 SLAM 系统 | 武汉大学（中国） | 相机＋激光＋IMU | 手持 | 低成本、一体化、轻量化 |

| Leica Pegasus Backpack | NavVis VLX 3 | 数字绿土 LiBackpack DGC50H | Faro Swift | Leica Pegasus TRK Evo |
| 华测导航 AU20 | | | | |
| 珞珈伊云 FT-1500 | 数字绿土 LiGrip H300 | GeoSLAM ZEB Revo RT | 中海达 灵光Lixel X1 | 武汉大学 半球形视角 SLAM系统 | 武汉大学 激光全景一体化 SLAM系统 |

图 10-2　国内外典型 SLAM 系统

随着传感器技术和 SLAM 算法的不断发展，SLAM 系统正在向轻量化、小型化、国产化的方向迈进。先进的传感器技术在提升精度和分辨率的同时，显著减少了体积和功耗，使 SLAM 系统能够被集成到更小、更便携的设备中。与此同时，SLAM 算法的优化提升了系统的计算效率和可靠性。在国产化方面，国内技术的飞速进步推动了 SLAM 系统的自主研发和本土化应用，降低了对进口技术的依赖。这一趋势不仅增强了国内产业的自主创新能力，还为智能设备的多样化应用提供了更强有力的支持。

# 10.2　手持式半球形视角 SLAM 系统

手持式半球形视角 SLAM 系统是由武汉大学遥感信息工程学院自主研发的一套激光 SLAM 系统。该系统集成了一个九轴 IMU、一个半球形视角激光雷达、一块同步控制板、一台工业控制计算机及一个电源模块，如图 10-3 所示。

图 10-3　手持式半球形视角 SLAM 系统示意图

半球形视角激光雷达采用 RoboSense RS-Bpearl 设备，这是一款具有 360°×90° 视场角的半球形 LiDAR。在 20 Hz 的常规扫描频率下，RS-Bpearl 可以在 100 m 的扫描半径内获取点云，获取到的每帧点云包含 32 条呈同心圆分布的扫描线，每条扫描线最多可包含 1 800 个扫描点。RoboSense RS-Bpearl 被安装在手持激光扫描系统的正前方，可以对用户前方的场景进行最大范围的数据采集。IMU 和激光以严格的工业标准进行集成固定，它们之间的工业参数可以为系统外参的估计提供初值。设备的工控机内置一块四核八线程的英特尔 i7-8565U 处理器，为 SLAM 算法提供算力支持。设备采用一块大疆的 TB48S 智能电池供电，在常规情况下续航超过 1 h，可以满足较大规模场景的数据采集和处理工作。

手持式半球形视角 SLAM 系统的工作流程如图 10-4 所示。首先对半球形 LiDAR 扫描得到的点云进行地面点分割和降采样的预处理，然后结合 IMU 信息，通过一个紧耦合的迭代扩展卡尔曼滤波器进行状态估计，得到激光扫描系统 6 个自由度的位姿信息，最后将系统自动检测到的回环约束加入因子图进行后端优化，构建出全局一致的三维点云地图。

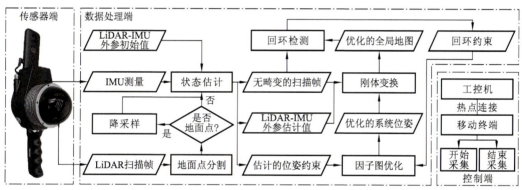

图 10-4　手持式半球形视角 SLAM 系统工作流程图

## 10.2.1　手持式半球形视角 SLAM 系统功能

**1. 数据采集控制**

手持式半球形视角 SLAM 系统具有供电和通信两条通道。在接入电源后开机，系统会自动启动雷达和内核软件。在接入网络后，用户可以通过在同一局域网或自组网内访问设备 IP 来进行访问工具软件界面并建图，或接入公共网络中，通过访问设置好的服务器进行页面访问。

在需要录制并保存该区域的点云数据的情况下，在设备运转时，点击"录制数据"按钮，随后继续按正常采集规则移动并采集相关点云数据。在采集结束后，点击"结束录制"完成采集。系统提供如图 10-5 所示的状态栏，为用户实时反映系统的运行情况。

图 10-5　系统状态栏

**2. 数据在线预览**

手持式半球形视角 SLAM 系统采集到的场景三维数据建图结果可实时渲染于浏览器页面。采集模块具有采集推送、采集录制等功能,支持两种数据观测模式,分别为局域网模式及服务器推送模式。局域网模式需要将该设备与接收客户端的设备接入同一网络中,查询该设备在该网络中的 IP 地址,通过接收设备的浏览器访问该 IP 进行访问;服务器推送模式需要优先设置推送服务器的地址,设置完成后设备接入公网时会默认推送该地址。数据采集过程中的地图预览监视如图 10-6 所示。

图 10-6  系统数据采集地图预览页面

图 10-7  手持式半球形激光
扫描系统显示设置

操作页面的主要区域为点云显示区域。每个点云被渲染的色彩为每个点的反射率,点云显示出在色谱上越靠近红色的色彩,如黄色,浅绿色,说明该位置的反射率越高,通常为白色墙面等反射率良好的材质。反之,蓝色、深蓝等色彩代表其位置的反射率相对较低。

页面右侧的视角选项可调整点云显示的视觉效果,提供视野追踪功能,选定后设备的当前位置会始终居中于屏幕。在正交视角下,开启追踪后,图像仍可以自由缩放转动,但在设备运转过程中,设备的位置会始终锁定于中心;在第一人称视角下,观测方向会与设备当前朝向位置重叠。在图 10-7 所示的显示设置选项卡中,可以调整点的大小、范围、透明度及观察视角,为用户提供更加清晰可观的点云在线浏览功能。

## 10.2.2  手持式半球形视角 SLAM 系统性能评估

**1. 实验设备及结果**

设计实验验证手持式半球形激光扫描系统 SLAM 方法的精度与性能。在 GNSS 拒止环境中,用户单手握持半球形激光扫描系统进行数据采集;在室外 GNSS 信号良好的环境中,激光扫描系统被固定在配备 GNSS/INS 组合导航系统的移动系统上,同时使用激光扫描系统和组合导航系统进行数据采集,实验数据采集装备如图 10-8 所示。五组实验数据的详细信息参见表 10-2。

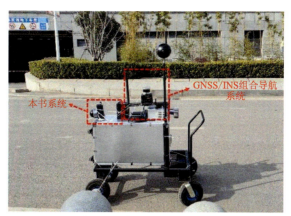

图 10-8　实验数据采集装备

**表 10-2　实验数据详情**

| 数据名称 | 总帧数 | 扫描时长/s | 轨迹长度/m | GNSS 信号 |
| --- | --- | --- | --- | --- |
| 室内 1 | 2 266 | 226.63 | 218.39 | 无 |
| 室内 2 | 580 | 58.07 | 34.65 | 无 |
| 室外 1 | 3 306 | 330.72 | 335.59 | 无 |
| 室外 2 | 9 530 | 953.00 | 869.16 | 有 |
| 室外 3 | 5 667 | 566.75 | 573.64 | 有 |

　　实验中，将 GNSS/INS 组合导航解算出的轨迹作为真值，对 SLAM 轨迹进行精度评估。为了验证系统的实时性能，对比分析了算法与 FAST-LIO（Xu et al.，2022）的运行时间差异。采用所提方法对 5 个典型场景建图，结果如图 10-9 所示。

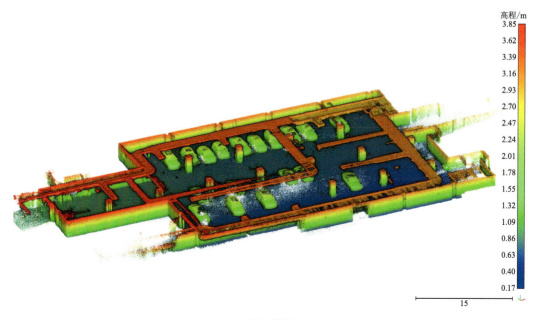

（a）室内 1

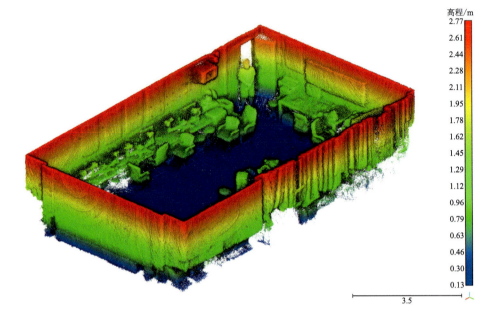

高程/m
2.77
2.61
2.44
2.28
2.11
1.95
1.78
1.62
1.45
1.29
1.12
0.96
0.79
0.63
0.46
0.30
0.13

3.5

（b）室内2

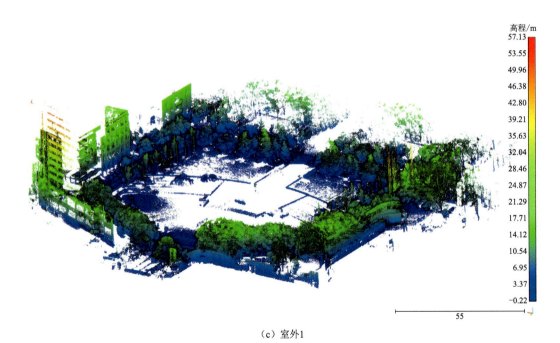

高程/m
57.13
53.55
49.96
46.38
42.80
39.21
35.63
32.04
28.46
24.87
21.29
17.71
14.12
10.54
6.95
3.37
−0.22

55

（c）室外1

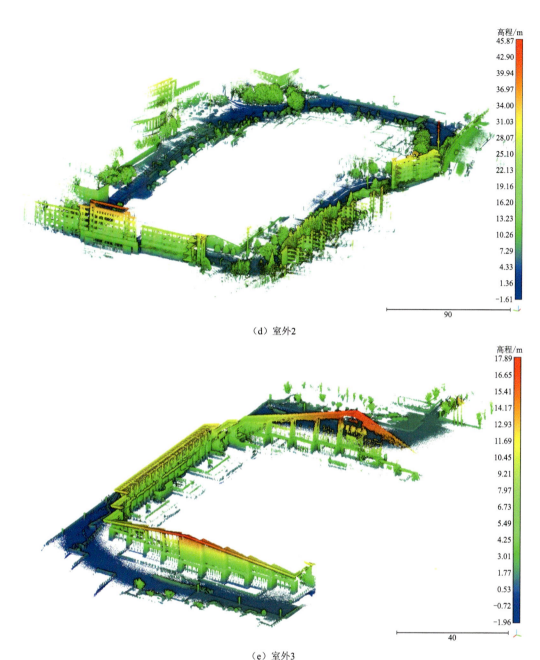

（d）室外2

（e）室外3

图 10-9　手持式半球形视角激光扫描 SLAM 系统建图结果

**2. 轨迹精度**

使用绝对轨迹误差（absolute trajectory error，ATE）和相对位姿误差（relative pose error，RPE）的均方根误差（RMSE）对 4 种激光 SLAM 算法估计的轨迹进行精度评价。其中，比例误差表示 ATE 或 RPE 与轨迹长度的比值。设计消融实验展示单一模块对整体改进的影响，统计对 FAST-LIO 只进行地面降采样和只进行因子图优化的轨迹精度。表 10-3 中结果显示，对于手持式半球形激光扫描系统，单一的地面降采样模块或因子图优化模块有助于降低 FAST-LIO 的轨迹误差，将二者相结合可以达到最佳的轨迹精度。

表 10-3　轨迹精度评价

| 数据 | 指标 | LOAM | LIOM | FAST-LIO | FAST-LIO+<br>地面降采样 | FAST-LIO+<br>因子图优化 | 本节方法 |
|---|---|---|---|---|---|---|---|
| 室外 3 | ATE/m | 35.55 | 32.98 | 5.04 | 4.53 | 3.47 | 3.45 |
| | RPE/m | 0.31 | 0.25 | 0.19 | 0.18 | 0.19 | 0.18 |
| | ATE 比例误差 | $4.09 \times 10^{-2}$ | $3.79 \times 10^{-2}$ | $5.80 \times 10^{-3}$ | $5.21 \times 10^{-3}$ | $3.99 \times 10^{-3}$ | $3.97 \times 10^{-3}$ |
| | RPE 比例误差 | $3.57 \times 10^{-4}$ | $2.88 \times 10^{-4}$ | $2.19 \times 10^{-4}$ | $2.07 \times 10^{-4}$ | $2.19 \times 10^{-4}$ | $2.07 \times 10^{-4}$ |
| 室外 4 | ATE/m | 30.22 | 1.25 | 2.20 | 0.85 | 2.67 | 0.87 |
| | RPE/m | 0.24 | 0.32 | 0.16 | 0.03 | 0.09 | 0.03 |
| | ATE 比例误差 | $5.27 \times 10^{-2}$ | $2.18 \times 10^{-3}$ | $3.84 \times 10^{-3}$ | $1.48 \times 10^{-3}$ | $4.65 \times 10^{-3}$ | $1.52 \times 10^{-3}$ |
| | RPE 比例误差 | $4.18 \times 10^{-4}$ | $5.58 \times 10^{-4}$ | $2.79 \times 10^{-4}$ | $5.23 \times 10^{-5}$ | $1.57 \times 10^{-4}$ | $5.23 \times 10^{-5}$ |

**3. 运行时间分析**

设计运行时间分析实验验证系统的实时性能。表 10-4 统计了使用 FAST-LIO 算法和本节方法在同一计算系统下处理不同数据时单帧平均耗时情况。由于本节方法沿用了 FAST-LIO 的框架,同样使用增量 k-d 树维护点云地图,所以额外的耗时主要发生在地面分割模块和因子图优化模块中。本节方法对地面点进行分割并降采样的策略降低了后续参与计算的点数量,所以整体运行时间并没有大幅增加,这种操作的效果在有大量地面点的室外场景中尤为明显。因子图优化模块使用成熟的 GTSAM 框架进行编程,并通过 OpenMP 实现并行计算,同样实现了较低的计算消耗。实验结果表明,本节方法在单帧耗时方面与 FAST-LIO 相差不大,可在工控机上以大于 20 Hz 的频率稳定工作。

表 10-4　单帧运行时间　　　　　　　　　　　　　　（单位：ms）

| 方法 | 室内 1 | 室内 2 | 室外 1 | 室外 2 | 室外 3 |
|---|---|---|---|---|---|
| FAST-LIO | 28.97 | 27.33 | 33.93 | 21.47 | 19.24 |
| 本节方法 | 35.81 | 34.11 | 33.46 | 24.36 | 21.17 |

# 10.3　手持式激光全景一体化 SLAM 系统

图 10-10　手持式激光全景一体化 SLAM 系统

为了实现设备的轻量化,以及对真实场景更加完整地扫描,武汉大学遥感信息工程学院自主设计了一套新型手持式激光全景 SLAM 系统,如图 10-10 所示。系统选用 Livox Mid-360 激光雷达作为激光传感器,Insta360 ONE RS 消费级全景相机作为视觉传感器,二者通过碳纤维杆臂进行固定。Livox Mid-360 激光雷达是 Livox 推出的最新一代三维激光雷达,体积小巧,Mid-360 的安装布置更加灵活。不同于上一代的 RoboSense RS-Bpearl 传统机械式激光雷达,Mid-360 采用混合固态技术,首次将水平视场角提升至 360° 的同时,垂直视场角也高达 59°,可以在静止状态下获得全向超大视场角的点云。相比于前一代设备，该设备将全景相机和激光雷达之间的距离增大，有助于在多数使用场景中更大限度地获取有效的全景影像。

## 10.3.1 手持式激光全景一体化 SLAM 系统功能

**1. 移动端采集控制**

手持式激光全景一体化 SLAM 系统提供移动端采集控制应用 AllyGo，移动端设备与手持式激光全景一体化 SLAM 系统通过 Wi-Fi 信号连接，连接成功后界面如图 10-11 所示。

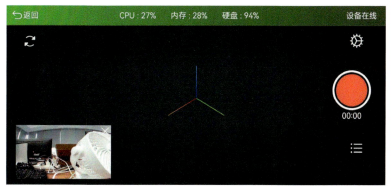

图 10-11 手持式激光全景一体化 SLAM 系统移动端应用主界面

主界面左下角为相机预览框，上方为设备的硬件信息一览，可查看设备的 CPU 占用率、内存的使用率、硬盘的使用率。右侧为开始（结束）按钮。右上角为设置按钮，可以设置采集模式、显示点数、点云密度、视角切换、视角跟随、俯仰角等，如图 10-12 所示。

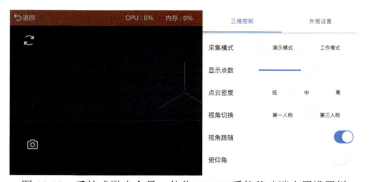

图 10-12 手持式激光全景一体化 SLAM 系统移动端应用设置栏

1）点密度控制

该功能主要用于显示渲染点云的密度，如图 10-13 所示。

2）视角切换

该功能主要用于切换点云渲染时的观察视角，可实时切换为第一人称视角或第三人称视角，如图 10-14 所示。

（a）低密度

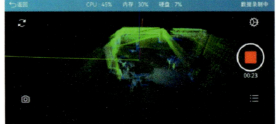

（b）中密度

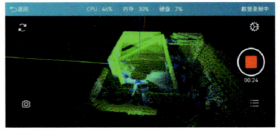

（c）高密度

图 10-13　手持式激光全景一体化 SLAM 系统移动端应用点密度控制

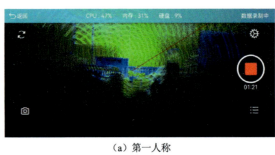

（a）第一人称

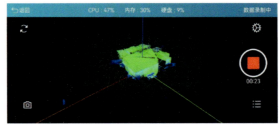

（b）第三人称

图 10-14　手持式激光全景一体化 SLAM 系统移动端应用视角切换

3）外观设置

该功能主要设置三维点云显示的点大小、透明度、高度裁剪、裁剪反转，如图 10-15 所示。

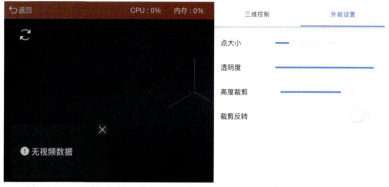

图 10-15　手持式激光全景一体化 SLAM 系统移动端应用外观设置

**2. 客户端地图优化**

手持式激光全景一体化 SLAM 系统提供配套的客户端软件 RStudio，提供点云数据查看编辑、模型生产与后处理等丰富功能。

1）地图浏览

导入数据后，软件自动进行格式转换，生成通用的 las 格式点云，并在三维窗口中显示默认按高程渲染的三维点云，如图 10-16 所示。显示效果支持 RGB、单色和高程显示。

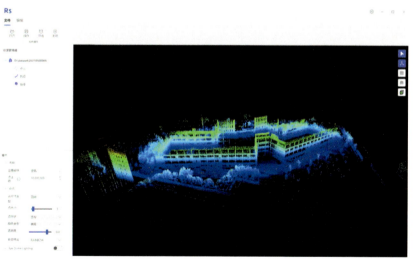

图 10-16　客户端软件地图浏览

2）位姿高精度重解算

软件支持使用原始数据包对轨迹位姿进行重新解算，以生成更加密集精确的点云地图，重解算效果如图 10-17 所示。

| （a）重解算前 | （b）重解算后 |

图 10-17　客户端软件重解算效果

3）多传感器时间对齐

时间对齐功能支持将全景影像数据和激光雷达数据进行时间对齐，为后续点云着色提供准确的影像索引。

4）动态点剔除

动态点剔除功能支持从原始点云地图中剔除行人、车辆等运动的目标，还原出纯净的静态地图，动态点剔除效果如图 10-18 所示。

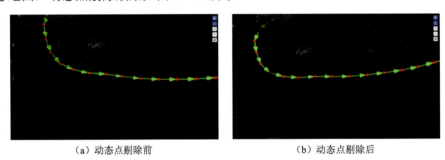

| （a）动态点剔除前 | （b）动态点剔除后 |

图 10-18　客户端软件动态点剔除效果

5）点云薄化

点云薄化功能支持将原始点云地图中的墙面、地面等平面薄化，还原出更加准确美观的点云地图，点云薄化的效果如图 10-19 所示。

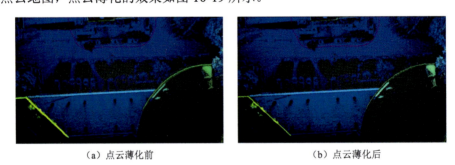

| （a）点云薄化前 | （b）点云薄化后 |

图 10-19　客户端软件点云薄化效果

6）手动闭环

手动闭环用于解决数据采集过程中，重新采集的区域出现的错位情况。如图 10-20 所示，在主视图中选择参与手动闭环的参考帧和当前帧，在右侧匹配帧窗口中调整两帧之间的相对位姿，并调用 ICP 算法进行精细配准。参考帧和当前帧之间的位姿变换关系被记录为一条闭环约束，参与位姿图的全局优化。手动闭环的效果如图 10-21 所示。

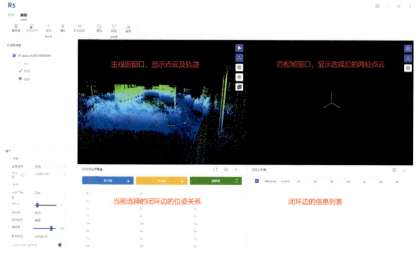

图 10-20 客户端软件手动闭环页面

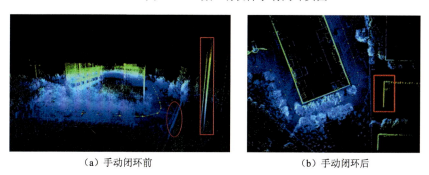

（a）手动闭环前 （b）手动闭环后

图 10-21 客户端软件手动闭环效果

7）点云着色

点云着色功能利用全景相机拍摄的影像为点云赋色，使每个点获得一个反映真实世界色彩的 RGB 值，生成一个更能反映真实场景样貌的彩色点云地图，如图 10-22 所示。

图 10-22 客户端软件点云着色效果

8）点云构网

利用点云构建三维格网，支持泊松重建、前沿推进及尺度空间三种算法，构网后的结果可用于堆体体积计算、质量检测、地形建模等多种场景。点云构网的效果如图 10-23 所示。

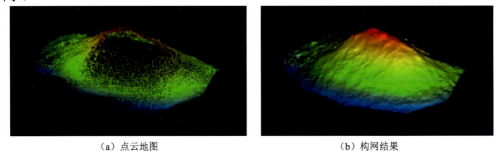

（a）点云地图                （b）构网结果

图 10-23    客户端软件点云构网效果

## 10.3.2    手持式激光全景一体化 SLAM 系统性能评估

### 1. 实验设备及结果

使用手持式激光全景一体化 SLAM 系统在武汉大学卓尔体育馆周围采集了两组自建数据序列。实验使用的数据采集设备如图 10-24 所示。在数据采集推车上固定华测导航的长距高精度激光扫描系统 CHCNAV-AU20，该激光扫描系统搭载了组合导航系统，连接 GNSS 天线可解算绝对位姿作为真值。

（b）手持式激光全景一体化SLAM系统

（c）华测导航CHCNAV-AU20 LiDAR

（a）数据采集推车        （d）Tersus AX3705 GNSS 天线

图 10-24    实验数据采集设备

由手持式激光全景一体化 SLAM 系统的激光雷达解算出的三维点云和全景相机拍摄的全景影像融合得到场景的彩色三维点云，如图 10-25～图 10-28 所示。

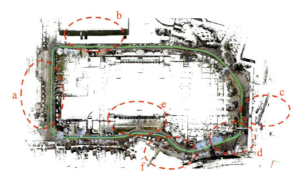

图 10-25　场景 1 彩色点云总体图

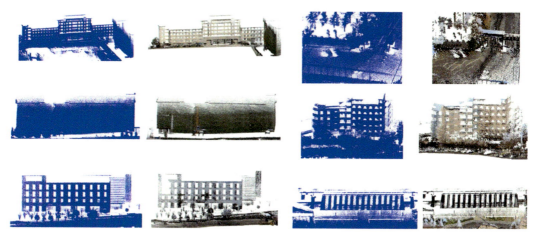

图 10-26　场景 1 彩色点云细节图

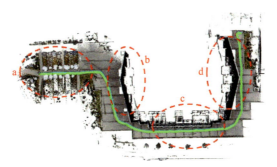

图 10-27　场景 2 彩色点云总体图

## 2. 轨迹精度

对室外两个场景的数据进行轨迹精度的测试，以 GNSS 绝对位姿为真值，计算绝对轨迹精度（ATE）和相对位姿精度（RPE），如表 10-5 所示。由表可见，手持式激光全景一体化 SLAM 系统在室外场景下的定位精度可以优于轨迹里程的 5‰，满足绝大多数生产应用需求。

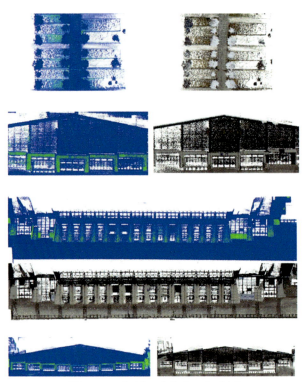

图 10-28　场景 2 彩色点云细节图

**表 10-5　手持式激光全景一体化 SLAM 系统测量轨迹精度**

| 场景 | 里程/m | 评价指标 | 误差值/m | 比例值/‰ |
|---|---|---|---|---|
| 室外 1 | 885.01 | ATE | 0.19 | 0.2 |
| | | RPE | 0.12 | 0.1 |
| 室外 2 | 325.75 | ATE | 0.70 | 2.1 |
| | | RPE | 0.09 | 0.3 |

# 10.4　SLAM 陆路交通智能测绘应用

## 10.4.1　站场测量

SLAM 技术可以结合摄影测量技术、传统测绘技术，为站场测量提供高精度的三维地图，帮助工程师进行更精准的设计和规划。采用全景、激光和正射影像的方式获取站场的地理形态数据，通过测绘内业进行信息提取，获得站场数据，并将地理几何数据整合到已有的站场图中。在进行火车调度的过程中，可通过实时的 GNSS 数据与测绘地图数据匹配，获得火车当前所处的位置，从而达到调车防护的目的。

### 1. 项目背景

实时、精确地确定机车在线路及站场中的位置是保证列车安全、发挥效率、提供最佳服务的前提。机车运行速度的提高对安全性、可靠性、精准性的要求也相应提高，需要对机车定位监控系统进行同步升级改造，加强机车监控措施，确保运行安全。列车行车定位与安全监控是陆路交通信息化总体规划应用体系中的重要组成部分，是提高陆路交通运输安全保障能力的重要技术手段。在列车行车定位、安全监控和指挥调度中，机车定位是一项关键技术，如何准确、及时地在任何地点、任何时间获取机车位置信息，是列车安全、有效运行的保障。因此，建立机车定位监控系统，提高机车运行控制的安全性、可靠性和精确性，对实现机车无缝监控与调度具有重大意义。

机车定位主要采用传统的轨道电路定位法设置闭塞制式，利用铁路线路的两根钢轨作为导体，两端加以机械绝缘（或电气绝缘），并接上送电和受电设备所构成的电路，然后通过检测轨道区段是否有列车占用，实现列车的定位。地面应答器法则是较典型的准移动闭塞定位技术，地面应答器又称为信标，地面应答器与车载应答器、轨旁电子单元配合使用来实现列车定位。以上两种方式均要安置大量地面设备，维护及运行成本高，且定位精度受制于地面设备的数量与分布。而且轨道电路定位法因轨道电路的工作条件和设备的特殊性，其抗干扰性较差。

里程计定位是一种典型的累积定位技术。旋转编码器是典型的里程计定位设备，它实际上是一个计数器。比如目前常使用的 OMRON 旋转编码器每旋转一周，能精确地发出 1 024 个脉冲，PLC 依据旋转编码器发出的脉冲进行计数，再乘以固定的旋转半径系数，就可以得出脉冲与实际行走距离的对应关系。但累积定位技术有明显的累积误差，这严重影响其测量范围，不能满足列车在长时间运行下的准确定位的要求。

**2. 实施目标**

针对当前使用滚轮测距仪测量轨线长度和轨道控件位置的低效且不能获得绝对位置的测量方式；使用的里程计方案对误差累积效果明显，车轮发生空转滑行等现象会导致系统性的定位误差。这些都严重影响列车调车防护作业的精准化实施和大面积推广。拟通过引入测绘科学中高效精准的测图和定位技术，使用移动激光测量快速恢复站场三维场景，实施站场数据测绘。

**3. 测区介绍**

以山西省忻州市神池县神池南站作为测量区域，如图 10-29 所示。神池南站地处晋西北黄土高原，海拔 1 533 m，是国家能源集团运输板块中重要的交通枢纽和"咽喉"，连接着包神、准池、朔黄、大秦 4 条运输线路，日均接发一万吨和两万吨列车 110 余趟，年输送煤炭运输任务超过 3 亿吨，是中国乃至亚洲最长的一级两场横列式两万吨重载列车编组站。

**4. 移动背包测量**

采用移动背包测量的方式获得站场数据，主要使用基于 GNSS+INS 辅助定位的激光+全景 SLAM 背包完成，站场数据的采集工作需要配合铁道部门的天窗时间，正常工作状态下一个天窗时间（2 h）可以完成一个中小型站场的测绘工作，站场移动背包测量点云如图 10-30 所示。

图 10-29　站场测量神池南站测区

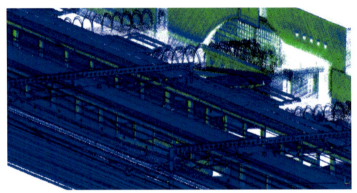

图 10-30　站场移动背包测量点云

**5. 内业数据绘制**

使用融合软件，通过融合 GNSS、INS 和激光数据将原始外业测绘数据生成具有真实地理参考的站场三维场景（点云和全景），用于内业数据提取，如图 10-31 所示。使用地信行业的著名数据处理软件 ArcGIS 软件，通过附加插件显示三维测绘数据，提取信号灯、道岔岔心、土挡等主要控件及轨道线的名称和经纬度坐标。内业处理全过程需要保持数据误差在 10 cm 以内，具体到所有的点线要素。

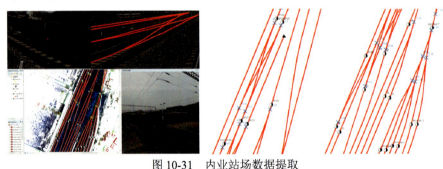

图 10-31　内业站场数据提取

## 10.4.2　隐蔽空间测量

在地下管道、隧道、桥洞等各种难以获取有效的全球导航卫星系统（GNSS）信号的隐蔽空间中，可以利用 SLAM 技术获取场景地图。在得到场景地图的基础上，进行各种空间测量，包括但不限于距离、面积和体积的测量。这种方法可以极大地提高在隐蔽空间进行测量的可行性和工作效率。

**1. 实施目标**

针对当前传统测量方式在 GNSS 缺失条件下效率低下、人工成本高的问题，拟通过引入 SLAM 技术，使用移动激光测量和摄影测量技术快速恢复隐蔽空间的三维场景，实施隐蔽空间的三维测量。

**2. 测区介绍**

以湖北省恩施土家族苗族自治州恩施市沪渝高速公路两侧作为实验区域（图 10-32），选取高桥隧比、高植被覆盖率的复杂场景，开展基于 SLAM 的隐蔽空间测量实验。

（a）实验区域　　　　　　　　　　　　　（b）航飞范围

图 10-32　测试验证区域平面图

**3. 现场测量**

针对实验区域中的隧道、涵洞、收费站等半封闭对象，采用手持式 SLAM 方式进行重点采集。采集过程中确保行走路线存在闭环，并尽量与机载、地面站扫描存在重叠区域，以便实现全场景的数据融合和建模。综合机载点云、SLAM 点云、地面三维激光点云等多源数据，可获得隐蔽空间完整的三维实景融合模型。

**4. 定量评价**

为定量检测该测量方法的有效性，在高架桥和涵洞的试验区共选取 6 个均匀分布在核心区域周围的检查点和 6 个典型区间的长度（高架桥的桥柱间距、底面高度、底面宽度及涵洞的宽度、高度、深度），如图 10-33 所示。使用 GNSS 接收机和徕卡高精度测距仪测得点位坐标和实际距离，并将其与模型上的量测值进行对比误差分析。

（a）高架桥区域

（b）涵洞区域

图 10-33　用于检测的点位和长度示意图

　　根据式（10-3）和式（10-4）计算出各点位上的平面、高程、长度中误差，其中点位坐标误差用来衡量模型的平面和高程精度，长度误差用以衡量模型的尺寸精度，误差越小则模型精度越高。

$$m_{\mathrm{h}} = \sqrt{\frac{1}{n}\sum_{i=1}^{n}(\Delta X_i^2 + \Delta Y_i^2)} \tag{10-3}$$

$$m_{\mathrm{v}} = \sqrt{\frac{1}{n}\sum_{i=1}^{n}\Delta Z_i^2} \tag{10-4}$$

式中：$m_{\mathrm{h}}$ 和 $m_{\mathrm{v}}$ 分别为平面中误差和高程中误差；$\Delta X_i$、$\Delta Y_i$、$\Delta Z_i$ 分别为对应点实测数据与模型量测数据在 $X$、$Y$、$Z$ 方向上的差值。

　　表 10-6 和表 10-7 结果表明，无论是高架桥还是涵洞区域，三维实景模型的平面坐标中误差和高程中误差均在 3 cm 以内，长度中误差均在 5 cm 以内，且误差总体保持稳定，按照《三维地理信息模型数据产品规范》（CH/T 9015—2012），重要交通设施 1∶500 比例尺模型的平面精度要求小于 0.3 m，高程精度要求小于 0.5 m，因此模型精度完全符合规范要求。结果还表明，涵洞区域的模型精度略高于高架桥区域，这是由于高架桥距

地面较高且跨度较大，限制了点云数据的采集。

表 10-6 高架桥区域精度对比 （单位：m）

| 对象误差 | 建模成果 |
| --- | --- |
| P1$\Delta X$ | 0.011 |
| P1$\Delta Y$ | 0.016 |
| P1$\Delta Z$ | 0.016 |
| P2$\Delta X$ | 0.021 |
| P2$\Delta Y$ | 0.023 |
| P2$\Delta Z$ | 0.021 |
| P3$\Delta X$ | 0.004 |
| P3$\Delta Y$ | 0.017 |
| P3$\Delta Z$ | 0.032 |
| **$\Delta X$ 中误差** | **0.014** |
| **$\Delta Y$ 中误差** | **0.019** |
| **$\Delta Z$ 中误差** | **0.024** |
| L1 长度误差 | 0.052 |
| L2 长度误差 | 0.036 |
| L3 长度误差 | 0.041 |
| **长度中误差** | **0.044** |

注：P1～P3、L1～L3 与图 10-33（a）中对应

表 10-7 涵洞区域精度对比 （单位：m）

| 对象误差 | 建模成果 |
| --- | --- |
| P4$\Delta X$ | 0.004 |
| P4$\Delta Y$ | 0.007 |
| P4$\Delta Z$ | 0.018 |
| P5$\Delta X$ | 0.025 |
| P5$\Delta Y$ | 0.042 |
| P5$\Delta Z$ | 0.018 |
| P6$\Delta X$ | 0.018 |
| P6$\Delta Y$ | 0.044 |

| 对象误差 | 建模成果 |
| --- | --- |
| P6ΔZ | 0.035 |
| ΔX 中误差 | **0.018** |
| ΔY 中误差 | **0.035** |
| ΔZ 中误差 | **0.025** |
| L4 长度误差 | 0.014 |
| L5 长度误差 | 0.012 |
| L6 长度误差 | 0.028 |
| 长度中误差 | **0.019** |

注：P4~P6、L4~L6 与图 10-33（b）中对应

# 10.5　本　章　小　结

本章主要介绍 SLAM 技术及其陆路交通智能测绘应用相关内容。首先，对 SLAM 技术进行了介绍，并罗列了国内外典型的 SLAM 系统；其次，分别以手持式半球形视角 SLAM 系统和手持式激光全景一体化 SLAM 系统为例，展示典型 SLAM 系统的移动端数据采集和客户端数据处理过程，并开展实验验证其实际性能；最后，以站场测量和隐蔽空间测量为例，展示了 SLAM 技术在陆路交通智能测绘应用中的两种典型应用，并对这些应用的实际效果和潜力进行了讨论。在未来，随着硬件技术的进步和算法的优化，SLAM 技术在陆路交通智能测绘领域的应用将会更加广泛和深入。

# 参　考　文　献

Hess W, Kohler D, Rapp H, et al., 2016. Real-time loop closure in 2D LiDAR SLAM//2016 IEEE International Conference on Robotics and Automation (ICRA). Stockholm, Sweden, Stockholm, Sweden: IEEE: 1271-1278.

Klein G, Murray D, 2007. Parallel tracking and mapping for small AR workspaces//2007 6th IEEE International Symposium on Mixed and Augmented Reality (ISMAR). Nara, Japan: IEEE: 225-234.

Kohlbrecher S, Von Stryk O, Meyer J, et al., 2011. A flexible and scalable SLAM system with full 3D motion estimation//2011 IEEE International Symposium on Safety, Security, and Rescue Robotics (SSRR). Kyoto, Japan: IEEE: 155-160.

Li H S, Tian B L, Shen H M, et al., 2022. An intensity-augmented LiDAR-inertial SLAM for solid-state

LiDARs in degenerated environments. IEEE Transactions on Instrumentation and Measurement, 71: 8503610.

Lin J, Zhang F, 2022. R3LIVE: A robust, real-time, RGB-colored, LiDAR-Inertial-Visual tightly-coupled state estimation and mapping package//2022 IEEE International Conference on Robotics and Automation (ICRA). Philadelphia, PA, USA: IEEE: 10672-10678.

Mur-Artal R, Montiel J M M, Tardós J D, 2015. ORB-SLAM: A versatile and accurate monocular SLAM system. IEEE Transactions on Robotics, 31(5): 1147-1163.

Shan T X, Englot B, Ratti C, et al., 2021. LVI-SAM: Tightly-coupled lidar-visual-inertial odometry via smoothing and mapping. 2021 IEEE International Conference on Robotics and Automation (ICRA). Xi'an, China: 5692-5698.

Tosi F, Zhang Y, Gong Z, et al., 2024. How NeRFs and 3D Gaussian splatting are reshaping SLAM: A survey. arXiv: 2402. 13255.

Xu W, Cai Y X, He D J, et al., 2022. FAST-LIO2: Fast direct LiDAR-inertial odometry. IEEE Transactions on Robotics, 38(4): 2053-2073.

Zhang J, Kaess M, Singh S, 2016. On degeneracy of optimization-based state estimation problems//2016 IEEE International Conference on Robotics and Automation (ICRA). Stockholm, Sweden: IEEE: 809-816.

Zuo X X, Geneva P, Lee W, et al., 2019. LIC-fusion: LiDAR-inertial-camera odometry//2019 IEEE/RSJ International Conference on Intelligent Robots and Systems (IROS). Macao, China: IEEE: 5848-5854.

# 第 11 章　空地融合陆路交通实景三维建模技术

　　作为新型基础测绘的标准化成果，实景三维模型是构建数字孪生，实现智慧管理精细化、动态化和智能化的数据基础，在陆路交通数字孪生、智能勘测、BIM 等领域有广泛的应用前景。本章对空地融合实景三维建模技术进行介绍，分析陆路交通数字孪生和 BIM 对实景三维建模数据的需求，重点介绍空（无人机倾斜摄影、无人机 LiDAR）、地（手持 SLAM、地面全景视频）融合的实景三维建模技术，对空地多源数据融合实景三维建模在陆路交通中的应用案例进行介绍。

## 11.1　空地融合实景三维建模技术

　　新型基础测绘是基础测绘面向新时期的任务和需求，在保持其基础性与公益性的前提下，着重定义基础测绘新的成果模式，从而带动技术手段体系、生产组织体系和政策标准体系等要素全面转型升级的信息化测绘体系。2015 年，国务院批复同意的《全国基础测绘中长期规划纲要（2015—2030 年）》指出将实景三维中国建设作为新型基础测绘规划的重要任务。自然资源部分别于 2021 年 8 月与 2022 年 2 月发布《实景三维中国建设技术大纲（2021 版）》及《关于全面推进实景三维中国建设的通知》，指出了实景三维中国建设的基本内涵，并对其建设目标、任务、分工等提出明确要求。空间数据体、物联感知数据和支撑环境共同组成实景三维中国体系架构。其中，空间数据体包含地理场景数据与地理实体数据，地理场景数据以连续形式反映地物空间位置、形态和拓扑关系等信息，地理实体数据则指具有相同独立语义属性的地物和设施，主要由地理场景数据中的实景三维模型进行实体化获得，涵盖空地平台激光点云与多视影像重构的实景三维模型构建，是空间数据体建设的关键环节（陈军 等，2022）。

　　无人机倾斜摄影测量和无人机 LiDAR 是当前自动化三维重建最有效的技术方式之一，但由于无人机低飞行高度和倾斜成像角度引起的严重遮挡和视角失真问题，对复杂的地理场景对象尤其是建筑物、构筑物、陆路交通设施等进行自动准确的三维重建并不是一项简单的任务（刘欣怡 等，2023）。受摄影或扫描中的盲区和相邻物体的遮挡等因素影响，空中视角的无人机摄影测量、LiDAR 生成的模型在局部区域可能存在质量问题，主要表现为几何孔洞、结构扭曲和纹理拉花等缺陷。空地融合实景三维建模可以提供高精度的地形与地表信息，包括道路的几何特征、交通标识、道路标线等细节，这些精确的空间信息数据是陆路交通智能测绘的基础，在此基础上，实景三维模型提供了丰富的陆路交通场景范围内有关建筑物、障碍物、道路条件等丰富的环境感知信息，可以辅助陆路交通智能选线与路径规划策略的部署与优化。实景三维模型可进一步与道路、铁路流量数据结合实现实时的交通监测和分析，帮助相关部门优化信号灯控制、调整交通流动，从而减少交通拥堵和提高通行效率。实景三维模型数据还可用于交通模拟和预测，评估不同交通管理策略的效果，为城市规划和交通政策制定提供决策支持。此外，基于实景三维模型数据进行的道路安全评估可以识别潜在的交通安全隐患，例如危险路段或交通瓶颈，采取预防措施降低事故发生的可能性，并提出改善建议，从而提升交通安全性。

## 11.1.1 空地融合实景三维建模技术框架

空地融合实景三维建模技术将空中视角的影像、激光点云与地面获取的多视影像、激光点云进行多源数据配准融合建模，进一步提升实景三维模型质量，其技术框架如图 11-1 所示。

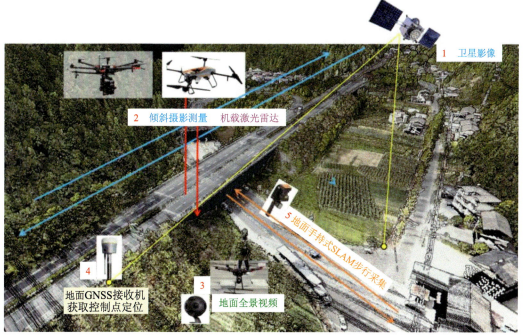

图 11-1 空地融合实景三维建模

## 11.1.2 空地融合实景三维建模主要数据源

空地融合实景三维建模技术主要涉及的数据源包括以下几部分。

**1. 空中多视影像数据**

空中多视影像数据包括从飞机或其他飞行器获取的高分辨率影像数据。这些数据通常具有更高的空间分辨率和更丰富的影像、光谱信息，可以提供更详细的地表特征。空中多视影像数据通常基于无人机平台搭载的倾斜摄影系统获取，无人机倾斜摄影系统的机载传感器至少包含 1 个倾斜相机，基于 5 个镜头倾斜相机的无人机倾斜摄影系统更为广泛地应用于多场景三维重建任务中，5 个摄像头模块分别布置在下视与 4 个不同朝向的倾斜视角，以不同的视角观察地物，能够同时捕捉建筑物与其他地物的顶部和侧面信息，而多视角的重叠与交会带来的冗余观测则可进一步提高摄影测量重建精度与完整性。

**2. 地面影像数据**

地面影像数据是通过单镜头相机和全景相机获取的。单镜头相机常具有高分辨率和较小的视场角，可获取局部区域的详细影像。全景相机可以同时进行水平和垂直方向上的全景视角拍摄，具有广阔的视场角和较高的分辨率。

**3. 空中激光点云数据**

通过激光雷达传感器，从航空或无人机等平台向地面发射激光脉冲，测量激光束反射回来的时间和位置，从而获取地表的高程信息。该系统主要采用摆镜扫描、旋转棱镜扫描、光纤扫描和椭圆扫描等扫描方式发射并接收脉冲信息。结合全球导航卫星系统和惯性测量单元，空中激光点云数据的位置精度可达到亚米级，具有高空间分辨率、全方位覆盖等诸多优势，是提供描述大范围景观三维结构的最佳数据。

**4. 地面激光点云数据**

地面激光扫描将 LiDAR 系统搭载至固定式地面站或移动平台，对地物表面的激光点云数据进行高密度与高精度采集。固定式地基激光扫描将激光扫描仪固定于三脚架或基站上，得到目标距离、脉冲横向扫描角和纵向扫描角数据。单站的地基激光扫描往往无法获取场景中所有目标的精确几何信息，需要以多站式扫描采集与数据拼接方式进行。移动式激光扫描可部署在车载、背包、推车和手持等平台上，采集超高密度的点云数据，分辨率可达毫米级，相比固定式地面激光扫描和机载激光扫描具有移动便携与成本低廉的优势。移动式激光扫描可自如地在目标区域完成穷尽式采集，特别适合隐蔽区域、小目标和室内场景等重建任务。

**5. GNSS 定位数据**

GNSS 定位数据用于获取测区场景地面控制点数据、无人机影像轨迹数据和空地点云轨迹数据，建立带有地理参考的空间坐标系基准。

# 11.1.3　空地融合实景三维建模关键技术

空地融合对地观测主要涉及的关键技术包括以下内容。

**1. 空地协同的数据获取和预处理方法**

空地协同的数据获取和预处理方法具体包括对地面和空中平台之间的数据传输和协调、数据预处理、数据校正和纠正等技术，以确保不同平台采集的数据能够无缝地结合和利用。

**2. 数据融合技术**

数据融合技术旨在将来自不同数据源的空中和地面数据进行配准，并将它们融合为一个完整的地理信息数据集，以实现更全面、更准确的地理信息获取和分析，包括基于同名点匹配与空间变换的数据配准，基于像素级融合或特征级融合的多源数据融合等技术。

**3. 多源数据处理分析与可视化**

多源数据处理分析涉及特征提取与分类、三维模型重建、空地协同分析等应用。特征提取与分类从融合后的数据中提取地表特征，如建筑物、道路、植被等，并进行分类和识别。三维模型重建基于融合后的地面激光点云和空中影像，进行三维重建和模型构建，生成更加真实和准确的地表模型。空地协同分析利用融合后的数据进行地理信息分析、土地利用监测、环境评估等应用，获取更深入的洞察和分析结果。

# 11.2 陆路交通数字孪生与 BIM 对实景三维模型的需求

随着科技的飞速进步，数字孪生与 BIM 技术已逐渐成为推动交通领域智能化转型的重要引擎。通过构建真实物理世界的数字化镜像，三维数字孪生和 BIM 技术不仅使交通系统的实时监测、精准分析、高效优化成为可能，更助力陆路交通走向全新的智慧发展道路。

## 11.2.1 数字孪生与建筑信息模型

数字孪生是充分利用物理模型、传感器、运行历史等数据，通过数字化技术将实体系统、设备或过程建模、仿真和实时监测，在虚拟空间中完成映射，与其实际物理对应物进行同步、动态地交互的虚拟仿真过程。数字孪生是现实世界物理资产的虚拟复制品，是一种超越现实的概念，可以被视为一个或多个重要的、彼此依赖的装备系统的数字映射系统（朱庆 等，2022）。建筑信息模型（BIM）是一种基于计算机辅助设计（computer aided design，CAD）技术的建筑信息模型。它是对建筑物或基础设施项目进行全方位、数字化的建模方法，将地物对象的几何形状、空间关系、结构属性、材料特性、施工进度、维护信息等多维数据集成到一个统一的信息模型中（赵耀 等，2023）。

数字孪生和 BIM 都是物理空间的三维数字表示，本质上是一致的，侧重点上有差异。BIM 的三维数字模型主要用于资产的可视化设计和施工，而数字孪生更侧重基于三维数字模型进行虚拟交互操作，主要用于资产的监控和运营，两者结合可提升项目决策和协作，推动行业数字化转型。

陆路交通系统勘察、设计和规划任务需要考虑复杂的地形、车站布局、轨道线路等因素，BIM 能够提供建筑物、交通设施、车站等相关设施的三维几何信息、结构信息、材料信息等，为陆路交通场景的设计和规划提供可视化、集成化的工具；数字孪生模型可以模拟陆路交通系统的实际运行情况，帮助规划者和设计者进行实时仿真和评估，提前发现设计缺陷和优化设计方案。在陆路交通建设和施工过程中，BIM 可以在建设前为施工过程进行碰撞检测、进度计划、资源管理等模拟与调度提供数据底座，提高施工的安全性和效率，减少施工期间的问题和改动；数字孪生技术在此基础上可以模拟施工进度、资源调配、施工风险等，实现实时监控和预测施工效率和质量。

在陆路交通运营阶段，BIM 可以作为陆路交通设施的信息化档案，记录设施的详细信息、维护记录、使用历史等，为设施的维护和管理提供依据和参考（樊健生 等，2022）；数字孪生技术可以实现实时监测和预测陆路交通设施的状态、运行情况及安全风险（贺鹏 等，2021），为管理部门提供及时的决策支持和维护调度。在安全管理与应急响应阶段，数字孪生技术可以在 BIM 基础上模拟陆路交通设施在灾害、事故等突发事件中的响应情况，帮助应急管理人员进行演练和决策。

## 11.2.2　陆路交通数字孪生、BIM 与实景三维

实景三维包括倾斜三维、仿真三维、视频三维、体块三维、激光 LiDAR 点云等多种表现方式，都是对现实世界进行三维建模与可视化表达。陆路交通场景数字孪生和 BIM 都依赖精细实景三维建模，数字孪生和 BIM 需要准确的实景三维建模作为基础，实景三维模型可以为陆路交通建设和运营提供高效、直观的数字基座和数据底盘，在此基础上，陆路交通数字孪生系统通过模拟和仿真技术创建虚拟的实体系统或过程。这些建模可以是对现有陆路交通设施、运行管理系统或过程的精确复制，也可以是对新设计的陆路交通场景或工程项目的模拟，实现全时全域全要素的实景三维数据与陆路交通机理模型、专家经验知识的有机集成融合。

在陆路交通规划方面，数字孪生技术以其高精度地图和三维建模技术，为道路规划者提供了前所未有的便利。规划者可以在数字孪生平台上，通过模拟不同设计方案下的交通流量、车辆行驶轨迹等，全面评估设计方案的实际效果。这种模拟不仅考虑了道路几何形状，还融入了天气、交通信号控制等多种因素，使得模拟结果更加接近真实情况。例如，在模拟过程中，规划者可以观察到不同设计方案下道路拥堵点的分布情况，并根据模拟结果调整道路宽度、交叉口设计等，以减少未来可能出现的交通瓶颈。此外，数字孪生技术还可以对道路建设过程进行模拟，预测施工过程中的风险点，为施工方案的优化提供决策支持。例如，在模拟施工场景时，可以预测施工对周边交通的影响，并提前制订交通疏导方案，确保施工期间的交通流畅。

BIM 同样依赖精细的实景三维建模，用于陆路交通场景、陆路交通基础设施或工程项目的全方位、数字化建模。BIM 包含了陆路交通场景地物的几何形状、属性信息、空间关系等多维数据，实景三维模型提供陆路交通对象之外的空间信息，两者互相融合建立了一个包含陆路交通海量信息的数据模型，加上物联网（internet of things，IoT）数据，实现了陆路交通空间全域、实时数据的覆盖，为陆路交通设计、施工管理、运营维护等提供支持。

# 11.3 空地融合陆路交通实景三维建模

对隧道、铁路、高架桥等复杂陆路交通场景进行精细化实景三维建模在学术研究和实际应用中具有现实价值和重要意义。它可以提供精确的地形勘测和可视化展示，在工程设计和方案优化中发挥重要作用；也可用于施工过程模拟和交通设施管理维护；还可用于智能监控与预警，给予交通管理及决策以重要支持。这些应用为复杂交通领域的发展和管理提供了更精确、更高效和可持续的解决方案。尽管现有方法已能对多数交通场景实现数据采集和三维建模，但面对铁路、隧道、桥梁等复杂交通场景时，由于存在环境复杂、几何形态复杂、多尺度表现、材料特性不利采集等特点，实景三维建模时仍面临的困难之一是复杂交通场景中存在铁路、桥梁和高植被覆盖等情况，会产生种类多样的遮挡或叠掩，这些遮盖关系造成了数据信息获取的不完整，要求具备全方位、全角度、全区域的立体环绕观测能力。

空地协同多视角多源测绘方法能够弥补单一采集方式在数据缺损方面的不足（王峰 等，2022；谢云鹏 等，2018），多传感器集成的空天地协同数据获取技术可对应多种类型的数据——空中倾斜影像、机载 LiDAR 点云、SLAM 点云、地面三维激光点云、地面相机影像、GNSS 数据。这些数据各具特点，激光点云（包括机载 LiDAR 点云和地面三维激光点云）密度高、立体特征强、无须光照条件，但数据量大，需要抽稀；而倾斜摄影、地面摄影数据获取成本低、点云密度适当、带有纹理，但对于光谱相近、反光、透射等目标的点云数量会下降，且对光照条件有要求；SLAM 点云数据获取便捷，但缺乏纹理信息和精准的定位信息。因此复杂陆路交通场景三维建模的另一个困难是多源信息间的误差积累与错误传递。多源设备在观测交通场景的过程中，难以避免地会引入不同类别的系统偏差和无法预料的随机误差，要求融合建模方法具有约束多源信息间误差积累与错误传递的能力。

## 11.3.1 空地融合陆路交通实景三维建模技术流程

面向陆路交通场景的多源数据融合建模方法采用多源联合观测+基于同名几何一致性的多源融合建模的基本思路，尝试在扩展观测数据源的同时，根据地物的几何约束，完成多源数据的融合建模，从而实现复杂交通场景的完整建模。其中，"同名地物"是指被多源数据重复观测的同一个地物对象，"同名几何一致性"是指同名地物的物理几何属性在多源观测中始终保持不变，在无典型粗差干扰下，各种观测手段获取的同名地物理论上应当具有一致的空间几何信息。在激光点云配准的基础上（张玉涛 等，2023；朱庆 等，2018），于地理空间坐标系统中，以同名几何一致性为几何约束条件，构建间接平差方程，对由特征匹配找到的同名特征点进行地理坐标、摄影内外方位元素、相机畸变等参数的联合解算。最后，通过联合同一地理坐标系内的激光点云和同名特征点云，实现复杂交通场景的完整建模。

空地融合陆路交通实景三维建模主要技术框架如图 11-2 所示。

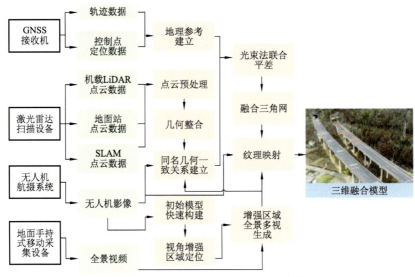

图 11-2　多源数据融合陆路交通实景三维建模技术框架

## 11.3.2　空地融合陆路交通实景三维建模关键技术

### 1. 陆路交通场景增强区域定位

将无人机影像导入实景三维建模软件（Context Capture）中进行预建模形成初步三维模型，针对该模型中存在的几何结构孔洞、扭曲与纹理拉花、模糊等三维模型缺陷，使用深度学习网络进行复杂缺陷的识别与定位。陆路交通场景增强区域定位主要方法流程如图 11-3 所示，结合多样化陆路交通实景三维模型生产数据，构建项目研究所需要的

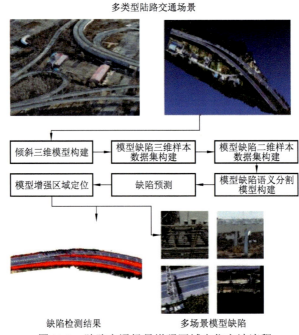

图 11-3　陆路交通场景增强区域定位方法流程

无人机倾斜影像与初始三维模型数据库；梳理模型缺陷成因与作用机理，构建缺陷特征指标体系，形成陆路交通实景模型缺陷样本数据集，在此基础上开展缺陷语义分割模型算法设计，依次实现缺陷的语义分割，对实景模型展开完整自动化质量评价，以此进一步定位模型中需要进行增强的缺陷位置。

1）倾斜三维模型构建

采集获取不同陆路交通场景的无人机倾斜影像数据，通过三维场景重建工具生成场景初始实景三维模型，构建陆路交通场景多样化表达的倾斜三维模型数据集。在现有行业规范与质检经验基础上，对倾斜三维模型常见的如几何漏洞、结构扭曲、地物粘连、纹理缺失、映射错误等缺陷成因与具体表现进行分类与整理，建立模型缺陷多类型要素分类体系。在构建的倾斜三维模型数据集中对模型缺陷进行亚面元级标注，构建与倾斜三维模型对应的缺陷样本标注数据集。

2）倾斜三维模型缺陷二三维样本数据集构建

在陆路交通场景模型表面生成用于贴近观察模型的采样点，使之满足均匀性和无偏性的特点。基于采样点位置与朝向进一步生成观察模型的贴近视点，进一步定义每个视点的观察视图，从每个贴近视点对模型进行视图渲染，获取视点渲染视图。视点渲染过程要求这些采样点完全覆盖整个区域，基于三维模型人工确定缺陷区域，经过模型视角渲染后同步标记至渲染视图，根据标记区域的特征，进行二值化处理，生成缺陷与非缺陷的二值图像，进一步构建倾斜三维模型缺陷样本二维数据集。

3）模型缺陷语义分割模型构建与缺陷预测

以贴近视点构建的模型观察视图集与对应的标签样本作为网络模型的输入，设计深度学习缺陷语义分割模型。特别地，构建结合深度卷积网络与自注意力机制的语义分割模型框架有利于实现桥梁、铁路、道路及其周边复杂场景构筑物中缺陷局部特征与全局上下文特征的有效提取。基于训练好的语义分割模型，在测试集中分别进行缺陷检测与多分类缺陷识别实验，定量评价模型在不同陆路交通场景下的缺陷分割精度。最后将二维语义分割结果反向渲染回三维模型中，并进一步定位无法简单修补、需要数据补拍并进行再建模的缺陷对象。

## 2. 面向增强区域的地面全景视点生成

在模型缺陷检测提供的待增强区域位置参考支持下，以软硬件集成设计的方式获取目标完整地面全景视频数据与初始位姿，包括多传感器组合的采集设备研制与复杂隐蔽条件下位姿解算算法设计。在此基础上构建重建点并设计地面全景视点选择与可重建性优化算法，最大限度解决地面全景视频存在的匹配冗余与深度过滤问题，并生成最优地面多视影像集。全景自适应视角选择技术流程如图 11-4 所示。

1）地面多源数据一体化采集

在模型缺陷检测提供的待增强区域位置参考支持下，针对陆路交通场景受遮挡区域难以实时精确定位的问题，设计便携式地面 SLAM 与全景视频一体化采集设备集成方法，组合 GNSS/IMU、激光点云、VR 全景相机等多传感器的采集设备，实现全景相机 GNSS 内插、GNSS/IMU 紧耦合解算、点云 SLAM 定位集成的全景视频帧定位，为地面数据采集在不同信号条件下提供多种定位方式选择。

图 11-4　全景自适应视角选择技术流程

2）增强区域地面全景视点生成

结合无人机倾斜影像与模型缺陷分割结果，模型增强区域集中在陆路交通场景的两侧及底部区域，如桥梁立柱、箱梁与盖梁等。面向这些区域，生成用于重建观测的模型采样点，使之同样满足均匀无偏的特点，并引导全景自适应视点选择生成面向增强区域的全景多视影像集。全景自适应视点选择涉及关键帧选择和全景视点生成。全景关键帧是指用于最终重建的视频帧，结合对视频帧密度、摄影对象距离和采样密度的考虑，按照合适的密度以等间隔提取的方式提取预选视频帧，结合重建点所在的三角片与预选帧之间的距离和法线度量，为每个采样点提取距离较近且视角正向面对采样点的最佳帧候选。进一步地，基于可重建性度量，在初始视点集中进行交向点补充与视点转换等可重建性优化，将全景多视影像组合作为重建增强的地面多视影像数据源并解算其位置姿态参数。

**3. 多源数据融合建模**

在获取空天地多源联合观测数据后，可按以下 4 个步骤进行建模，具体技术流程如图 11-5 所示。

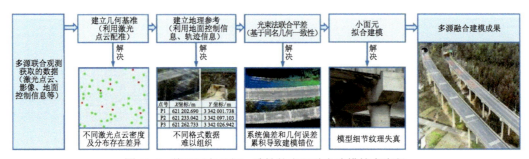

图 11-5　基于同名几何一致性的多源融合建模技术流程

1）基于点云配准的几何基准建立

根据激光点云立体特征强、空间分布密度高的优势，通过点云配准将多源激光点云汇聚在相同的几何空间中，为多模态数据的协调提供几何基准坐标系，从而克服不同点云数据间几何尺度及分布密度不一致的问题。

2）基于地面控制信息的地理参考构建

参考地面控制点大地坐标，通过刚体变换将已建立的三维几何基准坐标系转换为带有地理参考的空间坐标系，为已配准的多源激光点云添加地理参考，将其他数据统一纳入地理参考坐标系中，从而实现不同数据格式的多源数据坐标系统的统一，解决信息提取困难的问题。

3）基于同名几何一致性的光束法联合平差

在已建立的地理参考坐标系统中，使用带有地理参考的已配准点云，构建已配准点云的数字表面模型，并将该表面模型按多视角投影转换为图像，通过特征匹配找到多视角影像间的同名特征点在该表面模型中的位置，为同名特征点提供地理坐标初值。随后，基于同名光束交会的同名几何一致性原则，构建以同名特征点地理坐标为未知数的光束法空中三角测量方程，在外业设备提供外方位元素初值、已配准点云表面模型提供特征点地理坐标初值、控制点提供误差约束的情况下，得到同名特征点地理坐标、影像摄影位置、影像摄影姿态及空间纹理，生成高精度特征点云。

由于同名特征点云与已配准点云具有相同的地理参考，可直接置入同一个坐标系统中，从而得到多源完整点云，实现多源信息的高精度、高效率融合，解决异源信息间精度不一致引起的误差，提高数据融合的准确性。光束法误差方程为

$$\begin{cases} V_x = a_{11}\mathrm{d}X_s + a_{12}\mathrm{d}Y_s + a_{13}\mathrm{d}Z_s + a_{14}\mathrm{d}\varphi + a_{15}\mathrm{d}\omega + a_{16}\mathrm{d}k - a_{11}\mathrm{d}X - a_{12}\mathrm{d}Y - a_{13}\mathrm{d}Z - l_x \\ V_y = a_{21}\mathrm{d}X_s + a_{22}\mathrm{d}Y_s + a_{23}\mathrm{d}Z_s + a_{24}\mathrm{d}\varphi + a_{25}\mathrm{d}\omega + a_{26}\mathrm{d}k - a_{21}\mathrm{d}X - a_{22}\mathrm{d}Y - a_{23}\mathrm{d}Z - l_y \end{cases} \quad (11\text{-}1)$$

$$\begin{cases} l_x = x - (x) \\ l_y = y - (y) \end{cases} \quad (11\text{-}2)$$

式中：$V_x$、$V_y$ 分别为像点坐标 $x$、$y$ 的改正数，$\mathrm{d}X_s$、$\mathrm{d}Y_s$、$\mathrm{d}Z_s$、$\mathrm{d}\varphi$、$\mathrm{d}\omega$、$\mathrm{d}k$ 为外方位元素近似值的改正数；$\mathrm{d}X$、$\mathrm{d}Y$、$\mathrm{d}Z$ 为相应地面点坐标的改正数；$a_{ij}$（$i = 1, 2$；$j = 1, 2, 3, 4, 5, 6$）为将式（11-1）线性化并取一次小值项后，外方位元素 $X_s$、$Y_s$、$Z_s$、$\varphi$、$\omega$、$k$ 和地面摄影测量坐标 $X$、$Y$、$Z$ 改正数的系数；$(x)$、$(y)$为式（11-1）中函数的近似值。该方法的优势在于 $\mathrm{d}X$、$\mathrm{d}Y$、$\mathrm{d}Z$ 具有较好的初值，能够快速收敛并满足精度要求。

4）复杂交通场景的拟合建模

以交通设施多角度的完整描述为基础，配合几何一致性强、几何位置准确、空间连续性好、空间纹理平滑的多源完整点云，采用三角网小面元拟合构建微小细节，通过积分的思路不断积累微小细节模型，完成整个场景的拟合建模，建立连续、完整、无缺漏的复杂交通场景三维模型，解决交通设施受到遮挡引起的建模不完整、包含变形及明显误差的问题。

# 11.4 多源数据融合陆路交通实景三维建模案例

## 11.4.1 案例应用场景与数据获取

本节的多源数据融合建模实验场景为一处高桥隧比且具有高植被覆盖率的复杂场景，该场景区域位于湖北省恩施土家族苗族自治州恩施市沪渝高速公路两侧，紧邻沿江高铁宜涪线（图 10-32）。南起龙潭坝村，北至盘古庙附近，全长约 3.8 km，其中的小转拐高架桥和白果坝涵洞两处复杂场景为融合建模重点关注区域。

针对该场景展开多源数据采集工作，大场景整体采用无人机、机载 LiDAR、GNSS 接收机实施测绘，在高架桥重点区域配合手持式 SLAM、三维激光扫描仪、相机，在涵洞重点区域则配合三维激光扫描仪、相机。测绘时，首先根据目标交通场景收集相关资料，确定数据采集范围，并进行实地踏勘以进一步确认准确范围。根据场景复杂程度，确定重点采集的区域，并制订可行的测绘方案。检验和校正相关设备仪器，选择适宜的天气条件进行测绘，并向空管部门申请空域权限。随后在测区内布设像控点，保证目标影像清晰易于处理，并使用 GNSS 接收机获取像控点的地面平面坐标和高程数据。根据精度需求确定航高并规划航线，使用无人机进行倾斜摄影测量，确保适当的航向和旁向重叠度。同时，使用机载 LiDAR 对测区全域进行数据采集。针对隧道、涵洞、收费站等半封闭对象，采用手持式 SLAM 和地面三维激光扫描仪进行重点采集，确保轨迹闭环和坐标系统一致。此外，用手持式相机补充采集无人机难以进入的区域，确保每个场景有足够的影像覆盖和重叠度。最后，将所有采集的数据进行汇总整理，确保数据完整、无缺漏错误。对该场景的多源数据测绘工作共获取 6 类数据（图 11-6），原始数据大小约 90 G。

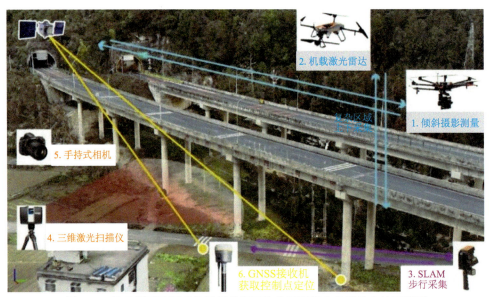

图 11-6 针对测试验证对象采用的空天地协同智能全息测绘方法示意图

## 11.4.2 空地一体多源数据融合建模结果

基于空地一体多源数据融合对高架桥和涵洞区域的实景三维建模成果如图 11-7 和图 11-8 所示。

图 11-7 高架桥区域实景三维建模成果图

图 11-8 涵洞区域实景三维建模成果图

从实景三维建模的过程数据来看，任何单一来源的数据都存在较明显的信息缺失情况，而融合建模成果使这些缺陷得到有效弥补，印证了进行多源数据融合的必要性。从高架桥区域的数据（图 11-9）来看，无人机点云整体较完整但略显稀疏，且缺失桥底部位置的关键信息；机载 LiDAR 点云几乎缺失桥下部所有数据；而 SLAM 点云、地面三维激光点云则在桥顶部位置的缺失情况较为明显。从涵洞区域的数据（图 11-10）来看，无人机点云和 LiDAR 点云均缺失了涵洞内部的关键信息，相机点云、三维激光点云可完全覆盖涵洞内部，但由于后者采集能力有限，无法面向较大的场景，仍需要配合无人机或 LiDAR 数据方能满足要求。研究发现，仅以无人机点云与三维激光点云相融合便可

  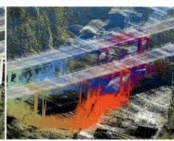

（a）机载LiDAR点云　　（b）机载LiDAR+地面三维激光点云　　（c）机载LiDAR+SLAM点云

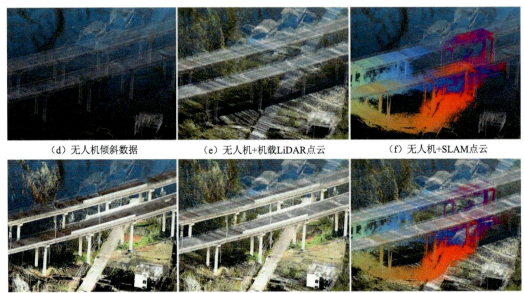

（d）无人机倾斜数据　　　　　（e）无人机+机载LiDAR点云　　　　（f）无人机+SLAM点云

（g）无人机+地面三维激光点云　（h）无人机+机载LiDAR+地面三维激光点云　（i）无人机+机载LiDAR+SLAM点云

图 11-9　高架桥验证区域的点云融合效果对比

（a）无人机倾斜数据　　　　　（b）无人机+相机点云　　　　（c）无人机+地面三维激光点云

（d）机载LiDAR点云　　　　（e）无人机+机载LiDAR+相机点云　　（f）无人机+机载LiDAR+相机+
地面三维激光点云

（g）融合模型整体效果　　　　（h）融合模型局部效果　　　　（i）融合模型局部效果

图 11-10　涵洞验证区域的点云融合效果对比

明显提高涵洞模型的质量，而相机点云与无人机点云或 LiDAR 点云相融合也有较好效果，且更为高效经济。另外，涵洞的纹理主要通过相机或三维激光扫描仪内置相机采集获得，对涵洞内光环境有一定要求。这表明任意单一数据都无法满足交通工程勘察设计的要求。经过融合后的点云模型很好地弥补了上述缺陷，使模型的完整度显著提升，基本无信息缺失之处。对于植被等其他要素，融合模型与单一模型相比效果略有提升。

研究发现：当效率优先时，仅通过无人机倾斜影像与三维激光扫描（或 SLAM）数据的配合，便可使建模效果得到较大程度的提升（尤其对于桥底、洞内等隐蔽部位）；当质量优先时，在此基础上补充机载 LiDAR 数据、相机影像等多种数据便能进一步提高模型质量。

为进一步检验本节研究方法与其他方法的优势，将其与现有方法进行对比分析，对比方法一是基于无人机倾斜摄影结合三维激光扫描数据并运用高精度点云配准算法的融合建模方法；对比方法二是基于倾斜摄影＋地面相机数据的类网状对象联动建模方法。三种方法的建模效果对比如图 11-11 和图 11-12 所示。

从模型成果的整体效果及局部细节来看，方法一生成的模型丢失了若干重要信息，特别是在高架桥底部出现形变和纹理失真、在涵洞边缘出现模型破损、在高植被覆盖区域模型较为模糊且存在少量信息缺失；方法二生成的模型效果也欠佳，特别是在高架桥左侧桥柱出现裂纹、在涵洞边缘及内部出现轻微形变等。相较之下，本节方法生成的模型有效地弥补了前两者的不足之处，减少了细节信息的丢失，使模型的完整度得到较显著提升，这也表明本节方法在面对复杂交通场景时具有可行性和优越性。

（a）采用方法一的高架桥融合模型

（b）模型细节（方法一）

（c）采用方法二的高架桥融合模型

（d）模型细节（方法二）

（e）采用本节方法的高架桥融合模型

（f）模型细节（本节方法）

图 11-11　不同方法生成的高架桥模型效果对比

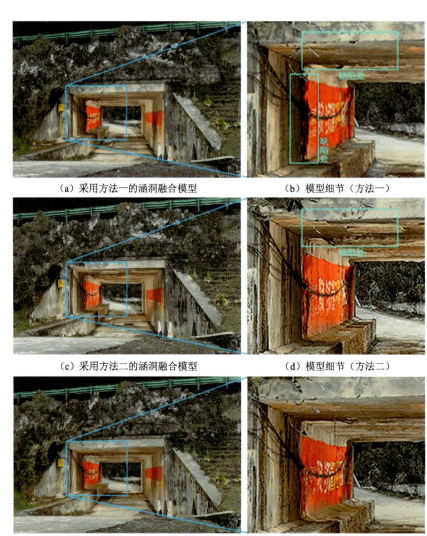

（a）采用方法一的涵洞融合模型　　　　　（b）模型细节（方法一）

（c）采用方法二的涵洞融合模型　　　　　（d）模型细节（方法二）

（e）采用本节方法的涵洞融合模型　　　　　（f）模型细节（本节方法）

图 11-12　不同方法生成的涵洞模型效果对比

## 11.4.3　空地一体多源数据融合建模精度验证

为定量检测该建模方法的有效性，在高架桥和涵洞的试验区共选取 6 个均匀分布在核心区域周围的检查点和 6 个典型区间的长度（高架桥的桥柱间距、底面高度、底面宽度及涵洞的宽度、高度、深度），如图 10-33 所示。使用 GNSS 接收机和徕卡高精度测距仪测得点位坐标和实际距离，并将其与模型上的量测值进行对比误差分析。

根据式（11-3）和式（11-4）计算出各点位上的平面、高程、长度中误差，其中点位坐标误差用来衡量模型的平面和高程精度，长度误差用以衡量模型的尺寸精度，误差越小则模型精度越高。再根据式（11-5）计算本节方法相较于其他两种方法的指标精度提升率。

$$m_{平} = \sqrt{\frac{1}{n}\sum_{i=1}^{n}(\Delta X_i^2 + \Delta Y_i^2)} \tag{11-3}$$

$$m_{高} = \sqrt{\frac{1}{n}\sum_{i=1}^{n}\Delta Z_i^2} \tag{11-4}$$

$$\theta_{升} = \frac{\varepsilon_i - \varepsilon_j}{\varepsilon_i} \times 100\% \tag{11-5}$$

式中： $m_{平}$ 和 $m_{高}$ 分别为平面中误差和高程中误差； $\Delta X_i$ 、 $\Delta Y_i$ 、 $\Delta Z_i$ 分别为对应点实测数据与模型量测数据在 $X$ 、 $Y$ 、 $Z$ 方向上的差值； $\theta_{升}$ 为指标精度提升率； $\varepsilon_i$ 为采用方法一或方法二的结果中误差； $\varepsilon_j$ 为采用本节方法的结果中误差。

将采用本节方法与同条件下采用方法一和方法二所得模型成果的精度进行比较后发现（图 11-13）：对于高架桥区域，平面精度分别提高了 32.4%、39.5%，高程精度分别提高了 29.4%、20.0%，尺寸精度分别提高了 12.2%、4.3%，其中平面精度和高程精度提升得较为明显；对于涵洞区域，平面精度分别提高了 12.0%、28.6%，高程精度分别提高了 21.9%、39.0%，尺寸精度分别提高了 40.6%、26.9%，其中高程精度和尺寸精度提升得较为明显。具体指标精度见表 11-1 和表 11-2。

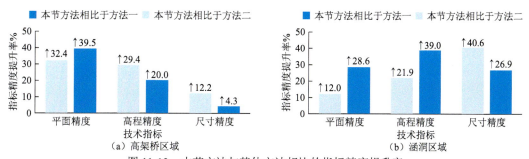

图 11-13　本节方法与其他方法相比的指标精度提升率

表 11-1　高架桥区域精度对比　　　　　　　　（单位：m）

| 对象误差 | 方法一 | 方法二 | 本节方法 |
|---|---|---|---|
| $\Delta X$ 中误差 | 0.020 | 0.025 | 0.014 |
| $\Delta Y$ 中误差 | 0.027 | 0.028 | 0.019 |
| $\Delta Z$ 中误差 | 0.034 | 0.030 | 0.024 |
| 长度中误差 | 0.050 | 0.046 | 0.044 |

表 11-2　涵洞区域精度对比　　　　　　　　（单位：m）

| 对象误差 | 方法一 | 方法二 | 本节方法 |
|---|---|---|---|
| $\Delta X$ 中误差 | 0.021 | 0.028 | 0.018 |
| $\Delta Y$ 中误差 | 0.039 | 0.049 | 0.035 |
| $\Delta Z$ 中误差 | 0.032 | 0.041 | 0.025 |
| 长度中误差 | 0.032 | 0.026 | 0.019 |

表 11-1 和表 11-2 结果表明，无论是高架桥还是涵洞区域，基于本节方法生成的实景三维模型的平面坐标中误差和高程中误差均在 3 cm 以内，长度中误差均在 5 cm 以内，且误差总体保持稳定，按照《三维地理信息模型数据产品规范》（CH/T 9015—2012），重要交通设施 1∶500 比例尺模型的平面精度要求小于 0.3 m、高程精度要求小于 0.5 m，模型精度完全符合规范要求。结果还表明，涵洞区域的模型精度略高于高架桥区域，这是由于高架桥距地面较高且跨度较大，限制了点云数据的采集。

相比于其他两种方法，本节方法不仅改善了高架桥和涵洞模型的局部纹理细节，使模型更加完整准确，还提高了融合模型的平面精度、高程精度和尺寸精度，为面向复杂交通场景的实景三维建模提供了一种可行方案。

研究成果同时表明，应统筹评估外业数据采集和内业融合建模的总体工作难度及时长，才能获得相对最优的技术策略。无人机倾斜摄影测量配合地面相机的采集策略操作便捷、效率较高、模型质量能基本满足工程勘察要求；若再配合 SLAM 或三维激光扫描的任意一种，则能较显著地提升模型质量；LiDAR 发挥的作用较有限且不能取代倾斜摄影测量。融合建模质量受到外业和内业的双重影响，既应重视外业的规范化操作，也应关注内业在点云拼接和纹理映射方面的流程。研究所获得的交通场景三维模型拥有广泛用途和重要价值，可配合地理信息系统等其他工具系统，为智能交通勘测提供有力支持。

# 11.5  本 章 小 结

本章详细介绍了空地融合陆路交通实景三维建模技术及其在陆路交通智能测绘中的应用。首先探讨了空地融合对地观测技术的基本原理和实际应用，强调了这种技术在提升观测数据精确性和效率方面的作用。随后，本章讨论了陆路交通智能测绘对数字孪生和建筑信息模型（BIM）的需求，指出数字化技术在陆路交通设施建设和维护中的关键角色。进一步，详述了空地融合陆路交通实景三维建模的技术框架和关键技术，展示了这些技术如何助力陆路交通设计精度提高和施工效率增强。最后，通过一个多源数据融合陆路交通实景三维建模案例展示了实验场景与数据获取、建模测试结果及精度验证的全过程，实证分析了融合技术的效果。这一系列讨论不仅阐释了三维建模技术的应用细节，也凸显了其在陆路交通系统现代化中的实际价值。

# 参 考 文 献

陈军, 刘建军, 田海波, 2022. 实景三维中国建设的基本定位与技术路径. 武汉大学学报(信息科学版), 47(10): 1568-1575.

樊健生, 刘宇飞, 2022. 在役桥梁检测、健康监测技术现状与时空融合诊断体系研究. 市政技术, 40(8): 1-11, 40.

贺鹏, 刘奇, 王通, 等, 2021. 基于无人机倾斜摄影技术的铁路边坡危岩落石运动特性分析. 铁道标准设计, 65(12): 1-7.

刘欣怡, 张永军, 范伟伟, 等, 2023. 无人机倾斜摄影三维建模技术研究现状及展望. 时空信息学报, 30(1): 41-48.

王峰, 滕俊利, 王希秀, 2022. 多源数据融合实景三维建模关键技术研究. 山东国土资源, 38(1): 70-73.

谢云鹏, 吕可晶, 2018. 多源数据融合的城市三维实景建模. 重庆大学学报, 45(4): 143-154.

张玉涛, 孙保燕, 莫春华, 等, 2023. 无人机与三维激光扫描融合的拱桥三维重建. 科学技术与工程, 23(6): 2274-2281.

赵耀, 李珉璇, 柴天娇, 2023. 铁路综合视频监控系统与 BIM 融合应用研究. 铁路通信信号工程技术, 20(6): 26-30.

朱庆, 李世明, 胡翰, 等, 2018. 面向三维城市建模的多点云数据融合方法综述. 武汉大学学报(信息科学版), 43(12): 1962-1971.

朱庆, 张利国, 丁雨淋, 等, 2022. 从实景三维建模到数字孪生建模. 测绘学报, 51(6): 1040-1049.

# 第 12 章　遥感 AI 陆路交通智能测绘技术

在现代陆路交通系统的建设与管理中，精确、高效的测绘技术是必不可少的。遥感 AI 技术通过结合遥感影像与人工智能，特别是深度学习技术，实现了对交通设计要素的智能解译和动态监测，提高了测绘效率和精度。本章将系统介绍遥感 AI 技术在陆路交通智能测绘中的应用。首先，探讨深度学习技术在遥感影像处理中的发展和应用，描述陆路交通设计要素样本库的建立与增强方法，为智能解译提供基础数据支持。其次，介绍陆路交通设计要素的 AI 智能解译技术，通过具体算法和模型实现交通要素的自动识别与分类，讨论 AI 在半自动制图中的应用，展示如何利用 AI 技术提高制图效率。最后，介绍基于 AI 的高铁沿线风险点变化监测技术。

## 12.1　深度学习技术与发展

### 12.1.1　深度学习基本概念

深度学习（deep learning）是机器学习（machine learning）中的一个重要分支，它通过构建多层的神经网络来模拟人脑对数据的处理和学习过程。深度学习技术能够自动地从大量数据中学习特征，无须人工设计特征，这使它在图像识别、自然语言处理、语音识别等领域展现出巨大的潜力。

深度学习的核心是神经网络，尤其是深层神经网络。这些网络由多个层组成，每一层都包含许多神经元，这些神经元可以接收输入、进行计算并产生输出。随着网络层的增加，网络能够学习更复杂、更抽象的特征。这种层次化的特征学习使得深度学习在处理复杂问题时表现出色。

深度学习在图像识别领域取得了巨大成功（Long et al.，2017）。卷积神经网络（CNN）是一种专门用于处理图像的深度学习模型，它能够有效地识别和分类图像中的对象。CNN 通过学习图像中的局部特征和模式，逐渐构建出对整个图像的理解。这使得 CNN 在图像分类、物体检测和图像分割等任务中表现出色。在自然语言处理（natural language processing，NLP）领域，深度学习同样取得了重要进展。循环神经网络（RNN）和长短期记忆网络（LSTM）能够处理序列数据，如文本和语音，使得深度学习在机器翻译、情感分析和语音识别等任务中发挥重要作用。这些模型能够捕捉序列中的长期依赖关系，从而更好地理解语言的结构和含义。深度学习还在其他许多领域显示出潜力，包括自动驾驶、医学图像分析和游戏。随着研究的深入和技术的发展，深度学习正成为解决复杂问题的强大工具（Wang et al.，2022；李彦胜 等，2022）。

## 12.1.2　深度学习发展历程

深度学习的历史可以追溯到 20 世纪，但它的发展经历了几个不同的阶段。

早期阶段：深度学习的概念最早可以追溯到 20 世纪 50 年代的感知机（perceptron）模型，这是一种简单的二类分类器，能够对线性可分的数据进行分类。然而，受当时的计算能力和数据量的限制，以及感知机模型自身的局限性（如无法解决异或问题）的影响，深度学习并未得到广泛应用。

复兴阶段：到了 21 世纪初，随着计算能力的大幅提升和大数据时代的到来，深度学习开始迎来复兴。2006 年，Hinton 等提出了深度置信网络（deep belief networks，DBN），这是一种基于受限玻尔兹曼机的生成模型，能够有效地学习数据的高阶特征表示。DBN 的成功标志着深度学习的新纪元开始。

快速发展阶段：自 2012 年以来，深度学习在多个领域取得了突破性进展，尤其是在图像识别领域。2012 年，AlexNet 在 ImageNet 大规模视觉识别挑战赛中取得了压倒性的胜利，大大提高了图像识别的准确率。此后，VGG、GoogLeNet、ResNet 等深度卷积神经网络（deep convolutional neural networks，DCNN）模型相继问世，不断刷新图像识别的准确率纪录。这些模型的成功推动了深度学习在计算机视觉、自然语言处理、语音识别等领域的广泛应用。

除了在图像识别领域的成功，深度学习还在 NLP 领域取得了重要进展。RNN 和 LSTM 等模型能够有效地处理序列数据，被广泛应用于机器翻译、文本生成、情感分析等任务。此外，Transformer 模型及其变体（如 BERT、GPT 等）在近年来成为 NLP 领域的主流模型，大大提高了多项 NLP 任务的性能。

总体来说，深度学习的发展经历了从早期的探索，到 21 世纪初的复兴，再到近年来的快速发展和广泛应用。随着技术的不断进步和应用领域的不断拓展，深度学习将继续成为人工智能领域的重要推动力。

## 12.1.3　深度学习在遥感测绘地理信息等行业的应用

深度学习技术在遥感测绘地理信息等行业的应用非常广泛（Joshi et al.，2021），主要体现在遥感影像分析、地图制作和更新、灾害监测和评估及城市规划和管理等方面。

遥感影像分析是深度学习在测绘地理信息领域中的重要应用之一（Yuan et al.，2021）。利用深度学习技术，可以对遥感影像进行分类、目标检测和语义分割等处理，从而实现土地覆盖分类、环境监测等应用。例如，可以利用深度学习算法对遥感影像中的植被、水域、房屋等地物进行自动识别和分类，为环境保护和资源管理提供支持。

深度学习技术也可以应用于地图制作和更新领域。传统的地图制作需要人工识别和标注地理要素，费时费力且易出错。利用深度学习技术，可以自动识别道路、房屋等地理要素，提高地图制作和更新的效率。深度学习算法可以从大量的地图数据中学习地理要素的特征，然后自动更新地图信息，为地图制作和更新提供便利。

深度学习技术还可以应用于灾害监测和评估。通过分析遥感影像和地理信息数据，可以及时监测和评估洪水、地震等自然灾害的影响。深度学习算法可以快速准确地识别灾害区域和受灾程度，为灾害应急响应和救援工作提供科学依据。

深度学习技术在城市规划和管理方面也有重要应用。通过分析城市空间数据，可以帮助规划城市发展和管理城市资源。深度学习算法可以从城市空间数据中提取有价值的信息，如交通流量、人口密度等，为城市规划和管理提供决策支持。

# 12.2 陆路交通设计要素样本库建立与增强

## 12.2.1 陆路交通设计要素样本库建立关键技术

### 1. 陆路交通设计要素解译标志

目前，遥感解译样本库均是针对不同的解译任务而构建的（龚健雅 等，2021），主要包括场景分类样本、地物目标检测样本、地物要素分类样本、变化检测样本等几类。在过去的几年里，许多研究团队根据不同的应用目的陆续发布了各种遥感影像样本库，用于遥感影像分类或开发数据驱动算法（龚健雅 等，2022）。根据铁路线路设计控制要求，本节选取房屋、道路、水体、植被共 4 类铁路选线设计控制要素，在影像上的解译标志如表 12-1 所示。

表 12-1 要素解译标志

| 名称 | 定义 | 解译标志 | 示例影像 |
|---|---|---|---|
| 房屋 | 包括房屋建筑区和独立房屋建筑 | （1）城镇的居住房屋建筑区呈高度相近、结构类似、建筑密度相近的成片、排布规律；<br>（2）乡村的居住房屋建筑区沿道路两边分布，结构类似、排布随机、周围植被较多；<br>（3）工厂房屋建筑区建筑尺寸较大，多为矩形或长方形，且连片分布；<br>（4）规模较大的独立房屋建筑，包括车站、机场等公共设施，跨度比较大，形状多为规则圆形或矩形，占地面积较大，较为明显；<br>（5）规模较小的独立房屋建筑，呈散落不规则分布，多为长条形建筑物，周围往往是大面积平地 | |
| 道路 | 包括有轨和无轨的道路路面覆盖的地表如铁路、公路、内部道路及乡村道路 | （1）铁路与公路路面相比，铁路较平直，路基较窄，拐弯处弧度较大，且可以通过铁道站点来判定；<br>（2）公路路面反射率较高，影像发亮，特别是新的水泥路面和裸土路面，更易基于影像判断；<br>（3）内部道路主要分布在居民地范围内，周围有明显的房屋建筑；<br>（4）乡村道路多用水泥、砂石、泥土筑成，道路较窄 | |

| 名称 | 定义 | 解译标志 | 示例影像 |
|---|---|---|---|
| 水体 | 指河流、常年有水的河渠、库塘的液态水面覆盖范围 | （1）河渠包括河流和水渠，水域呈带状或线状；<br>（2）库塘为面状水体，分界线明显 | |
| 植被 | 包括种植植被、林草覆盖 | （1）熟耕地、新开发整理荒地、以农为主的草田轮作地，护林网等；山区、半山区的种植土地多为不规则的几何形状，一般都有农村道路连接；<br>（2）实地被乔木、灌木、竹类等树木覆盖，多连片分布，树冠明显；<br>（3）各类草地，灌丛草地和疏林草地，影像上结构单一，纹理较细 | |

## 2. 基于深度主动学习的半自动迭代标注技术

在众多要素解译算法中，当前主要采用的是基于监督学习的技术，这需要大量已经标记的样本以供训练之用。然而，在实际的标准遥感影像解译过程中，标注任务通常需要专家通过目视解译手动执行，对操作人员的地理学专业知识有着较高的要求。单个操作者收集数据时效率较低，而多人同时作业会因标准上的不一致导致成果质量参差，并且还会导致成本上升（金诗程 等，2023）。但为了满足高精度、大范围遥感解译增加样本数量和扩展样本库、提高标注精度和效率、节省标注成本的需求，本小节提出基于深度主动学习的半自动迭代标注技术，流程如图 12-1 所示。

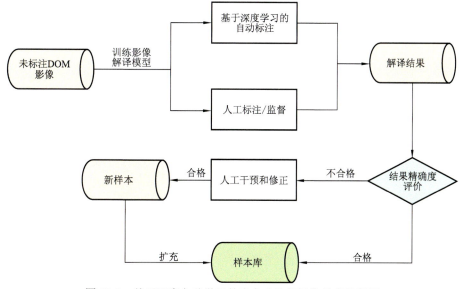

图 12-1　基于深度主动学习的半自动迭代标注技术流程图

基于深度主动学习的半自动迭代标注技术利用基于已有数据的样本标注及样本批量生成方法进行初步设计要素分类；使用二次投票集成去噪算法纠正错误样本并更新数据集；利用基于卷积神经网络的增量主动学习方法来自动标注并更新样本，从而得到精确的样本。该技术使用一小批手工标记的样本数据来训练或微调图像分割模型。随后，利用经过训练和优化的模型对大量未标记的图像进行自动标注，有效应对了大规模图像标记过程中人力成本高昂的问题。该技术使得标注作业的时间大幅缩短，同时使所标注结果的高品质和精确度得以维持。

基于已有数据的样本标注及样本批量生成方法。为减少人工采集样本工作量，本小节基于 DOM、DLG 和 LiDAR 点云数据进行房屋、道路、水体及植被的半自动提取图斑结果制作。陆路交通路线设计样本矢量制作主要包括以下方面：基于 DLG 生成房屋矢量图斑；基于 DLG 生成道路矢量图斑；基于 DLG 生成水体矢量图斑；基于 LiDAR 点云生成植被矢量图斑。其中房屋、道路、水体样本库构建通过对 DLG 中的要素进行线段闭合、缓冲区生成等处理后完成图斑制作；植被在 DLG 上边界不准确，因此基于激光点云数据对植被点云进行提取处理后完成图斑制作。

基于二次投票的样本集成去噪方法。按照已有数据的样本标注及样本批量生成办法予以标注，其中标注的样本难以避免出现真实数据与标注标签不相符的状况，这类被错误标注的样本即标签噪声样本。这些标签噪声样本中含有许多被误分类的像元，对之后的训练造成阻碍。上述问题主要有两种解决办法：①凭借模型自身的鲁棒性，直接在有噪声的标签上学习；②创建特定模型用来探测并剔除标签噪声。基于二次投票的样本集成去噪方法的主要步骤如下。

步骤一：展开数据准备工作。通过 K 折交叉验证，随机将原始影像和标签组成的样本数据集分割成 $n$ 个包含训练集和测试集的数据块。

步骤二：确定标签噪声样本位置。对每个数据块，训练 $t$ 个决策树后，若测试集中的样本被半数以上决策树误分类，则认定为噪声样本并加入噪声集。

步骤三：通过二次投票和人工审核筛选噪声样本。对 $n$ 个数据块进行多数投票确定噪声样本，经人工修正后将可靠样本加入训练集。

如图 12-2 所示，通过基于已有数据的人工标注及样本批量生成方法及基于二次投票的样本集成去噪方法，可以得到第一个周期的样本，使用深度学习方法训练得到第一个

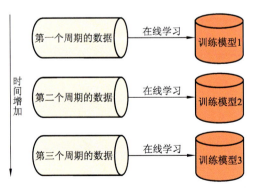

图 12-2　基于卷积神经网络的增量主动学习方法

周期预测模型，并预测第二个周期的 DOM 影像，得到该周期的预测样本，将该周期的样本转换成矢量 shp 文件，通过人工干预和修正后，得到第二个周期的样本，将第二个周期真实样本加入样本库中，与第一个周期样本进行合并进行第三个周期样本训练与预测。

### 3. 陆路交通设计要素样本集质量检查及入库

基于陆路交通设计要素解译标志和基于深度主动学习的半自动迭代标注技术进行样本库的构建工作。武汉大学−铁路线路设计控制要素智能解译样本库（Wuhan University-digital orthophoto map sample database of control elements of railway route design，WHU-RRDSD）是一个专门为铁路线路设计而建立的高精度样本库。该样本库按照房屋、道路、水体和植被 4 个主要的铁路路线设计控制要素进行分类，如图 12-3 所示。每个要素的数据集大小均为 512 像素×512 像素，影像的地面分辨率均为 0.1 m。具体来说，WHU-RRDSD 中包含了 56 176 张房屋影像及其对应的标签，42 922 张道路影像及其对应的标签，32 922 张水体影像及其对应的标签，以及 66 434 张植被影像及其对应的标签。这些影像样本均经过精细标注，确保了数据的准确性和可靠性。

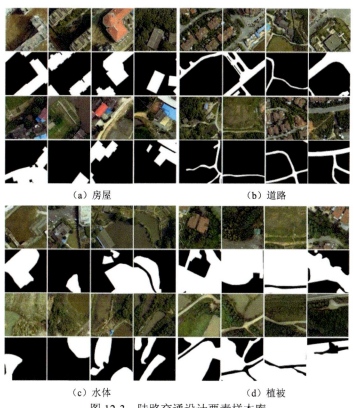

（a）房屋 （b）道路

（c）水体 （d）植被

图 12-3　陆路交通设计要素样本库

样本集质量检查及入库流程如图 12-4 所示。针对陆路交通线路设计控制要素智能解译样本数据成果，结合模型精度评估方法自动查找不合格样本和人工修改方法对不合格样本进行修改，进行质量检查与控制，确保样本集的准确性与稳定性。结合 DOM 数据和标签数据进行样本的质量评价，利用训练好的模型对 DOM 解译，将分类结果精度不满足精度要求的样本视为不合格样本。将不合格样本矢量化，得到不合格样本的矢量图斑，参照 DOM 对矢量图斑进行原因分析，对全部或大部分区域未采集矢量的影像数据和错误矢量标签进行剔除样本处理,对少部分未采集的影像数据进行补充采集样本处理，对采集错误的影像数据进行修改采集样本处理，并将处理好的图斑栅格化。将质量检查后样本存储入库，形成陆路交通线路设计控制要素智能解译样本数据库。

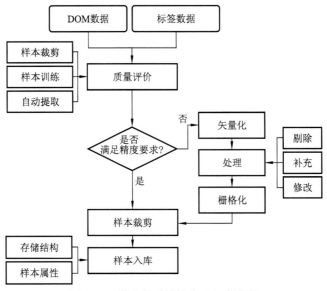

图 12-4 样本集质量检查及入库流程

根据以数据集为组织单元的遥感影像解译样本数据组织模型，陆路交通设计要素自动解译样本库具备的通用属性包括样本尺寸、所在区域、所在数据集、拍摄时间、用途（训练、验证、测试等）、标注信息（如质量、时间、采集人等）、图像类型、保存路径、使用的传感器、分辨率及通道数量等；标识属性包括样本标识编码、分类编码、类型编码等；地物样本属性涵盖了二维平面样本和三维多视角样本。二维平面样本进一步分为单一时间点的样本（单时相样本）和用于变化观测的多个时间点样本（变化检测样本）。针对具体的任务要求，可以灵活搭配这些属性，通过深入探究样本的特性、地理位置、地物信息及传感器提供的地理空间数据，可以从多个角度精细化地物的特征描述，从而增强样本的精确度并扩充数据库的内容，如图 12-5 所示。

## 12.2.2 陆路交通设计要素样本增强

样本增强是一种常用的方法，用于增加训练数据的多样性，提高模型的泛化能力和鲁棒性。在机器学习领域，特别是深度学习领域，样本增强已经被广泛应用于图像分类、目标检测、语义分割等任务中。通过对原始数据进行一系列变换和扰动，可以生成更多的训练样本，从而提高模型的性能。

样本增强的方式有很多种，常见的包括旋转、翻转、裁剪、缩放、添加噪声等操作。这些操作可以使数据集更加丰富和多样化，有助于模型更好地学习数据的特征。例如，

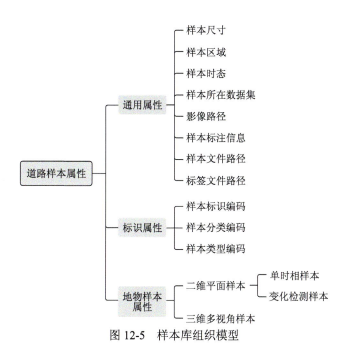

图 12-5　样本库组织模型

在图像分类任务中，可以通过随机旋转、水平翻转和垂直翻转等操作来增强数据集。这样可以使模型对不同角度和方向的物体有更好的识别能力，提高模型的泛化能力。

除了增加数据的多样性，样本增强还可以帮助平衡不同类别的样本数量。在一些不平衡的数据集中，某些类别的样本数量可能远远少于其他类别，这会导致模型在训练过程中对少数类别的学习不足。通过样本增强，可以生成更多的少数类别样本，从而平衡各个类别的样本数量，提高模型对少数类别的识别能力。另外，样本增强还可以减少过拟合现象。过拟合是指模型在训练集上表现很好，但在测试集上表现较差的情况，这是因为模型过度地学习了训练集的特征，导致无法泛化到新的数据。通过增加训练数据的数量和多样性，可以减少模型对训练集特定特征的依赖，从而减少过拟合的风险，提高模型的泛化能力。图 12-6 展示将样本进行旋转（旋转 90°、旋转 180°）、亮度调节（变亮、变暗）及增加高斯噪声等增强操作。

（a）原始图像

（b）旋转 90°

（c）旋转 180°

| （d）变亮 | （e）变暗 | （f）增加噪声 |

图 12-6　陆路交通设计要素样本增强

# 12.3　陆路交通设计要素 AI 智能解译

## 12.3.1　陆路交通设计要素 AI 智能解译技术

在过去的十年中，从卫星图像提取地物要素一直是研究的热点。它具有广泛的应用，例如自动危机响应、路线图更新、城市规划、地理信息更新、汽车导航等。在卫星图像道路提取领域，近年来已提出了多种方法。这些方法中的大多数可以分为三类：生成目标地物的像素级标签、检测目标地物的骨架及两者的组合。将目标地物提取任务作为二分类语义分割任务进行处理，以生成目标地物的像素级标签。深度卷积神经网络（DCNN）在许多视觉识别任务中显示了其优势。在图像语义分割领域，全卷积网络（fully convolutional networks，FCN）架构很普遍，该架构可以通过单次前向传播为整个输入图像生成分割图。

本小节使用 PyTorch 作为深度学习框架。所有模型均在 4 个 NVIDIA GTX1080 GPU 上进行了训练。深度学习网络选用 AMIANet、CoA-Net、DLinkNet 和 UNet 语义分割网络，其中房屋要素选用 AMIANet 分割网络，道路要素选用 CoA-Net 分割网络，水体要素选用 DLinkNet 分割网络，植被要素选用 UNet 分割网络。

### 1. 房屋智能解译

如图 12-7 所示，AMIANet 房屋解译网络采用编码器–解码器结构、多尺度卷积投影（multi-scale convolutional projection，MCP）和多模态信息交互融合（semantic modality interaction，SMI）模块进行房屋提取任务。该网络利用点云编码器和影像编码器提取多模态特征，通过 SMI 模块的图像驱动点云融合（image-driven point fusion，IDPF）、MCP 和点驱动图像融合（point-driven image fusion，PDIF）子模块进行特征融合和增强。这种多模态特征融合方法有效提高了房屋解译的准确性和鲁棒性。

首先，原始 LiDAR 数据通过 3D 主干网络处理，进入点云编码器（point encoder），生成多尺度点云特征。与此同时，影像数据进入影像编码器（image encoder）生成多尺度影像特征。在特征提取阶段，SMI 模块（结构如图 12-7 中右上角所示）负责多模态特

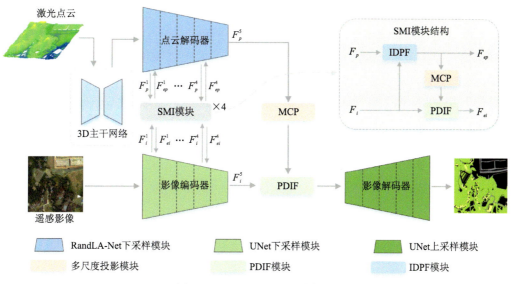

图 12-7　AMIANet 网络结构图

$F_p$ 为输入点云特征；$F_{ep}$ 为输出点云特征；$F_i$ 为输入影像特征；$F_{ei}$ 为输出影像特征

征的交互融合。SMI 模块包括三个子模块：IDPF 模块、MCP 模块和 PDIF 模块。这些子模块共同作用，将点云特征和影像特征进行融合，生成增强的多模态特征表。随后，MCP 模块进一步处理融合后的多模态特征，以提高特征表达的丰富性和鲁棒性。PDIF 模块将点云特征和影像特征再次融合，以获得更高精度的房屋解译结果。通过这种多模态特征融合和逐步上采样的方式，AMIANet 能够实现高精度的房屋解译任务。

训练使用 PyTorch 作为深度学习框架，在 NVIDIA GTX1080 GPU 上进行了训练。深度学习网络选用 AMIANet 房屋解译网络，使用二元交叉熵（binary cross entropy，BCE）损失＋Dice Loss 作为损失函数，并选择 Adam 作为优化器。最初将学习率设置为 0.000 2，训练阶段的批次大小固定为 16。网络收敛大约需要 160 个 epoch。房屋训练的损失率如图 12-8 所示。

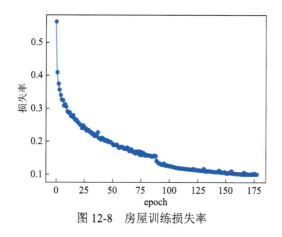

图 12-8　房屋训练损失率

填充边框来确保膨胀预测时保留中心区域，以 512×512 为滑动窗口大小，每次保留中心的 256×256，步长设置为 256。测试时增强（test-time augmentation，TTA）包括图像水平翻转、图像垂直翻转、图像对角翻转（预测每个图像 2×2×2=8 次），然后将输出恢复为与原始图像匹配。之后使用 0.5 作为阈值对输出的概率进行二值化，得到解译结果，以生成二进制输出。对预测得到的设计控制要素栅格图进行拼接，拼接为 6 060×6 060 像素大小的图像，然后根据文件名，在带有地理信息的影像中筛选与解译结果一致的影像，将其地理坐标附加给解译结果图，选取其中一张 6 060×6 060 的结果图进行展示，如图 12-9 所示。

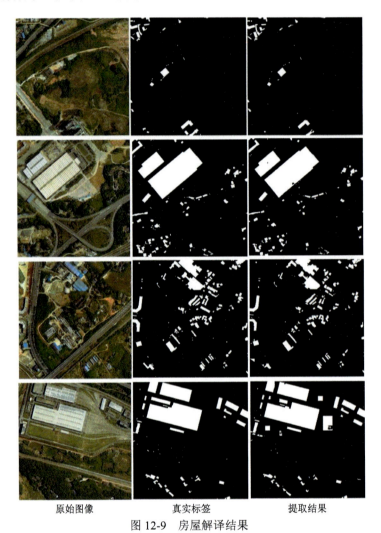

原始图像　　　　　　　　真实标签　　　　　　　　提取结果

图 12-9　房屋解译结果

评估设计控制要素自动解译精度。使用国际通用的分割评价指标交并比（intersection over union，IOU）来评估算法的有效性和鲁棒性（于营 等，2023），计算公式为

$$IOU = \frac{TP}{TP + FP + FN} \qquad (12\text{-}1)$$

式中：TP 为真阳性样本；FP 为假阳性样本；FN 为假阴性样本。

房屋要素的训练样本数、图像尺寸、Train IOU、测试样本数、Test IOU 如表 12-2 所示。

表 12-2 房屋要素自动解译结果的 IOU 指标

| 设计控制要素 | 训练样本数 | 图像尺寸/像素 | Train IOU/% | 测试样本数 | Test IOU/% |
|---|---|---|---|---|---|
| 房屋 | 36 941 | 512×512 | 92.09 | 9 235 | 91.03 |

## 2. 道路智能解译

CoA-Net 道路解译网络采用了编码器-解码器结构、空洞空间金字塔池化（atrous spatial pyramid pooling，ASPP）模型和连通性分支进行道路提取任务。该网络利用条带卷积块（strip convolution block）进行特征编码，并设计了连通注意力模块以增强道路连通性的预测。通过多尺度特征提取和连通性增强，CoA-Net 能够实现高精度的道路解译，确保分割结果中的道路连续性和完整性。CoA-Net 总体结构如图 12-10 所示。

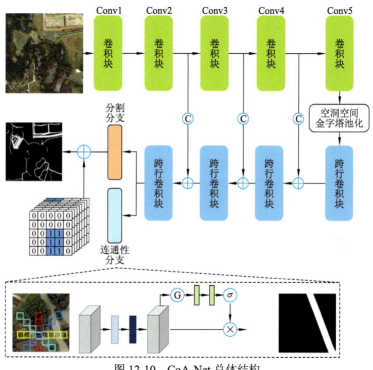

图 12-10　CoA-Net 总体结构

首先，输入影像经过 5 个卷积块（Conv1 到 Conv5）的处理，提取出多尺度的影像特征。在特征提取过程中，空洞空间金字塔池化（ASPP）模型用于捕捉不同尺度的空间信息，增强特征表示的多样性。接下来，网络分为两个分支：分割分支和连通性分支。在分割分支中，多尺度特征通过条带卷积块进一步处理，以增强对道路边界的识别能力。最终的分割结果通过一个融合模块进行整合，生成道路解译图。在连通性分支中，特征被进一步处理以预测道路的连通性。连通注意力模块通过计算各特征的相互关系，增强对道路连通性的理解和预测，确保分割结果中道路的连续性和完整性。通过这种编码器-解码器结构、多尺度特征提取和连通性增强的设计，CoA-Net 能够实现高精度的道路解译任务。

由于道路本身具有狭长和弯曲的特征，同时还具有复杂的拓扑和连通特性，所以采用更加先进的道路解译模型进行道路要素的提取。深度学习模型选用 CoA-Net 道路解译网络。训练过程使用 BCE 损失＋Dice Loss 作为损失函数，并选择随机梯度下降（stochastic gradient descent，SGD）作为优化器。初始学习率设置为 0.01，观察到训练损耗缓慢降低。训练阶段的批次大小固定为 16。网络收敛大约需要 150 个 epoch。道路数据训练集的损失值和 IOU 精度的趋势如图 12-11 所示。推理使用 CoA-Net 训练模型，其道路解译结果如图 12-12 所示。

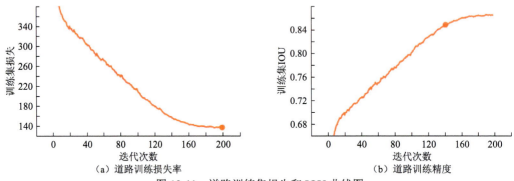

（a）道路训练损失率 　　　　　　　　　（b）道路训练精度

图 12-11　道路训练集损失和 IOU 曲线图

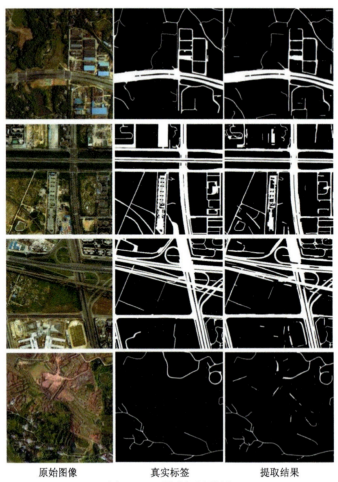

原始图像　　　　　　　真实标签　　　　　　　提取结果

图 12-12　道路解译结果

由 IOU 指标的计算方式可知，IOU 主要关注预测结果与真实标签的交集，更加适用于道路、水体、植被等相对较大目标的分割任务，而对于道路要素狭窄、冗长的特征，IOU 指标不太适用于道路解译任务。为更好地评价道路的分割结果，结合道路本身细长、连通等特性，对 IOU 计算方式进行改进，改进后的 IOU 计算原理如图 12-13 所示。

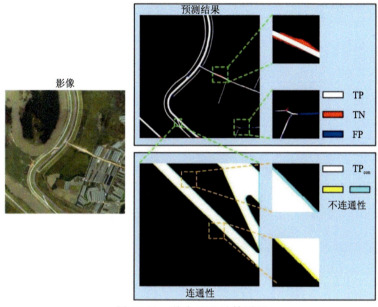

图 12-13　道路 IOU 计算原理

TP（true positive）实际为正，预测也为正；TN（true negative）实际为负，预测也为负；

FP（false positive）实际为负，但预测为正；$TP_{con}$ 代表连通性分支输出结果中 TP 的数量

本小节分别统计了预测结果（prediction）中 TP、TN 和 FP，以及连通性（connectivity）的 $TP_{con}$ 数量，并结合道路解译任务中常用的两类评估分割结果相似的 Dice 指标，设计了基于道路连通性 IOU 的计算方法来评估道路的解译结果，具体计算公式为

$$IOU_{con} = \frac{TP + TP_{con}}{TP + TP_{con} + FP + FN}$$

道路要素的训练样本数、图像尺寸、Train IOU、测试样本数、Test IOU 如表 12-3 所示。

表 12-3　道路要素自动解译结果的 IOU 指标

| 设计控制要素 | 训练样本数 | 图像尺寸/像素 | Train IOU/% | 测试样本数 | Test IOU/% |
| --- | --- | --- | --- | --- | --- |
| 道路 | 26 338 | 512×512 | 93.01 | 6 584 | 91.20 |

### 3. 水体智能解译

DLinkNet 水体解译网络如图 12-14 所示，采用了编码器-解码器结构，结合了残差网络（ResNet）和空洞卷积的优势，能够有效捕捉多尺度特征信息，实现高精度的水体解译，确保分割结果的准确性和鲁棒性。

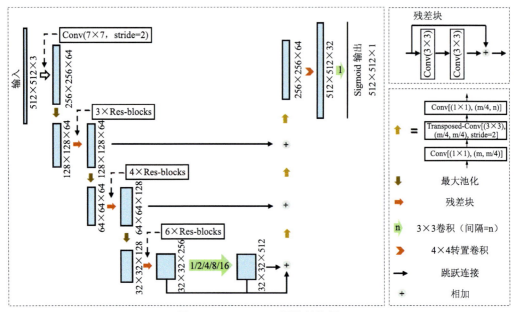

图 12-14　DLinkNet 网络结构图

DLinkNet 的编码器部分由多个残差块（Res-blocks）组成，通过堆叠残差块提取不同尺度的特征，从而增强特征表示的丰富性和鲁棒性。初始卷积层使用 7×7 的卷积核，步长为 2，将输入的多通道图像进行初步特征提取。随后，通过 3 个残差块提取特征，再通过 4 个残差块提取特征，接着通过 6 个残差块提取特征，最终通过 1 个卷积层提取特征。在特征提取过程中，网络中间部分采用了不同扩张率（1/2/4/8/16）的 3×3 空洞卷积对特征进行多尺度上下文信息的捕获，进一步增强特征表达能力。这种设计使网络能够更好地捕捉图像中的全局和局部信息，有效提高了分割精度。解码器部分通过 4×4 转置卷积和跳跃连接将特征逐步上采样回原始图像尺寸。每个上采样阶段都通过加法操作融合不同尺度的特征，以保留更多细节信息。跳跃连接将编码器中的特征图与解码器中的特征图相结合，确保高精度特征信息的传递和融合。最终，通过 1 个卷积层和 Sigmoid 激活函数生成水体解译图。通过这种多尺度特征提取和特征融合的设计，DLinkNet 能够实现高精度的水体解译，确保分割结果的准确性和鲁棒性。网络收敛大约需要 190 个 epoch。水体训练的损失率如图 12-15 所示。推理使用 DLinkNet 训练模型，其水体解译结果如图 12-16 所示。

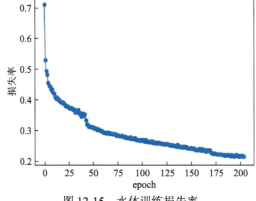

图 12-15　水体训练损失率

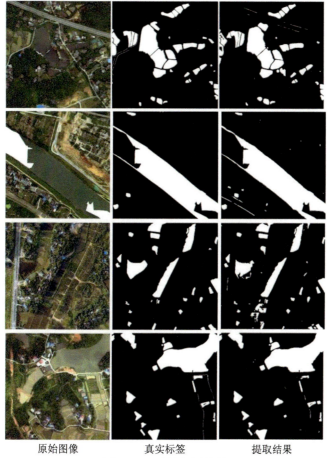

原始图像　　　　　　　真实标签　　　　　　　提取结果

图 12-16　水体解译结果

水体要素的训练样本数、图像尺寸、Train IOU、测试样本数、Test IOU 如表 12-4 所示。

表 12-4　水体要素自动解译结果的 IOU 指标

| 设计控制要素 | 训练样本数 | 图像尺寸/像素 | Train IOU/% | 测试样本数 | Test IOU/% |
| --- | --- | --- | --- | --- | --- |
| 水体 | 30 919 | 512×512 | 93.66 | 7 729 | 91.19 |

#### 4. 植被智能解译

UNet 植被解译网络如图 12-17 所示，采用了编码器-解码器结构，通过多层卷积和池化操作进行特征提取和下采样，利用上采样和跳跃连接实现高精度的图像分割。该网络结构可以有效捕捉和融合多尺度特征信息，确保分割结果的准确性和鲁棒性。

UNet 网络的编码器部分由多个卷积层（conv 3×3，ReLU）和最大池化层（max pool 2×2）组成，通过逐步下采样提取不同尺度的特征。在编码器部分，网络不断对图像进行下采样和特征提取，每个阶段通过卷积层提取更深层次的特征，再通过最大池化层减

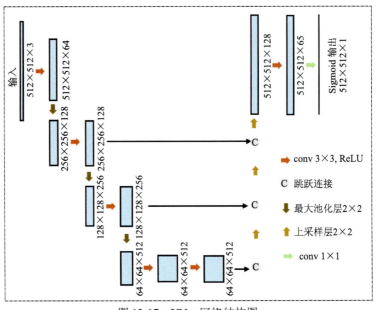

图 12-17　UNet 网络结构图

少特征图的尺寸。解码器部分则是对编码器部分特征图的逐步上采样，通过上采样层（up-conv 2×2）将特征图尺寸还原到原始图像尺寸。在上采样过程中，网络通过跳跃连接（copy and crop）将编码器部分的特征图直接连接到对应的解码器部分，以保留更多的细节信息和上下文信息。这样可以更好地融合多尺度特征，提高分割精度。在最后的输出层，通过 1 个 1×1 卷积（conv 1×1）将特征图转换为目标分割图，并使用 Sigmoid激活函数生成最终的 512×512×1 的分割结果。网络收敛大约需要 110 个 epoch。植被训练的损失率如图 12-18 所示。推理使用 UNet 训练模型，其植被解译结果如图 12-19所示。

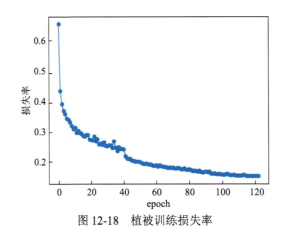

图 12-18　植被训练损失率

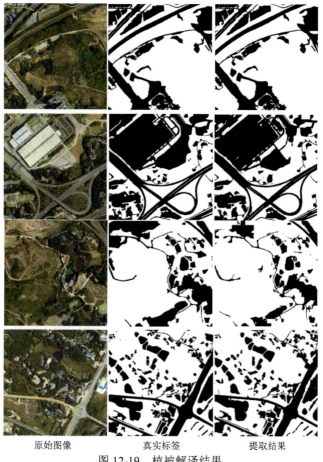

原始图像　　　　　　真实标签　　　　　　提取结果

图 12-19　植被解译结果

植被要素的训练样本数、图像尺寸、Train IOU、测试样本数、Test IOU 如表 12-5 所示。

表 12-5　植被要素自动解译结果的 IOU 指标

| 设计控制要素 | 训练样本数 | 图像尺寸/像素 | Train IOU/% | 测试样本数 | Test IOU/% |
|---|---|---|---|---|---|
| 植被 | 53 148 | 512×512 | 94.14 | 13 286 | 92.56 |

## 12.3.2　陆路交通设计要素 AI 智能解译结果矢量化

设计控制要素的准确提取对项目的成功至关重要。这些要素可能包括房屋、道路、水体、植被覆盖等，它们的精确位置和特征对规划、监测和决策都具有重要意义。这些数据通常需要进行矢量化处理，以便进一步分析和利用。然而，传统的数据处理方法往往依赖人工手动操作，这不仅费时费力，还容易引入人为误差。因此，自动化的设计控制要素提取方法变得至关重要。图 12-20 为陆路交通设计要素 AI 智能解译结果矢量化结果。

本小节的核心研究方法可以分为以下两个关键步骤。

**1. 利用 GDAL 库附加地理坐标**

首先，利用 GDAL 库，这是一个开源地理数据抽象库，来附加地理坐标信息。这一

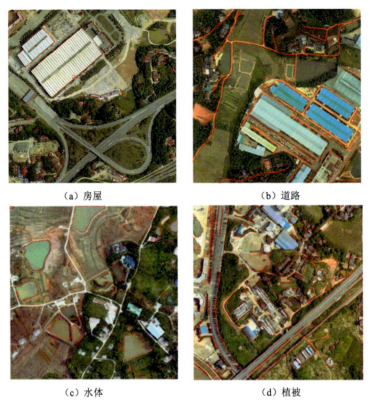

（a）房屋　　　　　　　　　　（b）道路

（c）水体　　　　　　　　　　（d）植被

图 12-20　设计控制要素 AI 智能解译矢量化结果

步骤是为了确保数据具有准确的地理位置信息。在带有地理信息的影像中，通过筛选与解译结果名称一致的影像，将其地理坐标附加到相应的解译结果图中。这一过程的关键在于确保数据的地理一致性，以便后续的处理和分析（Ma et al.，2020）。

**2. 进行矢量化**

接下来，进行矢量化处理。在这一步骤中，将栅格数据中的设计控制要素转换为矢量数据的形式。选择保留像素值为 255 的设计控制要素像素，因为这些像素通常用于表示要素的存在。然后，使用矢量化算法将这些像素转化为矢量数据，包括点、线或面，具体取决于要素的类型。这样就能够将设计控制要素以矢量形式存储，使其更容易进行后续的数据处理和分析。

## 12.3.3　陆路交通设计要素 AI 智能解译系统

遥感影像通过人工判别方法进行分类存在工作量大且效率低的问题，因此，遥感影像自动智能解译功能一直都是遥感测绘领域软件开发厂商的重要研究模块。一些常见的智能解译软件如 RS Matrix 和 ArcGIS 中的智能解译模块，虽然具备了基本的智能解译功能，但是其所使用的深度学习网络模型较为传统，所达到的解译精度较低。同时这些软件针对的数据处理类型较为单一，训练集的格式转换及解译结果的矢量化都需要借助额外的数据处理软件，加大了智能解译工作的作业量。针对这些问题，设计并开发了一款结合自动样本制作、模型训练、要素提取、结果评价、要素矢量化、结果可视化、矢量编辑于一体的陆路交通设计要素智能解译软件。

陆路交通设计要素智能解译软件界面如图 12-21 所示。软件主界面窗口顶部的工具栏将各种功能显示和组织为一系列选项卡，方便用户快速访问和操作。主要的选项卡包括打开文件、数据标签制作、模型训练、影像解译及结果后处理等。

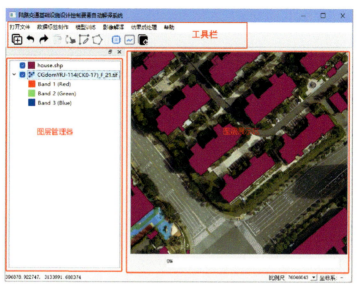

图 12-21　陆路交通设计要素智能解译软件界面图

打开文件选项卡允许用户加载各种数据文件，支持多种数据格式，以便进行进一步处理。数据标签制作选项卡中，用户可以对加载的数据进行标注，生成用于模型训练的标签数据。模型训练选项卡中，用户可以选择和配置不同的模型进行训练，使用标注的数据来提升模型的性能。影像解译选项卡提供影像解译工具，用户可以对模型的解译结果进行查看和分析。结果后处理选项卡中，用户可以对解译结果进行后处理，提高解译结果的精度和实用性。

界面中间的图层展示区是数据的可视化界面，显示加载出的数据，支持多种数据类型，如点云数据和影像数据等。在可视化界面中，用户还可以实现漫游导航功能，以满足多种数据观察需求。界面左侧是图层管理器，工程中加载的数据在列表中显示，用户可以通过拖动列表中的数据来改变数据的位置，从而改变数据在右边可视化界面中的显示顺序。这种设计使用户可以灵活管理和操作数据，提高工作效率。

# 12.4　AI 半自动制图

在陆路交通设计要素解译过程中，解译结果通常需要进行修正，以确保准确性和可靠性。传统的手动修正方法费时费力，而完全自动化的解译系统有时无法充分考虑复杂地形和多样化的地物特征，因此容易产生误差。为了快速修正和完善 AI 智能解译结果，AI 半自动制图显得尤为必要。

### 12.4.1　AI 半自动制图软件介绍

智能遥感影像特征采集软件 EasyFeature 是一款基于人工智能技术的遥感影像解译和特征提取软件,通过人工智能技术自动进行遥感影像目标提取及变化检测;同时提供智能半自动交互提取及更新功能,由作业员在影像上绘制提供少量点、线等样本信息,在计算机的快速处理下反馈目标地物图斑,该过程把先进的计算机图像处理算法和作业员对影像的判读经验充分结合起来,极大提高遥感影像解译和变化修测的效率(胡翔云 等,2024)。

### 12.4.2　AI 半自动制图自动解译

EasyFeature 软件主要由基于深度学习的自动解译功能、基于深度学习的变化检测功能、智能半自动提取及修正更新三大功能模块组成。本小节重点介绍自动解译和半自动提取及修正。

利用多尺度特征金字塔及视觉注意力模块自动进行房屋提取,再利用房屋边缘精细化进行房屋边缘的细化和完善,保证房屋提取的完整性。高分辨率影像可支持自动直角化。其提取效果和自动直角化的结果如图 12-22 所示。

（a）建筑区提取效果

（b）单体建筑的提取效果（自动直角化）

图 12-22　房屋自动解译结果

利用基于道路节点预测与连接性估计的遥感影像道路提取方法，在提取道路面的同时直接提取道路中心线，道路的自动解译结果如图 12-23 所示。

图 12-23　道路自动解译结果

利用基于注意力机制的多尺度优化水体提取模型，采用实例归一化深度卷积神经网络，提取影像多尺度光谱不变特征，普适性强，提取精度总体优于国际主流算法，水体自动解译结果如图 12-24 所示。

图 12-24　水体自动解译结果

植被具有丰富纹理信息，经过大规模训练可实现自动提取，植被自动解译结果如图 12-25 所示。

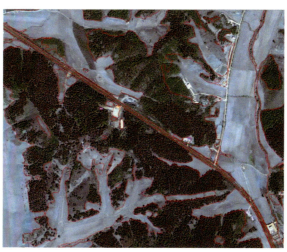

图 12-25　植被自动解译结果

# 12.5 陆路交通设计要素自动解译典型案例

## 12.5.1 长赣铁路萍乡段途经区域及其周边区域设计要素智能解译

基于设计的分类体系，依照确立的构建规则和构建流程分别进行两批数据的样本库实体的构建。根据长赣铁路萍乡段途经区域及其周边区域数据构建的武汉大学-铁路线路设计控制要素智能解译样本库-1（Wuhan University-digital orthophoto map sample database of control elements of railway route design-1，WHU-RRDSD-1）分为房屋、道路、水体和植被共 4 个铁路路线设计控制要素数据集，如图 12-26 所示，样本大小均为 512×512，影像地面分辨率均为 0.1 m。

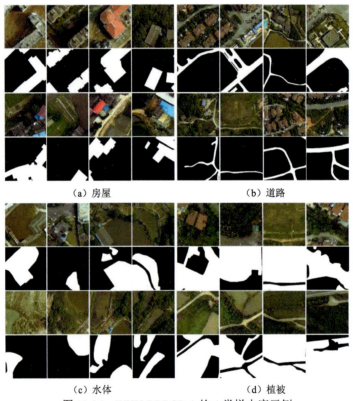

（a）房屋　　　　　　　　　　　　（b）道路

（c）水体　　　　　　　　　　　　（d）植被

图 12-26　WHU-RRDSD-1 的 4 类样本库示例

WHU-RRDSD-1 各类别数量如表 12-6 所示，房屋、道路、水体、植被要素分别为56 176 张、42 922 张、32 922 张、66 434 张，大小为 512 像素×512 像素，分辨率为 0.1 m。

表 12-6　WHU-RRDSD-1 属性信息

| 设计控制要素 | 样本大小/像素 | 影像分辨率/m | 样本数/张 |
| --- | --- | --- | --- |
| 房屋 | 512×512 | 0.1 | 56 176 |
| 道路 | 512×512 | 0.1 | 42 922 |

| 设计控制要素 | 样本大小/像素 | 影像分辨率/m | 样本数/张 |
|---|---|---|---|
| 水体 | 512×512 | 0.1 | 32 922 |
| 植被 | 512×512 | 0.1 | 66 434 |

通过深度学习模型对这些样本进行训练，旨在提高铁路路线设计中各类设计要素的自动识别和解译精度。如表 12-7 所示，基于深度学习的陆路交通设计要素提取结果显示，模型在各类要素识别中的准确率均达到 90%以上。其中，房屋识别的准确率为 91.03%，道路识别的准确率为 91.20%，水体识别的准确率为 91.19%，植被识别的准确率最高，达到了 92.56%。这些高精度的识别结果不仅验证了样本库的构建质量和深度学习模型的有效性，同时也为铁路线路设计提供了可靠的数据支持和技术保障。

**表 12-7　设计控制要素自动解译结果的 IOU 指标**

| 设计控制要素 | 训练样本数/张 | 图像尺寸/像素 | Train IOU/% | 测试样本数/张 | Test IOU/% |
|---|---|---|---|---|---|
| 房屋 | 36 941 | 512×512 | 92.09 | 9 235 | 91.03 |
| 道路 | 26 338 | 512×512 | 93.01 | 6 584 | 91.20 |
| 水体 | 30 919 | 512×512 | 93.66 | 7 729 | 91.19 |
| 植被 | 53 148 | 512×512 | 94.14 | 1 3286 | 92.56 |

长赣铁路萍乡段途经区域及周边的设计要素经过智能解译后，生成了矢量化结果。这些结果清晰地展示了铁路线路及其周围的地理要素分布。图 12-27 详细呈现这些解译后的内容，包括房屋、道路、水体和植被等关键区域。

　（a）房屋　　　　　　　　　　　（b）道路

　（c）水体　　　　　　　　　　　（d）植被

图 12-27　长赣铁路解译结果一

第二批数据构建了一个铁路线路设计控制要素的智能解译样本库，即武汉大学–铁路路线设计控制要素数字正射影像样本数据库-2（Wuhan University-digital orthophoto map sample database of control elements of railway route design，WHU-RRDSD-2）。该样本库专门用于铁路路线设计中的关键要素智能解译，如图 12-28 所示。数据库包含了 4 个主要数据集，分别对应房屋、道路、水体和植被，这些都是铁路路线设计中必须考虑的重要控制要素。

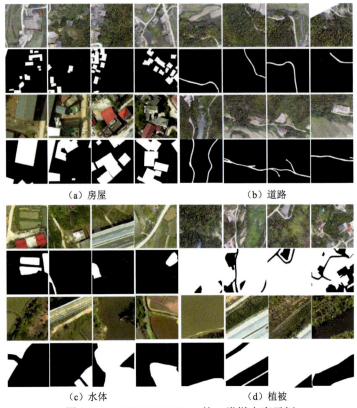

（a）房屋　　　　　　　　　　　（b）道路

（c）水体　　　　　　　　　　　（d）植被

图 12-28　WHU-RRDSD-2 的 4 类样本库示例

样本库中的每个图像样本的大小均为 512 像素×512 像素，这一尺寸既能保证足够的细节捕捉，也能适应高效的模型训练。影像的地面分辨率涵盖了 0.1 m 和 0.2 m 两个级别。具体来说，0.1 m 地面分辨率的样本占比约为 15%，而 0.2 m 地面分辨率的样本占比则高达 85%。这种分辨率的设计选择主要是为了兼顾影像的精细度和计算资源的合理分配。较高分辨率的样本（0.1 m）能够捕捉更细微的地理信息，如复杂的建筑结构和精细的道路纹理，而较低分辨率的样本（0.2 m）则更适合大范围的地貌和植被分析。通过这种多样化的分辨率设置，样本库能够更好地适应不同的解译需求，并为铁路线路设计的各个环节提供丰富的数据信息。

WHU-RRDSD-2 设计控制要素的相关属性如表 12-8 所示，展示了每个要素的样本数量及其对应的标签信息。具体数据包括：房屋样本数为 51 912 张，道路样本数为 58 212 张，水体样本数为 24 612 张，植被样本数为 63 510 张。这些数据不仅在数量上覆盖全面，而且在质量上通过严格的筛选和处理，确保每个样本都能够准确反映其对应的地理要素。

表 12-8    WHU-RRDSD-2 设计控制要素的属性信息

| 设计控制要素 | 样本大小/像素 | 影像分辨率/m | 样本数/张 |
|---|---|---|---|
| 房屋 | 512×512 | 0.1/0.2 | 51 912 |
| 道路 | 512×512 | 0.1/0.2 | 58 212 |
| 水体 | 512×512 | 0.1/0.2 | 24 612 |
| 植被 | 512×512 | 0.1/0.2 | 63 510 |

WHU-RRDSD-2 样本库不仅在样本数量和标签质量上做了充分准备,还在模型训练和测试中取得了显著成果。具体而言,表 12-9 列出了设计控制要素(房屋、道路、水体、植被)的训练样本数、Train IOU、测试样本数、Test IOU,矢量结果如图 12-29 所示。

表 12-9    设计控制要素自动解译结果的 IOU 指标

| 设计控制要素 | 训练样本数/张 | 图像尺寸/像素 | Train IOU/% | 测试样本数/张 | Test IOU/% |
|---|---|---|---|---|---|
| 房屋 | 37 776 | 512×512 | 95.07 | 14 136 | 92.07 |
| 道路 | 46 569 | 512×512 | 94.05 | 11 643 | 92.81 |
| 水体 | 30 919 | 512×512 | 92.43 | 7 729 | 91.36 |
| 植被 | 50 232 | 512×512 | 96.38 | 13 278 | 94.24 |

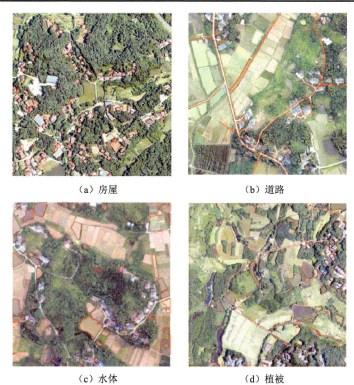

(a) 房屋　　　　　　　　　　(b) 道路

(c) 水体　　　　　　　　　　(d) 植被

图 12-29 长赣铁路解译结果二

## 12.5.2 宜涪高铁陆路交通设计要素智能解译

宜涪高铁位于湖北省和重庆市境内，线路东起湖北省宜昌市，向西经湖北省长阳县、五峰县、鹤峰县、恩施市、利川市，重庆市石柱土家族自治县、丰都县等县市，终至重庆市涪陵区，新建正线长度为 441.137 km。该铁路的建设是支撑"一带一路"倡议、长江经济带、新时代西部大开发、成渝地区双城经济圈多重国家战略构建长江经济带绿色发展轴，引领长江经济带高质量发展的重大标志性工程、是沿江高铁的重要组成部分。

本小节利用陆路交通设计要素 AI 智能解译模型，对宜涪高铁的设计要素进行了全面的智能解译。通过这一模型，成功地提取并分析了宜涪高铁沿线的设计要素。解译结果被转换为矢量化数据，如图 12-30 所示。这一过程证明了 AI 智能解译模型在大型基础设施项目中的应用价值，尤其是在提高效率和准确性的同时减少了人工干预。

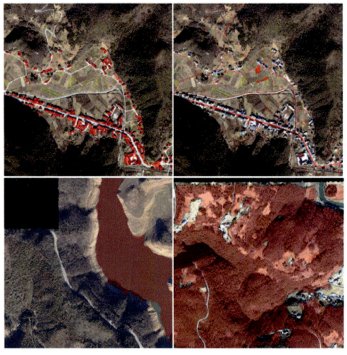

图 12-30 宜涪高铁解译结果

该系统不仅提高了解译效率，还确保了结果的精度和准确性。这一技术应用展示了 AI 在交通设计领域的潜力，为未来的交通规划和建设提供了重要的技术支持和数据保障。

# 12.6 基于 AI 的高铁沿线风险点变化监测

湖北省位于我国的中部，介于 29°01′53″E～33°06′47″N、108°21′42″E～116°07′50″E，是连接四省的重要枢纽，有着重要的交通和战略意义。武汉市作为湖北省的省会，是中国重要的工业基地、教育基地和综合交通枢纽，在长江经济带的众多城市中也属于核心城市。交通资源方面，武汉是长江经济带的交通枢纽，近年来的铁路建设使其铁路网络辐射面较广基本覆盖整个中部地区。武咸城际铁路是一条湖北省境内连接武汉市与咸宁市的城际铁路，是武汉都市圈城际铁路网的重要组成部分，于 2013 年 12 月 28 日正式开通运营。

本节研究区域为武咸城际铁路中共计 30 km 的路段，对 2021～2023 年该路段周围 1 km 内的建筑、裸地、水体、植被、道路 5 类地物变化监测，如图 12-31 所示。

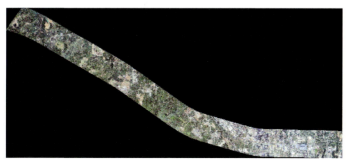

图 12-31    研究区域遥感影像

2021～2023 年每年各获取十景分辨率为 0.7 m 的高分辨率遥感影像，影像范围涵盖了武咸城际铁路中共计 30 km 的路段。使用 EasyFeature3 软件在三年的遥感影像上对建筑、裸地、水体、植被、道路 5 类地物进行标注。

在标注得到的样本矢量图斑的基础上，结合矢量运算与目视解译，得到 2021～2022 年及 2022～2023 年的变化图斑。部分变化图斑如图 12-32 所示。

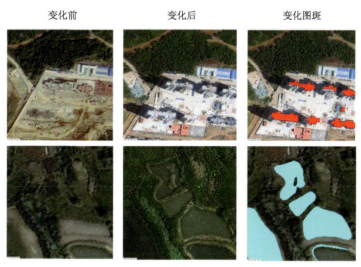

图 12-32    变化图斑展示

铁路沿线风险点变化监测主要包括两个部分：第一部分是高铁沿线地物的变化检测，将标注得到的 2021 年建筑、裸地、植被、道路、水体 5 类地物要素的训练样本各自在智能解译模型上进行训练，随后利用训练好的模型在 2022 年与 2023 年的高分辨率影像上进行预测得到 5 种地物的预测结果，随后将预测结果由栅格形式转化为矢量图斑形式，进行矢量差分运算分别得到 2021～2022 年、2022～2023 年的变化图斑并制作成图；

第二部分是风险点的判定，计算变化要素到铁路的距离，划分危险等级，判断是否需要实地查探与排除隐患，包括距离计算、缓冲区设置、危险点判断、危险等级确定。铁路沿线风险点变化监测技术路线如图 12-33 所示。

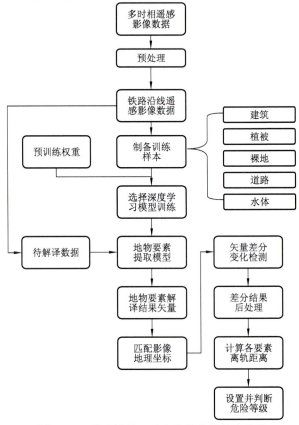

图 12-33  铁路沿线风险点变化监测技术路线

利用 GDAL 库中的 GetRasterBand 函数与 GetGeoTransform 函数，将预测结果的像素坐标与实际地理坐标进行匹配，确保预测结果的地理位置准确，将匹配后的地理坐标数据转换为矢量数据格式，方便后续的分析和处理。通过 ArcGIS 中的矢量运算工具，将需要比较的两期矢量差分得到变化要素图斑并制作成图，具体如图 12-34 所示。

（a）2021~2022年地物变化图斑　　　　　（b）2022~2023年地物变化图斑

图 12-34  2021～2022 年及 2022～2023 年地物变化图斑

通过 ArcGIS Pro 软件 Analysis Tools 中的 Near 工具，将 5 类地物的变化图斑作为输入要素，将武咸城际铁路的线要素矢量作为邻近要素，计算得到所有变化图斑到武咸城际铁路路段的最短距离，以 NEAR_DIST 属性储存在变化图斑矢量的属性表中，单位为 m，具体如图 12-35 所示。

| OBJECTID | NEAR_FID | NEAR_DIST | NEAR_X | NEAR_Y |
|---|---|---|---|---|
| 1 | 0 | 596.76289991... | 114.454308715 | 30.4984047474 |
| 2 | 0 | 254.018948739 | 114.454316024 | 30.4987198388 |
| 3 | 0 | 299.469715245 | 114.454318314 | 30.4988185752 |
| 4 | 0 | 841.800677366 | 114.454183366 | 30.4930141051 |
| 5 | 0 | 679.589503307 | 114.454166942 | 30.4923068543 |
| 6 | 0 | 878.845054643 | 114.454170073 | 30.4924416833 |
| 7 | 0 | 968.171631341 | 114.454168486 | 30.4923733296 |
| 8 | 0 | 549.190157949 | 114.454134576 | 30.4909154008 |
| 9 | 0 | 753.410234326 | 114.45406344 | 30.4878553198 |
| 10 | 0 | 597.929009145 | 114.454044095 | 30.4870205405 |
| 11 | 0 | 1024.3528162 | 114.45406344 | 30.4878553198 |
| 12 | 0 | 991.185918487 | 114.454404976 | 30.4872638402 |
| 13 | 0 | 927.870341755 | 114.454009222 | 30.485523043 |
| 14 | 0 | 977.633265775 | 114.453787388 | 30.4749378924 |
| 15 | 0 | 747.60405026... | 114.453787684 | 30.4749541324 |
| 16 | 0 | 396.013470929 | 114.453986603 | 30.4845517264 |

图 12-35 计算距离后的变化图斑属性信息表

利用缓冲区工具设置不同危险等级的缓冲区，根据与铁路的垂直距离分别设置 0～20 m、20～50 m、50～100 m 为危险等级高、中、低。然后根据坐标计算，结合铁路安全运行要求和变化要素自身地物类别，比较两期影像，判断变化要素是否可能对铁路运行安全构成威胁，如构成威胁即为危险点。

# 12.7　本章小结

本章主要介绍了遥感 AI 陆路交通智能测绘技术的相关内容。首先介绍了深度学习技术及其发展历程，包括深度学习的概念和发展历程，并探讨了深度学习在遥感测绘地理信息等行业的应用。接着介绍了陆路交通设计要素样本库建立与增强，包括陆路交通设计要素样本库的构建关键技术、样本集的制作和质量检查等内容。然后详细介绍了陆路交通设计要素 AI 智能解译技术，包括房屋、道路、水体、植被等要素的智能解译方法及相关评价和结果矢量化等内容，通过具体案例，展示了遥感 AI 陆路交通测绘技术的应用。本章内容全面、系统地介绍了遥感 AI 陆路交通智能测绘技术的相关理论和应用，对推动陆路交通测绘领域的发展具有重要意义。

# 参 考 文 献

龚健雅, 许越, 胡翔云, 等, 2021. 遥感影像智能解译样本库现状与研究. 测绘学报, 50(8): 1013-1022.
龚健雅, 张觅, 胡翔云, 等, 2022. 智能遥感深度学习框架与模型设计. 测绘学报, 51(4): 475-487.

胡翔云, 张觅, 张祖勋, 等, 2024. 遥感影像智能解译系统 EasyFeature 的关键技术及应用. 武汉大学学报(信息科学版), 1-11. [2024-09-18]. https://doi. org/10. 13203/j. whugis20240159.

金诗程, 高绵新, 马晓黎, 等, 2023. 面向业务的自然资源智能解译样本分类研究与实践. 华南师范大学学报(自然科学版), 55(6): 88-97.

李彦胜, 张永军, 2022. 耦合知识图谱和深度学习的新一代遥感影像解译范式. 武汉大学学报(信息科学版), 47(8): 1176-1190.

于营, 王春平, 付强, 等, 2023. 语义分割评价指标和评价方法综述. 计算机工程与应用, 59(6): 57-69.

Joshi G P, Alenezi F, Thirumoorthy G, et al., 2021. Ensemble of deep learning-based multimodel remote sensing image classification model on unmanned aerial vehicle network. Mathmatics, 9(22): 2984.

Long Y, Gong Y P, Xiao Z F, et al., 2017. Accurate object localization in remote sensing images based on convolutional neural networks. IEEE Transactions on Geoscience and Remote Sensing, 55(5): 2486-2498.

Ma X Y, Longley I, Salmond J, et al., 2020. PyLUR: Efficient software for land use regression modeling the spatial distribution of air pollutants using GDAL/OGR library in Python. Frontiers of Environmental Science & Engineering, 14: 44.

Wang P J, Bayram B, Sertel E, 2022. A comprehensive review on deep learning based remote sensing image super-resolution methods. Earth-Science Reviews, 232: 104110.

Yuan X H, Shi J F, Gu L C, 2021. A review of deep learning methods for semantic segmentation of remote sensing imagery. Expert Systems with Applications, 169: 114417.

# 第13章　时空数据库技术及其陆路交通智能测绘应用

时空数据库技术作为地理信息系统（GIS）的重要组成部分，已经成为陆路交通智能测绘的关键技术之一。随着大数据时代的到来，陆路交通领域的测绘需求日益复杂，涉及多源、多维和实时的地理空间数据管理。这一技术不仅支持对海量地理空间数据的高效存储与管理，还能够为智能决策和高精度测绘提供可靠的技术支撑。通过时空数据库技术，陆路交通的地理信息可以实现动态更新和多维度的可视化展现，为工程建设、规划设计及日常维护提供精准的数据支持。本章将深入探讨时空数据库技术的发展、关键技术及其在陆路交通智能测绘中的应用，为相关研究和实践提供理论基础和技术指南。

## 13.1　时空数据库技术与发展

时空数据库技术是指对空间和时间数据进行管理、存储、查询和分析的数据库技术，能够有效地用于处理地理信息系统、位置感知应用、物联网等领域中涉及时空数据的各种需求。时空数据库技术的发展历程可以追溯到20世纪80年代，随着地理信息系统的兴起和地理空间数据应用的增加，时空数据管理的需求逐渐凸显。时空数据库技术的发展历程经历了以下几个阶段。

**1. 早期阶段（20世纪早期）**

在时空数据库技术的早期，管理和分析地理数据是一个具有挑战性的任务。20世纪初，地理数据主要以纸质地图和手绘图形式存在，记录了人类对地球表面的认知，但受限于手工绘制和记录的局限，地理信息的管理和利用较为有限。随着计算机技术的发展，地理数据开始以数字形式存储，标志着时空数据库技术的数字化进程。早期的GIS系统主要是简单的计算机程序，用于存储和处理地理数据，但受限于计算机硬件和软件性能，功能较为简单，难以满足复杂的地理信息管理和分析需求（魏海平，2007）。在这一阶段，地理数据多以文本或二进制文件形式存储，管理和分析仅限于简单的数据存储和查询操作，未能实现深度分析。缺乏标准化的数据格式和交换机制，也限制了地理信息的共享与交流。传统的关系型数据库系统在存储地理空间数据时，需要将其转换为平面数据，这影响了数据的精确性。

## 2. 中期发展阶段（20 世纪 70 年代末至 80 年代初）

在这一阶段，地理信息系统技术迅速发展，时空数据库技术逐渐成熟。时空数据库技术开始依托专门的 GIS 软件，采用关系型和文件型数据库存储地理数据，并提供空间分析和查询功能，为后续发展奠定了基础。GIS 软件的出现标志着时空数据处理从计算机领域扩展至应用领域，提供了数据存储、管理、空间分析和地图制图功能，代表性软件包括 ArcInfo、ArcView、ArcGIS 等。关系型数据库（如 Oracle Spatial、PostGIS）和文件型数据库（如 Shapefile、GeoJSON）成为主要的数据存储方式，分别为复杂数据管理和小规模数据共享提供了灵活高效的手段。在这一阶段，时空数据库技术主要集中在数据存储和查询上，数据模型设计逐渐丰富，空间索引技术得到发展，提高了查询效率。一些基本的空间分析功能，如缓冲区和叠加分析，也开始在 GIS 软件中出现。然而，尽管取得了一定进展，地理数据的多样性和复杂性仍带来质量一致性问题，且大规模数据的存储和查询效率仍有局限性（刘翔，2009）。

## 3. 关键技术突破阶段（2000 年中期至 2010 年初）

随着移动互联网和物联网的兴起，时空数据的产生与应用呈爆发式增长，时空数据库技术面临多维时空数据管理的挑战，需突破传统数据模型和查询方法以满足需求。首先，多维数据模型设计成为关键技术突破的重点。传统地理空间数据模型仅考虑二维空间，难以处理时态和多维数据，因此研究者开发了将时空信息与其他维度整合的多维数据模型，提升了时空数据管理的能力。其次，时空索引技术的优化成为重要突破点。传统空间索引结构难以满足时空数据查询需求，新型索引结构如时态 R 树、多维索引等应运而生，提升了查询效率。此外，时空数据挖掘算法的研究也是关键技术突破的核心内容，研究者开发了时空聚类、时空关联规则挖掘、时空预测等算法，帮助用户更好地理解时空数据特征与规律。其他创新还包括面向对象的时空数据库技术、时空数据流处理技术和可视化技术的发展。这些突破为时空数据库技术的进一步发展奠定了基础，提供了更加丰富灵活的工具和方法。

## 4. 大数据时代（2010 年至今）

随着大数据时代的到来，时空数据库技术面临新的挑战和机遇，逐步与大数据技术结合以应对日益增长的时空数据量和复杂性。首先，地理数据规模在大数据时代呈指数级增长，传感器数据、卫星影像数据、移动设备数据等不断涌现，传统的地理信息系统难以应对。其次，为适应大规模时空数据的存储和查询需求，研究人员探索基于 NoSQL 数据库和分布式计算技术的解决方案，如 MongoDB、Cassandra 等，具有分布式存储和扩展的优势。此外，数据多样性和复杂性推动了时空数据库技术的创新，多模态数据管理技术逐渐受到关注。与此同时，流式计算和实时数据处理技术的发展，使实时时空数据处理和分析成为可能，推动了流式数据处理和复杂事件处理的研究。最后，大数据时代还催生了时空数据共享和开放的新模式，如开放数据平台、开放 API 等，进一步推动了时空数据库技术的发展和应用。总体而言，大数据时代促使时空数据库技术在数据规模、数据多样性、实时处理和数据共享方面不断创新，为大规模、多样化、实时化的数据管理和分析提供了新解决方案。

随着人工智能、边缘计算等新技术的发展，时空数据库技术将进一步融合这些新技术，实现更智能、更高效的时空数据管理和应用。时空数据库技术将朝着以下方向发展。

（1）多维化和多模态化：时空数据将更丰富，包括空间、时间、属性、语义等多维度整合与处理，适应图像、传感器、移动设备数据等多样化类型。

（2）大数据化和分布式化：为应对数据规模增长，时空数据库技术将依赖分布式计算与存储架构，提升处理与扩展能力，构建基于云与边缘计算的处理平台。

（3）实时化和流式处理：普及的物联网与移动互联网将推动时空数据库技术关注实时数据采集、处理与分析，支持实时决策与应用需求。

（4）智能化和自动化：借助人工智能与机器学习，未来的时空数据库将实现智能化分析与自动化管理，提供个性化服务和高效运维。

（5）开放化和共享化：时空数据将更加开放共享，推动地理信息技术发展，开放数据平台与 API 将提供便捷的数据获取与应用服务。

（6）安全性和隐私保护：时空数据库技术将重点关注数据安全与隐私保护，确保数据安全和用户隐私。

未来时空数据库技术的发展趋势将朝着多维化、大数据化、实时化、智能化、开放化和安全化的方向发展。通过技术创新和应用拓展，时空数据库技术将为地理信息技术的发展和应用提供更加丰富、高效和智能的解决方案，助力人类更好地理解和利用地球空间信息，推动社会经济的可持续发展和人类文明的进步。

# 13.2　多源地理空间数据模型

地理空间数据模型是描述和组织地理空间信息的方式和规范，为地理空间数据的存储、管理和分析提供了基础。在陆路交通工程应用中，常用的地理空间数据模型包括矢量数据模型、栅格数据模型、点云数据模型、不规则三角网模型等。

## 1. 矢量数据模型

矢量数据模型是地理信息系统中常用的一种数据表示方式，是描述地理现象最直观、最常用的数据模型之一，被广泛应用于地图制作、空间分析、资源管理等领域。矢量数据模型适用于描述简单地物，如河流、道路、建筑等，常见的数据格式包括 Shapefile、GeoJSON 等。矢量数据模型将地理空间信息抽象为点、线、面等几何要素，每个要素都带有一组属性描述其特征，如图 13-1 所示。

矢量数据模型除基本要素外，还可以包括一些其他类型的几何对象，如多段线（MultiLineString）、多边形（MultiPolygon）等，用于描述复杂的地理现象或空间关系。

矢量数据模型的优点包括：①精度高，矢量数据模型能够精确表示地理空间中的点、线、面等几何要素，具有很高的地理位置精度；②灵活性强，矢量数据模型支持对地理

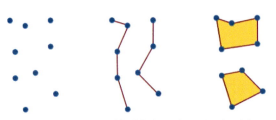

图 13-1 矢量数据模型中点、线、面几何要素

要素进行精确的编辑、更新和修改，具有较高的灵活性和可操作性；③数据量小，相比栅格数据模型，矢量数据模型通常具有较小的数据体积，存储和传输成本较低；④可视化效果好，矢量数据模型能够产生清晰、逼真的地图效果，能够满足用户对地理空间信息可视化的需求。

然而，矢量数据模型也存在一些局限性：①不适用于连续型数据，矢量数据模型无法很好地表示连续型的地理现象，如地形、气候等；②处理复杂性差，对于复杂的地理现象或空间关系，矢量数据模型的处理效率和速度可能较低；③数据冗余性高，矢量数据模型中的每个要素都需要单独存储其几何信息和属性信息，存在一定的数据冗余（邓迅 等，2009）。

**2. 栅格数据模型**

栅格数据模型是描述地理现象最直观、最常用的数据模型之一，其将地理空间表现为由像素或单元格组成的栅格，每个像素包含地理属性信息。栅格数据模型适用于描述连续的地表表现，如 DOM、DEM、土地覆盖等，被广泛应用于地图制作、遥感影像处理、地形分析等领域，常见的数据格式包括 TIFF、GRID 等。

栅格数据模型的基本要素是栅格（raster）和像元（pixel），如图 13-2 所示。

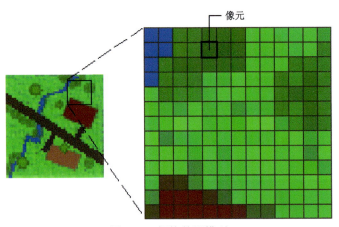

图 13-2 栅格数据模型

栅格数据模型的特点包括：①连续性和均匀性，栅格数据模型将地理空间分割为均匀的网格，每个像元代表一个连续的区域，具有均匀的分辨率和覆盖范围；②简单直观，栅格数据模型直观易懂，每个像元都有明确的位置和属性信息，可以直接用于地图显示和空间分析；③多样性，栅格数据模型适用于各种类型的地理空间信息，包括地形、遥

感影像、气象数据等，具有较强的通用性和适用性。

栅格数据模型的应用领域非常广泛，主要包括：①遥感影像处理，栅格数据模型是遥感影像数据的主要表示方式，用于处理和分析卫星影像、航空影像等遥感数据，提取地表信息、监测自然灾害、进行土地利用分类等（鲁宁 等，2012）；②地形分析，栅格数据模型可以用于描述地形表面的高程信息，进行地形分析、地形建模、坡度分析、流域提取等操作，为地形地貌研究和工程规划提供支持（李婧 等，2015）；③环境监测，栅格数据模型可以用于监测环境变化，如土地覆盖变化、水质监测、气候变化分析等，为环境保护和资源管理提供数据支持（袁兰兰，2007）；④农业和林业管理，栅格数据模型可以用于农业和林业资源的管理和规划，包括土壤分析、植被监测、病虫害预测等，帮助农民和林业管理者提高生产效率和资源利用率（关雪峰 等，2018）；⑤城市规划和土地利用，栅格数据模型可以用于城市规划和土地利用规划，分析城市扩张、土地利用变化、交通流量等，为城市规划和土地管理决策提供支持（黄鹏，2022）。

尽管栅格数据模型在许多应用领域具有广泛的应用前景，但也存在一些局限性：①数据量大，通常需要存储大量的像素数据，数据量较大，占用存储空间较多；②数据处理复杂，在数据处理和分析时需要进行像素级的操作，处理复杂度较高，算法复杂，计算成本较高；③地理精度限制，地理精度受到像元大小的限制，对细节信息的表示能力有所局限（赫玄惠，2012）。

### 3. 点云数据模型

点云数据模型通常用于描述和处理三维空间中大量点的集合，每个点都有其在空间中的位置坐标和可能的其他属性信息，如图 13-3 所示。这种模型在地理信息系统、计算机视觉、虚拟现实和工程测量等领域中广泛应用。在地理信息系统中，点云数据模型可以用来表示地表的三维形状和特征，如建筑物、地形、植被等。它们通常通过激光扫描或者结构光扫描等技术获取，并且可以通过多种格式存储，如 LAS、ASCII 等（陈霞 等，2012）。

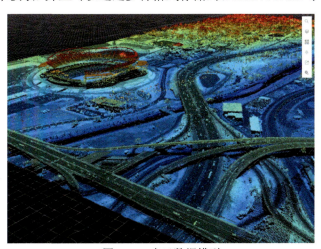

图 13-3　点云数据模型

点云数据模型的关键特点包括以下几点。

（1）位置信息：每个点有其准确的空间坐标，通常是三维坐标 $(x, y, z)$。

（2）属性信息：每个点可能包含其他属性信息，如强度、反射率、颜色等，这些属性可以提供更多的上下文信息。

（3）密度和分辨率：点云可以具有不同的密度和分辨率，取决于采集设备和应用需求。

（4）数据处理：点云数据通常需要进行滤波、配准、分类和分析等处理，以提取有用的信息和进行进一步的应用。

在工程测量中，点云数据模型可以用于建筑物的三维重建、基础设施管理、城市规划等领域。在计算机视觉中，它们可以用于物体识别、场景理解和导航系统中。点云数据能够捕捉和描述复杂的三维环境，为各种应用提供基础数据支持。

**4. 不规则三角网模型**

不规则三角网（TIN）模型是一种通过三角形集合近似描述地形表面的几何数据模型，常用于地理信息系统。它具有灵活性高、数据精度高的特点，广泛应用于地形分析、建模和可视化等领域，如图 13-4 所示。TIN 模型将地形分割成小三角形，每个三角形由三个相邻地形点构成，不受固定大小或形状的限制，因此称为"不规则三角网"（郑磊 等，2004）。该模型适用于描述不规则地形，如山脉、河谷等，是数字地形模型（DTM）和实景三维模型的常用表示方法。其关键在于选择合适地形点并构建三角形，以准确描述地形特征（李旭晖 等，2019）。

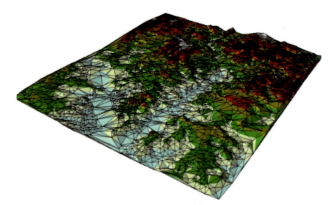

图 13-4　TIN 模型

TIN 模型的主要特点包括：①灵活性高，TIN 模型能够根据地形表面的实际形态和特征，灵活地选择地形点和构建三角形，适应不同地区和地形条件的要求；②数据精度高，TIN 模型可以提供较高精度的地形表示，尤其适用于不规则地形和地形细节的描述，能够准确地捕捉地形表面的起伏和特征；③数据量小，相比于栅格数据模型，TIN 模型通常具有较小的数据体积，因为它只需要存储地形点和三角形的信息，而不需要存储整个地表的高程值；④可视化效果好，TIN 模型能够产生清晰、逼真的地形可视化效果，可以直观地展示地形表面的形态和特征，为地形分析和地形建模提供支持。

TIN 模型的应用领域主要包括：①地形分析，TIN 模型可以用于地形分析，包括坡度分析、坡向分析、流域提取等操作，为地形地貌研究和工程规划提供支持（潘鹏，2007）；②地形建模，TIN 模型可以用于地形建模，包括数字地形模型的构建、地形表面的三维可视化等，为城市规划、土地利用规划等领域提供支持；③地形可视化，TIN 模型可以用于地形可视化，产生逼真的地形图像和地形模型，用于科学研究、教育培训、旅游观光等方面；④地质勘探，TIN 模型可以用于地质勘探和资源开发，包括矿产勘探、石油勘探、地下水勘探等，为资源勘探和开发提供地形和地貌信息（侯海耀，2018）；⑤自然灾害分析，TIN 模型可以用于自然灾害分析，如洪水模拟、地质灾害分析等，为灾害风险评估和应急管理提供支持（谢冲，2019）。

尽管 TIN 模型具有许多优点和应用前景，但也存在一些挑战和限制，如构建算法复杂、数据处理耗时和计算成本等。因此，在实际应用中需要综合考虑各种因素，选择合适的数据模型和技术，以满足具体应用需求。随着地理信息技术的不断发展和应用场景的不断拓展，TIN 模型将继续发挥重要作用，在地形分析、地形建模、地形可视化等领域发挥越来越重要的作用，为地理信息技术的发展和应用提供更加丰富、高效和智能的解决方案。

# 13.3 地理空间数据库关键技术

随着空间地理信息技术的发展，地理空间数据呈现出来源多样化、模型差异化、存储分散化、空间关系复杂化、数量海量化等特点，高效存储和管理多源异构空间数据成为地理信息系统的核心问题。目前，以 Oracle 为代表的扩展对象关系型数据库和空间数据引擎技术在一定程度上解决了这些问题，但多种架构各异的 GIS 系统导致多源异构数据难以共享、迁移效率低、流转难、互操作困难。

数据类型多样，来源和获取途径各异，包括矢量、栅格、BIM 数据等，且时间跨度长，同专业数据可能经过多年或每年覆盖全国，其间测量方法和数据精度不断变化，导致不同数据的内容、形式和精度存在差异。空间数据及其衍生数据种类繁多，涵盖基础地理数据，存在多种格式，如 MapGIS、JPG、GeoDatabase 等，并通过数据库或文件系统管理。BIM+GIS 的发展在交通工程行业带来了大体量的 BIM 模型数据，但信息集成和数据库构建方式仍需深入研究。

综上，空间数据具有规模庞大、多源、异构、空间性强、格式多样等特点，可称为多源空间数据。多源空间数据在交通工程、地质灾害防治、生态环境等领域发挥重要作用，为此需开发基于 WebGIS 的服务系统，为用户提供统一的查询接口及数据查询、借阅等功能。

## 13.3.1 空间数据库构建

在相关部门获取多源空间数据的过程中，用不同的采集方式进行数据收集，将收集到的数据进行数字化，然后存储到各个类别的空间数据库中。这些空间数据库管理系统由于数据格式、搭建环境等方面的原因，各个空间数据库管理系统的空间数据不规范、兼容性差，数据的管理和共享困难。针对多源空间数据的管理和共享问题，参考国内外元数据标准，设计元数据规范，利用数据集成方式，建立集成元数据库来统一规范多源空间数据，为资料服务系统开发实现提供数据基础。下面以 ArcSDE 空间数据库为例，介绍地理空间数据库的构建，包括空间数据集成、WebGIS 架构设计和空间数据发布。

### 1. 空间数据集成

资料服务系统需整合多种类型的空间数据，这些数据分布在不同的空间数据库中。通过集成各数据库中的数据，并按照元数据规范导入集成元数据库中，系统可快速找到并共享各种数据资料。ArcSDE 是 ESRI 公司提供的空间数据库引擎，可连接 ArcGIS 与数据库。通过建立多个 SDE 服务，ArcSDE 能管理和共享多个关系型数据库中的空间数据。它提供访问空间数据库的接口，用于数据存取操作，并通过定义空间数据类型与数据库的对应关系，提升数据访问效率，如图 13-5 所示。

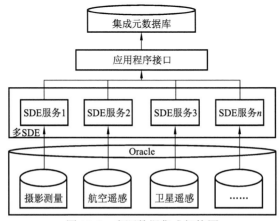

图 13-5　多源数据集成架构图

多源空间数据库存储各种空间数据（如摄影测量、航空遥感、卫星遥感）分布在不同的服务器中。通过在本地安装 ArcSDE，并为不同关系型空间数据库建立多个 SDE 服务来记录链接地址，应用程序接口可以通过这些服务访问和操作多个空间数据库中的数据。资料服务系统依据元数据标准，通过 ArcSDE 获取并存储多类型空间数据到集成元数据库中，提供数据共享基础。数据集成系统将多源空间数据按照元数据规范集成到集成元数据库中，为资料服务系统提供数据支持。

### 2. WebGIS 架构设计

多源空间数据资料数量和种类众多，以往的电子记录材料和表格式的管理信息系统没有把资源图像及详细介绍与空间位置相结合，导致查询速度慢，且很可能找不到想要的数据。若将这些数据资料和实际测区范围等空间信息结合起来，就可以选定空间范围，在一定空间范围内进行资料服务查询，缩小查找范围，更快速地查询到需要的资料信息。多源空间数据的资料查询先利用 ArcGIS Server 发布服务，然后用 ArcGIS API for JavaScript 调用服务，实现地理信息的可视化。为通过 WebGIS 查询出多源空间数据资料信息，需要将存放在空间数据库中的空间数据利用 WebGIS 展示到浏览器中，方便用户查询并进行相关的地理操作，如图 13-6 所示。

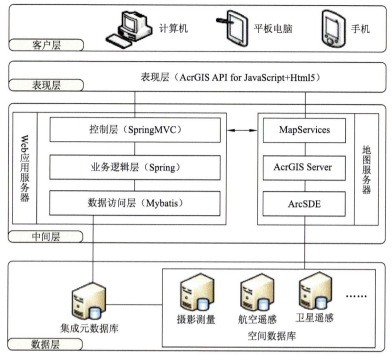

图 13-6　多源数据软件架构图

1）组织管理数据

数据层是对数据进行组织和管理的，数据层由空间数据库和集成元数据库组成。集成元数据库包括空间元数据、属性元数据和 WebGIS 软件系统运行需要的系统数据。由于地理特征及业务的不同，每个国家及国家内部各个部门都有自己不同的元数据标准，参考国内外元数据标准，制定资料服务字体元数据规范。

2）提供服务

中间层通过 Web 应用服务和地图服务统一为表现层提供服务。Web 应用服务基于 SSM（Spring、SpringMVC、Mybatis）框架，负责远程服务调用，实现与后台数据库的交互。Mybatis 用于数据访问层，直接连接和存储数据；Spring 负责业务逻辑层，实现系统功能；SpringMVC 处理控制层，管理业务调度和页面跳转。地图服务通过 ArcSDE 空间数据引擎连接 ArcGIS 和空间数据库，ArcGIS Server 将空间数据发布为 MapServices，提供栅格和矢量地图服务、地图查询等 GIS 服务，通过 ArcSDE 处理空间数据库的查询请求。

**3. 空间数据发布**

利用 ArcGIS Server 对空间数据发布服务，使地图通过 Web 进行访问，利用服务将地理信息数据统一起来，用户就能通过浏览器进行查看。

从 ArcGIS Server 站点架构图（图 13-7）中可以看出，ArcGIS Server 架构分为数据层、服务层和终端。数据层存储地理信息数据，所有可以发布成服务的空间数据都存储在空间数据服务器中。服务层提供 Web 服务和地图服务。Web 服务器开发业务逻辑，通过 GIS 服务获取数据，Web Adaptor 连接 Web 服务器与 ArcGIS Server，将请求转发到对应的计算机。GIS Server 提供各种地图服务，如空间数据查询和地图绘制，多个 GIS Server 节点确保高可用性，通过节点间共享和故障转移防止系统崩溃。站点管理员负责站点管理，ArcGIS for Desktop 用户发布服务。终端设备通过互联网访问服务层，GIS 服务器节点可以按性能和业务需求分组处理不同的服务，如图 13-8 所示。

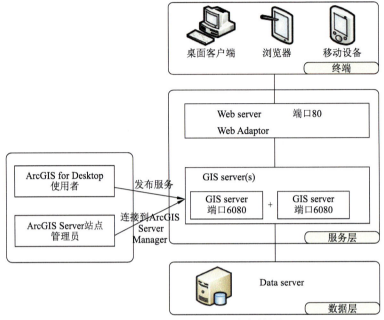

图 13-7　ArcGIS Server 站点架构图

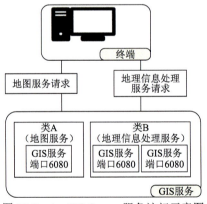

图 13-8　ArcGIS Server 服务访问示意图

## 13.3.2　数据管理

通过调研国内外分布式存储技术，地理空间数据的管理主要包含：分布式二维矢量存储、分布式三维模型存储和分布式时序数据存储。

### 1. 分布式二维矢量存储

分布式二维矢量存储是指将二维矢量数据通过某种方式对点、线、面数据进行数据切片，然后分散存储在多个节点上。Hadoop 分布式文件系统（Hadoop distributed file system，HDFS）用于存储和处理大规模数据集。它可以用于存储各种类型的数据，包括 GIS 数据。GIS 数据是指地理空间信息数据，包括地图、地形、气象、人口等各种地理数据。这些数据通常以矢量或栅格形式存储，可以包含地理坐标、地理属性和拓扑关系等信息。

在 HDFS 中存储 GIS 数据的过程与存储其他类型的数据类似。首先，GIS 数据需要被拆分成多个块，并分散存储在 Hadoop 集群的不同节点上。这样可以实现数据的并行处理和高可靠性。其次，可以使用 Hadoop 生态系统中的工具和库来处理和分析 GIS 数据。例如，可以使用 Apache Spark 进行空间分析、数据挖掘和可视化，还可以使用 Hadoop 的 MapReduce 框架来处理和查询 GIS 数据。图 13-9 为数据写入实现基本逻辑。

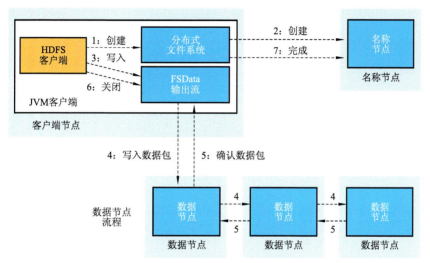

图 13-9　数据写入实现基本逻辑

使用 GitHub 上面 gis-tools-for-hadoop 开源工具，通过 hive 命令进行实验数据点面连接后统计，得到图 13-10 所示的结果。

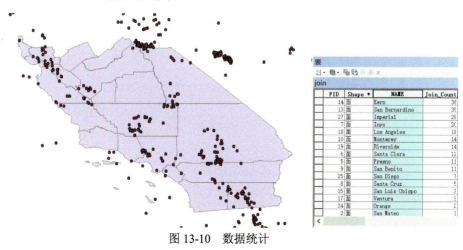

图 13-10　数据统计

## 2. 分布式三维模型存储

分布式三维模型存储通过将三维模型标准化后，转换成 i3s 存储格式，然后存储到文件类型数据库中。i3s 是一种用树结构来组织大体积量三维数据的数据格式标准，比如在位图界的 jpg 格式一样，只不过 i3s 是"标准"，具体实现的文件格式另有一说。i3s 采用 json 文件来描述数据，采用二进制文件（格式为 bin）来存储三维地理数据。i3s 将三维地理数据组织起来后，可以放在服务器上通过 REST 接口访问。i3s 目前由 slpk 格式的文件实现。i3s 标准数据组织和结构同时支持规则四叉树或者 R 树组织。每个树节点代表的地理数据的范围，由外包围球（mbs）或外包围盒（obb）表示，其中点云数据仅支持外包围盒，如图 13-11 所示。

（a）外包围球　　　　　　　　　　　　　　（b）外包围盒

图 13-11　外包围球及外包围盒

i3s 1.7 版本的 3D 模型 slpk 数据结构如图 13-12 所示。

```
.\example_17.slpk
        +--nodePages
        |  +--0.json.gz
        |  +-- (...)
        +--nodes
        |  +--root
        |  |  +--3dNodeIndexDocument.json.gz
        |  +--0
        |  |  +--attributes
        |  |  |  +--f_0
        |  |  |  |  +--0.bin.gz
        |  |  |  +--(...)
        |  |  +--features
        |  |  |  +-- 0.json.gz
        |  |  |  +--(...)
        |  |  +--geometries
        |  |  |  +-- 0.bin.gz
        |  |  |  +--(...)
        |  |  +--textures
        |  |  |  +--0.jpg
        |  |  |  +--0_1.bin.dds.gz
        |  |  |  +--(...)
        |  |  +--shared
        |  |  |  +--sharedResource.json.gz
        |  |  + 3dNodeIndexDocument.json.gz
        |  +--(...)
        +--statistics
        |  +--f_1
        |  |  +--0.json.gz
        |  |  +--(...)
        +--3dSceneLayer.json.gz
        +--@specialIndexFileHASH128@
```

图 13-12　slpk 数据结构

综上所述，i3s 数据标准的解析及存储结构的分析，采用分布式文件系统进行三维模型数据存储研究。

通过 MongoDB 来进行 slpk 文件的存储，主要采用技术方案如下。

存储文件的技术思路可以分为两种方式：存储文件本身和存储文件的元数据。

（1）存储文件本身。将文件读入内存中，将其转换为二进制数据。将二进制数据存储在 MongoDB 文档的字段中，通常是一个二进制数据类型（如 Binary 或 Byte）。可以选择将文件拆分成较小的块并存储在多个文档中，以便更好地管理和处理大文件。

（2）存储文件的元数据。存储文件的元数据（如文件名、文件类型、文件大小、创建日期等）作为 MongoDB 文档的字段。可以使用 GridFS 来存储和管理文件的元数据。GridFS 是 MongoDB 提供的一种存储和检索大文件或二进制文件的机制，它将文件分成多个小块并存储在 MongoDB 中，并提供了一种简单的 API 来管理这些文件。文件大小：MongoDB 对单个文档的大小有限制（通常为 16 MB），如果要存储较大的文件，可以将其拆分成较小的块并存储在多个文档中，或者使用 GridFS。采用 MongoDB 分布式存储 slpk 可视化效果如图 13-13 所示。

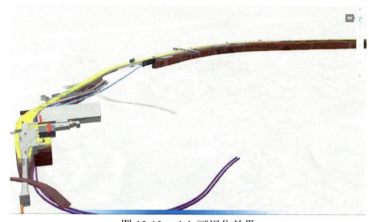

图 13-13　slpk 可视化效果

### 3. 分布式时序数据存储

分布式时序数据存储通过预处理传感器和网关的实时数据，将其存储在时序数据库中。时序数据在时间线上不断从多个源涌入，生成大量的多维数据，并按秒或毫秒实时写入存储。传统关系数据库管理系统（relational database management system，RDBMS）数据库因按行处理和 B 树结构的索引，不适合高频次的批量写入，特别是处理多维时序数据时，性能显著不足。因此，时序数据存储设计通常不采用传统 RDBMS，而是使用 LSM-Tree 和列式数据结构。LSM-Tree 模型通过将数据从内存批量写入磁盘文件，并按照键值（key-value，KV）顺序或列字段存储，如 HBase 和 Cassandra；列式存储如 Druid.io 则通过按列存储提高压缩率。时序数据结构包含数据源、指标项和时间戳，每个数据点代表时间线上的测量点，如图 13-14 所示。

InfluxDB 基于 HBase 的 LSM-Tree 模型创建了 TSM 存储架构，专为时序数据设计，如图 13-15 所示。类似于 HBase，InfluxDB 将数据先写入 WAL 和 Cache，然后定期 Flush 到 TSM 文件，并执行文件合并、排序和去重，以提高写入性能。但与 HBase 不同，InfluxDB 优化了数据结构，使用 Map<数据源，Map<指标，List<时间戳：数据值>>>的层级结构。在 Cache 中，数据源作为索引定位指标，指标作为索引定位时间线数据。Flush 后的

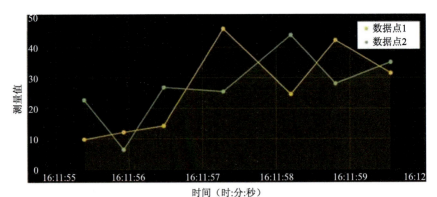

图 13-14　时序数据二维折线图

TSM 文件中，数据块和索引块根据上述结构建立，支持对 TimeStamps 和 Values 列表的单独压缩，并通过时间范围二分查找快速定位数据块。

| database | 命名空间, 相互隔离 |
| --- | --- |
| retention policy | 保存策略，定义数据生命周期 |
| bucket | database + retention policy |
| measurement | 相关时间序列集合 |
| tag | 标签素引，索引列 |
| field | 时序数据，无索引列 |
| point | 数据点, 时间序列中某个时刻的数据 |
| time | 时间戳, 时间序列内唯一标识 |

（a）InfluxDB数据库中关键概念及含义

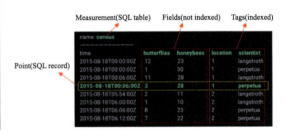

（b）InfluxDB数据库示例

图 13-15　InfluxDB 数据库

## 13.3.3　空间分析服务

在空间数据库构建和数据管理完成后，可以对空间数据进行分析。GeoMesa 是一个基于大数据平台的地理空间数据处理框架，它提供了空间数据存储、索引和查询等功能，能够在分布式计算环境下高效处理地理空间数据，图 13-16 所示为 GeoMesa 架构体系。而 GeoTools 是一个专门用于地理空间数据处理的 Java 库，提供了地理空间数据的读取、写入、转换、分析和可视化等功能。

结合使用 GeoMesa 和 GeoTools 可以实现大规模地理空间数据处理、空间查询和空间分析、空间数据可视化和交互。

总之，结合使用 GeoMesa 和 GeoTools 可以实现对大规模地理空间数据的高效处理和复杂分析，同时提供丰富的空间数据可视化和交互功能，帮助用户更好地理解和利用地理空间数据。接下来，通过使用 GeoMesa 和 GeoTools 工具介绍大规模地理空间数据的查询分析和可视化交互。

图 13-16　GeoMesa 架构体系

## 1. 空间查询与空间分析

GeoMesa 使用了一种称为时空索引的技术来高效地处理时空数据。时空索引是一种特殊的索引结构，能够有效地管理和查询具有时空属性的数据。该技术基于地理信息系统（GIS）和数据库管理系统（database management system，DBMS）的理论和技术，通过将空间数据和时间数据结合起来进行索引和查询。这种索引技术能够高效地处理大规模的时空数据，并且支持复杂的时空查询操作。其核心思想是将地理空间和时间维度的数据进行组织和索引，以便快速地定位和查询特定时空范围内的数据。GeoMesa 使用了一些常见的时空索引方法，如 R 树、Quadtree 和网格索引等，来实现高效的时空数据管理和查询。

通过使用时空索引技术，GeoMesa 能够实现高效的时空数据管理和分析，包括空间范围查询、时间范围查询、空间关系查询等各种复杂的时空查询操作。这使得 GeoMesa 成为处理大规模时空数据的理想平台，特别是在地理信息系统、位置服务、环境监测、交通管理等领域具有广泛的应用前景。GeoMesa 时空索引技术研究包括以下几个方面。

1）各种空间填充曲线

空间填充曲线如图 13-17 所示。

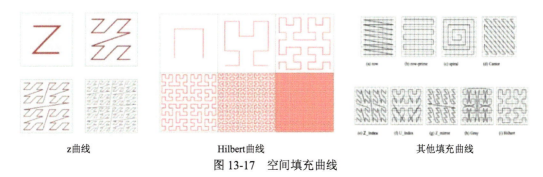

z曲线　　　　　　　　　Hilbert曲线　　　　　　　　　其他填充曲线

图 13-17　空间填充曲线

2）空间查询

用户定义查询窗口、层次划分、计算查询范围（图 13-18）。

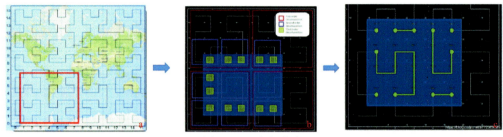

图 13-18　空间查询

3）GeoMesa 时空索引

GeoMesa 使用了基于 z-order 填充曲线的 geohash 空间索引技术，并针对时间维度进行了扩展（图 13-19），具体分为：z2—空间，点索引；z3—时间+空间，点索引；xz2—空间，线面索引；xz3—时间+空间，线面索引。

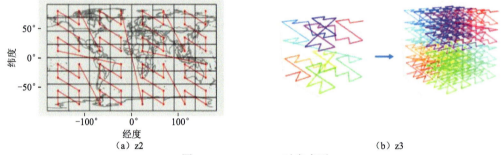

（a）z2　　　　　　　　　　　　　　　　　　（b）z3

图 13-19　GeoMesa 时空索引

4）GeoMesa 数据存储

simpleFeatureType：空间数据结构描述，包含空间 WKT、时间信息、属性信息等，如图 13-20 所示。

| 属性类别 | 关联类型 | 是否可索引 |
|---|---|---|
| Attribute Type | Binding | Indexable |
| String | java.lang.String | Yes |
| Integer | java.lang.Integer | Yes |
| Double | java.lang.Double | Yes |
| Long | java.lang.Long | Yes |
| Float | java.lang.Float | Yes |
| Boolean | java.lang.Boolean | Yes |
| UUID | java.util.UUID | Yes |
| Date | java.util.Date | Yes |
| Timestamp | java.sql.Timestamp | Yes |
| Point | org.locationtech.jts.geom.Point | Yes |
| LineString | org.locationtech.jts.geom.LineString | Yes |
| Polygon | org.locationtech.jts.geom.Polygon | Yes |
| MultiPoint | org.locationtech.jts.geom.MultiPoint | Yes |
| MultiLineString | org.locationtech.jts.geom.MultiLineString | Yes |
| MultiPolygon | org.locationtech.jts.geom.MultiPolygon | Yes |
| GeometryCollection | org.locationtech.jts.geom.GeometryCollection | Yes |
| Geometry | org.locationtech.jts.geom.Geometry | Yes |
| List[A] | java.util.List<A> | Yes |
| Map[A,B] | java.util.Map<A, B> | No |
| Bytes | byte[] | No |

图 13-20　GeoMesa 数据存储

**2. 空间数据可视化和交互**

众所周知 GeoMesa 用例通常以其与大型可扩展的面向列的数据库管理器（如 Accumulo、HBase 和 Google Cloud Bigtable）协同工作为中心。这些系统以存储大量数据的能力而闻名，GeoMesa 为其提供了一系列地理空间功能，使用户可以使用数 PB（1 PB＝1 024 TB）的数据执行分析和可视化。

如今，许多领域中可用的一些消防软件数据提供了如此规模的数据，虽然保存它们并不值得，但在获取到数据时分析这些数据仍然可以提供有价值的见解。因此"流处理"已成为处理许多类应用程序的数据的常用方法。最初 LinkedIn 开发的开源 Apache Kafka 项目是一个消息排队系统，在处理流数据方面已经变得非常流行，它在 LinkedIn、Netflix、PayPal 和 Uber 的系统中发挥着作用。

GeoMesa 也可以使用 Kafka 作为数据源。将 GeoMesa 与 CCRI 基于浏览器的地理可视化工具 Stealth（图 13-21 所示工具）一起使用时，这一点尤为出色。例如，如果系统正在读取有关车队的位置数据，GeoMesa 可以从 Kafka 读取数据，并以亚秒级延迟渲染 Stealth 中的数千个动画点，从而近乎实时地查看车辆的位置。图 13-22 为采用手机信令数据进行 300 m 格网单元统计分析后可视化的效果。

| 时间 | 300 m格网 | | 1000 m格网 | | 5000 m格网 | | 信令数据量／条 |
|---|---|---|---|---|---|---|---|
| | 格网数 | 分析时间 | 格网数 | 分析时间 | 格网数 | 分析时间 | |
| 0时 | 11102 | 8分 | 1509 | 7分 | 115 | 7分 | 87967356 |
| 1时 | 10573 | 7分 | 1395 | 8分 | 106 | 7分 | 92760228 |
| 2时 | 14420 | 7分 | 1840 | 8分 | 133 | 8分 | 93068639 |
| 3时 | 14433 | 8分 | 1846 | 8分 | 134 | 7分 | 94715034 |
| 4时 | 15824 | 8分 | 1953 | 8分 | 137 | 8分 | 94634245 |
| 5时 | 19274 | 8分 | 2392 | 7分 | 160 | 7分 | 88247556 |
| 6时 | 19255 | 8分 | 2385 | 7分 | 159 | 7分 | 86709272 |
| 7时 | 19184 | 8分 | 2374 | 8分 | 161 | 7分 | 86201688 |
| 8时 | 19325 | 7分 | 2375 | 8分 | 157 | 8分 | 86243138 |
| 9时 | 15546 | 8分 | 1911 | 8分 | 128 | 6分 | 85059883 |

图 13-21　手机信令数据

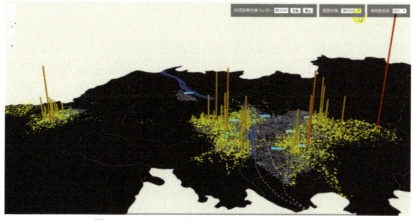

图 13-22　300 m 格网统计分析后可视化效果

## 13.4　陆路交通多源地理空间数据管理平台

### 13.4.1　项目简介

长赣高速铁路，即渝厦高速铁路长沙至赣州段，是一条连接湖南省长沙市与江西省赣州市的高速铁路，是中国"八纵八横"高速铁路网主通道之一"厦渝通道"的重要组成部分，如图 13-23 所示。长赣高速铁路位于湖南省东部和江西省西南部，线路起于湖南省长沙市长沙西站，接在建常益长铁路，终至赣州市赣州西站，途经萍乡市、株洲市、吉安市。线路全长 429.5 km，其中湖南段 131.8 km、江西段 297.7 km，共设车站 11 座，线路为双线无砟轨道，设计速度目标值为 350 km/h。

图 13-23　长赣线位图

### 13.4.2　项目多源地理数据

长赣铁路在勘测阶段，充分利用激光雷达、倾斜摄影、北斗导航等新兴测绘技术快速获取大范围三维空间数据，形成了数字正射影像（DOM）、激光点云、数字划线图（DLG）、数字高程模型（DEM）、实景三维模型等成果数据。基于勘测成果数据进行线位设计，同时设计生产了桥梁、隧道、路基等建筑信息模型（BIM）。

（1）数字正射影像：主要采用航空摄影测量方法，搭载飞思 Phase One iXU 1000 相机采集，经过空三处理生产正射影像，影像分辨率为 0.2 m，数据大小为 620 GB，格式为 GeoTiff（*.tif）。

（2）激光点云：主要采用 Opetch Galaxy T1000 机载激光雷达采集，局部工点采用华测 AS-900 无人机激光雷达采集，对机载激光雷达无法穿透或覆盖的区域采用 ZEB GeoSlam 手持激光雷达补充，机载点云密度 20～30 个/m²，数据大小为 980 GB，格式为 LAS（*.las）。

（3）数字划线图：1∶10 000 地形图由测绘部门收集整理制作，1∶2 000 地形图利用航空摄影测量立体测图方式生产，1∶500 地形图通过激光点云测图生产，格式为 DWG（*.dwg）。

（4）数字高程模型：DEM 一部分通过 1∶2 000 地形图中等高线和高程点插值生成，另外通过对点云数据进行分类处理后得到地面高程，分辨率为 2 m，数据大小为 4 GB，格式为 GeoTiff（*.tif）。

（5）实景三维模型：利用飞马 V300 无人机+OP100 相机采集 5 个方向影像，经过 ContextCapture 软件处理后生成倾斜摄影测量模型，数据大小为 860 GB，格式为 OSGB（*.osgb）和 I3S（*.slpk）。

（6）建筑信息模型：主要包括站场、桥梁、路基、隧道、声屏障、接触网、轨道等类型，数据大小为 240 GB，格式为 Revit（*.rvt）、DAE（*.dae）等。

（7）专题数据：包括土地利用、环境敏感区、地质、水文等各类专题数据，数据大小为 50 GB，格式为 Shapefile（*.shp）、GeoDatabase（*.gdb）、KML（*.kml）等。

（8）其他数据：包括外业调查表、视频、文档、统计属性数据等。

## 13.4.3　地理数据存储

铁路多源地理空间数据采用 GeoScene Data Store 存储，Data Store 用于存储和管理 GIS 数据，支持多种数据格式，并提供高效的数据访问和共享功能。Data Store 是 GeoScene Server 的一个组成部分，可以作为独立服务器或与其他组件一起部署，如图 13-24 所示。Data Store 充当了一个中间层的角色，它优化了将托管服务发布到 Portal 的过程，简而言之，当用户在 GeoScene Server 上创建和管理要素服务、地图服务或地理处理服务时，Data Store 负责存储这些服务依赖的数据。

图 13-24　Data Store 空间数据存储

Data Store 底层采用了关系型数据库 PostgreSQL 和 NoSQL 文档型数据库 CouchDB，用于各类地理数据的存储管理，使用 ElasticSearch 作为搜索引擎。Data Store 主要分为：①关系数据存储，存储要素图层数据和栅格图层数据，例如点线面矢量数据、DEM 数据等；②切片缓存数据存储，主要存储场景图层切片缓存，包括影像图层的金字塔切片缓存、三维模型的细节层次（level of detail，LOD）切片缓存等；③时空大数据存储，用于大数据量高频率的时空数据存储，如基于物联网的实时监测数据等。

### 13.4.4 多源地理数据管理平台

多源地理数据管理平台实现了铁路勘测空间数据的存储、管理和查询，包括数据预处理、数据入库、数据查询、数据浏览等功能。

1）数据预处理

由于采集、生成、收集的铁路勘测数据来源、方式、格式多种多样，存在数据格式不标准、坐标系统不统一等问题，需要在入库前对各类数据进行预处理。在铁路多源地理数据管理平台中，数据预处理模块实现了对矢量、影像、三维模型数据的格式转换、坐标转换、数据提取等功能。这些功能基于 SAAS 技术提供的 Web 服务能力，用户无须在本地安装 GIS 数据转换处理软件即可完成多源数据的预处理工作（如图 13-25 所示）。

图 13-25 多源空间数据在线预处理

2）数据入库

多源空间数据管理平台的数据入库是数据管理流程中的关键步骤，将来自不同来源和格式的空间数据导入数据库中（图 13-26），以便于存储、查询和分析。经过数据预处理后，各类空间数据的格式和坐标系已经满足入库要求，此外，为方便数据的查询和应用，还需对数据的元数据信息进行规范化定义，包括项目名称、阶段、工点、数据类型、里程范围、时间、分辨率、比例尺、精度等。最后通过入库工具将空间数据及其元数据存储到数据库中，同时创建空间索引提高数据的空间查询效率。

图 13-26　数据入库元数据配置

3）数据查询

对于已经入库的铁路勘测多源数据，通常可以按照铁路项目组织查询各类空间数据，同时可以根据元数据和空间位置进行检索查询（图 13-27）。既可以根据数据名称、类型、铁路项目、阶段、时间等进行组合筛选数据，也可以根据数据空间范围浏览检索地理数据，或者绘制/导入几何对象进行数据查询检索，满足地理数据的多种查询需求（图 13-28）。

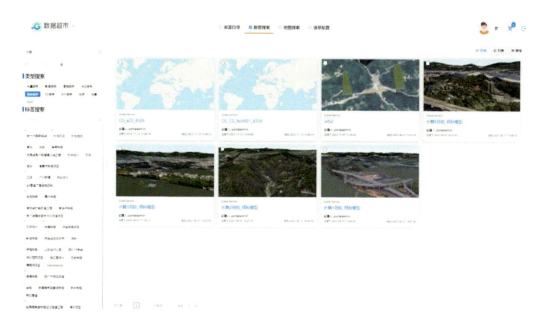

图 13-27　根据元数据检索地理数据

图 13-28　根据空间位置检索地理数据

4）数据浏览

通过数据检索获取所需的各类数据形成地理场景，实现 BIM+GIS 数据的集成化展示，可以用于虚拟踏勘、量测标绘、分析统计、演示汇报等应用，铁路线位、数字正射影像、点云、BIM、DEM 集成如图 13-29 所示。

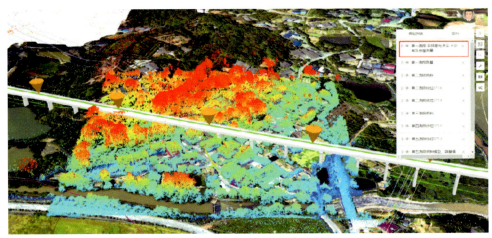

图 13-29　BIM+GIS 数据集成展示

# 13.5　本 章 小 结

本章主要探讨了时空数据库技术及其在陆路交通智能测绘应用中的关键作用。首先，详细介绍了时空数据库技术的发展历程，包括早期阶段、中期发展阶段、关键技术突破阶段及大数据时代的技术特点和发展趋势。接着，深入分析了地理空间数据模型的多种类型，如矢量数据模型、栅格数据模型、点云数据模型、不规则三角网模型，每种模型都有其独特的特点和适用场景。

此外，本章还重点讨论了地理空间数据库关键技术，特别是在多源空间数据处理、存储和管理方面的挑战与解决方案。通过案例分析，展示了如何利用现代技术手段，例如大数据技术、分布式计算、云计算等，来处理和分析大规模、多样化的地理空间数据，以及如何构建高效的多源地理空间数据管理平台，以支持铁路等重大工程的智能测绘和决策。

最后，本章强调了未来时空数据库技术的发展方向，包括多维化、大数据化、实时化、智能化、开放化和安全化等趋势，这些发展趋势将为地理信息技术的应用带来更广阔的前景，并为社会经济的可持续发展和人类文明的进步做出更大的贡献。

# 参 考 文 献

陈霞, 陈桂芬, 2012. 基于可视化的时空数据挖掘研究与应用. 安徽农业科学, 40(17): 9542-9545.

邓迅, 王卫安, 2009. 基于关系型数据库的空间数据组织管理及应用研究. 微型电脑应用, 25(12): 53-54, 59, 78.

关雪峰, 曾宇媚, 2018. 时空大数据背景下并行数据处理分析挖掘的进展及趋势. 地理科学进展, 37(10): 1314-1327.

赫玄惠, 2012. 空间数据库索引技术的研究及应用. 北京: 华北电力大学.

侯海耀, 2018. 基于 Redis 的矢量时空查询算法研究. 乌鲁木齐: 新疆大学.

黄鹏, 2022. 基于 MySQL Spatial 的矢量空间数据存储与查询. 长江工程职业技术学院学报, 39(2): 19-23.

李婧, 陈建平, 王翔, 2015. 地质大数据存储技术. 地质通报, 34(8): 1589-1594.

李旭晖, 刘洋, 2019. 时空数据建模方法研究综述. 数据分析与知识发现, 3(3): 1-13.

刘玥, 2009. 时空数据库瞬时查询和时空范围查询研究. 哈尔滨: 哈尔滨理工大学.

鲁宁, 狄光智, 2012. 基于时态 GIS 的空间信息更新技术研究. 现代物业(上旬刊), 11(2): 86-88.

潘鹏, 2007. 时空数据库的索引机制及查询策略研究. 武汉: 华中科技大学.

魏海平, 2007. 时空 GIS 建模研究与实践. 郑州: 中国人民解放军信息工程大学.

谢冲, 2019. 海量矢量数据的分布式存储及时空查询. 武汉: 武汉大学.

袁兰兰, 2007. 海量地理空间数据库管理及在土地资源调查中的应用. 杭州: 浙江大学.

郑磊, 徐磊, 谭凯, 等, 2004. 面向对象的基于实体关系的时空数据模型. 北京工业职业技术学院学报, 3(2): 1-4.

# 第 14 章　地理信息服务技术与陆路交通智能测绘应用

　　地理信息服务技术作为 GIS 的核心功能之一，已成为现代陆路交通智能测绘的基石。陆路交通基础设施的快速发展，对地理信息的实时性、准确性和多样化需求日益增加，推动了地理信息服务技术的不断进步与创新。该技术通过整合和管理多源空间数据，提供从基础设施定位到动态分析的全方位服务，支持陆路交通全生命周期的各类应用。地理信息服务技术的发展历程从传统的纸质地图到现代 GIS 技术，反映了人类对空间信息认知的深化和应用的广泛化。在陆路交通领域，地理信息服务不仅涉及线路和车站的空间信息管理，还涵盖了从规划设计到施工监测的各个环节。本章将深入探讨地理信息服务技术的发展、框架设计及关键技术，并展示其在陆路交通智能测绘中的实际应用，为行业提供理论依据和技术支持。

## 14.1　地理信息服务技术与发展

　　地理信息服务技术，是一种专门用于存储、分析、显示和管理地理空间数据的技术，这些数据通常包括地形、土地使用、气候、交通、人口等与地理位置有关的信息。地理信息服务技术被广泛应用于城市规划、环境监测、资源管理、灾害预警、交通导航等领域。

　　地理信息服务的发展历史是一个跨越数个世纪的漫长进程，它见证了人类对地理空间认知的深化和技术手段的革新。从最初的地图绘制到现代的地理信息系统（GIS）和地理信息科学（geographic information science，GIScience），地理信息服务已经成为现代社会不可或缺的一部分（王小飞 等，2023）。

### 14.1.1　地理信息服务发展历史

　　在古代，人们对地理空间的认知主要依赖口头传说和简单的地图绘制。最早的地图出现在公元前的古文明中，如古埃及、巴比伦和古中国。这些地图通常是手工绘制，用于记录领土范围、城市规划和宗教仪式。随着古希腊和罗马帝国的兴起，地图制作技术得到了进一步的发展，出现了更为精确和科学的地图。

　　中世纪时期，地图学在欧洲经历了一段停滞期，但在伊斯兰世界和中国却得到了显著的发展。伊斯兰学者对地图的比例和投影方法进行了研究，而中国的地图制作则更加注重实用性和精确性。这一时期的地图主要用于导航、军事和行政管理。

　　文艺复兴时期，欧洲的探险家开始探索新大陆，地图学迎来了革命性的变化。地图制作者开始采用更为科学的测量方法，如使用三角测量法来确定地理位置。这一时期的代表人物有葡萄牙的航海家和地图制作者马丁·贝哈伊姆，他制作了世界上第一个地球仪。

随着科学革命的到来，地图学和测量技术得到了极大的推动。17 世纪和 18 世纪，欧洲的地图制作者开始使用望远镜和测量仪器，如经纬仪和水准仪，来提高地图的精确度。这一时期，地图开始被广泛用于科学研究、土地管理和国家治理。

20 世纪是地理信息服务发展的黄金时代。随着计算机技术的出现，地理信息系统（GIS）的概念应运而生。GIS 能够对地理空间数据进行有效的管理、查询、分析和可视化展示。GIS 的最早概念可以追溯到 20 世纪 60 年代初。加拿大测量学家 Roger Tomlinson 在 1963 年首次提出了地理信息系统的概念，并在 1971 年建立了加拿大地理信息系统（CGIS），这是世界上第一个地理信息系统，主要用于自然资源的管理和规划。此外，美国哈佛大学研究生部主任 Howard T. Fisher 设计和建立了 SYMAP 系统软件，这是早期 GIS 发展的另一个重要里程碑。在 20 世纪 70 年代，GIS 技术得到了进一步的发展和巩固。这一时期，计算机硬件和软件技术的飞速发展，尤其是大容量存储设备的使用，促进了 GIS 朝实用的方向发展。美国、加拿大、英国、西德、瑞典和日本等国对 GIS 的研究均投入了大量人力、物力、财力。此外，许多 GIS 相关的组织和机构在这一时期成立，如美国城市和区域信息系统协会和国际地理联合会的地理数据收集委员会。20 世纪 80 年代，GIS 开始广泛应用于各个领域。计算机的发展，特别是图形工作站和个人计算机的普及，极大地推动了 GIS 软件的发展。这一时期，GIS 软件技术在数据存储、运算、输出和地理信息管理方面取得了重大突破。同时，GIS 的应用开始从发达国家向发展中国家扩展，如中国在这一时期开始了 GIS 的研制和应用。20 世纪 90 年代，随着互联网的普及，地理信息服务技术开始向网络化、互动化方向发展，形成了 Web GIS。随着 GIS 技术的发展，地理信息科学（GIScience）作为一门独立的学科逐渐形成。GIScience 不仅关注技术层面，还研究地理信息的理论和方法论问题。学者开始探讨地理信息的本质、地理数据模型、空间分析方法等深层次问题。

进入 21 世纪，地理信息服务迎来了大数据、云计算、物联网和人工智能等新技术的融合。GIS 软件变得更加智能且对用户更友好，能够处理海量的地理空间数据，并提供实时的地理信息服务。地理信息服务开始广泛应用于智慧城市建设、灾害管理、环境保护和公众服务等领域。地理信息服务技术的发展也带来了许多挑战和机遇。首先，地理信息服务技术需要处理大量的空间数据，这就需要强大的计算能力和存储能力。其次，地理信息服务技术需要与其他技术，如遥感技术、卫星定位技术、无线通信技术等紧密结合，才能发挥其最大的效能（马丽红，2023）。此外，地理信息服务技术还需要面对数据安全、隐私保护等问题。尽管面临诸多挑战，但地理信息服务技术的发展前景仍然非常广阔。随着城市化进程的加快、全球气候变化的加剧、自然灾害的频繁发生，人们对地理信息服务技术的需求越来越大。同时，随着新技术的不断涌现，地理信息服务技术也在不断升级和改进，其应用范围也在不断扩大。

GIS 在中国的发展起步较晚，大约在 20 世纪 70 年代。这一阶段主要是对 GIS 概念和技术的引入和初步探索。在这个时期，中国的科研机构和高校开始接触和研究 GIS 技术，并尝试将其应用于地理和资源管理等领域。进入 20 世纪 80 年代，GIS 技术开始得到更广泛的关注和应用。中国科学院遥感应用研究所在 1980 年成立了全国第一个地理信息系统研究室，标志着中国 GIS 研究的正式开始。在这个阶段，中国开始重视 GIS 的理论探索、硬件配置、软件研制、规范制订等方面的工作，并为后续的发展奠定了基础。20 世纪 80 年代中期至 90 年代中期，GIS 在中国进入了快速发展阶段。在这一时期，GIS 研究作为政府行为被列入国家科技攻关计划，开始有计划、有组织地进行科学研究、应用实验和工程建设工作。多个高校和科研机构开展了地理信息系统的研究与开发工作，推动了 GIS 技术在国土管理、城市规划、环境保护等领域的应用。20 世纪 90 年代中期以来，GIS 在中国进入了产业化阶段。这一时期，GIS 技术得到了更广泛的应用和推广，政府部门开始高度重视 GIS 技术，并在多个领域进行大规模的应用。同时，具有自主知识产权的 GIS 软件如 GeoSTAR、SuperMapGIS、MapGIS、CityStar 等相继研制成功，推动了 GIS 产业的发展。此外，中国地理信息系统协会和中国地理信息系统技术应用协会等组织的成立，以及 GIS 学术研讨会的频繁举办，进一步促进了 GIS 技术在中国的交流和发展。目前，GIS 在中国已经成为一个成熟的行业，广泛应用于多个领域，包括城市规划、土地管理、环境监测、交通管理、公共安全等。随着技术的不断进步和创新，GIS 在中国的应用前景仍然十分广阔，预计未来将继续保持快速发展的趋势。

## 14.1.2　陆路交通地理信息服务概述

陆路交通地理信息服务系统通过整合地理信息数据资源，为陆路交通的规划、设计、建设、运营和维护等环节提供技术支持和服务。陆路交通地理信息服务的主要内容包括数据资源整合、数据标准化、平台建设和应用服务开发。陆路交通地理信息服务首先需要整合各类地理信息数据，包括线路、车站、桥梁、隧道等基础设施的空间位置信息，以及相关的属性数据，如技术参数、运营状态、维护记录等（杨青岗 等，2023）。为了确保数据的一致性和互操作性，地理信息服务需要建立统一的数据标准和格式，包括数据采集、存储、处理和交换的标准。地理信息服务依赖专业的地理信息服务平台，这些平台能够提供数据管理、查询、分析、可视化和共享等功能（谢然 等，2023）。为了给陆路交通提供地理信息服务，需要研制基于地理信息数据的平台，开发各类应用服务，如规划辅助、施工监控、运营调度、维护管理等，以满足不同用户的需求（李敏 等，2023）。

陆路交通地理信息服务在陆路交通勘察、设计、施工、运维全生命周期都有应用。在设计阶段，利用地理信息服务进行线路的选线分析，考虑地形、地质、环境、经济等因素，优化陆路交通线路方案（安彦，2022）；在建设阶段，地理信息服务可以实时监控工程进度和质量，确保施工安全和按计划进行；在运营调度节点，地理信息服务可以支持陆路交通运营调度，通过实时分析列车位置、速度等信息，优化列车运行计划；在维护管理阶段，陆路地理信息服务可以辅助交通设施的维护管理，通过分析历史维护数据和实时监测数据，制订科学的维护计划（刘亚楠，2022）。

陆路交通行业对地理信息服务技术存在大量需求。陆路交通勘测所涉及的数据具有种类多、体量大等特点，只有建设陆路交通地理信息服务系统，才能对各种海量大数据进行整合，统一管理、维护，保证数据的现势性、持续性和可用性，实现信息服务的预期目标，体现出数据多维度和时空信息的服务效能与优势。由于需要应对各类型行业提供信息服务，用户对服务的需求各不相同，所以需要对信息服务按功能进行细分，用户可根据自身业务需求将服务组合为服务链，通过服务链搭建所需的业务功能服务，实现服务的自由组装和定制。为满足设计各专业的需求，服务系统需要处理大量空间数据，进行空间统计、排序，揭示不同地理对象之间的内在关系、规律和潜在特征信息，因此必须能提供高性能的空间分析、统计功能，能提供专题分析统计服务和完善易用的接口服务，为各专业设计提供高效、方便的服务（张一龙，2021）。各应用专业在陆路交通地理信息服务系统获得信息资源的同时，也需要通过系统发布本单位的数据服务和应用服务，供其他专业部门共享使用自己的资源。同时，需要系统能有效控制资源的共享和安全，方便用户资源共享。系统需要预留接口使各设计专业在当前平台上根据自身需求进行平台功能拓展。在系统中，不仅用户需要的各种软硬件资源运行在云环境中，业务数据也存储在云中，因此云安全的问题关系大数据信息云平台是否能够被行业用户所接受，也是决定平台建设是否成功的重要先决条件之一。云安全的问题主要涉及两方面的内容：一是云平台自身运行环境的安全性，二是云平台中运行应用和存储数据的安全性。

陆路交通勘测阶段涉及的测量手段非常多，最终成果数据类型也非常复杂，在数据载体方面，既包括电子化数据也包括非电子化数据；在数据类型方面，区分为空间数据、栅格数据、遥感影像数据、结构化的关系型数据及非结构化的文档、多媒体数据等；在数据存储方面，区分为同构同标准数据、同构不同标准数据、异构同标准数据和不同构不同标准数据。成果数据的这种多样化异构特点决定了数据管理的技术复杂度及工程实施的难度。

陆路交通领域不仅数据种类繁多，同时各种数据量也非常庞大，遥感影像数据、激光雷达点云数据、三维倾斜摄影测量模型、建筑信息模型等需要大量的存储空间（马新建 等，2021）。数据的存储、处理、管理和共享应用等，在陆路交通勘察设计过程中始终是个挑战。大规模勘测数据通过传统的硬拷贝、FTP/HTTP 下载等方式进行共享，专业设计人员可以将测量数据下载到本地，利用专业软件进行分析。但是，这种方式并不能满足用户所有的需求，有些专业设计软件对部分数据也不兼容，同时有些用户只需要将影像作为底图，传统的模式不能达到这一要求。如何满足各种用户不同的需求是对大规模勘测数据共享技术的挑战。

陆路交通地理信息服务的关键技术包括地理信息系统（GIS）技术、遥感技术、大数据技术、互联网＋等。GIS 是陆路交通地理信息服务的核心，它提供了空间数据管理、空间分析和可视化等关键技术支持。遥感技术在陆路交通地理信息服务中用于获取沿线的地表覆盖、地形地貌等信息，支持交通规划和环境影响评估。随着陆路交通地理信息数据量的增加，大数据技术被用于数据存储、处理和分析，提高数据处理能力和效率。互联网技术使陆路交通地理信息服务能够实现在线访问和共享，支持远程协作和决策。

在未来，陆路交通地理信息服务将朝着智能化、集成化、共享化、移动化发展。随着人工智能技术的发展，陆路交通地理信息服务将更加智能化，能够自动分析和预测陆路交通运营中的问题。陆路交通地理信息服务将与其他陆路交通信息系统（如列车调度系统、票务系统等）集成，形成综合信息平台，提供一站式服务。地理信息服务将更加注重数据共享，通过建立开放的数据平台，促进信息资源的共享和利用。随着移动设备的普及，陆路交通地理信息服务将支持移动端访问，提供随时随地的服务。

# 14.2 陆路交通多源地理信息服务技术框架

## 14.2.1 设计原则

陆路交通多源地理信息大数据服务平台系统总体设计原则如下（张宏 等，2020）。

（1）系统性原则。系统的建设要在技术指标、标准体系、产品模式、库体结构等方面具有系统性，并与国家基础地理信息系统已有的数据库具有良好的衔接性和相关性。

（2）先进性原则。系统建设时要充分应用当前国内外 GIS 和数据库建设领域的主流技术，采用三层体系网络数据库结构、支持海量数据管理和面向对象的数据库、基于关系数据库的空间地理信息数据库系统、分布式数据库集成管理技术、组件技术等，同时选择性能优良的计算机、服务器等硬件设备，使其构建的基础地理信息数据库具有较高的科技水平，保障数据库在相对长的时间内保持高效运行并稳定地发挥机能。

（3）实用性原则。不仅要考虑方法与手段，还要考虑海量数据的存储、维护和更新，同时要考虑与现行的数据生产、管理体制相适应，系统结构、功能、数据、应用领域和软硬件配置应具有可扩充性和适用性。充分考虑数据库建设与人力、财力相适应，具有有效的数据更新机制和较为迫切的用户需求，以及适宜的建设周期。

（4）标准化原则。数据库的建设应符合最新的国家标准，同时制定其他规定来补充国家标准、行业标准和地方标准中没有包括但须规范化的内容，并且应支持国家地球空间数据交换格式以保证数据的通用性。

（5）成本效益优化原则。合理安排工作的优先顺序，贯彻"边生产、边建设、边应用"的原则，先试点以求适合项目实际情况的技术标准和工艺流程，再大规模实施，以在尽可能短的时间内使系统达到净产出的阶段，避免"净浪费"。

（6）可扩展性原则。基础地理信息数据库系统建设和维护是一项长期性的工作，随着数据库应用的深入和技术的发展，数据内容、系统功能需要进一步增加和完善。因此，系统设计时就要充分考虑系统的可扩展性，预留各种接口，日后可以灵活、方便地进行更大规模的数据集成、功能扩展、系统升级更新。

（7）数据兼容性原则。地理信息数据库系统应支持多种内部格式数据和外部格式数据间的转换。

（8）完整性原则。基础地理信息数据库系统应具有多种功能，数据库的内容应完整，能满足社会各行各业的不同需求。

（9）安全性原则。要充分考虑硬件、软件、网络、数据的安全性。基础地理信息是国家机密信息，因此必须建立一个安全可靠的网络化硬软件体系，具有完善的安全管理机制，能够保证数据的安全，不被非法拷贝和破坏。另外，建成的数据库系统还可以"成熟"和稳定地长期运行，具有较好的容错和快速恢复能力。

（10）网络化原则。基础地理信息数据库系统建设要紧跟网络化的发展，采用客户端/服务器模式（client/server，C/S）和浏览器/服务器模式（browser/server，B/S）相结合的结构、分布式数据库管理、因特网信息发布等最新技术。

（11）现势性原则。应用共建共享的基础地理信息更新机制和政策，尽可能保证数据的现势性，满足用户的需要。要根据数据的更新，实时对数据库的内容进行更新，同时保证数据和数据库的现势性。

## 14.2.2　系统总体架构

陆路交通多源地理信息大数据服务平台依托云计算技术搭建而成，实现软硬件资源、数据资源、服务平台、业务应用层面的一体化，从逻辑架构来看，整个平台可以划分为 4 个层次：基础设施层、数据资源层、服务平台层、业务应用层，如图 14-1 所示。此外，平台框架还包括标准规范体系、安全保障体系及运行维护体系等内容。

图 14-1　陆路交通多源地理信息服务技术框架

### 1. 基础设施层

基础设施层进行基础软硬件设施建设，提供陆路交通多源地理信息云平台建设所需要的各种资源服务，能够为用户提供云端宿主的工作环境，包括网络与通信系统、主机存储于备份系统、操作系统、数据库系统等。为提高基础设施资源的利用率，通过虚拟化技术将集群服务器、刀片机、小型机、磁盘阵列等存储、计算物理硬件设备虚拟出若干逻辑区，对资源进行合理分配粒度的划分和封装，并根据用户的需求变化动态地进行资源的分配和调整。另外，动态弹性调整空间数据服务的部署也是构建陆路交通多源空间数据云服务平台的基础，通过云操作系统，针对大数据、高并发访问，按需动态分配资源，用户弹性地调用资源，迅速完成任务并释放，最大限度地提高资源利用率。

### 2. 数据资源层

数据资源层对陆路交通勘测空间信息大数据进行集中存储、处理及管理。各类空间数据经过数据清洗、格式转换、元数据处理、坐标转换等处理后，采用标准化、统一的方式入库存储，形成大数据中心。通过空间数据库管理系统，进行大数据的更新、维护和日常管理，满足数据的汇聚、处理和管理要求，为各种应用系统提供公共、共享、稳定的数据。大数据中心数据库的数据内容包括以下几个方面。

（1）基础地形数据：1∶10 000、1∶2 000、1∶500 等基础 DLG 地形图和控制网等数据。

（2）影像数据：卫星影像、航空摄影影像、无人机影像、外业调查影像等。

（3）点云数据：机载点云、车载点云、地面点云、背包点云等数据。

（4）三维模型数据：三维倾斜摄影测量模型、设计 BIM、DEM。

（5）专题空间信息数据：地质数据、水文、环保等专题空间数据。

（6）属性数据：社会、经济、交通等统计信息数据。

### 3. 服务平台层

服务平台层是在基础设施层和数据服务层基础上，构建统一的数据访问平台，将 GIS 数据资源、GIS 平台资源进行深度整合，实现不同应用系统不同数据调用的统一方法、共享算法和共用接口，可面向用户直接提供各种类型的云服务，为用户开发 GIS 业务系统提供支持。服务平台层提供数据转换、分析、可视化等处理服务，同时提供标准的 Web 服务［如网络要素服务（Web feature service，WFS）、网络地图服务（Web map service，WMS）、网络覆盖服务（Web coverage service，WCS）等］，以便用户能够通过网络访问和操作地理空间数据。同时，提供各种可以充分共用、扩展、动态调整的基础方法，使用少量的基础方法支持丰富的应用系统，从而实现共享的基础信息模型和基础方法的标准化、规范化。此外，平台提供二次开发接口，允许第三方应用程序集成和使用陆路交通地理空间数据，使用户能够在平台上完成与业务系统建设相关的各项工作。

### 4. 业务应用层

业务应用层由大数据中心的统一服务门户系统及各类开放服务接口构成。门户系统是用户访问平台、获取资源、进行共享交换的统一入口，它由数据流量、虚拟踏勘、在线选线、共享交换、在线制图、快速应用搭建、云 GIS 自服务等功能模块构成。设计专业既可以利用快速应用搭建向导完成零代码的业务应用构建，也可以利用平台服务资源和开发接口开发自己的应用系统，支撑陆路交通线路规划、设施管理、物流调度、运营实时监控、应急响应等系统应用。

**5. 安全及保障体系**

平台还包括标准规范体系、安全保障体系、运行维护体系的建设，这是平台稳定运行的重要保障。标准规范体系主要包括数据标准和服务标准，数据标准需遵循国际和国内的数据标准，确保数据的互操作性；服务标准采用开放地理空间信息联盟（Open Geospatial Consortium，OGC）等组织制定的服务标准，以支持服务的互操作性和集成。安全保障体系包括身份验证与授权、数据加密等内容，身份验证与授权确保只有授权用户能够访问敏感的地理空间数据；数据加密是对传输和存储的数据进行加密，保护数据不被未授权访问。此外，运行维护体系是确保系统稳定、高效、安全运行的关键组成部分，包括系统自动化部署、自动化运维流程管理、实时监控系统、故障分析管理系统、性能监控分析优化系统、备份与恢复系统等。

# 14.3  陆路交通地理信息服务关键技术

## 14.3.1  大场景全要素三维地理数据 LOD 构建技术

大场景全要素三维地理数据的细节层次（LOD）动态加载技术是一种在三维地理信息系统中用于优化大规模场景渲染性能的技术。该技术通过根据观察者与场景中对象的距离动态调整对象的细节级别，从而在保持视觉效果的同时减少计算资源的消耗（张志艺 等，2020）。

实现 LOD 技术通常有两种方法，分别是手动 LOD 导入和自动 LOD 生成。手动 LOD 导入需要模型制作人员根据不同的距离阈值手动创建并导入不同细节级别的模型。例如，可以为一个桥梁创建近距离、中等距离和远距离三个不同细节级别的模型。自动 LOD 生成与手动导入不同，自动 LOD 生成技术基于一个高细节模型，通过算法自动生成其他低细节级别的模型。这种方法可以减少存储空间的需求，因为不需要存储预先创建的多个模型。

LOD 的研究和优化直到现在还在继续，随着计算机硬件和软件技术的发展，衍生出了许多符合现代 GPU 性能、适用于不同场景的 LOD（王星捷 等，2019）。

（1）离散 LOD：离散 LOD 可能是最简单的 LOD 方法。它创建几个不同层级等级的独立版本模型。这些模型可以通过人为手工创建或者通过多边形简化算法自动创建，比如顶点聚类算法。

（2）连续 LOD：在连续 LOD（CLOD）方法中，一个模型的细节可以精细选择控制。通常情况下，模型由一个基础几何网格及一系列的由精细到粗糙的转换过程构成。因此，每两个连续细节等级几何网格之间只有仅仅几个三角形的差别。

（3）多层次 LOD：多层次 LOD（HLOD）算法对三角形块进行操作，逼近于 CLOD 实现的视点无关的简化网格，这些三角形块有时也被称为 patches 或者瓦片（切片）。从某些方面来说，HLOD 混合了离散 LOD 和 CLOD 算法。

如图 14-2 所示，HLOD 构建的主要思路是：模型线被划分并存储在一个多分辨率的空间数据结构中，比如八叉树或四叉树结构，树的根节点是该模型的最大简化版本，每个子节点包含其父节点的一个子集，每个子集比父节点的细节更高，但空间范围更小，把树中某个层级的所有节点组合在一起就是整个模型其中的一个版本，同一层节点的覆盖场景的不同区域，在层级 0 的节点（根节点）是最简化版本的模型，最深层级的节点组合在一起就是模型的全分辨率（张新 等，2019）。

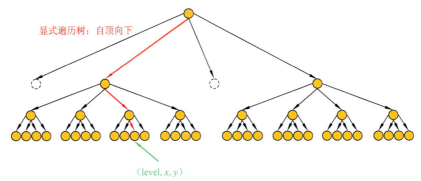

图 14-2　HLOD 的划分过程和主要思想

对于海量三维模型数据，结合空间索引和 LOD 技术，采用分层分块的组织方法。对原始的三维模型建立空间索引，进行分块组织。三维模型分层分块规则如下。

（1）对整个模型进行分区，对每个区块数据进行编号，规定区块的编号从左往右、从上到下。

（2）同一区块的所有层次模型都存放于同一文件夹中，每个文件夹中包含一个该区块的索引文件和模型瓦片数据。

（3）区块的分割大小和数量由整个模型区域的大小决定。

（4）对于每一个区块建立模型第 $K$ 层的模型由第 $K+1$ 层模型经过合并简化后得到。

（5）模型金字塔中每一层对应一个细节层次模型，层次越高，模型分辨率也越高。

（6）索引文件中记录每个瓦片节点的包围盒、几何体误差（模型简化的几何误差）、数据存储路径，以及其包含的子节点信息。

（7）每个瓦片节点的命名规则为"Tile-块号_层级序号"。通过以上三维数据组织形式，得到以瓦片形式存储带 LOD 结构的城市三维瓦片数据及索引文件，如图 14-3 所示。最终数据格式为 3DTiles，也可以根据实际应用需求，转化成其他的三维瓦片格式。索引文件一般由 jason 格式存储，其中记录的瓦片的包围盒参数及几何体误差是作为瓦片快速调度的计算参数，如图 14-4 所示。

图 14-3　三维瓦片数据组织形式

图 14-4  三维模型层级包围盒索引

## 14.3.2  GIS 服务引擎

GIS 服务引擎是指能够提供 GIS 服务的软件组件，它们通常用于处理空间数据、执行地理分析、生成地图及提供地理信息的网络服务。GIS 服务引擎可以是独立的软件产品，也可以是集成在更大系统中的组件。它们通常支持多种 GIS 数据格式和标准，能够与不同的客户端应用程序或网络服务进行交互。常见的 GIS 服务引擎有 ArcGIS Server、GeoServer、MapServer、CesiumJS 等（于文新，2019）。

ArcGIS Server 是 Esri 公司开发的地理信息系统（GIS）服务器软件，它提供了地理数据的存储、管理、分析和可视化服务。ArcGIS Server 支持多种平台和语言，可以在网络环境中为用户和应用程序提供地理信息服务。

GeoServer 是一个开源的服务器，它允许用户共享和编辑地理空间数据。它是基于 Java 编写的，并且可以作为独立的服务器来运行，也可以嵌入其他应用程序中。GeoServer 支持多种开放标准，包括 WFS、WMS、WCS 等，这使它能够与各种 GIS 客户端和应用程序兼容。

MapServer 是一个开源的 GIS 数据呈现引擎，它的主要功能是将空间数据和交互式地图应用程序发布到 Web 上。MapServer 以其高性能、灵活性和强大的功能集而受到广泛欢迎。

CesiumJS 是一款强大的 JavaScript 库，用于在 Web 浏览器中创建三维地球仪和二维地图。它以高性能、丰富的视觉效果和广泛的功能集而闻名。CesiumJS 提供了一个平台，开发者可以利用它来构建交云互动的地理信息系统（GIS）应用和可视化工具。

## 14.3.3  空间数据标准

GIS 的空间数据标准是一系列规范和协议，它们确保了空间数据的一致性、互操作性和可交换性。这些标准涵盖了数据的创建、存储、传输和使用等方面，是 GIS 领域内实现数据共享和集成的基础。主要的空间数据标准有 ISO 标准及国家与地方标准等。

开放地理空间信息联盟（OGC）是一个国际性的非营利组织，旨在推动地理空间信息的开放标准和互操作性。OGC 标准是一系列用于 GIS 和相关应用的开放规范，它们定义了地理空间数据和服务的创建、发布、共享和使用方式。这些标准对促进不同 GIS 软件和平台之间的互操作性、数据交换和集成至关重要。

OGC 标准的核心包括 WFS、WMS、WCS、Web 处理服务（Web processing service，WPS）、Web 地图瓦片服务（Web map tile service，WMTS）。

WFS 标准定义了一种网络服务，允许用户通过网络访问存储在服务器上的地理特征数据。这些特征可以是点、线、面等几何形状，以及与之关联的属性信息。WFS 支持多种类型的查询，包括简单的属性查询、空间查询及两者的组合查询。用户可以根据需要检索特定的地理要素或要素集合。WFS 支持多种数据交换格式，包括 GeoJSON、GML（地理标记语言）等。这使得 WFS 可以与各种 GIS 软件和平台兼容，方便用户处理和分析数据。WFS 提供了事务处理功能，允许用户对地理要素进行增加、修改、删除等操作。这确保了数据的一致性和完整性。WFS 支持版本控制，使得用户可以访问和操作特定版本的数据。这对数据的管理和历史追踪非常重要。

WMS 标准旨在通过网络提供地图图像服务。WMS 允许用户根据自定义的参数生成地图，并将这些地图以图像格式（如 png、jpeg、svg 等）传输给客户端。这项服务广泛应用于各种 Web 应用程序，使开发者能够将丰富的地图功能集成到他们的系统中，无须自行处理地图数据或拥有 GIS 服务器。WMS 服务可以提供多个图层，每个图层代表地图的不同信息，用户可以根据需要选择和组合这些图层，同时用户可以指定地图的样式，包括颜色、线型、符号等，以生成符合特定需求的地图。

WCS 标准专注于提供对地理覆盖数据的网络访问服务。地理覆盖数据是指那些不能简单表示为几何形状和属性的数据，如卫星图像、数字高程模型（DEM）、气象数据等连续的空间数据。WCS 使这些类型的数据可以通过网络以一种标准化的方式被访问和利用。WCS 支持多维空间数据的访问，包括但不限于时间、高度和波段维度，这使它特别适合于处理如气象数据和遥感图像这类具有多个维度的数据。同时，用户可以根据空间范围、时间范围或其他维度参数查询数据的子集，这有助于减少数据传输量并提高效率。WCS 支持多种数据格式，包括栅格数据格式如 GeoTIFF，以及其他专用的遥感数据格式，从而确保了广泛的应用兼容性。WCS 允许用户指定输出格式和分辨率，以及对数据进行缩放和其他处理，以满足特定的应用需求。WCS 提供丰富的元数据信息，帮助用户了解数据的来源、质量、时间范围和其他关键属性。

## 14.3.4  SAAS 技术

SAAS，全称 Software as a Service（软件即服务），是一种在互联网环境下，以订阅方式提供软件服务的业务模式。该模式主要是由软件供应商通过云端服务器集中部署和维护应用软件，然后客户根据自身的实际需求，通过互联网订购所需的软件服务，并按照订购的服务数量和时间长短向供应商支付费用。在 SAAS 模式下，用户不需要购买和安装软件，而是通过互联网访问云端服务器上的软件管理自己的业务活动。这种模式下，用户不需要负责软件的维护，因为这些任务由软件供应商负责。供应商不仅提供在线应用，还提供软件的离线操作和本地数据存储，使用户可以随时使用他们订购的软件和服务。SAAS 技术有诸多优势。首先，它降低了企业的 IT 成本，因为企业无须购买昂贵的硬件设备，也无须雇佣专门的技术人员来维护和更新软件。其次，SAAS 提供了灵活性和可扩展性，企业可以根据自己的需求调整订购的服务，适应业务变化。此外，SAAS 模式还有利于提高工作效率，因为员工可以在任何地点、任何设备上访问公司的软件和数据。 然而，SAAS 技术也存在一些挑战。例如，数据安全和隐私问题，因为用户的数据存储在云端的服务器上，可能存在被黑客攻击或泄露的风险。此外，SAAS 供应商的稳定性和可靠性也很重要，如果供应商的服务出现问题，可能会影响企业的正常运营。总体来说，SAAS 技术是一种创新的软件交付和使用模式，它为企业和个人提供了更加灵活、高效和经济的解决方案。然而，在使用 SAAS 服务时，企业也需要考虑数据安全、服务可靠性等问题，并选择合适的供应商。

## 14.3.5　虚拟化技术

虚拟化技术是实现云架构平台的关键技术之一。社会治理一体化大数据平台要实现各级 IT 基础设施资源的共享，提升资源的利用率，就必须能够对资源进行合理分配粒度的划分和封装，并根据用户的需求变化动态地进行资源的分配和调整，需要通过使用服务器端虚拟化的技术来实现。

虚拟化技术是一种将计算资源抽象、转换和分割的方法，使多个用户和应用程序可以共享同一物理硬件资源，同时保持隔离性和独立性。这种技术的核心优势在于提高资源利用率、增强灵活性、降低成本和提升安全性。虚拟化技术广泛应用于服务器、存储、网络及桌面环境等多个领域。

虚拟化技术主要有 4 种类型，分别是服务器虚拟化、存储虚拟化、网络虚拟化、桌面虚拟化。服务器虚拟化是通过虚拟机监控器（hypervisor）在物理服务器上创建多个虚拟机（VMs），每个虚拟机都运行独立的操作系统和应用程序。这样可以提高服务器的 CPU 和内存利用率，实现资源的动态分配和快速迁移。存储虚拟化是将物理存储设备抽象为逻辑存储池，通过软件管理数据的存储、备份和恢复。这使得数据管理更加灵活，可以根据需求快速调整存储资源。网络虚拟化是通过软件定义网络（software defined network，SDN）技术，将网络硬件的功能（如路由、交换、防火墙等）从物理设备中抽象出来，实现网络资源的集中管理和动态配置。桌面虚拟化允许用户在远程服务器上运行虚拟桌面环境，并通过网络访问。这种方式可以集中管理桌面环境，提高数据安全性，并支持跨设备的无缝工作体验。

虚拟化技术具有很多优势，通过虚拟化，多个虚拟机可以共享同一物理资源，减少资源浪费，提高整体资源利用率。虚拟化环境支持快速部署新应用、动态调整资源分配和无缝迁移虚拟机，提高了 IT 环境的灵活性和可扩展性。虚拟化技术可以减少对物理硬件的需求，降低能源消耗和维护成本，从而实现总体成本节约。虚拟化技术使数据备份和恢复更加容易，支持快速恢复业务运行，增强了企业的灾难恢复能力。虚拟化环境可以通过隔离虚拟机来防止安全威胁的传播，同时便于实施安全策略和监控。

同时虚拟化技术也会面临许多挑战。虚拟化层可能会引入额外的计算开销，影响应用程序的性能；在资源紧张的情况下，多个虚拟机可能会争抢同一物理资源，导致性能瓶颈；虚拟化环境的复杂性要求更高级的管理和监控工具，以确保资源的有效分配和系统的稳定性。

虚拟化技术是现代 IT 基础设施的重要组成部分，它通过提供资源的高效利用、灵活管理和快速部署，帮助企业应对不断变化的业务需求。随着云计算、容器化和边缘计算等新兴技术的发展，虚拟化技术将继续演进，为数字化转型提供强有力的支持。

## 14.3.6　云服务弹性调整技术

云环境中的 GIS 服务，不同于传统的操作模式。在传统的模式中，一般只有一台或者几台服务器，通过远程登录、拷贝数据、操作服务器端的软件，完成服务的发布。而在云环境中，数据的处理、打包上传，以及在云 GIS 平台中发布服务，都需要做一系列的支持。用户可以在自己的 PC 端像传统的操作一样，整理数据、编辑修改、制图，在发布服务时，选择发布到指定的云环境中，经过身份验证以后，就可以使用云环境中的服务了。

云服务弹性调整技术是一种允许云服务根据应用程序的负载情况自动调整计算资源使用量的技术。这种技术的核心优势在于它能够确保应用程序在不同的访问负载下都能保持高效和稳定的运行，同时避免资源的浪费。

弹性调整技术通常包括自动扩展、自动缩减、健康检查和自愈、策略配置、跨平台的资源调配、监控和优化、负载均衡等。通过这些技术的综合应用，云服务弹性调整技术能够帮助企业实现资源的高效利用，降低成本，并提升应用程序的性能和可靠性。

自动扩展指当应用程序的负载增加时，云服务能够自动增加计算资源，如增加服务器实例的数量，以应对更多的请求。这通常通过配置云监控和伸缩规则来实现，例如，当云服务器（elastic compute service，ECS）实例的虚拟处理器（virtual central processing unit，vCPU）使用率超过预设的阈值（如 80%）时，系统会自动创建新的 ECS 实例并加入负载均衡中。自动缩减指在业务需求下降时，云服务同样能够自动减少计算资源，释放不再需要的服务器实例，以节约成本。例如，当 vCPU 使用率低于 30%时，系统会自动释放一部分 ECS 实例。健康检查和自愈指为云服务提供健康检查功能，自动监控伸缩组内的实例健康状态，并在检测到不健康的实例时自动释放并替换为新的健康实例，确保业务的连续性和稳定性。策略配置指用户可以根据自己的业务需求和预算，灵活配置多种类型的伸缩策略，如定时、周期性和基于性能指标的动态伸缩策略。在多云环境中，企业可以通过跨云平台的资源调配技术，实现不同云服务提供商计算资源的自动调整，以满足应用程序的需求，并确保资源的最优利用。企业可以使用监控和调优技术，实时监控应用程序的负载情况和计算资源的使用情况，并根据实际需求及时调整弹性策略和计算资源的配置，优化云弹性的成本和效益。

弹性伸缩服务通常与负载均衡服务结合使用，以实现请求的均匀分配和高可用性。新增加的云服务器可以自动添加到负载均衡监听器中，而不健康的实例则会被自动移除。负载均衡技术是一种在网络环境中广泛应用的方法，旨在提升网络设备和服务器的带宽、增加吞吐量、增强网络数据处理能力、提高网络的灵活性和可用性。该技术通过将大量的并发访问或数据流量分散到多台节点设备上分别处理，减少了用户等待响应的时间，同时也能将单个重负载的运算分配到多台节点设备上做并行处理,大幅提升了系统的处理能力。

## 14.3.7 基于 Web 服务实现共享应用

Web 服务是一种革命性的分布式计算技术。使用基于 XML 的消息处理作为基本的数据通信方式,消除使用不同组件模型、操作系统和编程语言系统之间存在的差异,使异构系统能够作为计算网络的一部分协同运行。开发人员可以使用像过去创建分布式应用程序时使用组件的方式,创建由各种来源的 Web 服务组合在一起的应用程序。Web 服务是建立在一些通用协议的基础上,如 HTTP、XML、WSDL 等,这些协议在涉及操作系统、对象模型和编程语言的选择时,没有任何倾向,具有很强的生命力。通过 Web 服务,客户端和服务器能够自由地用 HTTP 进行通信,不论两个程序的平台和编程语言是什么,都可以跨越不同区各部门网络防火墙限制。

正是基于 Web 服务的这些技术特性,使用了 HTTP 和其他 Web 协议,平台采用基于开放标准与技术的 Web 服务方式共享数据,不需要了解各部门的应用系统现状,形成松散耦合的共享模式,便于平台服务根据发展需要进行伸缩。

综合考虑,平台对外的数据共享模式将主要基于 Web Service 方式实现,达到跨平台异构多源数据的访问和互操作。

## 14.3.8 时空大数据分析处理

时空大数据分析处理涉及对包含时间和空间信息的大量数据进行有效的存储、管理、分析和可视化。时空大数据的存储管理是基础。GIS 需要处理海量、多源、异构的数据,这要求有高效的数据存储解决方案。例如,使用关系型数据库如 PostgreSQL,或 NoSQL 数据库如 Elasticsearch 和 MongoDB 集群来实现地理大数据的分布式存储。为了提高数据访问效率,GIS 通常会构建空间索引。在分布式环境下,空间索引的构建面临新的挑战,需要采用新的技术和方法,如基于 HBase 的索引构建,以实现数据的高效访问。时空大数据的计算密集型特征要求 GIS 具备高性能计算能力。GIS 通过并行计算、分布式计算等策略来处理大规模数据集,以提高计算效率和性能。一般 GIS 提供了多种时空数据挖掘方法,包括时空聚类、地理回归分析、时空关联规则挖掘等。这些方法有助于从时空大数据中提取有价值的信息和知识。时空大数据的可视化是理解数据和分析结果的重要手段。GIS 支持多种数据加载和渲染策略,包括三维可视化技术,以及实时虚拟切片等方式,使得复杂的时空数据能够以直观、易懂的方式呈现。

时空大数据分析处理由 GIS 平台提供的 GIS Server 节点支撑,实现基于 GIS Server 之上的高性能分布式计算,提供面向海量结构化、半结构化、非结构化数据的混合架构的时空数据存储管理服务和大数据综合分析服务。这些服务通过云 GIS 中的服务引擎和数据服务封装整合在一起,并向上提供分析结果专题。时空大数据分析处理框架能够与现有 GIS 服务引擎完全融合,无须单独构建,能够充分利用 GIS 平台资源,从数据、GIS 服务到应用门户无缝对接。

# 14.4 陆路交通多源地理信息服务系统

## 14.4.1 项目概述

长赣高速铁路是连接湖南省长沙市和江西省赣州市的一条重要铁路线，沿线经过湖南省长沙市、江西省萍乡市和井冈山市，最终到达赣州市（图 14-5）。工程投资估算总额约为 846.23 亿元，计划总工期为 5 年。线路全长约 429.5 km，其中湖南段长约 131.8 km，江西段长约 297.7 km，设计时速为 350 km/h。全线共设黄花机场、上栗、芦溪南、遂川、赣州西（既有）、赣州北等 11 个车站。建成后，长沙市至赣州市将由 4 h 缩短至 1 h50 min。

图 14-5  长赣高铁

## 14.4.2 陆路交通多源地理信息服务系统及应用

长赣铁路在勘察设计过程中采集生产了海量的激光点云、实景三维模型、数字正射影像、地形图、BIM 等空间数据，并通过空间数据库进行了存储与管理，通过 GIS 服务器发布各类数据服务。陆路交通多源地理信息服务系统提供标准的数据服务和 API 接口，根据需求搭建应用系统，能够为陆路交通的规划、设计、建设、运营和维护提供丰富的数据服务和分析服务，提升陆路交通行业应用的空间数据分析和决策支持能力，陆路交通多源地理信息服务系统框架如图 14-6 所示。

### 1. 空间数据服务发布与管理

在铁路多源地理信息服务系统中，服务的发布和管理是非常关键的一环，包括服务的发布、服务的注册与发现、服务的监控与维护三个方面（图 14-7）。空间数据服务发布利用 GeoScene Server 软件，发布 WMS、WMTS、WFS、GeoScene Image/Feature/Scene Service 等，发布的数据服务和分析服务在 GeoScene Portal 门户中注册，方便用户通过服

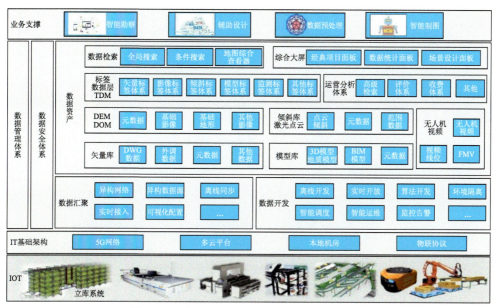

图 14-6　陆路交通多源地理信息服务系统框架

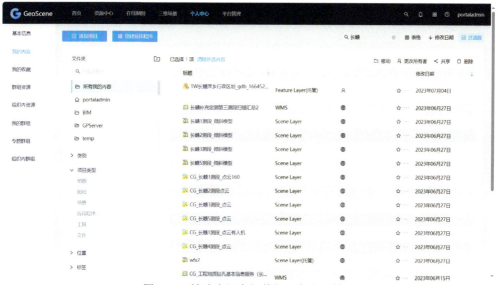

图 14-7　铁路多源空间数据服务发布管理

务目录查找和获取服务，最后通过服务器后台对发布的服务进行更新、优化、升级等操作，保证提供服务的可用性。

**2. 多源空间数据在铁路虚拟踏勘中的应用**

铁路勘测大数据平台构建铁路三维大场景，集成影像、地形、矢量、模型等数据，基于 GIS+BIM 融合的地理场景，利用几何标绘、坐标及里程定位、断面计算、空间量测等功能，线路、桥梁、路基、站场、隧道等各专业能直观地在三维场景中进行方案浏览和比选，有效地降低了外业踏勘的人力和时间投入，提高了踏勘的效率，如图 14-8 所示。

图 14-8　GIS＋BIM 集成的铁路虚拟踏勘

### 3. 地理空间数据服务辅助 CAD 选线设计

当前铁路的线位设计依赖 CAD 软件，通常加载地形图、地质资料、环保敏感区等矢量数据然后进行线位的规划设计，由于缺乏影像资料，线位设计不直观。通过开发 CAD 插件，接入铁路多源地理信息服务系统发布的 WMTS 和 TMS 影像服务，实时动态加载卫星影像瓦片、数字正射影像瓦片、地形图切片等数据，实现铁路工程大场景 GIS 数据高效动态加载，如图 14-9 所示，可以有效提高线路方案设计的效率和质量。

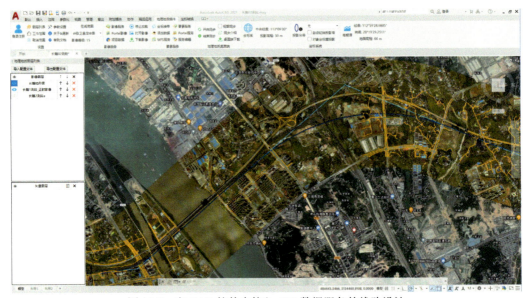

图 14-9　在 CAD 软件中接入 GIS 数据服务的线路设计

### 4. 多源地理数据在铁路施工监测中的应用

在铁路项目施工过程中，多源地理信息服务能够为施工项目提供实时、准确的空间数据支持，帮助项目管理者更好地监控施工进度、质量和安全。在 GIS+BIM 集成的三维场景中，从物联网接入各类监控、监测数据，利用 GIS 平台的可视化功能，将施工进度以图表、时间轴等形式展示（图 14-10），便于项目团队快速了解整体进展。在施工监测管理平台中标注出施工中的危险区域，结合人员车辆的实时位置进行安全预警，同时结合传感器数据，系统可以对潜在的安全风险进行预警，提高施工项目的管理效率，减少施工风险，确保项目按时按质完成。

图 14-10　铁路施工安全管理可视化系统

# 14.5　本　章　小　结

本章详细介绍了地理信息服务技术及其在陆路交通智能测绘中的应用。地理信息服务技术用于存储、分析、显示和管理地理空间数据，广泛应用于多个领域。地理信息服务技术发展历史悠久，从古代地图绘制到现代 GIS 和 GIScience，已成为现代社会的重要组成部分。陆路交通地理信息服务是陆路交通信息化建设的重要组成部分，涉及数据资源整合、标准化、平台建设和服务开发。服务内容包括线路、车站等基础设施的空间位置信息和属性数据，支持陆路交通的全生命周期应用。

本章详细讲解了陆路交通多源地理信息服务技术框架，包括设计原则、系统总体架构、关键技术等，设计原则涉及系统性、先进性、实用性、标准化、成本效益优化、可扩展性、数据兼容性、完整性、安全性、网络化、现势性。系统架构分为基础设施层、数据资源层、服务平台层、业务应用层，以及标准规范体系、安全保障体系、运行维护体系。

之后，本章重点阐述了陆路交通地理信息服务的关键技术，包括三维模型的多层 LOD 构建、动态调度技术、GIS 服务引擎、空间数据标准、SAAS 技术、虚拟化技术、云服务弹性调整技术、基于 Web 服务实现共享应用、时空大数据分析处理等。

最后，本章讲解了陆路交通多源地理信息服务系统及其应用，包括空间数据服务发布与管理、多源空间数据在陆路交通虚拟踏勘中的应用、地理空间数据服务辅助 CAD 选线设计、多源地理数据在陆路交通施工监测中的应用等。

# 参 考 文 献

安彦, 2022. 地理空间信息技术在智慧城市中的应用. 科技创新与应用, 12(20): 176-179.

李敏, 孙金艳, 2023. 大数据时代地质测绘与地理信息产业的发展研究. 中国矿业, 32(6): 26-30.

刘亚楠, 2022. 自然资源测绘地理信息共享与服务的研究. 测绘与空间地理信息, 45(5): 57-59.

马丽红, 2023. 大数据时代测绘地理信息服务探讨. 华北自然资源(5): 122-124.

马新建, 张骏, 王名洋, 等, 2021. 测绘地理信息服务面临的机遇及挑战探索. 数据(4): 135-137.

王小飞, 权西瑞, 王博, 等, 2023. 应急管理信息化矢量瓦片技术研究. 测绘技术装备, 25(4): 5-11.

王星捷, 卫守林, 2019. WebGL 技术的三维 WebGIS 平台研究与应用. 遥感信息, 34(3): 134-138.

谢然, 李德元, 赵栋梁, 等, 2023. 基于应急地理信息的云服务系统关键技术研究. 测绘与空间地理信息, 46(S1): 135-137.

杨青岗, 陈永立, 付利钊, 2023. 测绘地理信息技术服务自然资源管理的探索与研究. 智能建筑与智慧城市(7): 14-18.

于文新, 2019. 测绘地理信息应用与服务. 建材与装饰(13): 220-221.

张宏, 张浩宇, 2020. 浅谈地理信息大数据技术与应用. 科学技术创新(17): 98-99.

张新, 胡晓东, 魏嘉伟, 2019. 基于云计算的地理信息服务技术. 计算机科学, 46(S1): 532-536.

张一龙, 2021. 大数据时代测绘地理信息服务面临的机遇和挑战试析. 冶金管理(11): 197-198.

张志艺, 张华, 2020. 测绘地理信息产业公共服务平台建设研究. 地理空间信息, 18(1): 6-8, 16, 133.